Lieber Herr Reinert,

ein kleiner Gruß aus Halle als Dankeschön
für fast schon zwei Jahrzehnte währende Treue,

Ihre Braun-Hallesche

Klaus [illegible] Beatrix [illegible]

München, im November 2009

Michael Schwibbe · Ronald Floum
Kurt Wünsch · Christina Seidel
Hagen Königseder und
Andreas Stephainski (Hg.)

ZEIT REISE

1200 Jahre Leben in Halle 20 Jahre Wende

AST
SonntagsNachrichten

ZEIT REISE

1200 Jahre Leben in Halle

herausgegeben von
Hagen Königseder und Andreas Stephainski

SonntagsNachrichten
Saale Verlagsgesellschaft mbH
Franckestraße 2
06110 Halle / Saale

Verlagsleitung
Hagen Königseder

Koordination
Robert Kundiger

Druck
Grafisches Centrum Cuno
GmbH & Co. KG
Gewerbering 27
39240 Calbe / Saale

Bildnachweise
Archiv Burg Giebichenstein Hochschule für Kunst und Design Halle (Klaus Göltz), Gabriele Brachmann, DPA, Ronald Floum, Dr. Kersten Fischer, Norbert Göpel, Franz Hölzel, Informations- und Dokumentationszentrum Halle, Inside werbung, Dr. Manuela Klapperstück, Dr. Michael Klapperstück, Kunstmuseum des Landes Sachsen-Anhalt, Jan Laurig (Stadt Halle), Landesamt für Denkmalpflege und Archäologie Sachsen-Anhalt (Juraj Lipták, Uwe Metzner), Landesmarketing-Gesellschaft LMG, H.J. Maurer, Ulrich Meinhard, Nationale Akademie der Wissenschaften „Leopoldina", Gottlob Philipps, Gerhard Quenzler, Ludwig Rauch, Reproduktionen (Landeshauptarchiv Sachsen-Anhalt LHSA, MD, Rep. U1, Erzstift Magdeburg, Nr. 15a/52; LHSA, ND, Rep. Cop. Bl. 162r), Klaus-Peter Röder, Stadtarchiv Halle, Andreas Stephainski, Stiftung Moritzburg, W. Timme, Thomas Ziegler (Stadt Halle).

ASTtext+bild
MEDIEN Gesellschaft mbH
In der Worth 16
37077 Göttingen

Redaktionsleitung / Artwork
Andreas Stephainski

Inszenierungen / Titelfotos
Ronald Floum

Autoren
Kathrin Dukic, Ronald Floum, Rüdiger Franke, Nadja Naumann, Dr. Alfred Reichenberger, Dr. Dr. Michael Schwibbe, Dr. Christina Seidel, Andreas Stephainski, Dr. Kurt Wünsch.
Illustrationen: Karol Schauer.

Gastautoren
Prof. Dr. Wolfgang Böhmer
Dagmar Szabados

Produktion
ASTtext+bild

Projektleitung
Lars Fischer

Layout
Gaby Berger
Mike Seeger

Lektorat
Vera Schulze
Prof. Dr. Dr. Gudrun Schwibbe

ISBN: 978-3-9812527-2-9

Editorial

In den vergangenen Jahren und Monaten haben uns immer wieder Anfragen erreicht: Werden Sie dieses Buch neu auflegen? Wann kommt die ZEIT REISE Halle wieder? Wir selbst waren überrascht, wie schnell unsere erste Stadt-Biografie vollständig vergriffen war. Erschienen im Sommer 2006, war unser Buch bereits zum Beginn der klassischen Lese-Zeit im Herbst aus den Regionalia-Regalen verschwunden. Ausverkauft. Ein Bestseller also.

Vor rund einem Jahr schien uns die ZEIT reif für eine neue REISE durch Halle. Schließlich würden zwei Ereignisse das Leben in der Stadt prägen:
20 Jahre Wende und die Händel-Festspiele im Zeichen des 250. Todestages des großen Sohnes. Dieser Herausforderung sind wir mit dieser Neuerscheinung begegnet - mit zwei Sonderteilen: Wir begleiten Georg Friedrich Händel bei einem Rundgang durch seine Stadt des Jahres 2009; und wir dokumentieren die gewaltigen Umwälzungen des Herbstes 1989 mit einem weiteren ZEIT REISE Spezial. Es erinnert an einen weiteren großen Sohn der Stadt, liefert Dokumentation, Erinnerungen, Bilanz.

Natürlich galt es auch, die Geschichte der Stadt fortzuschreiben - auf den Stand des Jahres 2009. Das Ergebnis liegt dem Leser mit dieser ZEIT REISE durch zwölf Jahrhunderte Leben in Halle vor. Wir als Herausgeber (und Journalisten) stellen die Symbiose mit unseren Historikern im zeitgemäßen Medien-Design nun erneut dem Urteil der Leserschaft. Und wenn dieses Buch dem Leser die gleiche Freude bereitet, die uns vom ersten Projekt-Tag an geleitet hat - dann hat sich unsere Arbeit gelohnt.

Nichts ist so alt wie eine Zeitung von gestern, lautet eine gängige Journalisten-Weisheit. Nichts bleibt auch morgen noch so spannend wie ein Buch über gestern und heute: Mit diesem Fazit wünschen wir unseren Lesern eine gute Lektüre.

Hagen Königseder

Andreas Stephainski

Erinnerungen an die Zukunft - REISE durch die ZEIT

„Die Welt ist ein Buch. Wer nie reist, sieht nur eine Seite davon." (Aurelius Augustinus).

Begeben wir uns also ganz im Sinne des großen Augustinus mit diesem Buch auf eine ZEIT REISE. Blicken wir gemeinsam mit den Autoren zurück auf die stolze Geschichte unserer Stadt Halle an der Saale. Nehmen wir Anteil an der guten Bilanz des Jahres 2009, 20 Jahre nach der friedlichen Revolution und dem Fall der Mauer. Schauen wir aber auch in die Zukunft und entwickeln wir Visionen für das Morgen. So wird unser Gasometer schon ab 2010 zur stimmungsvollen Event-Spielstätte für Produktionen der Gregor Seyffert Compagnie. In dieses alte Denkmal der „Arbeitswelt*en*" kehren Fantasie und Kreativität ein.

Es ist wichtig zu wissen, woher wir kommen und wohin wir gehen. Mit der Neuerscheinung des Bestsellers ZEIT REISE sind nun spannende Entdeckungsfahrten möglich. Den Herausgebern, Autoren und Förderern dieses anspruchsvollen Projektes danke ich für ihre hervorragende Arbeit.

Sie, liebe Leserinnen und Leser, lade ich ganz herzlich dazu ein, sich in die Lektüre dieses facettenreichen Lese- und Geschichtsbuches zu vertiefen; es lohnt sich!

Herzlichst

Ihre

Dagmar Szabados
Oberbürgermeisterin der Stadt Halle an der Saale

bis 1000

1000 - 1250

1250 - 1500

1500 - 1600

1600 - 1700

SPEZIAL: GEORG FRIEDRICH HÄNDEL

1700 - 1800

1800 - 1900

1900 - 1950

1950 bis heute

SPEZIAL: DIE WENDE

UNSER GAST: PROFESSOR DR. WOLFGANG BÖHMER MINISTERPRÄSIDENT IN SACHSEN-ANHALT

Halle - zu Recht stolz auf seine Geschichte

Halles Geschichte ist reich an großen Namen: August Hermann Francke, der Gründer der Franckeschen Stiftungen, revolutionierte das Bildungswesen, Christian Thomasius entwickelte die Universität zum Zentrum der Frühaufklärung, und Georg Friedrich Händel war einer der Stars der Barockmusik.

Die Saalestadt ist zu Recht stolz auf ihre Ahnen. Sie künden von dem großen kulturellen und geistigen Reichtum, der in Halle schon immer zu Hause war. Er war es auch, der half, schwere Zeiten und tiefe wirtschaftliche Umbrüche zu bewältigen. Nach der deutschen Wiedervereinigung musste sich Halle erneut umorientieren. Heute bildet die Stadt das Herzstück der mitteldeutschen Chemieindustrie und ist ein international anerkannter Wissenschafts- und Universitätsstandort. Die altehrwürdige Leopoldina wurde inzwischen zur Nationalen Akademie der Wissenschaften erhoben. Halle ist auch Heimat für bedeutende Unternehmen der Ernährungsindustrie und auf dem Weg zu einem viel beachteten Medienzentrum.

Ich danke den Autoren für die vorliegende spannende ZEIT REISE durch mehr als 1200 Jahre Stadtgeschichte Halle und wünsche eine anregende Lektüre.

Prof. Dr. Wolfgang Böhmer
Ministerpräsident des Landes Sachsen-Anhalt

Schön und rätselhaft. So sieht Illustrator Karol Schauer die Schamanin von Unseburg.

Als die Schamanin den Jägern ihren Segen spendete

Die Besiedelungsgeschichte Mitteldeutschlands reicht zurück bis in die Zeit der Frühmenschen. Vor einer Million Jahren wanderte der Homo erectus, der „aufrecht gehende Mensch“, von Afrika aus auch nach Europa und erreichte vor ca. 400.000 Jahren Mitteldeutschland. Die Funde eines fossilen Schädeldachs bei Bilzingsleben in Thüringen und der Speere von Schöningen im östlichen Niedersachsen zeugen von seiner Anwesenheit. Diese Frühmenschen lebten in großen Familienverbänden von der Jagd und beherrschten bereits die Kunst, Feuer zu entfachen.
Vor etwa 200.000 Jahren erreichte eine andere Menschenart den Norden Europas, der Neandertaler. Er lebte am Rande der Eismassen, die noch den nördlichsten Teil von Sachsen-Anhalt bedeckten. Die Neandertaler folgten den Tierherden auf ihren saisonalen Wanderungen und legten Rastplätze an, so bei Gröbern im Landkreis Bitterfeld. Dort fanden sich Reste von erlegten Waldelefanten und Steinwerkzeuge. Diese Menschenart war an eiszeitliche Bedingungen sehr gut angepasst und streifte länger als 150.000 Jahre durch die Regionen, bis ihnen vor etwa 40.000 Jahren der moderne Mensch - Homo sapiens - nach Europa folgte.
Noch herrschte ein trockenes kaltes Klima. In einer tundra-ähnlichen Vegetation gingen die Jäger auf die Pirsch nach Wildpferden, Bisons und Rentieren. Die ältesten Belege für den modernen Menschen finden sich unter anderem im Burgenlandkreis auf einem Talsporn bei Nebra in einer Schleife der Unstrut. Dort entdeckten Archäologen stilisierte Frauenfiguren aus Elfenbein und Rentiergeweih, Symbole für die Hüterinnen des Leben spendenden Feuers in einer rauen Umwelt.
Die Eiszeit näherte sich ihrem Ende, die Tundra verwandelte sich in Wald, und in den Geländemulden bildeten sich Wasserflächen. Das permanent verfügbare Nahrungsangebot in Wäldern, Seen und an Wasserläufen nahm zu. Die Menschen entschieden sich dafür, an besonders günstigen Stellen sesshaft zu werden, um von dort aus auf die Jagd zu gehen, Fische zu fangen und die Früchte des Waldes zu sammeln. Zur Beute gehörten nun Waldtiere wie Rinder, Rehe, Hirsche und Wildschweine. Bei Unseburg im Landkreis Aschersleben-Staßfurt fanden Archäologen das Grab einer Schamanin, die den Jägern den Segen gab und nach animistischem Glauben das erlegte Wild um Verzeihung bat. Die steinzeitlichen Gruppen siedelten an Flüssen, auf Dünen und Terrassenrändern, auf Sandinseln in feuchten Niederungen oder an Seen wie dem Fiener- und dem Kalbersee. Schließlich begannen sie damit, auf gerodeten Flächen Korn anzubauen.
Vor rund 5.000 Jahren entstanden im Raum Halle die ersten Siedlungen, wie Funde auf der Dölauer Heide belegen. Sicherlich bildete der Fluss Saale einen der Gründe, hier sesshaft zu werden. Aber wesentlich wichtiger waren die Salzquellen, die an dieser Stelle an die Oberfläche traten. Die Siedler aus der Epoche der Schnurkeramiker-, der Trichterbecher- und der Glockenbecherkultur sammelten die Sole in hohen schmalen Tongefäßen und setzten diese dann auf Ziegelstützen, den „Briquetagen“, ins Feuer, wo das Wasser langsam verdunstete. Übrig blieb Salz. Damit konnten die Siedler einerseits den Eigenbedarf zum Würzen und zum Pökeln decken. Andererseits war dieser Rohstoff eines der begehrtesten Handelsgüter im urgeschichtlichen Europa. Ein solcher „Schatz“ rief natürlich auch Neider auf den Plan. Die frühen Hallenser umgaben deshalb ihre Siedlungen mit einem mehrfach gestaffelten Verteidigungssystem von Palisaden, Wällen und Gräben, hinter deren letzte Bastionen sich Menschen und Vieh zurückziehen konnten. Mit einem Ausmaß von zwanzig Hektar stellte diese Fluchtburg eine der ältesten und größten Anlagen im steinzeitlichen Europa dar.

Koloss. In Halles Landesmuseum für Vorgeschichte tritt der Waldelefant wirkungsvoll aus der Wand in die Ausstellung. Der Riese war viermal so groß wie seine steinzeitlichen Jäger.

Ein „Tatort" aus der Bronzezeit

Die Entdeckungsgeschichte der Himmelsscheibe von Nebra ist filmreif - ein „Tatort" aus der Bronzezeit: Zwei Raubgräber hatten 1997 auf dem Mittelberg bei Nebra mit Metall-Detektoren einen rundlichen, flachen Gegenstand und zwei Schwerter aufgespürt und ausgegraben. Damit vernichteten sie die ursprüngliche Lage des sensationellen Fundes.
Noch schlimmer: Die Scheibe hielten sie für einen „Eimerdeckel" und versuchten, den Fund mit Seifenlauge und Stahlwolle (!) zu reinigen. Dann boten sie ihre Funde in einschlägigen Kreisen zum Verkauf an. Der Schwarzmarkt für gestohlene Kunstwerke reagierte kometenhaft: Der Preis für die Scheibe stieg von 32.000 bis auf 700.000 Mark.
Gerüchte aus der Szene drangen an die Öffentlichkeit. Das Landeskriminalamt von Sachsen-Anhalt schaltete sich ein und bahnte 2002 ein fingiertes Verkaufsgespräch zwischen den Hehlern und dem Landesarchäologen Dr. Harald Meller an. Bei dem Kontakt in einem Basler Hotel griff die Schweizer Polizei zu: Ausgerechnet eine Museumspädagogin und ein Lehrer waren den Fahndern ins Netz gegangen. Nun endlich fanden Scheibe und Schwerter ihren Weg nach Halle - in die Obhut des Landesmuseums von Sachsen-Anhalt für Vorgeschichte.

Plejaden und Mond: Wegweiser vor 3.600 Jahren

Die Stadt Halle beherbergt in ihren Mauern ein mehr als 3.600 Jahre altes Kunstwerk: die bei Nebra gefundene „Himmelsscheibe". Sie stellt ein einzigartiges Zeugnis der astronomischen Kenntnisse und der mythischen Vorstellungen der Bronzezeit in Europa dar und ist sogar die älteste erhaltene Abbildung des Kosmos der Menschheit überhaupt.
Nachdem die Odyssee von Himmelsscheibe und Schwertern (rechts) glücklich in Halle geendet hatte, begann ein Heer von Fachleuten (Archäologen, Mineralogen, Astronomen), die Funde nach allen Regeln der wissenschaftlichen Künste zu analysieren. Und wie immer in solchen Fällen meldeten sich auch die Bedenkenträger und behaupteten, die Science Community säße einer durchtriebenen Fälschung auf. Langsam verstummten die Stimmen der Kritiker, als sich die Erkenntnisse zu einem Gesamtbild verdichteten.
Unzweifelhaft in Mitteldeutschland angefertigt, diente die Scheibe der Bestimmung der Sonnenwende, der Tag- und Nachtgleiche und charakteristischer Sternenkonstellationen. Denn Sesshaftigkeit und Ackerbau machten jahreszeitliche Planungen für Aussaat und Ernte notwendig. Statt zur Himmelsbeobachtung gigantische steinerne Anlagen wie bei Stonehenge in England zu bauen, wollte ein sternenkundiger Mann zu diesem Zweck einen tragbaren Himmelskalender konstruieren. Auf einer etwa zwei Millimeter starken Scheibe mit einem Durchmesser von 32 Zentimetern brachte er als Sterne 32 kleine Goldplättchen an. Rechts vom Zentrum befindet sich eine Mondsichel, links als Vollmond eine runde Goldplatte.
Die Fachwelt ist sich einig, dass eine eng beieinander liegende Gruppe von sieben Goldmarkierungen die Plejaden im Himmelsbild des Stiers (oben) darstellt.
Ihre Konstellation zum zunehmenden Mond entspricht heute der Mitte des Monats März als Beginn des bäuerlichen Jahres, ihre Konstellation zum Vollmond der Oktobermitte, dem Ende der Erntezeit.
Auf beiden Seiten der Scheibe bedecken zwei später aufgebrachte goldene Randbögen je einen Winkel von 82 Grad der Himmelsscheibe.
Dieses entspricht dem Winkel des Sonnenauf- und untergangs zwischen der Winter- und Sommersonnenwende am Horizont auf dem Breitengrad Sachsen-Anhalts. Vom Fundort aus gesehen, geht die Sonne zur Sommersonnenwende genau hinter dem Brocken im Harz unter.
Ausgerichtet vom oberen Ende des linken Bogens über den unteren Rand des rechten Bogens auf den Berg, lassen die Horizontbögen als Kalender eine Verfolgung des Sonnenjahres zu.
Im unteren Teil der Scheibe brachte ein Handwerker einen weiteren goldenen Bogen an, der mit seinen zwei Längsrillen und Einkerbungen eine Sonnenbarke mit Ruderdollen darstellt. Sie symbolisiert mythologisch die nächtliche Überfahrt der Sonne von West nach Ost.

„Halla" - Kastell Karls des Jüngeren

Karl der Große mit Papst Gelasius Gregor I., Sacramentar von Karl dem Kahlen.

Halle - eine Stadt verbunden mit großen Namen der Geschichte; und das vom ersten Tag an. Denn keinem Geringeren als dem Sohn und designierten Nachfolger des Frankenherrschers Karl der Große verdankt Halle die schriftliche Ersterwähnung im Jahr 806 - und damit seine „Geburtsurkunde". Der Filius - auch ein Karl - hatte den Auftrag seines damals bereits betagten Vater (64) auszuführen, die Ostgrenze des fränkischen Reiches zu sichern. Damit übernahm Karl der Jüngere auch einen missionarischen Auftrag zur Verbreitung des Christentums. Im Raum des Saale-Elbe-Zusammenflusses lebten im frühen Mittelalter die aus christlicher Sicht heidnischen Slawen, insbesondere die Sorben. Wie archäologische Funde westlich von Elbe und Saale belegen, war es ihnen im 7. und 8. Jahrhundert gelungen, beide Flüsse zu überschreiten und an deren westlichen Ufern Befestigungen anzulegen. Keiner der bekannten Missionare erreichte dieses Gebiet. Auch der höchst erfolgreiche Bonifatius kam 719 nur in die Nähe, ins nördliche Thüringen. Selbst den Merowingern, den Vorläufern der fränkischen Könige, gelang es nicht, mit ihren Truppen bis an die Elbe vorzudringen. Die Karolinger Hausmeier Karlmann und Pippin stießen 744 zwar in Richtung der mittleren Elbe vor, konnten dort aber angesichts eines erbitterten Widerstands zunächst nicht Fuß fassen. Erst Karl dem Großen war es vergönnt, diese Region unter fränkischen Einfluss zu bringen. Seine Truppen waren auf dem Landweg bis in das Elbeknie bei Magdeburg vorgestoßen und hatten dort ein Kastell errichtet. Nun konnten sie von einer sicheren Warte aus nach Osten und nach Süden ins Slawenland vorstoßen.

Karl der Jüngere wählte für seinen Feldzug den Flussweg. Er ließ seine Truppen auf Schiffen elbaufwärts rudern und am Ostufer bei Magdeburg ein weiteres Kastell errichten. Von der Elbe abzweigend folgte er der Saale flussaufwärts. Das Expeditionskorps musste sich wiederholt mit den Sorben militärisch auseinandersetzen. Dabei gelang es den Truppen, die linkselbischen Burgen und Befestigungen der Sorben zu zerstören und sie über den Fluss nach Osten zurückzudrängen.

Im Jahr 806 geriet ein kleine Saale-Siedlung in den Fokus der fränkischen Geschichtsschreibung: Sowohl die Reichsannalen des Karl-Biographen Einhard als auch das Chronicon Moissaiacence notierten für das Jahr 806: „Am östlichen Ufer der Saale bei einem Ort Halla genannt, ließ Karl der Jüngere ein Kastell errichten." Entsprechend den Gepflogenheiten des frühen Mittelalters bestand das Kastell wahrscheinlich aus einer quadratischen Anlage mit einem umlaufenden Graben, einem Wall und einer Holzpalisade. Wo genau diese Garnison gelegen hat, ist immer noch umstritten. Zur Diskussion stehen der Domhügel, die Burg Giebichenstein, der Marktplatz und der Martinsberg.

Karls Expeditionskorps war erfolgreich. Die östliche Grenze des fränkischen Reiches - ab 839 als „Limes Sorabicus" (Sorbengrenze) bezeichnet - hielt trotz vieler Einfälle der Slawen stand. Der Salzhandel nach Süden und Südwesten, der sich bei Halle kreuzte, stand nun unter militärischem Schutz. Die keltische Bezeichnung für Salz - „hal" - gab dem Ort ihren Namen. Die Sorben nannten ihn „Dobru sol" (gutes Salz) und nahmen damit ebenfalls Bezug auf das weiße Gold. Ob der Name „Saale" von der in den Fluss einströmenden Sole abzuleiten ist, steht in Frage.

Karl der Große mit seinem unehelichen Sohn, Pippin dem Buckligen. Rechts eine Darstellung Karls von Albrecht Dürer.

Kastell und Ansiedlung im frühen Mittelalter.

Vorposten des Frankenreichs

Halle lag auf der Grenze zwischen den Gebieten der Sachsen und der slawischen Sorben. Beide Völker gehörten nicht gerade zu den glühendsten Anhängern des Christentums. Die Sachsen hatte Karl der Große erst mit Feuer und Schwert vom „rechten Glauben" überzeugen können. Und auch die Slawen waren nicht bereit, ihren Göttern abzuschwören und sich in das Fränkische Reich eingliedern zu lassen. Sie leisteten anhaltenden Widerstand und überquerten wiederholt Elbe und Saale.

Die Nachfolger Karls des Großen sahen sich deshalb gezwungen, militärisch gegen die unbotmäßigen Slawen vorzugehen, und drangen weit in ihr Gebiet östlich der Elbe vor. Unter Ludwig dem Frommen gelang es, die Ostgrenze des Fränkischen Reichs bis zur Mulde auszudehnen und Teile der Sorben ins Fränkische Reich zu integrieren. Sorbenfürst Tungulo musste den Franken zur Sicherheit seinen Sohn als Geisel überstellen. Weiteren Feldzügen in Richtung Osten war jedoch jeweils nur kurzer Erfolg beschieden. Denn die Slawen hatten mächtige und kriegserfahrene Verbündete: die ungarischen Madjaren. Um 908 erreichten ihre Reiterheere auch das Saalegebiet und zerstörten das fränkische Kastell und Teile der Siedlung Halla.

Oben und unten: Ritter in der Schlacht und auf dem Weg dorthin. Darstellungen von 925.

Die Feldzüge der Madjaren waren aber weniger auf Landnahme als auf Kriegsbeute ausgerichtet. Heinrich I., König des Ostfrankenreichs, erkaufte sich deshalb durch Tributzahlungen Ruhe an seiner Ostgrenze und schloss Verträge mit den slawischen Fürsten.

Wachssiegel von Otto I.

Er ließ die Befestigungen an seiner Ostgrenze weiter verstärken und richtete sein Augenmerk auch auf einen strategisch wichtigen Ort bei Halla: Ein germanisches Heiligtum befand sich auf der Kuppe eines Porphyrfelsens. Es war dem Gott Givich (der Gebende) geweiht. Die Slawen hatten es mit einer ringförmigen Wallanlage umgeben und zur Fluchtburg ausgebaut. Auf Weisung Heinrichs entstand dort um 930 eine Wehranlage mit Steinmauer, Verteidigungs- und Wachturm. Für die Ostfranken war Giebichenstein einer der wichtigsten Stützpunkte für die Verwaltung und die Verteidigung des Gaus Neletici. Die Anlage reihte sich ein in ein System von Burgwarden entlang der Elbe und Saale.

Heinrich rüstete auf. In der Schlacht bei Riade an der Unstrut konnte er die Madjaren am 15. März 933 entscheidend schlagen und die Sorben eines wichtigen Verbündeten berauben.

Harte Arbeit: Steinmetze errichten eine Burg (um 1000).

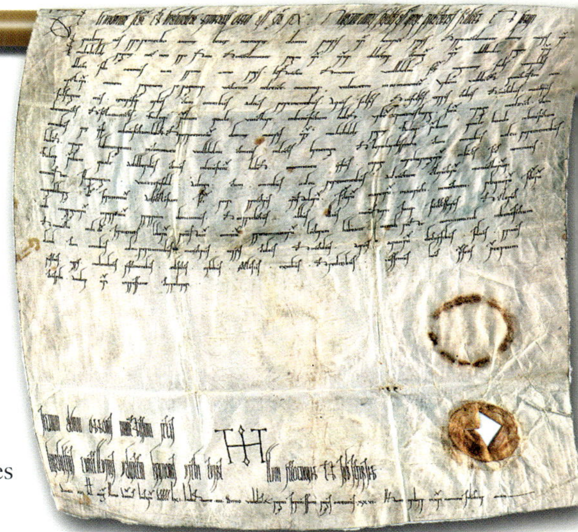

Urkunde von 961, die dem Mauritiuskloster als Bischofssitz ständige Einnahmen sicherte.

Otto I., genannt „der Große", folgte Heinrich auf dem Thron des Königs von Sachsen und ließ sich 962 zum Kaiser des Römischen Reiches Deutscher Nation krönen. Einen ständigen Wohnsitz hatte der Kaiser nicht; er reiste von Pfalz zu Pfalz. Zusammen mit seiner Frau Mathilde hatte Otto jedoch eine besondere Vorliebe für die Pfalz Magdeburg entwickelt und erhob das dortige Mauritiuskloster zum Bischofssitz. Ein Bischof mit Gefolge und Hofhaltung musste für seine Lebensführung über eine sichere Einnahmequelle verfügen. Deshalb übereignete Otto dem Magdeburger Kloster am 29. Juli 961 den gesamten Gau Neletici *„mit der Burg Givikonsten und seinen Solequellen sowie anderen Burgorten, salzigen und süßen Gewässern, deutschen und slawischen Hörigen"*.

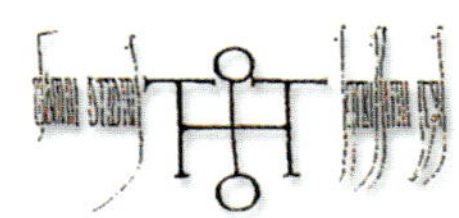

Das Signum von Otto I., auch „Otto der Große" genannt.

Am gleichen Tag ließ er dem Mauritiuskloster auch den Kirchenzehnten des Gaues zukommen. Mit dieser ständigen Einnahmequelle ausgestattet, erhielt Magdeburg 968 den Rang eines Erzbistums. Bis 1680 sollte Halle zum Erzbistum Magdeburg gehören, für 200 Jahre im Rang einer Residenzstadt.

Die Urkunde von 961 nahmen Halles Stadtväter 1961 zum Anlass, eine Tausendjahrfeier auszurichten, obwohl von einem Ort namens „Halla" dort keine Rede war.

Otto III. gibt Gau Neletici umfangreiche Privilegien

Von Otto III. (oben) erhielt der Gau Neletici 987 umfangreiche Privilegien: Die Region um Halla wuchs zu einer eigenständigen Verwaltungseinheit mit Marktrecht. Burg, Salzquellen und ein Knotenpunkt von Land- und Wasserwegen stellten günstige Vorraussetzungen für die Entstehung eines bedeutenden Handelsplatzes dar.
Den karolingischen Kriegern waren Priester nachgerückt. Das wohl erste Gotteshaus existierte im Kastell Karls des Jüngeren. Ihm folgten in nicht mehr bekannter Reihenfolge die Gertrudenkapelle (bei der heutigen Marktkirche), die Michaelkapelle (am Alten Markt), die Lambertikapelle (am Markt), die Moritzkapelle (im Thal) und die Nikolaikapelle (am Thalrand). Bis 961 hatten die Gotteshäuser dem Bistum Halberstadt unterstanden, das Karl der Große 811 gegründet hatte. Nun gehörten sie zum Erzbistum Magdeburg.
Germanische Sachsen, Siedler vom Oberrhein und slawische Sorben lebten hinter dem an die Mulde vorgeschobenen Limes im Raum Halla friedlich zusammen. Die Slawen waren nach der Verlegung der Grenzbefestigung nach Osten nicht vertrieben worden: Das Fränkische Reich brauchte Arbeiter, die das „weiße Gold“ aus der Erde holten. Die Völker vermischten sich. Geheiratet wurde allerdings nur unter dem Kreuz, eine milde Form der Zwangsmissionierung.
Nach der Ersterwähnung 806 gab es für lange Zeit keine weiteren schriftlichen Hinweise auf die Siedlung Halla. Archäologen sind jedoch durchaus in der Lage, Auskunft über die weitere Entwicklung des Raumes zu geben: Mitte des 9. Jahrhunderts standen bereits mehrere Siedlungen in der Nähe der Solequellen. Hinzu kamen Siedlungen auf dem Alten Markt und der Anhöhe im Ortsbereich Glaucha. Davon zeugen Relikte von Grubenhäusern, Pfosten- und Schwellbauten sowie Vorratsgruben.
So entstand ein geschlossenes Siedlungsgebiet, in dem im späten 10. Jahrhundert die Salzwerker auch die Quellen auf dem Hallmarkt durch den Bau von Brunnen erschlossen. Die Niederungen mit den vier Bachläufen, welche die Siedlungen voneinander trennten, waren zunächst von der Besiedelung ausgenommen - wahrscheinlich aus Angst vor Hochwasser.
Otto III. sorgte wie seine Vorfahren für die Weiterentwicklung des Erzstifts Magdeburg. Am 20. Mai 987 übertrug er dem Erzbistum das Zoll-, Bann- und Königsrecht im Gau und gestattete dem Bischof Giselar, dort Münzen schlagen zu lassen. Auf der Rückseite des Dokuments: der im 11. Jahrhundert nachträglich angebrachte Vermerk „Mercato Halle“, der „Markt Halle“. Ob Halla hiermit tatsächlich das Marktrecht erhielt, ist umstritten. Wahrscheinlich gab es Märkte auf dem Gebiet von Halla, Gebühren und Abgaben flossen jedoch in die Kassen der Verwaltung auf dem Giebichenstein.
Die Ottonen und die Erzbischöfe legten Wert darauf, die Verwaltung der Salzquellen des Thalgebietes im eigenen Zugriff zu halten, und setzten für das Gebiet der Quellen und Verarbeitungsstätten „Salzgrafen“ ein. Diese hatten dafür zu sorgen, dass Einkünfte aus dem Salzhandel in königliche Schatullen flossen. Außerdem übten sie die Gerichtsbarkeit über die Salzsieder aus.
Durch erzbischöfliche und königliche Rechtsverordnungen entstand auf diese Weise neben dem „Bergrecht“, also dem Recht für Halla mit dem Alten Markt, ein weiterer Rechtsbezirk für die Solequellen, das „Thalrecht“.

Wachssiegel von Otto III. auf der Urkunde vom 20. Mai 987 (im Hintergrund). Unten: Eine befestigte Ansiedlung, rechts ein Grubenhaus.

Zeit-Zeichen

622
Beginn des islamischen Kalenders.
681
Gründung des Bulgarischen Reiches.
711
Die Muslime landen in Andalusien und schlagen die Westgoten.
800
Der fränkische König Karl der Große wird in Rom vom Papst zum Kaiser gekrönt.
862
Normannen unter Rurik erobern Nowgorod.
870
In Köln wird der Hildebold-Dom, Vorgänger des Kölner Doms, eingeweiht.
875
Der Wikinger Gunnbjørn entdeckt Grönland.
885
Dänische Wikinger beginnen mit der Belagerung von Paris.
941
Igor von Kiew versucht vergeblich, Konstantinopel einzunehmen.
970
Gründung der Al-Azhar-Universität in Kairo.
976
In China wird der Kettenantrieb für mechanische Uhren erfunden.
988
Der Emir Hischam von Cordova erobert Barcelona und Léon.
1000
Der befürchtete Weltuntergang bleibt aus.

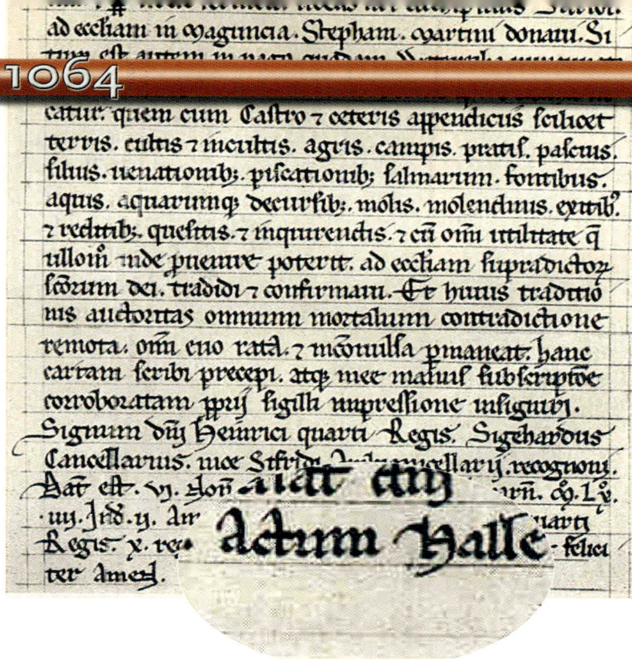
ad ecclesiam in Maguncia. Stephani. Martini donaui. Si
catur. quem cum Castro 7 ceteris appendiciis scilicet
terris. cultis 7 incultis. agris. campis. pratis. pascuis.
silvis. venationibus. piscationibus. salinarum. fontibus.
aquis. aquarumque decursibus. molis. molendinis. exitibus.
7 reditibus. quesitis 7 inquirendis. 7 cum omni utilitate que
ullomodo inde provenire poterit. ad ecclesiam supradictorum
sanctorum dei. tradidi 7 confirmaui. Et huius traditionis auctoritas omnium mortalium contradictione
remota. omni evo rata 7 inconvulsa permaneat. hanc
cartam scribi precepi. atque mee manus subscriptione
corroboratam proprii sigilli impressione insigniri.
Signum domni Heinrici quarti Regis. Sigehardus
Cancellarius. vice Sifridi archicancellarii recognovi.
actum Halle

Im Schatten der Burg

Zu Beginn des 11. Jahrhunderts begann die Nutzung der höchst ergiebigen Salzquellen im Thal um den heutigen Graseweg und den Trödel. Rasch siedelten sich handwerkliche Betriebe an, die Fleisch, Leder, Holz und Metall verarbeiteten. Die Bewohner umgaben die Bergsiedlungen Anfang des 11. Jahrhunderts mit einer massiven drei bis fünf Meter hohen Mauer, die auch den Alten Markt umfasste. Sie trennte das Thal von den Bergsiedlungen und bildete wohl den Kern der späteren Stadt. Damit verfestigte sich auch die Trennung in eine Thal- und Berg-Gerichtsbarkeit. Die Sage schreibt die Befestigung Kaiser Otto II. zu - der war allerdings bereits 983 gestorben. Die Bergbewohner begannen damit, die Bäche und Erosionsgräben zur Saale hin zu kanalisieren und schufen sich so weitere Siedlungsräume in Richtung auf das Thalgebiet.
Im Schutz der Befestigung entstand eine Stadt, der allerdings offiziell noch keine Stadtrechte verliehen worden waren. Der befestigte Marktort hatte jedoch eine derartige Bedeutung erlangt, dass König Heinrich IV. sich 1064 zusammen mit seinem Mentor, dem Erzbischof Adalbert von Bremen, in seinen Mauern beherbergen ließ. Heinrichs Ministeriale legten dem 14-jährigen König dort eine Urkunde für das Erzstift Mainz vor, die dieser am 2. Oktober mit dem Ausstellungsdatum unterzeichnete.
Während für die Ersterwähnung im Jahr 806 ein Chronist verantwortlich zeichnete, stand „Halla“ nunmehr auf einer königlichen Urkunde. Damit kann die urkundliche Ersterwähnung für das Jahr 1064 verzeichnet werden (links).
Seit der Erhebung Magdeburgs zum Erzstift im Jahr 968 sahen die Bischöfe Giebichenstein als eine ihrer wichtigsten Befestigungen an.
Magdeburg selbst war ihnen angesichts der sich wiederholenden Slaweneinfälle oft zu unsicher. Die von Heinrich I. errichtete Burgward ließen die Erzbischöfe durch steinerne Mauern befestigen. In einer Kapelle im Zentrum der Burg erhielt die Besatzung das nötige Gottvertrauen. Die Magdeburger Erzbischöfe nutzten Giebichenstein als Zuflucht und zeitweiligen Regierungssitz für die Verwaltung des gesamten Erzbistums. Auf der Burg starben Erzbischöfe, wieder andere wurden dort aufgebahrt, später nach Magdeburg überführt und im Dom beigesetzt - so Adalbert (981), Tangino (1012) und Walthard (1012). Für die Verwaltung des Gaus Neletici setzten die Erzbischöfe einen Burgvogt ein, dem die weltliche Gerichtsbarkeit oblag. Sie vergaben das Amt zunächst als Lehen, längerfristige Verträge gingen in ein Erbrecht über. Die Burg diente außerdem als Gefängnis für Mitglieder des Hochadels, wenn diese gegen Gesetze verstoßen hatten oder aus politischen Gründen aus dem Verkehr gezogen werden sollten.
Die Liste der prominenten Insassen ist lang. Zu ihnen gehörten Heinrich vom Nordgau (1004), Adalbert von Este (1014-1018), Ernst II. von Schwaben (1027-1029) und Gottfried II. von Lothringen, genannt „der Bärtige“ (1049-1051).
Der wohl berühmteste Gefangene war Landgraf Ludwig II. von Thüringen (rechts unten seine Grabplatte auf der Wartburg). Man warf ihm vor, 1087 auf der Jagd den Pfalzgrafen Friedrich von Sachsen ermordet zu haben, um dessen Ehefrau Adelheid zu erringen. Ludwig konnte sich auf der Burg frei bewegen und wagte eines Tages einen kühnen Sprung von der Mauer in die Saale. Man fing ihn jedoch wieder ein, und er sühnte für seine Mordtat durch mildtätige Stiftungen für die Kirche. Unter dem Namen „Ludwig der Springer“ ging er in die Geschichtsschreibung ein.

Burg Giebichenstein: Wichtiges Bauwerk zum Schutz gegen kriegerische Überfälle.

Seitenmitte: Anhänger des Bischofs von Konstanz erschlagen 1030 Ernst II. von Schwaben in der Nähe der Burg Falkenstein im Schwarzwald. Links: Nicht nur einmal fielen in der Gegend um Halle und Magdeburg die Slawen ein.

Die Reste des Klosters Neuwerk um 1750. Als Kardinal Albrecht das Kloster 1528/30 auflöste, wurden viele Gebäude - darunter auch die Klosterkirche - abgerissen. Seit der zweiten Hälfte des 17. Jahrhunderts diente das erhalten gebliebene Hauptgebäude dem Erzstift als Brauerei.

Erzbischof Adalgod von Osterburg gab seinen Segen zur Gründung des Klosters. Ganz rechts Erzbischof Norbert von Xanten.

Glühende Egge weist Bauherren den Weg

Nach christlich-mittelalterlicher Auffassung garantierten wohltätige Stiftungen den Verstorbenen eine Verkürzung der Zeit im reinigenden Fegefeuer und einen Platz an der Seite der Heiligen im Himmel. Unter der Leitung des angesehenen Hallensers Hazecho - dem ersten namentlich erwähnten Einwohner der Stadt - fanden sich mehrere Bürger zusammen und wandten sich in Magdeburg mit der Bitte an Erzbischof Adalgod von Osterburg, die Gründung eines Klosters auf einem Hügel zwischen Halla und Burg Giebichenstein zu erlauben.

Der Sage nach hatte Hazecho mit dem Bischof auf Giebichenstein einen Umtrunk gehalten und war in der Abenddämmerung stadtwärts geritten, als ihm eine glühende Egge am Himmel erschien. Langsam senkte sie sich herab auf einen Hügel an der Saale. Um die Stelle zu markieren, warf Hazecho seinen Handschuh dorthin. Der herbeigerufene Bischof sah die Egge noch in den Wolken verschwinden. Er gab dem Bauvorhaben seinen Segen. 1116 begannen die Hallenser vor dem Ulrichstor am Mühlengraben mit dem Jahrhundertwerk. Im Mittelpunkt der klösterlichen Anlage stand bald eine romanische Kirche mit vier mächtigen Türmen, umringt von Wohn- und Versorgungsgebäuden. Der Erzbischof stellte das „Neuwerk" (Novum opus juxta Hallem) als Chorherrenstift unter die Betreuung des Augustinerordens, die sich nicht unbedingt der Armut verpflichtet fühlten. Der erste Propst war ein Geistlicher namens Berwig, im Jahr 1118 gefolgt von dem mild- und wundertätigen Lambert.

Zeitweilig war Neuwerk sogar Regierungssitz: Als Erzbischof Norbert von Xanten sich 1129 mit den Magdeburger Bürgern anlegte, musste er aus der Stadt fliehen und fand er Unterschlupf bei den Mönchen des Klosters. Von hier aus belegte er Magdeburg mit dem Kirchenbann. Alle kirchlichen Besitzungen in und um Halla sowie die Einkünfte aus deren Liegenschaften überschrieb der Erzbischof dem Kloster. Dem Propst unterstand die geistliche Gerichtsbarkeit. Ohne sein Zutun durfte keine weitere Kirche errichtet werden. Auch die Einnahmen aus dem Holzzoll am Steintor und dem Überfahrtszoll an der Hohen Brücke bei Hochwasser flossen in die Klosterkassen. Zu den Geschenken gehörten ebenfalls der Giebichensteiner Salzborn und die Erträge aus dem Verkauf des kostbaren Gutes. Mit derartigen Finanzmitteln ausgestattet, konnte das Kloster weitere Solequellen erwerben - so bei Giebichenstein und in Salze bei Magdeburg - und eigene Siedereien gründen.

Die Begehrlichkeit des Propstes richtete sich auch auf eine weitere sichere weltliche Einnahmequelle: die Mühlen an der Saale. Im Laufe der Jahre gelang es dem Kloster, die Mühlen von Trotha, Gimritz, Böllberg, die Steinmühle und die Neumühle zu erwerben.

Die anderen Klöster auf halleschem Gebiet verblassten angesichts dieser Machtentfaltung: das Moritzkloster (1180), die Ansiedlung des deutschen Ritterordens St. Kunigunden, die erste Niederlassung in Deutschland (um 1200), das Kloster der Serviten oder Marienknechte (1216), das Zisterzienserinnenkloster St. Georgen, später Marienkammer in Glaucha (1231), das Barfüßerkloster (um 1240), das Kloster des Augustinerordens (1267) und das der Dominikaner am heutigen Domplatz (1271).

Die Reformation bedeutete auch für das Augustinerkloster Neuwerk das Ende. Kardinal Albrecht von Brandenburg - eher ein Renaissancefürst als ein katholischer Glaubensmann - löste 1529 die Klostergemeinschaft auf. Ihre Liegenschaften vermachte er der Stadt Halle, bares Vermögen floss in die Kasse des Landesherrn.

Neue Mauern sichern die Stadt

Der Kern der Altstadt war seit dem 11. Jahrhundert von einem Wall und einer Mauer umgeben, die einen Palisadenwall abgelöst hatten. Im Jahr 1118 begann die Stadt mit dem Bau eines neuen Befestigungsringes. Die Initiative für dieses Unternehmen, das die Topographie Halles bis in die heutige Zeit bestimmen sollte, schreiben die meisten Chronisten dem erzbischöflichen Burggrafen Wiprecht II. von Groitzsch (oben links) zu. Mit der jungen halleschen Bürgergemeinde verhandelte er über die Finanzierung einer Stadtmauer, die weit über das bisherige Siedlungsgebiet innerhalb des alten Befestigungsringes hinausreichen sollte (Zeichnung rechts, rote Linie). Welche Argumente die Hallenser schließlich überzeugten, ist umstritten. Einerseits drohte von Osten immer noch die Gefahr von Slaweneinfällen, andererseits war sicherlich auch der Siedlungsraum innerhalb der alten Mauer zu eng geworden. Hinzu kam, dass sich der Magdeburger Erzbischof Adalgod von Osterburg im Streit zwischen Heinrich V., dem letzten Salierkaiser, und dem aufrührerischen Sachsenadel auf die Seite der Sachsen geschlagen hatte. Möglicherweise hatte Wiprecht von seinem Dienstherrn sogar den Auftrag angenommen, mit Halla einen wichtigen Vorposten des Erzbistums zu befestigen. Auf jeden Fall verfügte die Stadt über die nötigen finanziellen Mittel, um ihre Befestigungsanlagen besonders im Osten weit vorzuschieben und auch das Thalgebiet mit einzubeziehen. Nach einer Bauzeit von nur sieben Jahren waren eine Ringmauer, Wälle und Gräben angelegt. Noch heute bilden die Ringstraßen ihren Verlauf ab. Die Fläche, die den Hallensern nun hinter sicheren Verteidigungsanlagen zur Verfügung stand, hatte sich verfünffacht.

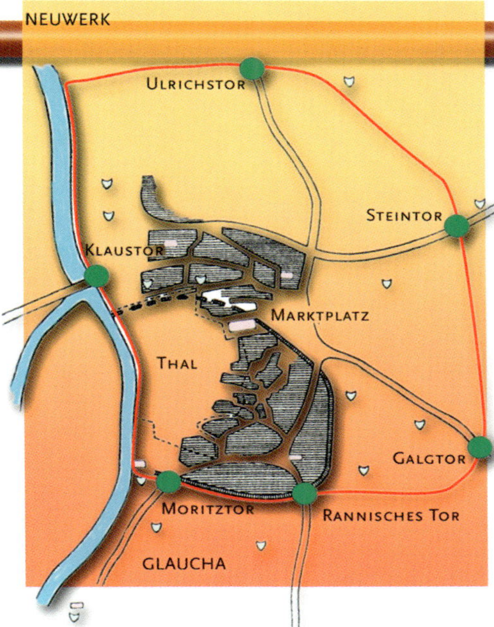

Am Klaustor und am Moritztor im Westen, am Rannischen Tor im Süden, am Galgtor und am Steintor im Osten sowie am Ulrichstor im Norden kontrollierten Wächter den Zugang zur Stadt. Die von den Toren nach innen führenden Straßen liefen auf die Mitte der Stadt zu, die bald von einem neuen Marktplatz mit der Gertrauden- und Marienkirche bestimmt wurde. Außerhalb des Walles lagen die Siedlungen des Klosters Neuwerk mit dem Neumarkt und die Siedlung bei Glaucha. Sie standen unter dem Schutz des Erzbischofs. Die erste Bewährungsprobe hatte die Festung zu bestehen, als König Lothar III. von Süpplingenburg gegen die Mauern anrannte. Eilika von Ballenstedt, die Mutter des Askaniers Albrecht des Bären, hatte ihn zu einer Fehde angestachelt. Mit einer Delegation war sie in Halla in schwere Auseinandersetzungen mit den Mannen des Burggrafen geraten. Mehrere Tote und Verletzte standen auf der askanischen Verlustliste. Auf dem Fürstentag zu Quedlinburg am 15. Mai 1130 beschloss Lothar, gen Halla zu ziehen. Der Magdeburger Erzbischof Norbert von Xanten hielt sich aus der Fehde heraus. Weder der König noch der Landesherr dankten der Stadt ihre vorherige Treue im Kampf gegen die Salier um die Macht im Reich.

Die Bürger verweigerten die Auslieferung der Schuldigen aus dem Scharmützel mit Eilikas Mannen. Nun drangen die sächsischen Krieger an der schwächsten Stelle der Anlage im Osten vom Martinsberg in die Stadt ein. Sie nahmen die „Frevler“ gefangen, und Lothar ließ sie - je nach ihrer Beteiligung an dem Vorkommen - an Händen und Füßen verstümmeln, blenden oder hinrichten. Die Stadtbefestigung hatte also ihre erste Bewährungsprobe nicht bestanden.

Im Lauf der nächsten Jahrhunderte passten die Baumeister die Anlagen immer wieder an die entsprechenden wehrtechnischen Entwicklungen der Zeit an. Zuletzt sicherte ein dreigestaffeltes System von Mauerringen, 40 Türmen und Bastionen die Stadt gegen Angriffe ab. Geflutete Gräben, die trockenen Fußes nur über Zugbrücken zu überqueren waren, sicherten Halla im Westen.

Das Siegel von Lothar III.

Wiprecht II. von Groitzsch: sagenhafter Graf auf der „Schwarzen Burg“

Wiprecht II. von Groitzsch, dem das heutige Halle seine räumliche Struktur im Innenstadtbereich verdankt, lebte bis kurz vor seinem Tod im Jahr 1124 in der Stadt. Er war eine höchst schillernde Figur. Seine Familie gehörte zu einem Adelsgeschlecht in der Altmark. Nach umfangreichen Gebietstauschen gelangte er in den Besitz der Grafschaft Groitzsch zwischen Elbe, Mulde und Pleiße. Durch eine Ansiedlung von Kolonisatoren in diesem Gebiet zog er sich den Zorn des ansässigen Adels zu und floh nach Prag.
Nachdem Wiprecht 1084 den Salier-Kaiser Heinrich IV. mit einem böhmischen Heer von 300 Mann im Feldzug gegen Papst Gregor VII. in Rom unterstützt hatte, war ihm das Wohlwollen der Großen des Reiches sicher. Nun rächte er sich an seinen alten sächsischen Feinden und ließ in Zeitz 17 Adelige umbringen und weitere Ritter blenden. Nach geltendem Fehderecht eignete sich Wiprecht die Besitzungen der besiegten Feinde an. Seine blutigen Taten reuten ihn jedoch so sehr, dass er sich auf Zuraten der Bischöfe von Magdeburg und Merseburg auf Wallfahrten nach Rom und Santiago de Compostela begab.
Wiprechts Sohn hatte sich inzwischen mit dem neuen Kaiser Heinrich V. überworfen und konnte nur gegen die Übertragung umfangreicher Besitzungen an die Salier wieder aus seiner Haft ausgelöst werden. Auch Wiprecht selbst schlug sich nun auf die Seite der Sachsen und stieg schnell zu einem der führenden Köpfe der sächsischen Adels-Opposition auf. Heinrich ließ ihn 1113 gefangen nehmen, verurteilte ihn zum Tode und begnadigte ihn dann zu drei Jahren Haft auf der Festung Trifels.
Wiprechts Sohn kämpfte inzwischen erfolgreich an der Seite von Lothar III. von Süpplingenburg gegen die salischen Machtansprüche. Sächsischen Truppen gelang es 1115, die Mannen des Kaisers in der Schlacht am Welfesholz vernichtend zu schlagen. Der jüngste Spross derer zu Groitzsch hatte wahrscheinlich sogar den kaiserlichen Feldherrn Hoyer von Mansfeld im Zweikampf getötet.
Vater Wiprecht begab sich nach seiner Entlassung aus der Haft in den Schutz seines Neffen, des sachsentreuen Erzbischofs Adalgod von Osterburg, und erhielt in Magdeburg den Rang eines Burgvogts. Darüber hinaus belehnte Adalgod den erfahrenen Kämpfer mit dem Amt des Burggrafen von Halla. Wiprecht oblag damit die weltliche Gerichtsbarkeit in der Stadt im Auftrag seines geistlichen Landesherrn. Wahrscheinlich übte er auch die Funktion eines Schultheißen aus, einer Art Oberbürgermeister als Aufsicht über die Verwaltungsgremien der Stadt. Auf dem Sandberg legte sich Wiprecht eine Befestigung an, die aus einem Wohnhaus und einem Turm bestand. Als frommer Mann errichtete er an der Stadtmauer neben seinem Adelshof eine Rundkapelle, die dem Heiligen Jakob von Compostela gewidmet war, dem Schutzheiligen der Pilger. In die Geschichtsschreibung ging der Sitz des alten Kämpen als die „Schwarze Burg“ ein. Als ein Feuer in seinem Wohnhaus ausbrach, erlitt Wiprecht schwere Verletzungen. Er fühlte sein Ende nahen, verließ Halle und suchte das von ihm gestiftete Kloster Jakobus in Pegau auf, wo er am 22. März 1124 starb. Das Amt als Burggraf von Halla ging an seinen Sohn Heinrich über.
Der Sage nach soll der „Schwarze Graf“ ein böser Wüterich gewesen sein, dessen Jagdfieber nicht einmal vor geweihten Tieren Halt machte. Deshalb ließ ein göttliches Strafgericht sein Schloss in der Saale versinken. Jedes Jahr tauchen die Zinnen am 25. Juni, dem St. Jakobustag, kurz vor Mitternacht für die Dauer von zwölf Glockenschlägen wieder auf...

Ein Scheingrab Wiprechts aus dem 13. Jahrhundert befindet sich nach dem Abbruch der Pegauer Klosterkirche in der dortigen Laurentiuskirche.

Die Schlacht am Welfesholz (links). Zusammen mit Lothar III. (rechts) schlug Wiprechts Sohn die Truppen des Kaisers Heinrich IV. vernichtend.

Herrschaftsübergabe von Heinrich IV. an Heinrich V.

Feilschen auf einem mittelalterlichen Markt.

Handel lässt Halle aufblühen - Erzbischöfe ließen einkaufen

Einen für die weitere Entwicklung Halles besonders wichtigen Landesherrn stellte Erzbischof Wichmann von Seeburg dar, der seit 1152 als Erzbischof in Magdeburg amtierte. Wie schon seine Vorgänger versuchte auch er, seinen Machtbereich durch Kolonisatoren zu sichern und auszuweiten. Er ließ in Westfalen und besonders in Holland Siedler anwerben, die Erfahrungen mit der Rodung und Kultivierung mooriger Flächen und Sumpfgebiete hatten, und sicherte ihnen weitgehende Steuerfreiheiten und die Erlassung von Frondiensten zu. Zu den Flamen, die sich in Halla ansiedelten, gehörten auch Tuchmacher, die sich auf die Herstellung feinen Gewebes verstanden. Dadurch etablierte sich in der Stadt neben dem Salzhandel ein weiterer Gewerbezweig, der eine überregionale Bedeutung entwickeln sollte. Der Zuzug der Einwanderer war höchst willkommen, denn 1136 hatte ein großer Brand den innerstädtischen Bereich nahezu vollständig eingeäschert. Viele Einwohner hatten Halla verlassen und sich auf das Land zurückgezogen. Die planmäßig angelegten geraden Straßen außerhalb der alten Ringmauern zeugen heute noch von den Neuansiedlungen. Familiennamen wie Flemming (= Flamen), Vrise oder Vriseke (Friesen) und Hollandus tauchen von nun an in den Urkunden der Stadt auf.

Ganz oben das Siegel des Erzbischof Wichmann. Darunter der „Wichmann-pfennig“. Unten links: Darstellung eines Kolonisationszuges nach Osten. Rechts außen das Bild eines pflügenden Bauern.

Wichmann gewährte den Städten und Märkten im Bistum größeren Freiraum für ihre Selbstverwaltung, denn der Handel besaß für ihn einen wichtigen Stellenwert. Der Erzbischof sorgte dafür, dass in Halla auf dem Neuen Markt ein erstes Kaufhaus entstehen konnte. Um diesen zentralen Handelsort - ein einstöckiges Gebäude ungefähr auf der Mitte des heutigen Marktplatzes - gruppierten sich kleinere Verkaufsbuden und Stände. Eine erzbischöfliche Verordnung regelte, wann die Handwerker und Kaufleute Hallas ihre Waren feilbieten konnten und wann den Bauern und Händlern des Umlandes der Zugang zum Markt gestattet war.

Diese Verkaufsmessen in Halla gewannen zunehmend auch über die Region hinaus an Bedeutung. Aus den slawisch dominierten Gebieten gelangten Honig, Leder, Wolle und Pelze an die Saale. Eine höchst begehrte Handelsware war Bienenwachs. Denn mit den Spenden von Kerzen für Kirchen und Kapellen ließen sich die Heiligen gnädig stimmen. Aus dem Westen kam feines Leinen, aus dem Süden Wein, Purpur und Barchent. Salz und Tuche konnten die Hallenser selbst anbieten. Die Saale abwärts und von der Elbe aufwärts brachten Flößer das für die Versiedung der Sole und für die Neubauten notwendige Holz in einen sich entwickelnden Hafen.

Die Magdeburger Erzbischöfe ließen in Halla einkaufen, wenn der eigene Markt erschöpft war, und versorgten sich dort mit Gold, Silber und Spezereien. Schon als sich 1128 Bischof Otto von Bamberg nach Pommern aufmachte, um von den Slawen gefangene Glaubensgenossen auszulösen, erwarb er die dafür nötigen Tauschgüter auf dem Markt zu Halla. Auf seiner zweiten Reise ließ er die Gastgeschenke flussabwärts bis Havelberg auf dem Schiffsweg verfrachten.

Der Fernhandel nach Franken, Spanien, Italien sowie in den Nahen Osten lag seit Otto I. in den Händen jüdischer Händler, die weiterhin unter dem Schutz des Erzbischofs standen. Auf ihren Ladelisten standen Perlen, Edelsteine, Pfeffer, Zimt und Weihrauch.

Der Handel ließ Halla zu Reichtum gelangen. Davon wollten auch die Erzbischöfe profitieren. Von nun an verliehen sie das Recht, Salz zu sieden und zu verkaufen, als Lehen auch an die Bürger der Stadt, denn bislang war der Salzhandel dem örtlichen Adel und dem Klerus vorbehalten gewesen. Eine neue städtische Gruppierung entstand: die „Pfänner“. Wer sich beim Erzbischof das Recht erkaufen konnte, am Salzhandel teilzunehmen, erschloss sich und seiner Familie eine sichere Einnahmequelle. Denn ein Gewohnheitsrecht ließ das Privileg der Pfännerschaft erblich werden.

Nach heutiger Quellenlage konnte Halla zur Amtszeit Wichmanns noch immer kein vom Landesherrn verbrieftes Stadtprivileg vorweisen. Jedoch waren alle Merkmale einer Stadt vorhanden: Mauer, Markt und Selbstverwaltung. Vielleicht ist die Urkunde im großen Brand von 1136 verloren gegangen. Ein Brief zur Verleihung der Stadtrechte an Jüterbog gibt jedoch einen indirekten Hinweis auf den Status der Saalestadt: Im Jahre 1174 stellte Wichmann Halla in die Reihe seiner „Städte“ im Erzstift: hinter Magdeburg und vor Calbe.

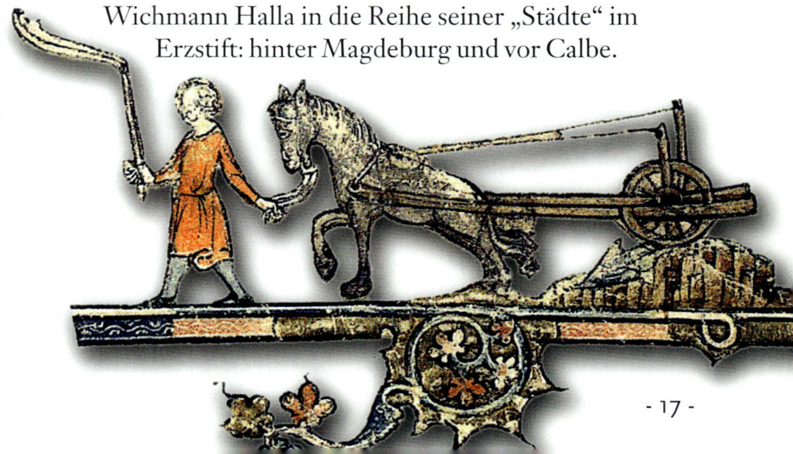

Friedrich I. (links) und Heinrich IV.

Grabplatte des Erzbischhofs Wichmann

„Saale-Nicken" narren Brückenbauer

Die Erzbischöfe Magdeburgs mussten stets zwischen ihrer Treue zum Papst, ihren Gehorsamsschwüren gegenüber Königen und Kaiser sowie regionalen welfischen und askanischen Machtansprüchen lavieren. Erzbischof Wichmann von Seeburg galt als ein getreuer Gefolgsmann von Kaiser Friedrich I., genannt „Barbarossa". Deshalb lag er mit dem Gegenspieler des Kaisers, dem Welfen Heinrich „der Löwe", in ständiger Fehde.
Besonders mit der Eroberung und Plünderung von Haldensleben hatte Wichmann dem Welfen 1181 schweren Schaden zugefügt und musste Rache fürchten. Der Bischof war ein kriegserfahrener Mann. Er maß der strategischen Lage der Burg Giebichenstein an einem wichtigen Flussübergang im Süden seines Herrschaftsgebietes große Bedeutung zu. Die Burg war sein letztes Refugium, auf das er sich im Notfall zurückziehen konnte. Halla sollte als eine seiner wichtigsten Städte im Erzbistum feindlichen Angriffen standhalten können. Das hölzerne Balkentor im schwer zu befestigenden Osten der Stadtmauer ließ er deshalb durch ein steinernes Verteidigungstor, das „Steintor", ersetzen. Die erhöhten und verbreiterten Mauern erhielten neue Wehrtürme, Handwerker vertieften die Wassergräben. Wichmann finanzierte außerdem den Neubau der „Hohen Brücke" über die Saale mit, die auf steinernen Füßen ruhen sollte. Damit wollte er einen Flussübergang, auf dem sich Truppen schnell über die Saale verschieben ließen, vor Brandlegungen sichern. Auch im Fall von Hochwasser war das jeweils andere Ufer sicher zu erreichen.
Es muss schwierig gewesen sein, die Fundamente in die schnell fließende Saale zu setzen. Von den immer wieder einstürzenden Pfeilern kündet eine Sage: Jede Nacht kamen die „Saale-Nicken", Wassergeister, angeschwommen und brachten das gerade fertig gestellte Mauerwerk wieder zum Einsturz, bis ein Priester sie schließlich bannen konnte.
Den alten Burgward von Giebichenstein, den noch Kaiser Heinrich I. hatte erbauen lassen, hielt Wichmann für nicht mehr verteidigungsfähig. Den bisher unbebauten Felsen über der Ward ließ er von einer 4,50 Meter hohen Steinmauer mit einem Torturm umfassen. Als letzter Zufluchtspunkt war ein Wohnturm mit einer Fläche von 100 Quadratmetern gedacht. In der Mitte der Anlage stand ein dreigeschossiger Palas, umgeben von einem Arkadengang. Fünf Räume konnten den Erzbischof samt Gefolge beherbergen, wenn dieser seinen Sitz von Magdeburg nach Giebichenstein verlegte. Eine um 1170 erbaute kleine Kirche bot den Burgbewohnern die Möglichkeit zur Andacht. Mit dem Neubau von Giebichenstein schuf sich Wichmann eine weitere Residenz im Erzstift.
Für seinen Nachfolger Ludolf von Kroppenstedt hatte Erzbischof Wichmann, der 1192 starb, mit der Verstärkung der Verteidigungsanlagen von Halla und Giebichenstein gute Vorarbeiten geleistet. Denn im Thronstreit zwischen den Welfen und den Staufern geriet die Region nun mehrfach zwischen die Fronten. Erzbischof Ludolf stand auf Seiten der Staufer und geriet damit in Konflikt mit Papst Innozenz III., der eine welfenfreundliche Politik betrieb. Für kurze Zeit regierten zwei Herrscher das Deutsche Reich, denn Ludolf und weitere Fürsten wählten Philipp von Schwaben, ihre Gegner den Welfen Otto IV. zum Deutschen König. Folgerichtig belegte der Stellvertreter Gottes das Erzbistum mit dem Kirchenbann. Nun konnte Otto mit päpstlichem Segen militärisch gegen das Erzstift vorgehen.

Die Burg Giebichenstein 1838...

...und um 1900.

Im September 1203 griff der Welfe Halla und Giebichenstein an. Neun Wochen belagerten seine Truppen die Stadt, die Unterstützung durch Otto II. von Brandenburg erhielt. Während das Umland schwer in Mitleidenschaft gezogen wurde, konnte Halla den Angriffen standhalten. Otto IV. überwarf sich jedoch mit dem Papst, der ihn 1209 selbst zum Kaiser gekrönt hatte. Innozenz III. wechselte die Seiten und wollte nach der Ermordung Philipps den Staufer Friedrich II. zum Kaiser krönen. Im Jahr 1210 belegte der Vatikan den Welfen Otto mit dem Kirchenbann. Inzwischen war Albrecht II. von Käfernburg, der auf der Seite der Welfen stand, zum Landesherrn im Erzbistum Magdeburg gekürt worden. Er musste 1212 gegen seinen Willen das päpstliche Verdikt gegen den Welfen durchsetzen. Damit zog er sich den Unwillen Ottos zu. Dieser verhängte gegen das Erzstift die Reichsacht und ließ 1213 seine Truppen erneut, jedoch wieder vergeblich, gegen die Mauern Hallas anrennen. Der Erzbischof selbst geriet zweimal in Gefangenschaft und musste freigekauft werden. Friedrich II. kam Halla zur Hilfe und ließ böhmische und mährische Truppen in Bewegung setzen. Sie bewahrten die Stadt vor dem Untergang, verwüsteten aber die Region. Als Otto IV. am 19. Mai 1218 starb, war der Thronstreit zwischen Welfen und Staufern endgültig beendet. Halla überstand die Zeit der Stauferkriege unbeschadet, und Giebichenstein hatte sich als Refugium und Bischofssitz bewährt. Da die Burg in den folgenden Auseinandersetzungen mit der nach Selbständigkeit strebenden Stadt Halle für die Erzbischöfe von großer Bedeutung war, ließen Ruprecht von Querfurt (Regierungszeit 1260-1266), Dietrich Kagelwit (1361-1367) und Albrecht II. von Sternberg (1367-1372) Giebichenstein ausbauen. Die unter Erzbischof Friedrich III. von Beichlingen (1445-1464) um 1450 errichteten Mauern bestimmen noch heute das Aussehen der Anlage. Die Erzbischöfe setzten zunächst Burggrafen, später - nach dem Erlöschen des burggräflichen Geschlechts - Burghauptmänner zur Verwaltung ein. Zu den Dienstleuten der Burggrafen und ihrer Amtsnachfolger zählten auch die bis um 1400 nachweisbaren Ministerialen von Giebichenstein, die sich nach ihren Burglehen bezeichneten. Die Burg diente den Magdeburger Erzbischöfen wiederholt als zeitweiliger Regierungssitz, von 1382 bis zur Fertigstellung der Moritzburg in Halle im Jahr 1503 sogar als Hauptresidenz.

Der „Saalaffe" aus dem Fundus der Moritzburg ist der Sage nach der letzte Überrest der in Stein verwandelten Flussgeister.

Zeit-Sprung

ins Jahr 1181. Erzbischof Wichmann von Seeburg hat die strategische Position von Burg Giebichenstein erkannt - zum Schutz seiner bedeutsamen Stadt Halla vor dem kriegerischen Welfen Heinrich, „dem Löwen". Wesentlich sanfter geht es dagegen am Saalestrand vor der Burg zu: Minnesänger Kai gesteht seiner angebeteten Maria die (noch?) unerfüllte Liebe, frei nach dem späteren Walther von der Vogelweide (denn der ist 1181 gerade erst neun Jahre alt): *„Unter der Linde an der Heide / wo unser beider Bette war / dort könnt ihr finden beides / liebevoll zerdrückte Blumen und Gras / vor dem Walde in einem Tal / Tandaradei! sang schön die Nachtigall."* Maria, die holde, ist sichtlich beeindruckt - nicht zuletzt wegen dieser „Laute" mit dem langen Hals, den strammen Saiten und silbernem Zierrat. Kein anderer Troubadour weit und breit bezirzt mit solch einem Zauberding. Doch was hilft es? Die Nacht wird Maria wieder allein in ihrer Kemenate auf Burg Giebichenstein verbringen müssen: von wegen Tandaradei...

Papst Innozenz III. machte den Juden im 12. Jahrhundert das Leben schwer.

Schwere Zeiten für jüdische Bürger

Um das Jahr 965 reiste der jüdische Kaufmann Ibrahim Ibn Jacub durch Deutschland und hielt seine Erlebnisse in einer Reisebeschreibung fest. Darin berichtet er auch von einem „Salzwerk der Juden" am Fluss Salawa (Saale). Es handelt sich hier um die Saline von Halle - und um die erste Erwähnung von Juden in oder bei der Stadt. In jüdischem Besitz befanden sich die Salzquellen jedoch nicht. Wahrscheinlich ist, dass jüdische Kaufleute am Salzhandel beteiligt waren, und dass sich in der Nähe der Saline eine Judenkolonie angesiedelt hatte.

Genauere Kenntnisse über die jüdischen Bewohner Halles stammen aus dem 12. Jahrhundert; im Jahr 1184 werden sie erstmals urkundlich erwähnt. Zu dieser Zeit dehnte sich die Stadt aus und errichtete einen neuen Befestigungsring aus Mauern, Wällen und Gräben. Im Norden dieses Areals entstand das hallesche Judendorf - abgelegen hinter dem Gebiet zwischen der Moritzburg und der heutigen Kleinen Ulrichsstraße. Wahrscheinlich umgab eine Lehmmauer das Ghetto, dessen Bewohner in meist einstöckigen Häusern lebten. Auch eine Synagoge und ein rituelles Tauchbad, die Mikwe, waren vorhanden - unabdingbar für eine jüdische Gemeinde. Außerhalb der Stadtbefestigung in Richtung Norden hatte diese ihren Friedhof errichtet.

Seit dem Ende des 11. Jahrhunderts hatte sich die Situation der Juden stark verschlechtert: Als Folge der Kreuzzüge waren religiöse Differenzen zwischen Christen und Juden aufgeflammt und hatten zu ersten Verfolgungen und Zwangstaufen geführt. 1207 sollen die jüdischen Bewohner Halles zum ersten Mal vertrieben worden sein. Beschlüsse des Laterankonzils aus dem Jahr 1215 unter Papst Innozenz III. verpflichteten Juden nun dazu, als Kennzeichen einen spitzen Hut oder ein besonderes „Judenzeichen" an ihrer Kleidung zu tragen. Da sie kein Handwerk mehr ausüben durften, mussten sie von nun an ihren Lebensunterhalt durch Geldgeschäfte, vor allem durch den Geldverleih gegen Pfänder, Immobilien und Zinsen bestreiten. Nach mittelalterlichem Verständnis durften Christen keine Zinsen auf verliehenes Geld erheben; Juden hingegen war dies erlaubt.

Wie in vielen Städten standen die Juden auch in Halle außerhalb der städtischen Gemeinschaftsordnung. Das Gebiet, das sie bewohnten, zählte zum Grundbesitz des Erzbischofs. An ihn zahlten sie jährlich einen Schutz- und Bodenzins. Schon vor 1310 versuchte auch die Stadt, die Juden zu besteuern. Dieser Versuch schlug zunächst fehl, da die Juden nach dem großen Brand im Jahr 1312 die Stadt verlassen hatten.

Zu dieser Zeit ging das Hoheitsrecht am Stadtgebiet an den Rat über, und dieser nahm 1316 in die Stadtwillkür den Satz auf: *„Dazu haben auch unsere Herren gewillküret, dass man von der Stadt wegen keinen Juden mehr verbrieven soll, es geschehe denn mit Wissen und Willen aller derer, die zu Halle Bürger sind."* Allerdings hatte Erzbischof Burkard III. von Mansfeld-Schrapelau 1314 das Gebiet des einstigen Judendorfes an das Kloster Neuwerk übergeben, das Juden dort die Wiederansiedlung erlaubte und somit das Vorhaben der Stadt zunächst durchkreuzte. Erst 1351 - also nach den Ausschreitungen gegen die Juden während der Pestjahre -gelang es dem Rat in Halle, das Gelände durch Kauf zu erwerben. In der Folge mussten die Juden der Stadt jährlich zwölf rheinische Gulden Pacht für die Nutzung ihrer Synagoge sowie einen Zins für die Wohnhäuser zahlen.

Menschen jüdischen Glaubens auf der Flucht.

Im gesamten 14. und 15. Jahrhundert kam es immer wieder zu Abwanderungen der Juden und zu anschließenden Wiederbesiedelungen des Judendorfes, bis im Jahr 1493 die jüdischen Bewohner endgültig die Stadt verließen. Erst im Jahr 1692 erhielten einige jüdische Familien - nun durch die Brandenburger Herrschaft - die Erlaubnis, in Halle zu wohnen und ihrem Gewerbe nachzugehen.

Verbannung ins Ghetto: Juden wurde ein abgelegenes Wohngebiet zugewiesen.

1232

Eike von Repgow - ein Sohn der Stadt?

In der Bruderstadt Halles, in Magdeburg, steht - wie auch in Reppichau - ein Denkmal für Eike von Repgow. Auch in Halle ließe sich sicherlich noch ein Platz finden, wo die Stadt an den verdienten Schöffen und vielleicht auch Sohn der Stadt erinnern könnte...

Aus der Feder eines mittelalterlichen Juristen, der sich Eike von Repgow nannte, stammt ein Werk, das die zersplitterte Rechtsordnung Sachsens ordnete und vereinfachte: der „Sachsenspiegel." Er entstand um 1232 am Rande des Selketales auf der Burg Falkenstein im Unterharz.

Der erste Teil besteht aus dem Landrecht für Freie und Bauern zusammen mit dem Strafrecht und der Gerichtsordnung. Der zweite Teil - das Lehnsrecht - regelt als eine Art Verfassung das Verhältnis zwischen den Ständen und dem König oder Kaiser. Da nur wenige Menschen der damaligen Zeit lesen und schreiben konnten, ließ Eike den Text von bildlichen Darstellungen der Rechtspraktiken und der Lösung der Probleme begleiten (oben).

Wappen des Magdeburger Schöffenstuhls

Die große Wirklichkeitsnähe von erprobtem und bewährtem Recht verhalf der Sammlung zu hoher Akzeptanz, so dass sie sich schnell über weite Landstriche von den Niederlanden bis in das Baltikum ausbreitete. Außerdem förderten die Stadtgründungen im Zuge der Ostkolonialisierung die Verbreitung des Rechtsbuches bis weit in den südosteuropäischen Raum. Der Sachsenspiegel diente als Vorbild für weitere Rechtsbücher, wie den Augsburger Sachsenspiegel, den Deutschenspiegel und den Schwabenspiegel.

Woher stammte nun dieser mittelalterliche Jurist? Urkunden von 1212 und 1225, die einen „Eico" als Zeugen vor den Magdeburger und Hallischen Gerichten erwähnen, führen ihn unter den Bürgern (burgenses) oder Einwohnern von Halle (cives hallenses). Und auch eine Schenkungsurkunde des Moritzklosters von 1211 verzeichnet einen Spender namens Eico. Noch 1266, beim Beschluss, ein Schöffenbuch zu führen, wird in Halla ein „Conrat, heren Eyken sone" genannt. Eine derartige Häufung desselben Namens in einer Stadt ist im hohen Mittelalter in der Regel ein Anzeichen für verwandtschaftliche Beziehungen.

Wahrscheinlich kam die Familie Eikes im Zuge der Ostkolonisation aus dem Raum um Köln nach Halle. In einer Urkunde von 1182 taucht unter den Halleschen Patriziern zum ersten Mal der Name Eiko auf, der mit seinen Brüdern einen Rechtsakt bestätigte. Zur gleichen Zeit erwähnt auch eine Kölner Schreinsurkunde einen Eiko von Halle, der ins Sorbenland ausgewandert war und noch Handelsbeziehungen zur Stadt am Rhein unterhielt. Der Namenszusatz „von Repgow" deutet auf den Ort Reppichau zwischen Dessau und Köthen hin. Hier soll Eikes Familie ein Gut besessen haben. Urkundlich nachgewiesen ist ihr Haus in Magdeburg, das sie als Lehen erhalten hatte.

Somit ist es wahrscheinlich, dass eine hallesche Familie ihren Sohn Eike, vielleicht in Repgow geboren, in die Domschule zu Magdeburg schickte, wo er mit dem von Erzbischof Wichmann von Seeburg initiierten Stadtrecht in geistige Berührung gelangte. Als Mitglied einer Familie, die in Rechtsfragen erfahren war, erhielt er dann in Halle die Aufgabe eines Schöffen und musste städtische Interessen am Sitz des Landesherrn vertreten. Dort entdeckte ihn der Ritter Hoyer von Falkenstein und finanzierte ihm auf seiner Burg (rechts) die Niederschrift des einzigartigen Rechtsbuches.

Den in Latein formulierten Sachsenspiegel zitierten als erste die halleschen Schöffen 1235 in einer Rechtsmitteilung an die schlesische Stadt Neumarkt. Die Übersetzung ins Deutsche begründete auch die Vereinheitlichung der niederdeutschen Schriftsprache. Noch bis zum Erlass des Allgemeinen Preußischen Landrechts 1794 beziehungsweise des Code Civil Napoleons 1806 hatten diese Rechtsverordnungen in Sachsen Bestand.

Gigantische Weltkarte mit 3,50 Metern Durchmesser

Die kartographische Ersterwähnung der Stadt Halle findet sich auf einer der bemerkenswertesten Karten des Mittelalters, der Ebstorfer Weltkarte: Sie verzeichnet „Halla“ am Fluss „Sala“. Mehr als 500 Jahre nach ihrer Anfertigung Mitte des 13. Jahrhunderts tauchte dieses Meisterwerk der Kartographie 1830 in einem Abstellraum des ehemaligen Benediktinerinnenklosters Ebstorf, rund 25 Kilometer südlich von Lüneburg, wieder auf. Bei dieser Weltkarte handelt es sich um eine Radkarte, in deren Mittelpunkt Jerusalem liegt, die Wirkungsstätte des christlichen Religionsstifters. Das Ausmaß dieser auf mehr als 30 Ziegenhäuten gemalten Darstellung der Welt ist mit 3,50 Metern im Durchmesser gigantisch. Die Karte zeigt die Erde auf eine Fläche projiziert, in deren oberem linken Teil Asien, im unteren linken Teil Europa und außen rechts Afrika dargestellt sind. Analog dem Sonnenaufgang („ex oriente lux“) liegt der Osten oben auf der Karte. In den schmückenden Details sind Sagen, Mythen, biblische Geschichten und antike Reiseberichte wie von Herodot, Weltbeschreibungen (zum Beispiel von Plinius) und Motive des mittelalterlichen Alexanderromans miteinander verwoben.

Nord- und Mitteldeutschland nehmen einen überproportionalen Raum auf der Karte ein. Direkt eingezeichnet und benannt sind Bremen, Verden, Ebstorf, Lüneburg, Hannover, Braunschweig, Hildesheim und auch Corvey. Von Norden nach Süden um den Harz herum finden sich Städte unter weltlicher Herrschaft wie Goslar, Haldensleben, Orlamünde und Eisenach; als Bistümer und Städte in klerikalem Besitz sind das Erzstift Magdeburg, Quedlinburg, Halberstadt, Halle, Nienburg und Erfurt eingezeichnet. Die Bistümer der Region wären vollständig, würde nicht Merseburg fehlen. Der Grund dafür ist nicht bekannt.

Halla auf der Ebstorfer Weltkarte (Vergrößerung und roter Kreis links): eine durch Mauer und Zinnen bewehrte Stadt, überragt von einem hohen Turm und zwei kleineren Türmen.

Die Detailgenauigkeit Nord- und Mitteldeutschlands schlägt sich auch in der zeichnerischen Erwähnung der Flussläufe der Region nieder. Während für England noch nicht einmal die Themse dargestellt und zwischen Weser und Rhein kein einziger Fluss eingezeichnet ist, sind norddeutsche Wasserläufe wie Weser, Leine, Aller, Ilmenau, Bode und Ucker leicht zu identifizieren. Aus dem Osten des Harzes fließt die Bode in die Saale, die in die Elbe mündet. Flussaufwärts ist der Zufluss der Mulde eingezeichnet. Im südlichen Bereich der Elbe findet sich Meißen, an der Moldau Prag.

Möglicher Auftraggeber der Karte: Otto das Kind, Herzog von Braunschweig-Lüneburg. Darunter die riesige Radkarte.

Die Karte kann nur von Personen mit genauer Ortskenntnis gezeichnet worden sein, denn die Vorlagen für das Signum der jeweiligen Städte bilden Originalansichten, Siegel oder auch Münzen. Jeder Ort der Region ist durch unverwechselbare Merkmale charakterisiert, wie die Anzahl von Kirchen, Stadttürmen und deren Lage zueinander. Kein Signum einer Stadt gleicht dem einer anderen. Das Signum von Halle zeigt eine durch Mauer und Zinnen bewehrte Stadt, überragt von einem hohen Turm und zwei kleineren Türmen. Es ist nicht auszuschließen, dass es sich dabei um Kirchtürme handelt, denn Wehrtürme sind auf der Karte in der Regel mit Zinnen dargestellt. Allerdings existierten Mitte des 13. Jahrhunderts bereits vier Kirchen in der Stadt: St. Moritz, St. Marien, St. Gertruden und die gerade fertig gestellte St. Ulrichskirche. Zum damaligen Siegel der Stadt lassen sich allenfalls strukturelle Ähnlichkeiten auffinden. Denn es zeigt einen kirchenähnlichen Bau, flankiert von zwei Türmen. Im Hintergrund überragt ein weiterer Turm die Anlage. Gegen die Darstellung einer Stadtmauer auf dem Siegel spricht der nach oben abgerundete Mittelbau. Die Herkunft des Signums von Halle auf der Weltkarte bleibt somit im Dunkeln der Geschichte des Mittelalters verborgen.

Zeit-Zeichen

1187
Die Kreuzritter werden von Sultan Saladin aus Palästina vertrieben.
1189
Die älteste Papiermühle Europas entsteht in Frankreich.
1190
Gründung des Deutschen Ritterordens.
1191
In Japan werden der Tee und der Zen-Buddhismus aus China eingeführt.
1201
Im Donaugebiet entsteht das Nibelungenlied.
1206
Dschingis Khan wird zum Mongolenführer gewählt.
1210
Wolfram von Eschenbach vollendet den Parzival.
1216
Die Universität Paris erhält eine Satzung.
1219
Eine Nordseesturmflut erzeugt den Jadebusen.
1222
Die Universität Padua wird gegründet.
1231
Eine Lepra-Epidemie wütet in Europa.
1244
Jerusalem kommt unter islamische Herrschaft.
1245
Die Westminster-Abbey wird in London gegründet.
1249
Der Federkiel kommt als Schreibfeder auf, bevorzugt werden Gänsefedern.

Privilegien gegen Bares

Obwohl die Stadt nun über eine umfangreiche Selbstverwaltung verfügte, hatte der Landesherr immer noch Möglichkeiten, in das innerstädtische Regime einzugreifen. Selbstverständlich war der Rat Hallas darauf erpicht, dem Magdeburger Erzbischof auch noch seine übrigen Privilegien abzuringen. Dazu nutzten die Stadtväter die chronische Geldknappheit Ruprechts von Querfurt und machten ihm ein Angebot, das er kaum ablehnen konnte: Sie wollten ihm weitere Freiheiten für die Stadt gegen Bares abkaufen. Nach langwierigen Verhandlungen unterschrieben die Vertragspartner am 30. Juli 1263 eine Urkunde, die heutzutage als die „Magna Charta“ von Halle (unten links) bezeichnet wird: Es war der Stadt 2.200 Mark reinen Silbers wert, dass der Erzbischof im Umkreis von einer Meile keine neue Burg bauen durfte, es sei denn, das Erzbistum wäre bedroht. Nach Ende einer Fehde sollte die Befestigung wieder abgerissen werden. Ruprecht sprach der Stadt Halla die gleichen Rechte zu wie seinem Hauptsitz Magdeburg. Außerdem verpflichtete er sich dazu, in der Thalstadt keine neuen Salzbrunnen mehr bohren zu lassen, und gab den Verkauf der rund 100 Siedehütten - mit Ausnahme einiger Siedestätten der Kirche und des Adels - an finanzkräftige Bürger der Stadt frei.

Alle, die bisher das Privileg zum Salzsieden als Lehen innehatten, avancierten auf diese Weise zu Eigentümern. Nun floss in verstärktem Maße innerstädtisches Geldkapital in die Salinenbetriebe, die dadurch einen weiteren Aufschwung erfuhren. Die Brunnen blieben jedoch in der Hand des Landesherrn. Der erkannte das Thalrecht als Entscheidungsgrundlage für alle Streitigkeiten zwischen ihm und den Pfännern an. Diese Regelung stärkte besonders die innerstädtische Bedeutung der Salzsieder beträchtlich, die im Rat allmählich die Oberhand gewannen. Erzbischof Konrad II. von Sternberg erkannte die Vertreter des Rates als vertrauenswürdige Amtspersonen an und berief 1276 sogar zwei Ratsmänner Hallas in das Kontrollgremium über die Qualität der Münzprägung in Magdeburg. Für 250 Mark Silber verpfändete sein Nachfolger Bernhard von Wölpe 1281 der Stadt auch noch das Recht, auf dem Land- und Wasserweg in der Umgebung Zölle für den Salztransport zu erheben. Halla schloss sich der „Hanse“ an, einem Bündnis von Städten, die sich gegenseitig den Schutz ihrer Händler zusicherten. Am 4. März 1281 tauchte Halla zum ersten Mal in einer Urkunde der Hanse auf, als diese den „Deutschen Stapel“ in Brügge aufgab.

Links: Zahlung der Stadt an den Landesherrn, um Privilegien zu erhalten.

Weitere Urkunden aus dem 13. Jahrhundert belegen Handelsbeziehungen Hallas zu Wisby und Nowgorod. Die Farben der Hanse - Rot und Weiß - finden sich heute noch im Wappen und in der Fahne der Stadt.
Seit 1307 saß Burkhard III. von Mansfeld-Schrapelau auf dem Stuhl des Erzbischofs von Magdeburg. Ihm gingen die Freiheiten in seinen Städten zu weit. Ständig versuchte er, die von seinen Vorgängern mit Halla geschlossenen Verträge zu unterlaufen, war aber andererseits auch auf die Finanzkraft der Stadt angewiesen. Für 500 Mark Silber übereignete er am 24. Juli 1310 dem Rat die Verwaltung von Siedehütten für unmündige Erben und nicht unmittelbare Verwandte der Eigentümer. Diese Urkunde begrenzte die Funktion des Salzgrafen und des Schultheißen auf eher repräsentative Aufgaben.
Burkhard erkannte die Vertretung der gewählten Ratsmänner und das Selbstbestimmungsrecht der städtischen Verwaltung, der „Burkore“ an. Daraufhin konnte sich der Rat 1316 mit seiner „Willkore“ eine eigene Verfassung geben, die nicht mehr vom Landesherrn abgesegnet werden musste.

Pelzhändler aus Nowgorod auf den Gestühlswangen einer Kirchenbank.

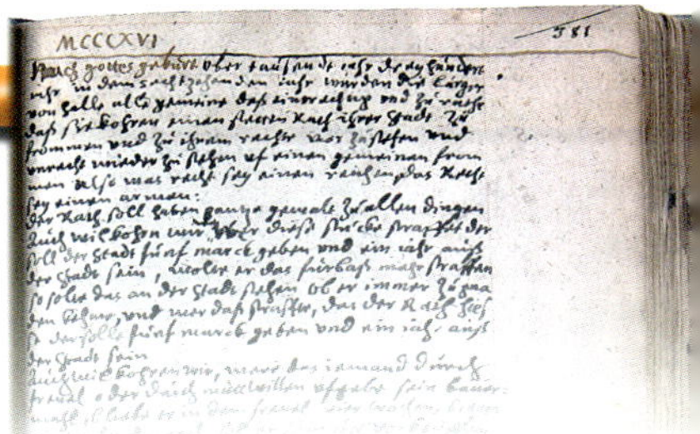

Eine Abschrift der Willkore. Sie verbriefte das Recht des Rates, die Stadt selbstständig zu regieren.

Tod dem „räuberischen Hirten“

Die ständig von Geldnöten geplagten Magdeburger Erzbischöfe versuchten, die den Städten ihres Herrschaftsbereichs verliehenen Privilegien wieder rückgängig zu machen. Zunächst konnten die Städte dem Begehren der Kirchenfürsten noch widerstehen. Unter Burchard III. von Mansfeld-Strapelau jedoch spitzte sich die Situation in Halle und Magdeburg zu.

Der Erzbischof von Magdeburg, Burchard III. von Mansfeld-Strapelau, hat seine Vertragsbrüche mit dem Leben bezahlt.

Burchard machte den Hallenser Stadtvätern den Vorwurf, selbstständig neue Innungen zugelassen, Priester unter weltliche Gerichtsbarkeit gestellt und die Juden besteuert zu haben. Um Frieden zu halten, zahlte die Bürgerschaft 500 Mark Stendalschen Silbers als Strafe. Die Konflikte blieben jedoch bestehen. Als die Stadt sich weigerte, auf immer neue Bedingungen einzugehen, gab der Bischof seinen Anhängern das Umland Hallas zur Plünderung frei.

Noch schwerer traf die Geldgier die Stadt Magdeburg, die er ständig mit neuen Abgaben und Steuern belastete. Als die Stadt die Zahlung verweigerte, belegte er sie - wie auch Halla - mit dem Bann.

Im Jahr 1313 schätzte der Bischof die Lage in Magdeburg zum ersten Mal falsch ein:

Papst Johannes XXII. (links) belegte 1325 Halla und Magdeburg mit dem Kirchenbann, der von Papst Benedikt XII. 1336 wieder aufgehoben wurde.

Als er im August die Neustadt betrat, ließ ihn der Rat für drei Wochen in Arrest nehmen und drohte an, ihn in einem Holzkasten am Turm der Johanniskirche hochzuziehen. Burchard gelobte Besserung. Wieder freigelassen verkündete er jedoch, dass er sich einem erzwungenen Eid nicht verpflichtet fühle.

Nun versuchte er systematisch, der Stadt Halla alle Rechte wieder zu nehmen, die er selbst ihr 1310 verliehenen hatte, und die Freiheiten in der städtischen Selbstverwaltung aufzuheben. So entzog er den Bürgern das verbriefte Recht, nicht vor geistlichen Gerichten erscheinen zu müssen, das sie sich für 700 Mark Silber erkauft hatten. Und er wollte das von den Pfännern als erblich erachtete Lehen der Thalgüter nach dem Ableben der Inhaber an sich selbst als Lehnsherrn zurückfallen lassen.

Damit war das Maß voll: Am 5. Februar 1324 schlossen Halle, Magdeburg und Calbe ein Bündnis gegen Burchard, dem die Grafen von Mansfeld, Wernigerode, Hohenstein, Regenstein und Arnstein-Barby beitraten.

Die Verbündeten schworen, den Erzbischof wieder gefangen zu setzen, wann immer er sich zeige. Halle schickte am 17. März 1324 einen Fehdebrief an den Erzbischof und führte darin dessen Verfehlungen und Rechtsbrüche detailliert auf. Burchard VI. von Mansfeld besetzte inzwischen die Burg Giebichenstein.

Der Erzbischof sicherte - wieder einmal - die Einhaltung aller Verträge zu. Er versprach sogar, den Bann aufzuheben und sich den Städten nicht mehr mit bewaffneten Kriegern zu nähern. Alle Versprechen brach er jedoch nach kurzer Zeit wieder und versuchte, die Bündnispartner durch kleine Zugeständnisse auseinander zu dividieren.

Am 29. August 1325 machte Burchard seinen letzten Fehler: Als er in Magdeburg einritt, setzten ihn die Bürger sofort fest. 30 Ratsherren geleiteten ihn in der Nacht vom 21. auf den 22. September zum Rathaus und übergaben ihn an vier von Halla, Calbe und Magdeburg gestellte Wärter. Noch in derselben Nacht erschlugen diese ihn

Im Februar 1324 schlossen Magdeburg, Halle und Calbe ein Bündnis gegen den Erzbischof. Diese als „ewiges Bündnis“ bezeichneten Schriftstücke sind noch heute erhalten.

mit dem Türriegel seines Gefängnisses. Um sich solidarisch zu zeigen, musste der vierte Wärter sogar noch auf den toten Bischof einschlagen. Papst Johannes XXII. belegte Halla und Magdeburg daraufhin mit dem Kirchenbann. Kaiser Ludwig der Bayer verhängte die Reichsacht, hob sie aber 1329 wieder auf und sprach die Bürgerschaften frei vom Tod eines „Räubers“, der nicht als „Hirte Gottes“ gewirkt habe. 1336 nahm Papst Benedikt XII. den Kirchenbann zurück, verpflichtete die Bürger jedoch, den neuen Erzbischof Landgraf Otto von Hessen als Stadtherrn anzuerkennen. Die Stadt gab die Burg Giebichenstein an das Erzbistum zurück.

Der Bischof liegt tot am Boden: zeitgenössische Darstellung aus dem „Sachsenspiegel“.

Früher Verfolgungswahn: Juden als Sündenböcke für Krankheiten

Im Jahr 1347 breitete sich vom Schwarzen Meer her eine bis dahin unbekannte Seuche aus: die Pest. Über die Mittelmeerhäfen und die großen Schifffahrtswege drang sie nach Mitteleuropa vor und erreichte 1349 deutsches Gebiet. In den folgenden Jahren raffte der „schwarze Tod“ 20 bis 25 Millionen Menschen dahin, circa ein Drittel der damaligen Bevölkerung Europas. Auch in Halle forderte diese schreckliche Seuche zahlreiche Opfer: So sollen im Jahr 1350 im Barfüßerkloster nur drei Mönche überlebt haben. Bis zum Beginn des 15. Jahrhunderts durchlitten Stadt und Erzstift noch weitere fünf Pestepidemien, wobei diejenige von 1382/83 am schlimmsten gewütet haben muss. Weitere Heimsuchungen durch das „große Sterben“ verzeichnen die Chroniken für die Jahre 1437 bis 1439 und 1449 bis 1452. Zuwanderungen aus dem Umland glichen den Bevölkerungsverlust in der Stadt bald wieder aus.

Im Mittelalter waren weder die Auslöser der Krankheit noch wirksame medizinische Gegenmaßnahmen bekannt. Die Menschen griffen vorwiegend auf nicht-medizinische Annahmen zurück, um das Geschehen zu erklären: Viele sahen die Pest als Strafe Gottes an und suchten ihr Heil in Buße und Gebet. Es entwickelten sich neue religiöse Bewegungen, die Reue und Umkehr predigten - am auffälligsten die Flagellanten, die sich auf öffentlichen Umzügen durch die Stadt selbst geißelten (unten links), um so für die eigenen Sünden und die der Gemeinschaft zu büßen. Um den 2. Juli („Mariä Heimsuchung“) 1449 zogen auf Veranlassung des Erzbischofs Friedrich III. an vier Tagen Prozessionen zum Kloster Neuwerk, wo die Teilnehmer in den anschließenden Messen Gott um Gnade und Barmherzigkeit anflehten. Andere Theorien machten ungünstige Planetenkonstellationen für die Seuche verantwortlich, wieder andere führten sie auf faulige Winde oder Dämpfe aus dem Erdinneren zurück. Mit allerlei Räucherwerk sollten diese Ausdünstungen vertrieben und durch das Verhüllen von Mund und Nase eine Übertragung verhindert werden.

Vor allem aber grenzte man die Pestopfer aus der Gemeinschaft aus: Laut einer Sage sollen damals in Halle Gesunde und Kranke in zwei getrennten Stadtteilen gelebt haben, zwischen denen eine Mauer verlief. Zehn Jahre lang traute sich niemand, das Gebiet der Kranken zu betreten. Als die Mauer schließlich überstiegen wurde, war der ehemalige Verbindungsweg völlig mit Gras überwachsen. Noch heute weise der Name Graseweg auf das damalige Geschehen hin. Sicher ist, dass die Kranken unter Quarantäne gestellt wurden, um eine weitere Ausbreitung der Seuche zu verhindern. Die meisten Toten fanden ihre letzte Ruhe in Massengräbern außerhalb der Stadtmauern wie zum Beispiel auf dem Pestkirchhof östlich der Ringmauer an der Martinskapelle.

Der „schwarze Tod“ forderte viele Opfer.

Im Jahr 1348 war das Gerücht aufgekommen, die Juden würden durch das Vergiften von Brunnen die Seuche verbreiten. Judenverfolgungen und -vertreibungen waren die Folge - auch in Halle. 1351 war das Judendorf offenbar verlassen, als Erzbischof Otto von Hessen es dem Rat der Stadt für 370 Schock Groschen verkaufte. Im Pestjahr 1382/83 richtete sich der Zorn der christlichen Einwohner Halles erneut gegen das - mittlerweile wieder bewohnte - Judenquartier: Sie zerstörten zahlreiche Häuser, beraubten und töteten viele Juden. Dass der Rat der Stadt diese Ausschreitungen nicht verhindert hatte, erregte den Zorn von Erzbischof Albert: Gegen eine erhebliche Geldzahlung bestätigte er dem Rat die Rechte auf das Judenviertel. Die Juden selbst mussten sich sowohl beim Erzbischof als auch bei der Stadt gegen hohe Summen die Erlaubnis erkaufen, ihr zerstörtes Quartier wieder aufbauen zu dürfen.

Erzbischof Otto von Hessen (rechts) verkaufte das Judenquartier an die Stadt. Unten rechts die Verkaufsurkunde.

Die Moritzkirche, entstanden ab 1388, ist die älsteste Pfarrkirche der Stadt Halle. Rechts oben das im gotischen Stil gestaltete Eingangsportal.

Teurer Architekt baut Moritzkirche

Die älteste Pfarrkirche der Stadt ist die Moritzkirche, deren Baubeginn sich auf das Jahr 1388 datieren lässt. Zunächst stand an der Grenze zum Thalgebiet ein bis in die ottonische Zeit zurückreichender Kirchenbau, bevor Erzbischof Wichmann von Seeburg 1156 an dieser Stelle eine romanische Basilika als Klosterkirche für das gerade gegründete Augustiner-Chorherrenstift errichten ließ.
Ende des 14. Jahrhunderts beschlossen die nicht unvermögenden Ordensbrüder und die durch den Handel zu Reichtum gelangten Salzjunker den Bau eines Gotteshauses, das dem Thalgebiet als Pfarrkirche und dem Stift als Klosterkirche dienen sollte. Mit der Aufsicht über die Bauarbeiten und mit der künstlerischen Ausgestaltung beauftragten sie Conrad von Einbeck. Dieser konzipierte das Gebäude als eine spätgotische dreischiffige Hallenkirche. Sein Honorar muss fürstlich gewesen sein, denn es erlaubte ihm, sich selbst in das hallesche Salinengewerbe einzukaufen.
Auf den Bau von Türmen verzichteten die Auftraggeber zunächst. Der noch unter Conrads Leitung fertig gestellte Bauabschnitt endete an der Ostseite hinter dem ersten Jochbogen und ist heute noch an den Pfeilern aus gelbem Sandstein erkennbar. Die später aufgestellten Pfeiler hingegen bestehen aus rotem Sandstein.
Am 22. September 1411, dem Moritztag, weihten die Kleriker das Gotteshaus dem Schutzpatron des Magdeburger Erzstifts, dem Heiligen Mauritius. Der war römischer Offizier, Anführer der 22., der „thebäischen“, Legion, die nur aus Christen bestand. Diese hatten sich 303 geweigert, den heidnischen Göttern zu opfern. Daraufhin ließ Maximianus, Mitregent von Kaiser Diokletian, zur Abschreckung jeden zehnten Mann umbringen. Dabei fand auch Mauritius den Märtyrertod.
Die Mauritiusstatue, die Conrad von Einbeck selbst entwarf und die im Volksmund „Schellenmoritz“ heißt, trägt als Fertigstellungsdatum den 20. September 1411. Somit muss der Baumeister bis zur Kircheneinweihung zwei Tage später unter einem gewissen Zeitdruck gestanden haben. Conrad von Einbeck aber hatte es rechtzeitig geschafft und setzte sich im Jahr 1420 in der Kirche selbstbewusst mit einem realistischen Konterfei (unten) ein Denkmal. Von seiner eigenen Hand stammen auch die Bildnisse der trauernden Maria auf der linken Seite des Nordchores, des ihr gegenüber stehenden Schmerzensmannes und des Christus an der Geißelsäule an der Südwand des rechten Seitenschiffes.
Der Ostteil des Gotteshauses konnte 1472 geweiht werden. Unter den vielen Baumeistern ragte besonders Nickel Hoffmann hervor. Ihm verdankt das Gotteshaus die Fertigstellung des Längsschiffes, 58 Meter lang, 37 Meter breit und 22 Meter hoch. Die West-

wand der Kirche fiel steil zur Gerbersaale ab und weist deshalb weniger ornamentale Gestaltungen auf als die stadtwärts gewandten Nord- und Ostseiten. Unter Baldachinen standen die Statuen der Zwölf Apostel, von denen an der Innenwand des Nordchores noch Jakobus und Paulus zu sehen sind, zwischen ihnen der „Schellenmoritz“ (rechts).
Das Jahr 1511 gilt als ein Meilenstein in der Baugeschichte der Moritzkirche. Georg Jheners, der Meister von Orlamünde, übergab der Thalgemeinde und der Stadt den von ihm und seinen Gesellen ausgestatteten Hochaltar. Als die Bürger 1557 mit der Vollendung der Langhauswölbung das Ende der Bauarbeiten feiern konnten, hatte die Reformation in Halle längst Fuß gefasst.

Der Fall Hedersleben oder „der brennende Salzgraf“

Ungeachtet eines stillschweigenden Übereinkommens, das seine Vorgänger mit der Stadt getroffen hatten, wollte Erzbischof Günther II. von Schwarzburg in Halla wieder einen Salzgrafen einsetzen. Denn der Landesherr hatte sich zum Ziel gesetzt, die Eigenständigkeit der Stadt langsam zu untergraben und dabei gleichzeitig von der florierenden Wirtschaft zu profitieren.

Der Rat der Stadt sah allein schon das Vorhaben als eine Zumutung an, zumal die Stadtväter planten, den vakanten Posten eines Salzgrafen aus eigenen Reihen zu besetzen und damit die Aufsicht über die Salzsiedung unter städtische Kontrolle zu bringen. Der Rat erwartete vom Erzbischof statt neuer Repressalien eher wohlwollende Dankbarkeit, denn schließlich hatten ihm städtische Soldaten in einer Fehde gegen Burkhard von Anhalt-Bernburg und dessen Bruder Rudolf II., dem Bischof von Halberstadt, beigestanden.

Der Erzbischof wollte jedoch von seinen Plänen nicht abrücken. Er nahm es der Stadt wohl auch übel, dass sich der Rat lange geweigert hatte, ihn als Landesherrn anzuerkennen. Erzbischof Günther besaß zunächst keinen päpstlichen Segen, konnte lediglich seine Priesterweihe aus dem Kloster Neuwerk belegen. Erst als er den Hallenser Delegierten die päpstliche Bulle und das Palladium vorweisen konnte, zeigten sich diese geneigt, ihm zu huldigen.

Dem Erzbischof gelang es, den Hallenser Bürger Hans von Hedersleben, einen Patrizier und reichen Pfänner, für den Posten des Salzgrafen in Halla zu gewinnen und am 1. November 1408 auch urkundlich zu verpflichten. Hederslebens in der Stadt lebende Verwandte und der Rat hatten ihm abgeraten, dem Ruf des Erzbischofs zu folgen. Seine Gründe, dieses Amt dennoch anzunehmen, liegen im Dunkeln: Chronisten diskutieren eine Gegnerschaft dem adelsfeindlichen Rat gegenüber oder auch persönlichen Ehrgeiz, in landesherrliche Dienste aufsteigen zu wollen, als Anlass für seine verhängnisvolle Entscheidung gegen Halla und für das Erzstift.

Die Ratsmeister Drewes Seber und Hans Barath protestierten aufs Schärfste dagegen, dass die Salinenbetriebe wieder unter bischöfliche Kontrolle fallen sollten. Bezahlen mussten die Hallenser in Freiberger Groschen (links), geprägt von einer innerstädtischen, jetzt hoheitlichen Münze.

Damit entgingen dem Rat erhebliche Einkünfte für die Stadtkasse. In Halla machte sich Unmut breit, die der Rat zu schüren wusste. Als der Erzbischof 1411 die Amtszeit von Hans von Hedersleben für drei Jahre verlängerte, lief für sie das Fass über: In aller Stille begannen die Stadtväter, ein Komplott gegen den Salzgrafen zu schmieden. In der landesherrlichen Münzprägung sahen sie einen Angriffspunkt. „Fachleute“ der Stadt erklärten die Münze für nicht „probehaltig“ und bereiteten ein Gerichtsverfahren wegen Falschmünzerei vor. Mit der Anklage-Erhebung warteten sie bis zum 12. September 1412, damit die Besucher der an diesem Tag stattfindenden Handelsmesse hautnah erfahren konnten, wie die Hallenser Bürger gegen unerwünschte landesherrliche Eingriffe in ihre Selbstverwaltung vorgingen. Der Rat machte Hedersleben gegenüber seinem eigenen Haus am Rolandstandbild den Prozess.

Die Mitglieder des Rates sprachen ihm seine Funktion als Beauftragter des Landesherrn ab und behandelten ihn wie einen normalen Hallenser Bürger. Nach der städtischen Gerichtsordnung kam als Strafe für Falschmünzerei nur der Feuertod (unten) in Betracht. Der Angeklagte wusste, was ihm drohte, und bat um einen zumindest weniger grausamen und schändlichen Tod - vergebens. Nach heutigem Rechtsverständnis handelte es sich dabei um einen politisch motivierten Justizmord. Die Stätte für die Hinrichtung durch Verbrennen lag vor dem Steintor. Dort wäre es allerdings dem Giebichensteiner Amthauptmann Koppe von Ammendorff möglich gewesen, die erzbischöflichen Truppen zu aktivieren und zugunsten des Salzgrafen in das Geschehen einzugreifen. Somit entschied der Rat, die Hinrichtung am 13. September innerhalb der Stadtmauern zu vollziehen, und zwar in einer Ecke, die der Sammlung allen städtischen Unrates diente.

Angeklagte waren im 15. Jahrhundert der Willkür der Gerichte ausgesetzt.

Ein Salzgraf in einer historisierenden Darstellung von 1914.

Rechtlos, friedlos, ehrlos und misstätig: Halla

Die Unbotmäßigkeit Hallas dem Landesherrn gegenüber ebenso wie die Hinrichtung seines Beamten sorgten in ganz Deutschland für erhebliches Aufsehen. Erzbischof Günther verhängte den Bann gegen die Stadt und erwirkte am kaiserlichen Hof die Reichsacht sowie am päpstlichen Stuhl das Interdikt (Untersagung gottesdienstlicher Handlungen). Damit waren Halla zur Erstürmung und die Umgebung zur Plünderung freigegeben. Der Erzbischof, sein Vater sowie seine Brüder, die Grafen von

„Hauen und Stechen" war angesagt, als der Erzbischof den Bann und der Kaiserliche Hof die Reichsacht über Halla verhängte.

Schwarzburg, zogen mit befreundeten Adligen der Region gegen die Stadt. Ihre versammelten Truppen konnten Halla zwar nichts anhaben, die Getreidefelder im Umland gingen im Juli 1414 jedoch in Flammen auf.
Auch der Landgraf von Thüringen, die Herren von Wettin und die Markgrafen von Meißen sagten der Stadt die Fehde an. Der Handel kam zum Erliegen, die Salzabfuhr geriet ins Stocken. Hallenser Bürger waren in Gefahr, beraubt, erschlagen oder als Geiseln genommen zu werden, wenn sie die schützenden Mauern der Stadt verließen.
Der Rat kannte jedoch die Wege nach Rom zum Papst und zum Kaiser nach Prag. So erreichten die Stadtväter, dass Papst Johannes XXIII. eine Kommission einsetzte, die unter Leitung des Bischofs von Havelberg stand. Der Papst erlaubte unbescholtenen Bürgern wieder den Besuch von Gottesdiensten. Der Kaiser richtete den Bürgern und dem Rat Halles die Empfehlung aus, sich mit dem Erzbischof auf eine Geldstrafe zu einigen. Innerhalb der Burgmauern von Giebichenstein trafen sich am 2. Oktober 1414 die Delegationen des Erzstiftes und der Stadt auf nicht ganz neutralem Boden. Denn Giebichenstein diente Günther II. von Schwarzburg inzwischen als ständige Residenz.
Den Schaden in der Region verrechneten die Unterhändler mit der Blutschuld für den Tod des Salzgrafen. Als Differenz ergab sich eine an den Erzbischof zu zahlende Summe von 13.000 rheinischen Gulden. Das landesherrliche Recht, einen Salzgrafen einsetzen und in Halla Münzen, Freiberger Groschen, schlagen zu dürfen, mussten die Stadtväter zähneknirschend akzeptieren.
Der Konflikt zwischen Stadt und Erzbischof war damit aber nicht beigelegt. Unrechtmäßig besteuerte die Stadt nun die Einkünfte aus der Saline und setzte das „Viermänneramt" ein, das den landesherrlichen Schultheißen die Rechtsprechung streitig machte.

Papst Johannes XXIII. intervenierte zugunsten der halleschen Bürger.

Ein Schultheiß mit Richterstab in einer Darstellung von 1450. Er fungierte als Vollstreckungsbeamter des Landesherrn.

Daraufhin rief Erzbischof Günther das Reichsgericht an. Der hallesche Rat beauftragte im Gegenzug Rechtsgelehrte aus den Universitäten von Leipzig und Erfurt und stellte 1424 die Siedestätten mit einer neuen „Thalordnung" vollständig unter seine Herrschaft.
Eine Reihe von Fehden war die Folge. Günther erklärte nacheinander die Stadt als rechtlos, friedlos, ehrlos und misstätig. Die Harzgrafen von Honstein und von Regenstein nahmen die Gelegenheit wahr, sich an den zum Freiwild erklärten Bürgern und Händlern der Stadt durch Überfälle zu bereichern.
Halla spielte auf Zeit und nutzte die unklaren Besitzverhältnisse im Erzstift nach der Verleihung der sächsischen Kurwürde an den Markgrafen Friedrich IV., den Streitbaren, von Wettin: Durch ein Schutzbündnis mit dem Kurfürsten gegen den Erzbischof von Magdeburg gewann die Stadt für eine kurze Periode eine trügerische Ruhe.

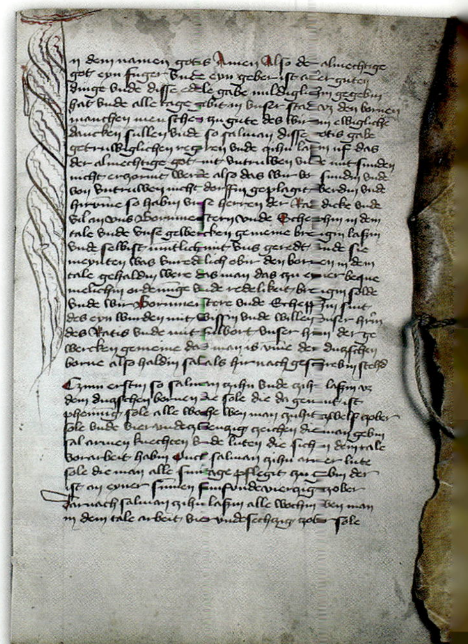

Die Thalordnung sollte die Siedestätten der Stadt unter die Herrschaft des Stadtrats stellen. Weitere Fehden mit dem Erzbischof und den Harzgrafen waren die Folge.

Fünf Türme überragen heute die Dächer Halles: die vier Kirchtürme der Marktkirche und - mit 84 Metern Höhe - als allein stehendes Bauwerk der Rote Turm. Mehr als neunzig Jahre hatte es gedauert, bis das Gebäude 1506, also mit dem Ende des Mittelalters, fertig gestellt werden konnte.
Obwohl die Stadt 1414 gerade erst eine erhebliche Summe an Erzbischof Günther II. von Schwarzburg hatte abführen müssen, beschloss der Rat, einen Glockenturm im Zentrum zu errichten, der ein Zeichen städtischer Macht setzen sollte. Der Turm war zwar als Träger eines Geläutes für die Marienkirche gedacht, sollte aber nicht in direkter Verbindung zu diesem Gotteshaus und ebenso wenig im kirchlichen Besitz stehen.
Die Baumeister ließen eine Fläche von zehn mal 15 Metern für das Fundament vorbereiten, um einen spätgotischen Turm nach italienischem Vorbild zu errichten. Mauern in einer Stärke von vier Metern sollten den „Campanile des Nordens" tragen. Bis heute ist die Frage noch nicht beantwortet, ob dieses Bauwerk eventuell auf den Resten eines Vorgängers aus dem 12. Jahrhundert steht, denn die in sieben Metern Höhe abbrechenden Rundstäbe scheinen noch romanischer Architektenhand zu entspringen. Im halleschen Thalrecht von 1386 heißt es: *„...sitzen uffe sente ghertrude kerchove hinder den roden tormen (...sitzen auf St. Gertrudes [heute Bestandteil der Marienkirche] Kirchhof hinter den roten Türmen)."*
In vier Metern Höhe zeugt eine Inschrift vom Baubeginn im Jahr 1418. Die Kassenlage der Stadt scheint jedoch in Folge der zahlreichen Fehden mit Erzbischof Günther und der Handelsblockaden eher klamm gewesen zu sein, und so musste der Weiterbau des Roten Turms hinten anstehen. Um ihr ehrgeiziges Projekt trotzdem voranzutreiben, setzten sich die Stadtväter über erzbischöfliches Recht hinweg und besteuerten rechtswidrig die Salinenbetriebe. Erst im Jahr 1446 erreichten die Baumeister eine Höhe von zehn Metern. Da sich die Arbeiten so lange hinzogen, musste die Stadt immer wieder neue Steinmetze beauftragen, um den Bau voranzutreiben. 26 verschiedene Handwerksmeister hinterließen am Turm ihre Signaturen. In einer Höhe von zwanzig Metern setzten die Baumeister auf das viereckige Untergeschoss einen achteckigen Weiterbau auf. Am Lambertustag 1460, dem 17. September, lud zum ersten Mal vom Roten Turm eine Glocke zum Gottesdienst in die Marienkirche. 1468 tickte im Turm erstmals eine Zeiger- und Uhrglocke mit der Inschrift „Höre mich schlagen, die Stunde recht sagen".
Die Aufstockung des Gebäudes ruhte für weitere zehn Jahre. Allerdings bereiteten die Steinmetze in ihren nahe gelegenen Bauhütten schon die weiteren Quader und Versatzstücke vor. Ab 1470 ging es etwas zügiger voran. Am Turmsockel fand nun die Rolandstatue (links), der bildliche Ausdruck der Stadtfreiheit und Gerichtsbarkeit, ein bleibendes Domizil.
Im Kugelknauf der Turmspitze hinterlegten die Stadtväter zahlreiche Reliquien, die den Schutz des Gebäudes und der Gläubigen vor den Unbilden von Sturm und Gewitter sicherstellen sollten für den Fall, dass die Kraft der Diener Gottes nicht mehr ausreichte, sich den Naturkatastrophen entgegenzustemmen. Am 24. Juli 1506 konnte der Rat der Stadt den Bürgern feierlich den Turm übergeben: *„Zum Lobe des allmächtigen Gottes, der Jungfrau Maria, der Himmelsbewohner, der berühmten Stadt Halle, ihren Gläubigen und der Umgebung."*
„Rot" war der heute 500 Jahre alte Turm allerdings nie. Und auch die sprachliche Ableitung der Bezeichnung vom Baumeister oder Mäzen Johann Rode erscheint den Chronisten unwahrscheinlich. Seinen Namen hat der Turm der Volkssage nach von der Farbe des Blutes erhalten, das bei den Hinrichtungen an dieser Stelle floss. Dieses Gebäude hat Künstler wie Caspar David Friedrich, Ernst Ludwig Kirchner und Lyonel Feininger veranlasst, ihre je spezifische Sichtweise des Stadtzentrums auf die Leinwand zu bannen.

Siegel des Erzbischofs Günther II. von Schwarzburg

Selbstherrlich: Stadthauptmann Strobart

Die Bemühungen Günthers II. von Schwarzburg, die Städte Halla und auch Magdeburg unter seine Kontrolle zu bringen, ließen nicht nach. Die Stadt rüstete auf und stellte mit Henning Strobart einen eigenen Stadthauptmann an, um die innerstädtischen Kräfte zu bündeln und den Widerstand gegen den Landesherrn militärisch zu organisieren. Besonders die Herren von Ammendorf und von Kotzen führten einen permanenten Kleinkrieg gegen die Stadt, den der Erzbischof wohlwollend - auch militärisch - unterstützte.

Ernennungsurkunde des Henning Strobart, den die Stadt als Hauptmann einstellte.

Die Sächsische Hanse rief für Halla den Bündnisfall aus. Henning Strobart zog mit Unterstützung von Truppen aus Braunschweig, Magdeburg, Goslar und Helmstedt plündernd durch das Wettiner Land. Daraufhin gab der Erzbischof nach: In einer Urkunde vom 4. Dezember 1426 gestattete er dem Hallenser Rat, die Solequellen der Saline zu besteuern und einen eigenen Vorschlag zur Besetzung des Salzgrafenamtes zu unterbreiten.

Der Friede hielt jedoch nicht lange. Halla verstärkte die eigenen Truppen mit hundert Söldnern. Mehrere Adlige schickten im März Fehdebriefe an die Stadt. Im Gegenzug erklärte Henning Strohbart Halla zum Feind des Erzbischofs. Als am 17. März 1427 vor dem Steintor Mannen des Adels fünf Pferde raubten und zwei Bürger verschleppten, schlug die Stadt zurück: Strobarts Truppen ließen Trotha in Flammen aufgehen und verwüsteten die Adelshöfe von Reideburg und Bruchdorf. Außerdem setzten sie Giseler von Dieskau in Halla gefangen.

Ein erneuter Friedensschluss mit dem Erzbischof kostete die Stadt 20.000 Schock Groschen. Selbstverständlich mussten diese Gelder von den Bürgern der Stadt aufgebracht werden; quer durch alle Bevölkerungsschichten machte sich Unmut breit.

„Lieblingsbeschäftigung“ der Strobartschen Truppen im Wettiner Land: das Plündern.

Kampf um Burg Giebichenstein.

Gegen die Vorherrschaft der Pfänner gründete sich im Rat die „Popularpartei“ mit Strobart als Sprecher. 1428 gelang es ihren Vertretern, eine Änderung der Ratszusammensetzung zu erreichen. Nur noch vier Pfänner durften Sitz und Stimme haben. Die großen Innungen und die Meinheit, also die nicht zunftgebundenen Bürger der Stadt, sollten von nun an anteilig die weiteren acht Ratsmitglieder stellen. Ein Gremium von 18 weiteren Vertretern aus allen Bevölkerungsschichten hatte den Rat bei seiner Geschäftsführung zu beraten und zu kontrollieren.

Während der Stiftsfehde mit der Stadt Magdeburg und den mit ihr verbündeten Städten - so auch Halle - ließ Erzbischof Günther den Kirchenbann und das Interdikt des Papstes verhängen. Auf dem Konzil in Basel 1434 versuchten zwei Ratsmitglieder, einen Separatfrieden mit dem Erzbischof zu schließen und das ewige Bündnis mit Magdeburg aufzukündigen. Daraufhin brach in Halla ein Aufstand aus. Die Bürgerschaft bewaffnete sich und setzte die Ratsherren fest. Nach langwierigen Verhandlungen, an denen sich auch Henning Strobart beteiligte, erhielt das Kontrollgremium weitere Befugnisse und wurde auf dreißig Personen erweitert.

Hellebarden: Mordwerkzeuge früherer Tage

Ratsherren im Mittelalter beim Debattieren.

Die Pfänner Hallas wollten sich jedoch mit ihrer Entmachtung nicht abfinden. Sie bereiteten einen Putsch gegen den Rat und das Kontrollgremium vor und stellten Leute unter Waffen. Im Dezember 1438 kam es zum Bürgerkrieg.

Henning von Strobart gelang es, die Söldner der Aufständischen mit Hilfe der städtischen Truppen niederzuschlagen. Die meisten Aufrührer mussten in die Verbannung gehen.

Bald jedoch fiel Henning Strobart wegen seiner Selbstherrlichkeit in Ungnade. Der Rat setzte ihn für zwei Jahre fest. Strobart ging 1454 ins Exil nach Bitterfeld in Kursachsen.

Dort geriet er in Konflikt mit dem Kurfürsten Friedrich II., in dessen Gefangenschaft er im April 1456 auf der Feste Rochlitz starb.

Rechts: die Feste Rochlitz.

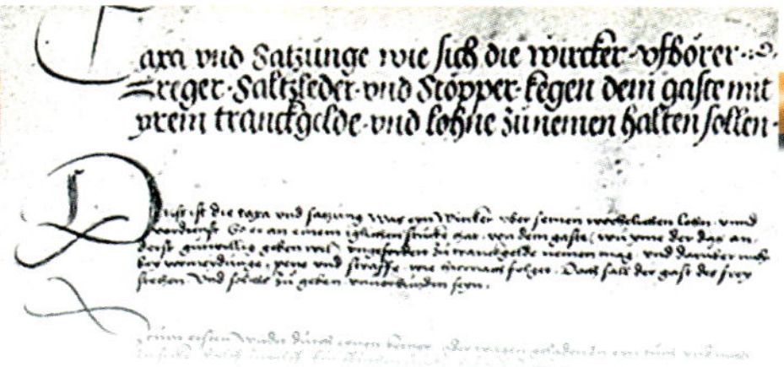
Taxa vnd Satzunge wie sich die wircker·vfborer·
treger·Saltzseder·vnd Stopper·kegen dem gaste mit
yrem tranckgelde·vnd lohne zu nemen halten sollen·

Streik: Salzarbeiter legen Produktion lahm

Die finanzielle Lage der Stadt hatte sich durch hohe Schulden infolge der vielen Fehden, Missernten und Seuchen radikal verschlechtert, und die Stadtkämmerei konnte die laufenden Verwaltungsausgaben kaum mehr decken. Daher erhob der Rat immer wieder Sondersteuern. Pest und Inflation erschwerten das Leben der Bürger zusätzlich. Auch der Salzhandel florierte nicht mehr in der gewohnten Form. Der Rat sah sich gezwungen, eine Armenküche einzurichten.

Die Wut der Bürger richtete sich gegen die Pfänner, die zwar kaum mehr ein innerstädtisches Mitspracherecht hatten, dafür aber dem Thalrecht gemäß allein über den Umfang der Salzproduktion und die Preise bestimmen konnten. Die Bürger machten ihnen den Vorwurf, die Preise künstlich hochzuhalten, indem die Salzjunker die Siedebetriebe kurzfristig ruhen ließen und die Sole auf das „Kaltlager“ nahmen. Für die Bornknechte bedeuteten diese Unterbrechungen des Betriebs Arbeitslosigkeit und Lohnausfall; den Salzsiedern entging ihr Anteil am Verkaufsgeschäft. Es kam der Verdacht auf, dass die Oberbornmeister und die Thalbeamten bei der Versiedung der Fronsole, die den Arbeitern zustand, in die eigene Tasche wirtschafteten.

Der Leipziger Turm - Mitte des 15. Jahrhunderts neben dem Galgtor errichtet - hat eine Höhe von 44 Metern. Von ihm aus ließ sich der Galgberg (der heutige Riebeckplatz) überblicken und die Bewohner der Stadt vor heranrückenden Gefahren von außerhalb und Feuer innerhalb der Stadt warnen. 1573 erhielt der Turm eine Haube mit vier Lukarnen und einem Uhrwerk.

Den Preisverfall wegen der ungünstigen Absatzlage, auch bedingt durch die Konkurrenz im Norden, wollten die Pfänner durch den Wegfall von Zulagen kompensieren. Als die Pfännerschaft am 12. November 1474 diese Anordnung verkündete, war die Reaktion der Salinenbelegschaft klar: Streik! Die Räder (rechts), die die Sole aus der Tiefe holten, standen still; die Feuer der Salzsiederei erloschen. *„Sie wollten nicht mehr siden und triben grossen Hohmut“*, so der Pfänner Marcus Spittendorff in seiner Chronik der Geschehnisse.

Der Rat der Stadt nahm sich der Problematik an und griff damit gegen die Pfänner in die Verwaltung des Thales ein. Allerdings lehnte der Rat in seiner Gesamtheit ein Eingreifen zugunsten der Bornknechte ab. Denn die Vertreter der Großen Innungen befürchteten, dass der Aufruhr der Arbeiter auf ihre Gesellen und Lehrlinge überspringen könnte. Ein letztes Mal solidarisierte sich der Rat mit den Pfännern und drohte den Streikenden die Verweisung aus der Stadt und Geldstrafen an. Der Streik brach zusammen, aber der Rat der Stadt Halla hatte die Pfänner dadurch geschwächt, dass die Salzwirker nun dem Stadtrat gegenüber ihren Treueid schwören mussten.

Den Pfännern gelang es nicht, erneut eine Vollbeschäftigung zu erreichen. Der Rat ließ sie deshalb inhaftieren und ihnen vor dem Erzbischof den Prozess wegen Unredlichkeit machen. Das Urteil: Geldstrafen und das Verbot, eigene Innungen zu bilden. Darüber hinaus mussten sie dem Rat ihr gemeinsames Vermögen aushändigen, der es der Äbtissin von Marienkammer in Glaucha zur Verwahrung übergab.

Am 28. November 1475 ließen sich die Stadtväter vom Erzbischof eine neue Thalordnung (Hintergrund) absegnen. Von nun an sollten zwei der drei Oberbornmeister aus den Innungen und der Meinheit, den niederen Berufen, kommen. Die Vorsteher hatten jetzt dem Rat direkt Rechenschaft abzulegen. Die neuen Oberbornmeister wählten aus den Reihen der Salzwirker und Bornknechte die vier „Verschläger“. Diese sollten die Höhe der Produktionskosten ermitteln. Somit waren auch im Thal die Pfänner weitgehend entmachtet; an der sozialen Lage der Arbeiter aber änderte sich wenig. 1476 folgte daher ein erneuter Streik. Wieder reagierte der Rat nur zögerlich. Die Lage der Arbeiter war schließlich so verzweifelt, dass ihre Kinder betteln gehen mussten. Ab 1480 regelte eine Lohnordnung (oben) die Bezahlung der Salzwirker.

Seit 1458 führt die Stadt ein Kopialbuch, das „Alte Rothe Buch“. Kopialbücher dienten der spätmittelalterlichen und frühneuzeitlichen Archivverwaltung. Anhand abgeschriebener Urkundentexte - oft mit Register versehen - konnten sich die Benutzer des Archivs einen geordneten Überblick über die vorhandenen Bestände verschaffen.

Kleiner Ernst mit großer Macht

Fürst-Erzbischof Ernst von Wettin, Herzog von Sachsen. Darüber sein Wappen aus der Ernst-Kapelle im Dom zu Halle.

Das Magdeburger Erzstift wählte Ernst aus dem Hause Wettin, den Sohn des sächsischen Kurfürsten, als neuen Erzbischof. Dem gerade einmal elf Jahre alten Erzbischof standen mit Bischof Johann von Meißen und Apel von Tellau zwei exzellente Berater zur Seite. Sie entwickelten den Plan, zusammen mit der Partei der Popularen im Rat die Pfänner des Thalgebietes vollständig zu entmachten und letztlich auch Halla wieder unter die Kontrolle des Erzstifts zu stellen.

Zunächst einmal weigerte Ernst sich, die Pfänner wie bislang üblich unentgeltlich mit den Solegütern zu belehnen. Den Rat der Stadt forderte er auf, sie als „ungehorsame Bürger" zu brandmarken, und vergrößerte damit noch die Kluft zwischen den innerstädtischen Konfliktparteien. Anfang 1478 ließ er sich in Chemnitz auf dem Verhandlungswege ein Viertel der Einkünfte aus den Salinenbetrieben zusprechen. Darüber hinaus hatten die Pfänner nun für ihr Lehen eine stattliche Summe an den Landesherrn abzuführen. Der Erzbischof stellte sich in der Auseinandersetzung zwischen dem Rat der Stadt und den Pfännern auf die Seite der Popularen und empfahl, endlich mit militärischer Gewalt gegen die Salzjunker vorzugehen. Als Apel von Tellau den Popularen schließlich bewaffnete Hilfe gegen die Pfänner zusagte, brach am 17. September 1478 in der Stadt ein Bürgerkrieg aus. Auf der einen Seite standen die Pfänner, Salzwirker und verschiedene Innungen um Marcus Spittendorff, auf der anderen Seite um den Schuhmachermeister und Ratsvorsteher Jakob Weissack die Großen Innungen und die Meinheit.

Am 20. September 1478 holte Weissack erzbischöfliche, auf dem Giebichenstein stationierte Truppen zu Hilfe und öffnete ihnen das Ulrichstor. Die Sturmglocken von der Marienkirche läuteten das Ende der städtischen Freiheit ein. Zwei Stunden dauerte der Kampf, bei dem keiner mehr richtig wusste, auf welcher Seite er eigentlich stand.

Am 21. September, mittags Schlag 12 Uhr, ritt der inzwischen 14-jährige Erzbischof Ernst in die Stadt ein und nahm sie in seinen Besitz. Er stellte die Pfänner unter Hausarrest und verfügte am 9. Januar 1479, dass die Salzjunker 25 Prozent ihrer Thalgüter und 20 Prozent ihres Vermögens an das Erzstift abtreten mussten, ausgenommen den Schmuck ihrer Frauen. Mit den eingezogenen Salinenbetrieben belehnte der Erzbischof die Wortführer der Popularen.

Die Stadt Halle mit ihrem Marktplatz um 1500. Daneben die Willkoer der Stadt von 1479.

Die Popularen hatten sich jedoch mit der Übergabe der Stadt an den Erzbischof gründlich verrechnet. Sie hatten erwartet, dass Ernst ihr taktisches Verhalten honorieren würde. Doch es kam anders: Ernst von Sachsen erließ am 18. März 1479 auf dem Calber Landtag eine Regimentsordnung, welche die 200-jährige Selbstverwaltung der Stadt Halla beendete und ihr das Bündnisrecht absprach. Somit musste die Stadt ihre Mitgliedschaft in der Hanse und ihre Verträge mit der Stadt Magdeburg aufkündigen. Das noch verbliebene Mitspracherecht der Pfänner im Rat entfiel völlig. Der Rat verlor sein Recht, sich die Mitglieder selbst wählen zu dürfen, und besaß nur noch ein Vorschlagsrecht. Die Naturalrechte der Gilden löste Ernst ab. Als die willfährigen Stadträte dem Erzbischof 1481 zur Kenntnis gaben, dass die Bürgerschaft nicht geneigt sei, seinen Erlassen Folge zu leisten, ließ Erzbischof Ernst 700 Reiter und 4.000 Fußsoldaten in der Stadt aufmarschieren. Als allgemein sichtbaren Beweis seiner Macht über die Stadt sowie seiner Rechts- und Gerichtshoheit mussten städtische Handwerker um den freistehenden Roland am Roten Turm, das Symbol städtischer Freiheit, einen hölzernen Verschlag errichten, der erst 1517 wieder entfernt werden durfte.

Die Regimentsordnung, welche der minderjährige Erzbischof am 18. März auf dem Calber Landtag erließ, kostete die Stadt Halle die Selbstverwaltung und das Bündnisrecht. Ernst lösste auch die Naturalrechte der Gilden ab (Urkunde rechts).

Trutzige Burg im Stil der Gotik

Halla hatte in der Regimentsordnung vom 18. März 1479 das Recht des Landesherrn akzeptieren müssen, in der Umgebung der Stadt oder auch in Halla selbst eine befestigte Anlage einrichten zu können, *„um die Stadt besser in Gehorsam, Unterwürfigkeit und Ruhe zu erhalten“*. Damit entfiel die mühsam errungene und teuer bezahlte Selbstbeschränkung des Erzstifts aus dem Jahr 1263.

Erzbischof Ernst von Wettin (unten) ging zügig zur Sache: Schon im April 1479 ließ er polnische und einheimische Bauarbeiter anwerben, um das innerstädtische Terrain für den Bau einer Zwangsfeste zu sondieren. Die möglichen Standorte auf der Höhe des Martinsbergs beim heutigen Stadtgottesacker sowie auf dem Kleinen Petersberg erklärte der aus Ostpreußen stammende Baumeister Peter Hanschke nach mehreren Probegrabungen als ungeeignet. Die Wahl fiel schließlich auf ein Areal in der Nordwestecke der Stadt direkt an der Saale unter Einbeziehung des alten Judendorfes. Dort hatte schon das berüchtigte „Schwarze Schloss“ des Burggrafen Wiprecht von Groitzsch gestanden.

Im ersten Bauabschnitt zogen die Arbeiter rund um das zu bebauende Gelände einen 230 Meter langen Graben, 25 Meter tief und zehn Meter breit. Nach einer festlichen Prozession legte Erzbischof Ernst am 25. Mai 1484 zu Beginn der Maurerarbeiten persönlich den Grundstein. Der Name „Moritzburg“ sollte an den Schutzheiligen des Erzstiftes, den Heiligen Mauritius, erinnern.

Von Anfang an hatte der Erzbischof die Anlage im Stil der ausklingenden Gotik als ständige Residenz konzipiert. Er ließ auf einer Grundfläche von 72 mal 85 Metern ein Schloss errichten, das mit Türmen und Bastionen befestigt war, untereinander verbunden durch zweistöckige Wehrgänge. Ein gestaffeltes Zwingersystem schützte die Westseite zur Saale hin. Um von vornherein keine Missverständnisse aufkommen zu lassen, ließ der Erzbischof die Kanonen hinter den Schießscharten auch gegen die Stadt richten.

Der Bau war noch nicht vollendet, als Ernst von Wettin am 25. Mai 1503 zum ersten Mal in seiner „Arx Insuperabilis“, seiner unüberwindlichen Festung, übernachtete. Eine gewisse Schadenfreude kam unter den Bürgern Hallas auf, als gleich darauf ruchbar wurde, der Erzbischof liege in seiner Zwingburg schwer an der Syphilis, der „Lustseuche“, danieder. Die Gemächer des Erzbischofs lagen in dem der Saale zugewandten Westflügel im zweiten Stock über den Empfangs- und Speisesälen. Mehrere Hallen bildeten das Untergeschoss. Sie dienten als Unterkunft der erzbischöflichen Truppen mit Ausrüstung und Pferden. Der Nordflügel beherbergte die Versorgungseinrichtungen mit der Küche, den Wirtschaftslagern und den Unterkünften des Hofpersonals. Hier war auch die Bibliothek des Landesherrn untergebracht.

In der Mitte der der Stadt zugewandten Ostseite stand ein Wohnturm mit einer Kapelle im untersten Geschoss. Um einen direkten Beschuss der Toranlage von der Stadt her zu verhindern, machte die Einfahrt einen leichten Bogen.

Wie Erzbischof Ernst auf dem Landtag 1507 gegenüber den Ständen verkündete, hatte ihn die Gesamtanlage mehr als 15.000 Gulden gekostet, finanziert vor allem aus den 1479 eingezogenen Solegütern der Pfänner.

Um den Unmut der Hallenser nicht über Gebühr zu strapazieren und ihren Zorn über die Einrichtung eines Bischofssitzes in der Stadt nicht weiter zu steigern, verzichtete er großzügig darauf, den Bürgern weitere Steuern zum Bau seiner Residenz aufzuerlegen.

Hallesches Kleinod: Impressionen der frisch renovierten Moritzburg.

Zeit-Zeichen

1255
Prag erhält Stadtrecht.

1262
Grönland wird von Norwegen erobert.

1267
Erfindung der Augengläser für Weitsichtige.

1271
Marco Polo reist nach China.

1313
Schwarz erfindet das Schießpulver.

1337
Erste regelmäßige Wetterbeobachtung in Oxford.

1348
Pestepidemie mit 25 Millionen Toten in Europa.

1348
Gründung der ersten deutschen Universität in Prag.

1351
Das Aztekenreich mit Hauptstadt Tenochtitlan entsteht in Mexiko.

1383
John Wiclif übersetzt das Neue Testament ins Englische.

1397
Athen wird von den Türken erobert.

1445
Gutenberg erfindet den Buchdruck mit beweglichen Lettern.

1480
Leonardo da Vinci beschreibt den ersten Fallschirm.

1492
Columbus entdeckt Amerika.

Bürgeraufstand und Bauernkrieg

Am 31. Oktober 1517 hatte Martin Luther seine 95 Thesen gegen den Ablasshandel, also gegen die Vergebung der Sünden für Geld, an die Wittenberger Schlosskirche geschlagen. Die Hälfte der Einnahmen aus dem Ablasshandel im Erzstift Magdeburg diente dem Bau des Petersdoms in Rom, die andere Hälfte kassierte Erzbischof Albrecht von Brandenburg. Der Bischof wollte damit seine gegenüber den Fuggern aufgelaufenen Schulden abzahlen. Denn er hatte 20.000 Golddukaten aufgenommen, um sich das Amt des Administrators des Bistums Halberstadt und des Erzbischofs von Mainz zu erkaufen.
Der zunächst begeistert empfangene Albrecht verlor in Halle schnell an Ansehen, als er den Ablasshandel - auch für seine Bauprojekte wie die Neue Residenz und den Dom - intensivierte. Seit Anfang 1517 zog der Dominikanermönch Johann Tetzel in seinem Auftrag durch die Lande, begleitet von einem Beamten des Bankhauses der Fugger.
In Halle waren die Einkommen der

Martin Luther sorgte mit seiner Schrift „Von der Freiheit eines Christenmenschen“ (rechts) für Unruhe.

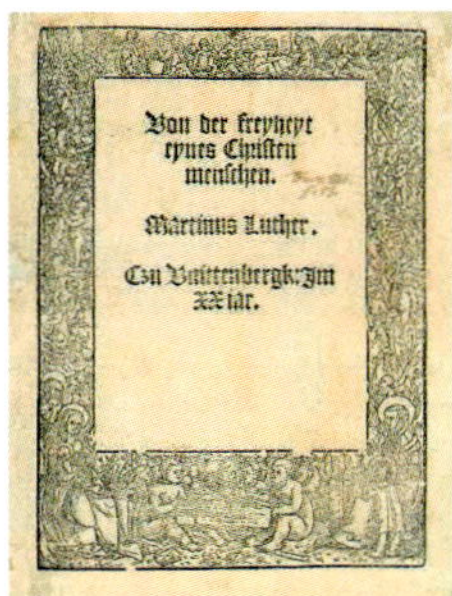

Albrecht von Brandenburg

Jakob von Fugger

Beim Ablasshandel

Salzarbeiter unter das Existenzminimum gefallen, als der Erzbischof zur Verbesserung des Absatzes den Lohn auf Stückgutkosten herunterstufte und den Arbeitern die Brotrationen entzog. Die Spannungen entluden sich: Soleknechte stürmten das städtische Kornhaus, Bürger und Bauern schlossen sich den Plünderungen der Vorräte an. Als Martin Luther 1520 seine Schrift „Von der Freiheit eines Christenmenschen“ veröffentlichte, sahen sich viele Bürger und Bauern in ihrer Ablehnung der feudalen und klerikalen Machtstrukturen bestätigt. In dieselbe Kerbe schlug auch die gegen Albrecht direkt gerichtete Schrift „Wider den Abgott zu Halle“. Luther hatte dem Erzbischof schon vorher angedroht, mit dieser Publikation sein hallesches „Hurenhaus“, sein Domstift, auszuräuchern. Der Erzbischof verbot deshalb unter Androhung drakonischer Strafen den Verkauf und selbst das Lesen der Schriften des Reformators. Noch herrschte eine trügerische Ruhe in der Bürgerschaft.
Angesichts der Teuerungsrate bei Lebensmitteln und mehrerer Steuererhöhungen steigerte sich auch der Unmut über die ökonomischen Verhältnisse. Der Rat warnte eindringlich davor, sich in den Schenken und Bierkellern „Worte verschnappen“ zu lassen, die gegen Albrecht gerichtet seien.
Im Herbst 1522 kehrte ein ehemaliger Lehrer der Parochialschule zurück nach Halle: der Geistliche Thomas Müntzer, ein Anhänger Luthers. Er nahm die Stelle eines Kaplans am Zisterzienserinnenkloster St. Georgen in Glaucha an, musste aber bereits im Frühjahr 1523 fliehen, denn er hatte sich am vergeblichen Sturm von 300 Hallensern auf das Kloster Neuwerk beteiligt. Der Erzbischof ließ in Kursachsen und im Mansfeldischen Truppen zusammenziehen, die ihn im Notfall aus der Moritzburg herausschlagen sollten.
Dem Rat war die aufgereizte Stimmung in der Stadt kaum verborgen geblieben. Als der Erzbischof eine Getränkesteuer von zehn Prozent auf alle verkauften Biere und Weine erhob, griffen die Stadtväter ein: Sie nahmen einen Kredit von 10.000 Gulden auf und kauften dem Erzbischof mit dieser Summe kurzerhand für acht Jahre eine Befreiung von der Steuer ab. Auf Dauer konnte der Rat die Bürgerschaft jedoch nicht ruhig stellen.

„Ich bin nicht gekommen, Frieden zu bringen…"

In den Nachtstunden des 28. Dezember 1523 gab der Bürger Peter Voigt mit der Feuerglocke und schnell errichteten brennenden Holzstößen das Signal zum Aufstand gegen den verhassten Landesherrn. Die Stadtväter aber lockten die Wortführer der Aufständischen ins Rathaus und schlossen sie dort ein. Damit war dieser revolutionären Aktion die Spitze genommen. Die aufgebrachten Bürger aber zogen zur Moritzburg und riefen, *„sie schissen auf einen solchen Bischof und auf seinen spitzen Hut"*. Am nächsten Morgen ließ sich Albrecht eine Liste mit den Namen von 400 Aufrührern zustellen. Zwölf von ihnen verhafteten die Büttel des Landesherrn, konnten ihnen aber auch unter der Folter keine Geständnisse abpressen. Vorsichtshalber ließ der Bischof die Besatzung seiner innerstädtischen Zwingburg verstärken. Nun drangen Berichte über die Aufstände der süddeutschen Bauern und ihrer Standesgenossen im nahen Thüringen und am Harz nach Halle vor. Ihr Anführer, Thomas Müntzer (oben rechts), war vielen Hallensern wohl bekannt, denn trotz aller Verbote ihres Landesherrn waren zahlreiche Einwohner der Stadt zu seinen Predigten nach Allstedt gezogen. Das Bauernheer aus dem Süden rückte näher. Müntzers Motto lautete, getreu Matthäus (10, 34): *„Ich bin nicht gekommen, Frieden zu bringen, sondern das Schwert."*

Zwei Darstellungen vom Bauernaufstand.

Die Bürgerschaft Halles erwartete die herannahenden Scharen unter Führung ihres ehemaligen Schulleiters mit gemischten Gefühlen. Die Tagelöhner, Salinenarbeiter und Handwerkergesellen versprachen sich bessere und gerechtere Zeiten von dem Aufstand und waren bereit, sich dem Bauernheer anzuschließen. Die Adligen auf ihren Rittersitzen, Patrizier, Kaufleute, besonders aber die Nonnen und Mönche der Klöster reagierten mit berechtigter Angst auf die Bedrohungslage ihrer Pfründe. Die Salinenarbeiter legten für sechs Wochen die Arbeit nieder und brachten damit die benachbarten sächsischen Städte in ihrer Salzversorgung in arge Bedrängnis.

Im Frühjahr 1525 tauchten vor dem erzbischöflichen Vorwerk Langenbogen, 15 Kilometer westlich der Stadt, die ersten Bauerntruppen auf. Der Erzbischof erkannte den Ernst der Lage und gelobte, Verbesserungen in Politik und Verwaltung des Erzstifts einzuführen. Die Bürger Halles reagierten auf den Stadtversammlungen teils mit „höchlicher" Ehrerbietung, teils aber auch mit: *„Das Spiel will jetzt ein Ende haben." „Etliche haben auf sein Erbieten gepfiffen"*, so der Chronist. Der Rat forderte die Absetzung herrschaftlicher Ratsmeister, des Syndikus, die Ausweisung aller Mönche und Nonnen, die Aufhebung der Zinszahlungen an die Klöster und die Freilassung aller politischen Gefangenen im Erzstift.

Albrecht von Brandenburg spielte auf Zeit, denn die Bauernheere befanden sich nach Niederlagen auf dem Rückzug. Die Pfänner und Patrizier distanzierten sich nun offen von den Zielen Müntzers. Die Bürgerschaft aber bestand auf der freien Religionsausübung, auf der Rückgabe von Gütern des Klosters Neuwerk an die

Stadt und der Aufhebung der landesherrlichen Zölle auf den Straßen und auf der Saale.

Als nach der Schlacht zwischen den Bauernheeren und den vereinten Fürsten bei Frankenhausen am 15. Mai 1525 der Aufstand zusammenbrach, sah der Erzbischof keine Notwendigkeit mehr, seine Versprechen einzuhalten. Rücksichtslos ging er gegen die Wortführer des Aufstandes vor, ließ sie foltern und umbringen. Albrecht von Brandenburg saß nun fester im Sattel als je zuvor.

Thomas Müntzer und seinen Mitstreitern machten die Siegermächte 1525 den Prozess. Unter der Folter gestand er, schon vor den Kriegshandlungen zu einer innerstädtischen Opposition Halles gehört zu haben. Diese habe sich zum Ziel gesetzt, den unbeliebten früheren Stadt- und Landesherrn Ernst von Wettin umzubringen.

Müntzer wurde am 27. Mai 1525 auf dem Marktplatz zu Mühlhausen enthauptet. Der mit Erzbischof Albrecht verbündete Herzog Georg von Sachsen schickte am 10. Juli einen Brief an den Rat der Stadt. Darin drohte er mit militärischem Eingreifen, falls sich die Bürger wieder offen gegen ihren Landesherrn stellen sollten.

Die Halloren, „die ihr Wort zu halten pflegen"

Die Lebensbedingungen der Salzarbeiter waren hart: „*Das sind arme Kerle, nackt und unterdrückt schuften sie im Schmutze der Kote, schwarz wie die Äthiopier hausen sie im Dreck. Es geht ihnen schlechter als den fahrenden Leuten*", so das Urteil des Humanisten Paulus Niavis (Schneevogel). Ihr Streik von 1474 und auch ihr Aufstand gegen die Verschärfung der Arbeitsbedingungen 1523 waren nicht ergebnislos verpufft. Der Stadtrat ließ zu seinen Sitzungen zwei Vertreter der Thalleute zu, wenn es um Streitigkeiten mit den Pfännern ging. „*Sie pflegten, ihr Wort zu halten*", musste einer ihrer Arbeitgeber, der Pfänner Markus Spittendorf, zugeben. Die Salineherren waren auf die hoch spezialisierten Arbeitskräfte angewiesen, die ihr Wissen und ihre Fertigkeiten über Generationen weitergaben.
Unter Erzbischof Albrecht von Brandenburg hatten die katholisch gebliebenen Pfänner ihre Machtbefugnisse wieder erweitern können. Deshalb schlossen sich die Salinenarbeiter 1524 zu einer „Salzwirker-Bruderschaft im Thale" zusammen. Diese vereinigte alle Berufszweige, die an der Salzproduktion, dem Transport und der Vermarktung beteiligt waren: die Wirker, Träger, Läder und Stöpper. Als Ort für die Gründung wählten sie die Moritzkirche (links), in der die Dominikaner nach lutherischem Vorbild predigten. Deren eigenes Gotteshaus hatte Erzbischof Albrecht vorher beschlagnahmt und wollte es für eigene Zwecke nutzen. Die Thalbrüder setzten sich damit bewusst in Gegensatz zu den Pfännern, die dem Erzbischof weiterhin auf dem alten Glaubensweg folgten.
Ihre Bruderschaft stellten die Salzarbeiter unter den Schutz der Jungfrau Maria und schafften für ihre Gottesdienste Ornate, silbernes Sakramentsgeschirr, Altargeschirr und Messgewänder an, den frühen „Hallorenschatz". Die Thalleute müssen demnach trotz ihres erbarmungswürdigen Aussehens und ihrer harten, entbehrungsreichen Arbeit durchaus über ein gewisses Grundkapital verfügt haben.
Die Mitglieder verpflichteten sich, regelmäßig zum Gottesdienst zu gehen und ihre Kinder zum Schulbesuch anzuhalten. Zur Absicherung im Krankheits-, Sterbe- und Streikfall diente den frühen Gewerkschaftern eine Gemeinschaftskasse. Ein Kassenwart musste vierteljährlich vor dreißig Vertretern aller Altersstufen Rechenschaft über die Bestände und den Verwendungszweck ablegen.

Festumzug der Halloren um 1600.

Erzbischof Ernst von Wettin hatte schon am 24. November 1491 die Brüderschaft „Corporis Christi" der Salzwirker als rechtens anerkannt. Auf diese Urkunde beriefen sich die Thalleute vergebens, als Erzbischof Albrecht ihre Marienbruderschaft auflösen wollte. Den heutigen Halloren gilt das Datum als ihr Gründungstag.

So viel Basisdemokratie ging dem Erzbischof Albrecht natürlich viel zu weit. Er vermutete zu Recht, dass sich im Thal eine soziale und religiöse Opposition gebildet hatte. Schon 1525, ein Jahr nach der Gründung der Bruderschaft, ließ er die Vereinigung auflösen und sich den Hallorenschatz aushändigen. Allerdings wies er zugleich seine Salzgrafen an, von nun an die vier Vertreter der Salinenarbeiter als Verhandlungspartner zu akzeptieren. Erzbischöfe kommen und gehen, Salz aber wird immer gebraucht: So hatte die Marienbruderschaft der Salzwirker in Halle bereits 20 Jahre später eine geachtete Stellung im gesellschaftlichen Leben der Stadt eingenommen.

„Andere Menschenrace mit ursprünglicher Rohheit"

Wie „Saxo" für einen Sachsen, so war „Hallo" die Bezeichnung für einen Hallenser. Leute aus Sachsen hießen lateinisch „Cives Saxonum", Leute aus Halle „Cives Hallonum". Umgangssprachlich verkürzte und verschliff sich der Begriff zu „Hallorum" beziehungsweise „Halloren" und bezeichnete bald nur noch die Gruppe der Salzwirker. Diese bildeten seit jeher eine verschworene Gemeinschaft, in der Einwanderer und Kolonisatoren kaum Fuß fassen konnten und - wegen der Ausübung anderer handwerklicher Tätigkeiten - auch nicht wollten. Es muss ein eigenes Völkchen mit slawischen Wurzeln gewesen sein, über dessen Dialekt und fremdes Aussehen sich 1554 ein Chronist höchst verwundert zeigte. Selbst 300 Jahre später glaubten Besucher, im Thal in eine Welt zu kommen, wo eine *„andere Menschenrace"* mit *„ursprünglicher Rohheit und angestimmter Wildheit"* lebte.

In Körben trugen die Salzträger das „weiße Gold" zum Verladen.

Kardinal Albrechts teure Bauprojekte

Während überall in den Städten des Erzbistums Magdeburg die Reformation ihren Siegeszug antrat, verhielt sich Erzbischof Albrecht von Brandenburg (links) in Halle so, als würde ihn das alles nicht viel angehen. Obwohl er als Kardinal und Bischof von Mainz über eine Residenz in Aschaffenburg verfügte, blieb Halle sein Lieblingsort, den er weiter auszugestalten dachte. Das Geld dafür nahm er bei den Städten und dem Adel seines Erzbistums auf.

Die als Zwingfeste konzipierte Moritzburg ließ er zu einem Schloss im Stil der Renaissance ausbauen. Er verlegte den Haupteingang von der Nord- auf die Ostseite. Den neuen Eingang flankierte ein sechseckiger Turm, der nicht mehr nur der Verteidigung, sondern auch dem gefälligen Aussehen dienen sollte. Auf der anderen Saaleseite ließ Abrecht einen Lustgarten anlegen. Um das Umfeld der Schlossanlage, die „Schlossfreiheit“, zu vergrößern, mussten die Ulrichskirche, das Pfarrhaus und die Schule weichen. Eine Reitbahn sollte Albrechts Gästen zur körperlichen Ertüchtigung dienen. Der Erzbischof lud auf die Moritzburg zu glänzenden Hoftagen ein. Zu den Besuchern zählten Herzog Georg von Sachsen, Heinrich von Braunschweig und Joachim II. von Brandenburg. Zu Ostern 1536 verprasste der Erzbischof mit seinen Verwandten innerhalb von zwei Wochen 50.000 Gulden.

Um ein Gegengewicht gegen die Universität Wittenberg zu schaffen, wollte Albrecht in Halle eine mit katholischen Gelehrten besetzte Universität stiften. Als Baugebiet wählte er das Gelände des Cyriakushospitals und des Dominikanerstifts. Er konnte zwar bekannte Künstler und Humanisten nach Halle holen, es gelang ihm jedoch nicht, eine Universität zu etablieren. Albrecht disponierte um: Der Generalbaumeister des Erzbistums Magdeburg und Mainz, Andreas Günther, baute für seinen Auftraggeber auf dem Gelände nun einen Stadtpalast, die „Neue Residenz“. Erzbischof Albrecht wies ihn an, weder Kosten noch Mühen zu scheuen, um mit diesem Gebäude ein Zeichen seiner Machtfülle in Mitteldeutschland zu setzen.

Um das nötige Baumaterial zu beschaffen, hatte er sich an den von ihm ungeliebten Dominikanern des Klosters Neuwerk schadlos gehalten, denn die Mönche neigten der lutherischen Lehre zu.

Albrecht legte ihnen nahe auszuziehen und ließ die vier mittelalterlichen Kirchtürme sprengen. Damit gewann er gleichzeitig auch Bausubstanz für ein anderes Großprojekt, den Bau eines Doms (oben).

Dazu ließ er die um 1280 errichtete dreischiffige Hallenkirche der Dominikaner umbauen. Sie erhielt zwei neue Portale. Die Wände erhöhte der Steinmetz Bastian Binder mit seiner Bauhütte im Mittelschiff auf 18 Meter. Zwei Reihen von je sieben achteckigen Pfeilern grenzten den Raum von den ebenfalls erhöhten Seitenschiffen ab, die sich über eine Gesamtfläche von 68 Metern in der Länge und 20 Metern in der Breite erstreckten. Die besten Baumeister nördlich der Alpen errichteten 18 Altäre; Heiligenfiguren von der Hand des Meisters Peter Schro, darunter die zwölf Apostel sowie die Stiftsheiligen Maria Magdalena und Mauritius, verzierten die Pfeiler. Bilder aus der Werkstatt von Lucas Cranach und Hans Baldung Grien schmückten die Wände. Zu den bedeutendsten Gemälden zählte die Mauritiustafel von Matthias Grünewald, auf der sich der eitle Erzbischof selbst als heiliger Erasmus darstellen ließ.

Der Dom hatte keinen Turm wie alle anderen Kirchen der Stadt. Auch das wollte Albrecht ändern. Er ließ in aller Schnelle ein Gemäuer hochziehen und von dort aus die im Kloster Neuwerk geraubte Glocke „Susanna“ zum katholischen Gottesdienst läuten. Nach fünf Jahren allerdings rissen Arbeiter das Bauwerk wieder ab. Einerseits stand es nicht auf festen Fundamenten, und andererseits ließ sich von dort aus leicht die Moritzburg beschießen.

Entwicklung der Stadt Halle bis ins 16. Jahrhundert

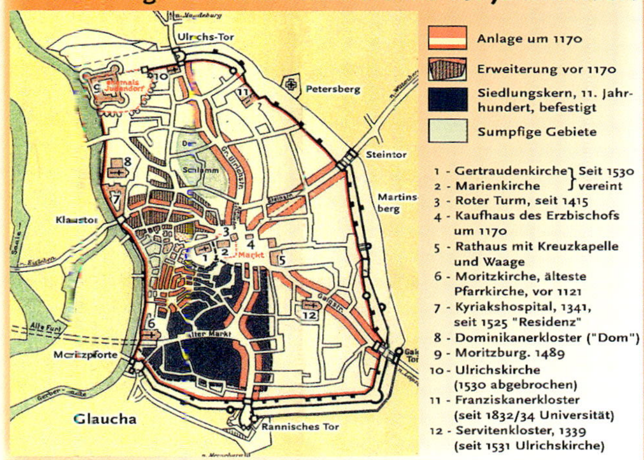

Standesgemäß: die „Neue Residenz“ des Kardinals Albrecht

1536

„Hallesches Heiltum“: 21.000 Reliquien

Albrecht von Brandenburg hatte eine ausgesprochene Vorliebe für Reliquien. Aus dem Kloster Neuwerk ließ er die Gebeine des heiligen Lambert und des Erzbischofs Adalgod überführen.
Wann immer es die Möglichkeit gab, Reliquien zu erwerben, griffen er und seine Agenten zu. Die wunderlichsten Dinge gehörten zum „Halleschen Heiltum“: 25 Zweige von Moses' brennendem Dornbusch, Manna-Reste von der Speisung der Israeliten in der Wüste, Milch der Jungfrau Maria, zwei Krüge von der Hochzeit zu Kanaan, Splitter von der Krippe Christi, ein Daumen von Jesu Großmutter Anna, die Gebeine eines von Herodes umgebrachten Kindes, 17 Skelette der 11.000 Jungfrauen aus Köln und vieles andere mehr. Auf 21.000 Einzelstücke soll das Heiltum im Lauf der Regentschaft des Erzbischofs angewachsen sein. Für die Betrachtung dieser Schätze nahm Albrecht von den Bürgern Eintritt und versprach ihnen gegen eine Spendenbescheinigung die Vergebung von Sünden.
Nicht nur für seine Bauten und seinen eigenen Lebenswandel, sondern auch für seine Mätressen benötigte Albrecht ständig Geld. Geliebte hatte er reichlich. Seinen Günstling Hans Schenitz beauftragte er sogar, eine von ihm angebetete italienische Sängerin in die Stadt zu geleiten. Zwischen den beiden entwickelte sich allerdings ein Liebesverhältnis. Der Kardinal persönlich soll die beiden in einem Hinterzimmer des Lokals „Kühler Brunnen“ beim Liebesspiel beobachtet haben.
Ohne Schenitz den Prozess zu machen, knüpften ihn Albrechts Schergen 1535 wegen „Veruntreuung“ von Geldern unter großem Missfallen der Hallenser auf dem Galgenberg bei Giebichenstein auf.
Die Reformation gewann auch in Halle an Boden. Selbst Albrechts Stiftsprediger Georg Winkler verabreichte im Dom das Abendmahl in beiderlei Form und verheiratete sich sogar. Mehrfach beklagte sich der Kanoniker Conrad Hoffmann beim Erzbischof über den Abweichler vom „rechten Glauben“. Albrecht zitierte seinen Prediger nach Aschaffenburg und schied mit ihm scheinbar im Frieden. Auf dem Rückweg nach Halle lockten dessen Begleiter ihn jedoch im Spessart in einen Hinterhalt, und maskierte Reiter erwürgten den in Halle beliebten Prediger. Die Bürger machten den Erzbischof für den Mord verantwortlich, und als der Denunziant kurz darauf starb, sahen sie das als ein Zeichen Gottes an.
Martin Luther zeigte sich sowohl über die Ermordung von Georg Winkler als auch über die Hinrichtung von Hans Schenitz bestürzt. Immer wieder wetterte der wortgewaltige Reformator gegen die „Blutschuld“, das „Schandhaus“ und das „Hurenwesen“ in Halle. *„Allen lieben freunden Christi zu Halle“* schrieb er einen Trostbrief.
Die Amtszeit Albrechts von Brandenburg endete so wie sein Aufstieg mit Schulden. Er musste 1541 auf der Ständeversammlung in Calbe seinen Bankrott erklären. Die Städte waren bereit, eine Summe von 400.000 Goldmark zu übernehmen, wenn sich der Landesherr nicht weiter in die Streitigkeiten um die Religionszugehörigkeiten der Bürger einmischte. Ausgenommen war zunächst noch der Bischofssitz Halle. Außerdem musste Albrecht mehrere Stücke aus seinem Heiltum verkaufen.
Albrecht zog sich nach Mainz zurück. Er löste sein Stift auf und übergab die Verwaltung seiner Liegenschaften dem Amt Giebichenstein. Alles bewegliche Gut aus dem Dom, selbstverständlich auch das Heiltum, nahm er mit.
Nun war der Weg für die Reformation auch in Halle frei. Justus Jonas, ein Freund Martin Luthers, predigte am Gründonnerstag 1541 zum ersten Mal in der Marktkirche und verabreichte die Sakramente in Gestalt von Brot und Wein. Am 5. August hielt hier auch Martin Luther einen Gottesdienst ab.
Der Reformator starb am 18. Januar 1546 in Eisleben. 50 Berittene und zwei Mansfelder Grafen überführten den Reformator nach Halle. *„Aus tiefer Not schrei ich zu dir“*, intonierten die Bürger, als der Verstorbene in die Marienkirche gebracht wurde.
Seine ihm dort abgenommene Totenmaske (rechts) - von Lukas Furtenagel aus Wachs gefertigt - ist ein bleibendes Zeugnis der Reformation in der Stadt. 12.000 Bürger bekannten sich 1546 zu Luther, 3.000 blieben beim alten Glauben.

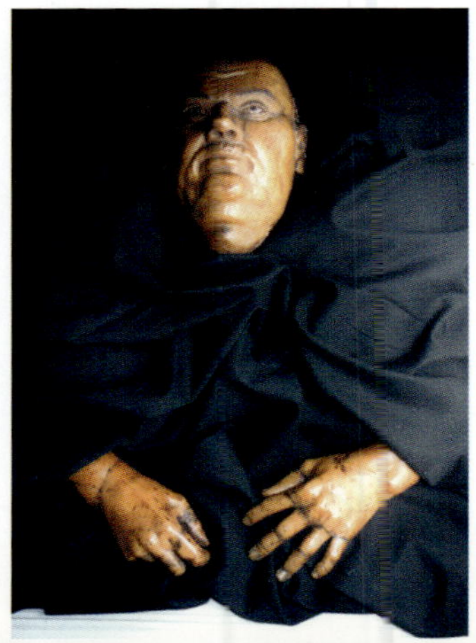

Zeum zweyvnd zwentzigste/Ein silbern tafell mit .vi. geschmeltzten glesern/ Dor Inne ist ein gantzer dorn vō der kronen Christi/ welchen babst Leo der zehend vnserm gnedigsten herren zu Eeren Ins new Stifft geschickt.

Sūma.j.partickel.

G iij

Zeum neunden/ Eyn klein silbern mōstrātzlin mit einem gewunden berill. Dor Inne ist/Ein tzan von sant Johans dem tewffer/ Vnd sunst ein partickel von ym.

Summa.ij.partickel.

K i

Zeum sechste Ein schōn groß silbern vbergult brustbild/doran ein gulden halßband mit steynē vnd perlen getzirt/ Obin mit eyner gulden kronen von steynen vnd perlin keiser Otten des andern/ Dor Inne sein .ix. partickel vō sant Johans dem tewffer. Vō seynem kleid .ij. partickel. Vō seynem birreit. Vō hewpt Zacharie des heiligen Johans des tewffers vater. Vom heiligen Zacharia.ij.tzene vnd sunst.j.partickel Vonn der rutte Moisi/ Von der Archa Noe. Von Aarons rute.ij.partickel. Vom heiligen patriarchen Jacob. Vom heiligen patriarchen Jsaac/ ij.partickel. Vom heiligen propheten Helisco. Vō der wusteney do sant Johans ynnen gewest.

Summa.xxv.partickel.

Rechts und oben: Darstellungen des „Halleschen Heiltums“.

„Durch Gottes Hulf volendet“

„Durch Gottes Hulf hab ich Nickel Hofmann disen Baw im 1554 volendet.“ Mit diesen Worten fand die frühe Baugeschichte der Marktkirche, die Erzbischof Albrecht von Brandenburg angestoßen hatte, ihren Abschluss. Als unverwechselbares Wahrzeichen prägen die beiden Turmpaare von „Unser Lieben Frauen“ zusammen mit dem Roten Turm den Marktplatz und die Silhouette der Stadt.

Auf dem Markt existierten zunächst zwei Kirchen: im Westen St. Gertruden als Pfarrkirche der Thalgemeinde aus dem 11. Jahrhundert und im Osten die Marktkirche St. Marien, die im Rahmen der Stadterweiterung im 12. Jahrhundert errichtet worden war. Der Erzbischof und einige der Ratsmitglieder von landesherrlichen Gnaden beauftragten 1529 den Ratsbaumeister Caspar Kraft mit Planungen, wie sich die beiden Kirchen zu einem Gesamtensemble zusammenfassen ließen. Die Einheit beider Gotteshäuser unter dem Namen „Unser Lieben Frauen“ sollte ein Zeichen gegen die Spaltung der Kirche während der Reformation setzen. Der Baumeister schlug einen Neubau mit einer dreischiffigen Längshalle zwischen beiden Turmpaaren vor. Der Plan sah vor, die Hausmanns-Türme der Marienkirche zu erhöhen. Nach und nach rissen die Bauarbeiter zunächst das alte, dem Roten Turm zugewandte Kirchenschiff von St. Marien ab. Im ersten Bauabschnitt entstand auf der anderen Seite der Türme ein neuer Gottesdienstraum, der 1539 seiner

Innenansicht mit Deckengewölbe, die Kanzel und das Taufbecken in der Marienkirche.

Bestimmung übergeben werden konnte. Bis zu diesem Zeitpunkt fanden sich die Gläubigen noch in der Gertrudenkirche zum Gottesdienst zusammen. Nun sollte auch deren Kirchenschiff in Teilen abgerissen und mit dem Neubau verbunden werden. In einer nächtlichen Aktion betteten die Totengräber die noch unverwesten Leichen aus dem Baugelände auf den neuen Gottesacker am Martinsberg um. Die bereits skelettierten Gebeine setzten sie in einem Massengrab hinter den Blauen Türmen der Gertrudenkirche bei.

Trotz aller Widerstände der geistlichen Landesherren hatte die Reformation in Halle Einzug gehalten. In der neuen Marienkirche hielt am Karfreitag 1541 einer der engsten Mitarbeiter Luthers, Justus Jonas, in würdigem Rahmen den ersten Gottesdienst nach evangelischem Ritus. Das Bauprojekt aber ruhte. Der Baumeister war gestorben, und der Erzbischof hatte sich nach Mainz zurückgezogen.

Die Stadtväter trieben die Pläne zum Weiterbau nun allein voran und beauftragten 1542 den Baumeister Nickel Hofmann mit der Anbindung der westlich stehenden Glockentürme an das halb fertige Gotteshaus. Der aus Pirna stammende Baumeister hielt sich strikt an die Pläne seines Vorgängers, setzte aber mit seinem Kanzelbau und den eindrucksvollen Renaissance-Ornamenten eigene Akzente. Hofmann meisterte alle statischen Probleme und ließ stolz an der Ostempore einmeißeln: *„Es tvn iher vil fragen wie sich dise 2 stvck tragen.“* Gegenüber der Kanzel erinnert eine Inschrift an Martin Luther und seine 95 Thesen.

In der Sakristei werden Wachsabgüsse der Hände und des Gesichts des Reformators aufbewahrt. Dieser war am 19. Februar 1546, einen Tag nach seinem Ableben, während der Überführung von Eisleben nach Wittenberg in „Unser Lieben Frauen“ aufgebahrt. Zu den Schätzen der Marktkirche gehören darüber hinaus ein Altarbild von 1529 aus der Werkstatt von Lucas Cranach d. Ä., ein 1430 in Braunschweig gegossenes Bronzebecken, in dem Georg Friedrich Händel 1685 getauft wurde, sowie die 1552 gegründete, mehr als 30.000 Bände umfassende Marienbibliothek. Diese gilt mit ihren 435 Inkunabeln, 308 Handschriften und 229 Urkunden als die älteste ununterbrochen öffentlich zugängliche evangelische Kirchenbibliothek Deutschlands.

Justus Jonas, Mitarbeiter von Martin Luther

Baumeister Nickel Hofmann, um 1531

Erzbischof Albrecht von Mainz, um 1519

„Gemeines Volk“ stürmt Klöster und Häuser der Katholiken

Nach dem Abgang von Kardinal Albrecht von Brandenburg trat Johann Albrecht aus dem Haus der Hohenzollern dessen Nachfolge als Erzbischof von Magdeburg mit Sitz in Halle an. Er war ein allseits unbeliebter, kränkelnder Mann, der auch in seinem eigenen Domstift keine Freunde hatte.

Der Stadtrat hielt die Lage für günstig, um sich aus dem Machtbereich des Erzbischofs zu lösen. Am 6. November 1544 schloss der Rat mit dem sächsischen Kurfürsten Johann Friedrich für jährliche 1.000 Gulden einen Schutzvertrag gegen alle Angriffe auf ihre Stadtprivilegien und das Recht zur freien Religionsausübung. Damit stellte sich die Stadt indirekt auf die Seite des protestantischen schmalkaldischen Fürstenbundes, der sich gegen die Re-Katholisierungsversuche seitens Kaiser Karls V. gegründet hatte.

Kaiser Karl V. (1) gelang es, Johann Friedrichs evangelischen Vetter, Herzog Moritz von Sachsen, auf seine Seite zu ziehen. Er sprach ihm für den Fall des Sieges über die Protestanten die Kurwürde in Sachsen und die Stifte Halberstadt und Magdeburg zu. Der Kaiser verhängte über alle seine Gegner die Reichsacht und beauftragte Moritz, dem dessen Gegner den Namen „Judas von Meißen“ verliehen, mit dem Vollzug. Ende Oktober 1546 tauchten dessen Truppen vor dem Steintor Halles auf und konnten die Stadt nach kurzer Belagerung am 22. November einnehmen. Halle musste alle Geschütze abliefern, den Prediger Justus Jonas ausweisen und dem Kaiser die Treue schwören. Derartige Schwüre waren allerdings meist nur von kurzer Dauer. Als am Neujahrstag kursächsische Truppen in Halle einzogen, huldigten die Einwohner wieder dem Kurfürsten Johann Friedrich. Die Plünderungen durch die Truppen von Herzog Moritz hatten in der Stadt eine gegen die Katholiken gerichtete Grundstimmung erzeugt.

Das „gemeine Volk“, verstärkt durch die Hallburschen, stürmte die Klöster und die Häuser derjenigen Bürger, die sich zu der alten Lehre bekannten. Schließlich zwangen sie Erzbischof Johann Albrecht, gegen eine jährliche Leibrente von 10.000 Gulden die Stadt zu verlassen. Der Roland als Zeichen der Stadtfreiheit fand wieder seinen angestammten Platz am Roten Turm.

Das Kriegsglück aber lag auf der Seite des Kaisers. Nach der Schlacht bei Mühlberg (2) am 24. April 1547 geriet Johann Friedrich in Gefangenschaft. Der Schmalkaldische Bund hatte den Krieg verloren. Der Kaiser übertrug die sächsische Kurwürde auf Moritz von Sachsen, der damit sein wichtigstes Ziel erreicht hatte.

Am 10. Juli 1547, mittags um 12.00 Uhr, zog der Kaiser durch das Steintor in die Stadt und ließ sich von den Bürgern die Huldigung erbringen. Er bezog Quartier in der Neuen Residenz. Der für seine Grausamkeiten berüchtigte Herzog Alba (3) besetzte mit seinen Spaniern die Moritzburg. Die Stadt musste eine Kriegssteuer von 15.000 Gulden aufbringen. 1548 konnte der brandenburgische Erzbischof Johann Albrecht wieder in die Moritzburg einziehen.

Durch eine infame Intrige ließ der Kaiser den protestantischen Landgrafen Philipp I. von Hessen (4) auf die Moritzburg locken und dort festsetzen. Dessen Schwiegersohn, Kurfürst Moritz von Sachsen, zeigte sich darüber nicht gerade begeistert, zumal er selbst Philipp freies Geleit versprochen hatte. Der Kaiser weigerte sich darüber hinaus, Moritz die versprochenen Stifte Magdeburg und Halberstadt zu übertragen. Nach einer erfolglosen Belagerung Magdeburgs wechselte der Kurfürst 1552 die Seiten. Die Gegenreformation in Sachsen war damit gescheitert.

Der Augsburger Religionsfrieden von 1555 bescherte dem Land und seinen Städten für sechzig Jahre Ruhe. Halle gehörte unter den brandenburgischen Erzbischöfen und Administratoren weiterhin zum Einflussbereich des erstarkenden Hauses Hohenzollern.

Zeit-Sprung ins Jahr 1594. Halle hat eine neue Sensation. Eine mediterrane! Soeben eingeweiht, bietet der Stadtgottesacker weitaus mehr als einen Ort für Ruhe und Besinnung. Auf dem „Camposanto", dem heiligen Feld, lässt es sich hervorragend lustwandeln. Und die steinernen Bögen spenden nicht nur den Verstorbenen Ruhe, sondern auch den Lebenden Schutz vor der Sonne. Vielleicht auch einen Platz für ein vertrauliches Wort. Was Kai wohl gerade Maria gesteht? Wir haben weggehört.

Stadtgottesacker: Meisterwerk der Renaissance

Der Rat Halles trug sich mit dem Gedanken, außerhalb der Stadtmauern einen neuen Friedhof errichten zu lassen. Die Wahl fiel auf den Martinsberg. Dort existierten bereits Massengräber mit den Opfern der Pestepidemien des 14. und 15. Jahrhunderts. Hierher ließ Erzbischof Albrecht 1529 auch die Toten aus dem Umfeld der Gertruden- und Marienkirche umbetten.
Dieses Gelände also wollten die Stadtväter für einen neuen Stadtgottesacker nutzen und beauftragten den Baumeister Nickel Hofmann mit der Planung. Italienische Grabanlagen in Form eines Camposanto (heiliges Feld) dienten ihm zum Vorbild. Die 1594 fertig gestellte Anlage galt und gilt immer noch als ein Meisterwerk der Sepulkralkultur der Renaissance nördlich der Alpen.
Der Stadtbaumeister ließ den gesamten alten Friedhof auf einem rombenförmigen Grundriss mit einer fünf bis sechs Meter hohen Mauer umgeben. Aus den Resten der 1547 von den Kursachsen zerstörten Martinskapelle entstand ein Torturm als Eingang zur Anlage. Ein Bildnis des Baumeisters schmückte dessen Interieur. In die Mauer eingelassen sind 94 von außen sichtbare Schwibbögen. Sie stammen von der Hand des Meisters selbst und weisen sein Zeichen auf. In ihrer Form erinnern sie an die ebenfalls von Hofmann gestalteten Rundbögen an der Empore der Marktkirche und bilden somit einen symbolischen Zusammenhang zwischen Gottesdienst und Gottesacker, verbinden Leben und Tod.
Nach innen bilden die Schwibbögen Arkadengänge, bedeckt von einem hohen Satteldach. Die Felder über den Bögen und die Pfeiler ließ der Stadtbaumeister mit Rankenornamenten, Putten und Phantasiefiguren ausgestalten. Nicht unter Sinnbildern von Hölle, Tod und Teufel geleiteten die Trauernden ihre Verstorbenen nunmehr zur letzten Ruhestätte, sondern unter Blumen, Früchten und weltlichem Zierrat. Unter den Arkaden in den Bögen liegen die Grüfte, die die sterblichen Reste der Toten aufnahmen. In den unterirdischen Räumen - drei bis vier Meter tief - standen die Särge sichtbar auf dem Boden. Gitter schützten die Grüfte vor unbefugtem Zutritt.
Selbstverständlich war ein derartig aufwändig gestalteter Begräbnisort nur den vornehmen Bürgern der Stadt und ihren Familien vorbehalten. Unter den Schwibbögen ruhen Angehörige von Georg Friedrich Händel (Bogen 60), der Theologe August Francke mit Familie (Bogen 80/81, Inschrift links), der Rechtsgelehrte Christian Thomasius (Bogen 10) oder der Medizinalprofessor Friedrich Hoffmann (Bogen 47). Bis ins 19. Jahrhundert bestatteten betuchte Bürger ihre Verstorbenen auf dem Stadtgottesacker. Verdiente Männer der Stadt ließ der Magistrat dort kostenlos ihre letzte Ruhe finden.
Der Verwesungsprozess der Leichen in den unbedeckten Särgen ging nur sehr langsam und nicht ohne Geruchsentwicklung vonstatten. Am 10. Juni 1862 untersagte der Magistrat schließlich weitere Beisetzungen unbedeckter Särge und ließ die Grüfte mit Erde aufschütten.

Zeit-Zeichen

1500
Leonardo da Vinci zeichnet den ersten Hubschrauber.

1513
Spanier unter Balboa stoßen zum Pazifik vor.

1514
Kopernikus entdeckt den Saturn.

1517
Martin Luther schlägt 95 Thesen an die Tür der Schlosskirche zu Wittenberg.

1519
Magellan beginnt die Weltumseglung.

1529
Die erste Belagerung Wiens durch die Türken.

1531
Der Halleysche „Große" Komet erscheint.

1539
Das Inka-Reich in Peru wird von Pizzaro zerstört, König Atahualpa erdrosselt.

1582
Papst Gregor XIII. führt die Schaltjahre ein.

1584
Von Irland aus verbreitet sich die Kartoffel über Europa.

1588
Untergang der spanischen Armada.

1589
Am französischen Hof wird die Essgabel eingeführt.

1590
Galilei beginnt Fallversuche am Turm zu Pisa.

1591
Shakespeare schreibt „Romeo und Julia".

1

2

3

Krieg, Armut und Seuchen

Der Fenstersturz von Prag 1618 löste eine Reihe von militärischen Auseinandersetzungen zwischen der von Kaiser Ferdinand (1) geführten katholischen Liga und dem Zusammenschluss protestantischer Könige und Landesfürsten aus. Zunächst blieben das Erzstift Magdeburg und damit auch Halle von den Wirren des Krieges, der dreißig Jahre dauern sollte, verschont. Das Domkapitel hatte Kursachsen und Kurbrandenburg gebeten, den Erzbischof Christian Wilhelm von allen Kriegsvorbereitungen abzuhalten und auf seine Neutralität hinzuwirken. Erst als sich Herzog Christian von Braunschweig (2), genannt „der Tolle“, der auch das Amt des Administrators vom Stift Halberstadt ausübte, gegen den Kaiser stellte, erreichte der Krieg Mitteldeutschland.

Die 6.000 Mann starken Truppen des Generals Wallenstein (3) zogen am 18. Oktober 1625 in Halberstadt ein und standen am Morgen des 28. Oktober vor dem Galgtor und dem Steintor von Halle. Nach einem Schusswechsel mit leichten Kanonen, den der Chronist als „rituell“ bezeichnete, kapitulierte die Stadt vor den Kaiserlichen. Die Geschütze mussten auf die Moritzburg gebracht werden, und die Bürger hatten alle Waffen abzuliefern. Von nun an sollte der Gottesdienst wieder nach katholischem Ritus abgehalten werden. Die Besatzer legten die Kontributionsleistungen auf eine wöchentliche Zahlung von 8.000 Talern fest, reduzierten diese jedoch später auf 4.000 Taler. Da die Kassen der Stadt bald leer waren, mussten die Bürger mit ihrem Privatvermögen einspringen. Darüber hinaus hatten sie die circa 4.000 Mann starke Besatzung zu beherbergen und zu verköstigen. Die Gegend um Halle war zur Plünderung freigegeben. Den Bauern fügten die Besatzer unerträgliche Grausamkeiten zu. Vergewaltigungen gehörten zum Zeitvertreib der kaiserlichen Soldateska. Die Landbevölkerung floh nach Halle, wo die Offiziere noch einen gewissen Einfluss auf ihre Soldaten ausübten. In der Stadt existierten auch Lazarette der Wallensteiner. Deren Krankheiten und die unhygienischen Zustände führten zum Ausbruch von Seuchen. Rote Ruhr, Cholera und Pest rafften ein Viertel der Einwohner dahin.

Der Handel lag brach. Wer aus der Stadt mit Waren auszog, verlor in der Regel sein Gut schon im Umland durch die marodierenden Horden. Die „Salzgäste“, die Händler aus dem Umland, wagten sich nicht mehr in die Nähe der Stadt. Die Salzsiederei kam zum Erliegen, denn die Besatzer beschlagnahmten das Brennholz für Schanzarbeiten und zur Unterhaltung ihrer Lagerfeuer. Die Salinenarbeiter machten aus ihrer lutherischen Überzeugung keinen Hehl und hatten deshalb besonders unter den Repressionen der kaiserlichen Truppen zu leiden. Zahlreiche Halloren verließen die Stadt, um sich an anderen Salzquellen ihr Auskommen zu suchen. Einige kräftige, wehrerprobte Männer gesellten sich zu den Bauernhaufen, die sich zum Selbstschutz im Harzvorland und im Drömling gebildet hatten. Mehr als 200 Salzsieder schlossen sich den Truppen ihres geflüchteten Erzbischofs Christian Wilhelm an, die in Magdeburg standen.

Warhafftige Zeitung
Aus Praag
Darinnen kürtzlich vermeldet wird/ der gefährliche Zustandt/ welcher vber die Evangelische Stände hat ergehen sollen/ Aber von Gott dem Allerhöchsten verhütet worden/ vnd hernachmals sich das Widerspiel begeben/ das es vber die Rahtgeber (so Gott vnd dem Landesfrieden zuwieder/) selbsten außgangen / Auch wie sich einer von den rädelinsführer/ aus angst seines bösen Gewissens / zu den Capuciner München ins Kloster versteckt / entlichen aber herauß geben müssen/ vnd den Evangelischen Ständen gefänglichen vberantwortet. Wie sie dann auch ferner jhr eigen bekändtniß gethan/ vnd vmb Gnade gebeten.
Gedruckt im Jahr 1618.

Nachricht über den Prager Fenstersturz in Form eines Flugblattes (Holzschnitt aus dem Jahr 1618).

Oben: Soldatenlager General Wallensteins. Plünderungen in Halle und Umgebung sind an der Tagesordnung (unten).

Die Moritzburg, das „Feste Schloss“, kurz vor der Zerstörung 1637.

Halloren ständiger Stachel im Fleisch der Besatzer

Als die kaiserlichen Truppen in Halle ausgedünnt werden mussten, weil Gustav Adolf von Schweden auf evangelischer Seite in den Krieg eingegriffen hatte und in Pommern gelandet war, unternahm der Erzbischof einen überraschenden Angriff auf Halle. Einige Halloren und Innungsmitglieder hatten am 7. August vereinbarungsgemäß mit den kaiserlichen Wachleuten an den Stadttoren ein „scharfes Zechen" begonnen. Auf ein Signal hin fielen die Hallenser über die Soldaten her, erstachen die meisten und verwundeten einige schwer. Die Tore der Stadt standen offen: Christian Wilhelm zog in Halle ein. Allerdings konnte die Besatzung der Moritzburg rechtzeitig gewarnt werden. Sie ließ ihre Geschütze in Stellung bringen. Als auch noch Teile der kaiserlichen Truppen nach Halle zurückkehrten, musste sich der Administrator wieder aus der Stadt zurückziehen. Die Halloren aber bildeten einen ständigen Stachel im Fleisch der Besatzer. Immer wieder gelang es ihnen, sich zu bewaffnen, Bauern aus der Umgebung zu Hilfe zu holen und bei kleinen Scharmützeln Landsknechte zu töten.

Die Truppen des Schwedenkönigs Gustav Adolf drangen zügig nach Süden vor und standen am 11. September 1631 vor Halle. Die Stadt empfing sie als „Befreier" von der katholischen Herrschaft. Besondere Wertschätzung konnte Gustav Adolf bei den Halloren erringen, als er einem der Thalleute gegen einen mit Weintrauben gefüllten Hut seine goldumrahmte Kopfbedeckung aus rotem Samt schenkte. Sie nahm einen Ehrenplatz im Schatz der Halloren ein. Die Stadt leistete Gustav Adolf den Treueid. Derartige Schwüre legte die Stadt wechselnden Heerführern gegenüber noch häufiger ab.

Kontributionsleistungen, Einquartierungen, Plünderungen seitens der Besatzer oder Befreier kamen immer wieder auf die Stadt zu, denn es galt die Devise: Der Krieg soll den Krieg ernähren. Dabei verhielten sich die schwedischen Kontingente keineswegs zivilisierter als die kaiserliche Soldateska. Je nach religiöser Überzeugung der Kombattanten kehrten Prediger, Mönche und Nonnen in die Stadt zurück oder mussten sie wieder verlassen.

Nach dem Sturm von Tillys Truppen auf Magdeburg geriet Erzbischof Christian Wilhelm 1631 in die Kriegsgefangenschaft der Kaiserlichen. Er trat zum katholischen Glauben über und verlor damit seine geistliche Funktion im evangelischen Erzstift. Zum Administrator des Erzstiftes hatten die Domherren Herzog August von Sachsen-Weißenfels gewählt. Sachsen schloss durch die Prager Verträge von 1635 Frieden mit der katholischen Liga. Dadurch geriet Halle zwangsläufig in die Gegnerschaft zu den protestantischen Schweden. Keine Chance also für Halle, dem Krieg zu entkommen.

Die Schweden ließen die Burg Giebichenstein in Flammen aufgehen. Die Moritzburg brannte in der Nacht vom 6. zum 7. Januar 1637 aus, als eine sächsische Besatzung kurz vor einem schwedischen Angriff im großen Saal ein Feuer entzündet hatte, das schnell auf den gesamten Westflügel übergriff. Obwohl die Burg nun arg in Mitleidenschaft gezogen war, behielt sie für die Kriegführenden weiterhin eine hohe strategische Bedeutung. Am 17. Oktober 1638 betrat der Administrator August von Sachsen kurzfristig in Halle die Residenz seines Erzstiftes, musste aber gleich wieder schwedischen Truppen unter der Führung des Generals Johan Banér weichen. Dieser ließ 1639 den Südwestturm der Moritzburg sprengen. Nachdem August einen Separatfrieden mit den Schweden geschlossen hatte, konnte er im Dezember 1642 auf Dauer seine Residenz beziehen. Sein Land glich einer Wüstenei: Der Krieg und die Seuchen hatten ein Drittel der Bevölkerung dahingerafft. Mit dem Salzhandel war kein Geld mehr zu verdienen. Die Anzahl der Salzsiedetage war von 303 im Jahr 1620 auf 68 Tage im Jahr 1640 gefallen. Das Umland konnte die Versorgung der Stadt mit Lebensmitteln nicht mehr leisten.

Das Morden, Rauben, Plündern und Verwüsten hatte erst ein Ende, als sich die Fürsten am 14. Oktober 1648 in Münster auf einen Friedensschluss einigten und versuchten, ihre Einflussgebiete nun auf friedliche Weise abzustecken. Das Erzstift Magdeburg mit Halle sollte bis zum Ableben des Administrators Herzog August in sächsischem Besitz bleiben und danach an das Kurfürstentum Brandenburg fallen.

Handstreich des Hallorenoberst Bock und der Bürger Halles auf die von den kaiserlichen Truppen besetzte Stadt am 18. Oktober 1630.

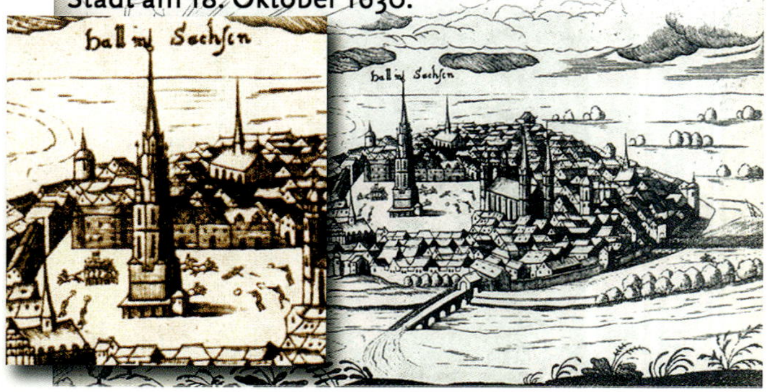

Schwedenkönig Gustav Adolf

Belagerer Graf von Tilly

Der Krieg legt das Land in Schutt und Asche. Erst mit dem Westfälischen Frieden 1648 (unten) tritt für die Menschen Ruhe ein.

Invasion der Brandenburger

Am 4. Juni 1680 läuteten die Glocken der Stadt. Der letzte Erzbischof und Administrator des Erzstiftes in Magdeburg, August von Sachsen, war in Halle gestorben. Das Kurfürstentum Brandenburg hatte sich auf diesen Fall sorgfältig vorbereitet und rückte zwei Tage später mit einer Kompanie von Musketieren in der Stadt ein. Sie schlugen sofort am Rathaus, am Thalamt und am Schöffenhaus den brandenburgischen Adler (rechts) an.

Die Huldigung durch seine neuen Bürger ließ sich Kurfürst Friedrich Wilhelm im Juni 1681 in Halle, dem Regierungssitz für das brandenburgische Herzogtum Sachsen, zuteil werden. Er nahm für sich das Recht in Anspruch, in allen „Kirch-, Polizey- und Justizsachen" nach eigenem Ermessen zu entscheiden. Mit der „Generalsteuer- und Consumptionsordnung" entzog er dem Rat der Stadt zudem die Möglichkeit, selbst über die Verwendung der Steuereinnahmen zu bestimmen. Angesichts der Entmachtung der Bürgervertretung war es kein Wunder, dass der Landesherr *„bey Verlust des Bürger-Rechts und sonst anderer hohn Straffen"* die Einwohner der Stadt zur Teilnahme an seiner Huldigung zwingen musste. Eine der ersten Amtshandlungen des Kurfürsten: die Gründung einer Poststation. Zweimal wöchentlich fuhren von nun an Kutschen aus Leipzig über Halle, Magdeburg und Tangermünde nach Hamburg und zurück. Von weiteren Aktivitäten nahm die Verwaltung unter Kanzler Gottfried von Jena zunächst Abstand, denn am 8. Oktober 1681 brach in Halle die Pest aus. Mehr als 6.000 Menschen, die Hälfte der Bürgerschaft, fielen der Seuche zum Opfer. Die Region - schon durch den Dreißigjährigen Krieg stark entvölkert - verödete noch mehr.

Preußisches Posthausschild von 1720. Rechts: Huldigung an den Kurfürsten mit Übergabe des Schlüssels zur Stadt.

Neue Siedler aus dem Harz und dem Eichsfeld zogen nach Halle. Die größte Gruppe von Neubürgern aber bildeten die in Frankreich verfolgten reformierten Hugenotten, die der Kurfürst 1686 ins Land holte. Diese waren hoch spezialisierte Handwerker: Spitzenklöppler, Samtweber, Uhr-, Hut-, Tuch- und Handschuhmacher. Sie erhielten ein eigenes Civil-Gericht, zehnjährige Steuerfreiheit sowie verbilligte Kredite und konnten dadurch kleine Manufakturen aufbauen.

Besonders die Wollstofffabrikation entwickelte sich zu einem der Hauptarbeitgeber in Halle. Angesichts schlechter Löhne waren die „französischen" Neubürger bei den lutherischen Alteingesessenen jedoch nicht besonders beliebt und galten darüber hinaus auch noch als „Ketzer". Dabei spielte sicherlich auch der Neid auf deren Privilegien eine Rolle. Weiteren Zuzug erhielten Halle und das Umland von pfälzischen reformierten Flüchtlingen. Büchsenmacher, Strumpfwirker, Böttcher, Färber und Schneider ließen sich in der Stadt nieder und bereicherten das gewerbliche Leben.

Preußischer Offizier

Mit der Siedlungspolitik verfolgte Kurbrandenburg die Strategie, im Süden seines Herzogtums mit Halle ein Gegengewicht zu dem ökonomisch starken Kursachsen und der Messestadt Leipzig zu errichten. Deshalb wollte die Regierung auch die Salzsiederei wieder neu beleben. Nach dem neuesten Stand der Technik entstand eine kurfürstliche, später königliche Saline mit großen Siedepfannen aus Eisenblech, befeuert von Kohlen aus den Wettiner Bergwerken. Schon 1690 konnte die Mark Brandenburg weitgehend mit Salz aus Halle versorgt werden. Die private hallesche Salzproduktion der Pfännerschaft mit ihren kleinen Siedehütten war kaum mehr konkurrenzfähig.

Im Jahr 1701 ließ sich der brandenburgische Kurfürst Friedrich III. in Königsberg zum König - Friedrich I. von Preußen - krönen. Inzwischen war Magdeburg zur stärksten preußischen Festung ausgebaut worden. 1714 verlor Halle per Dekret den Regierungssitz an die Elbestadt.

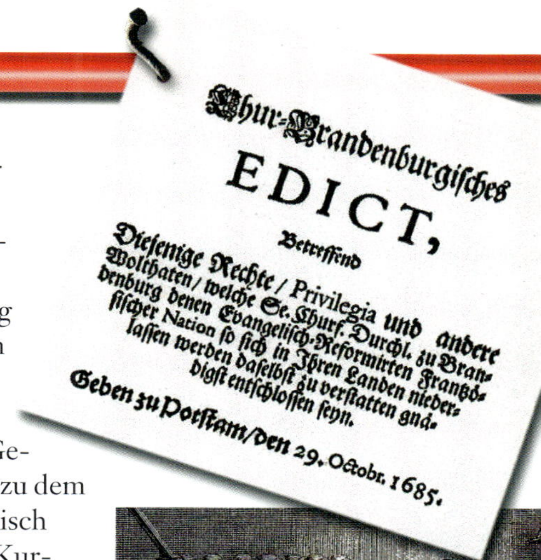

Chur-Brandenburgisches

EDICT,

Betreffend

Diejenige Rechte / Privilegia und andere Wolthaten / welche Se. Churf. Durchl. zu Brandenburg denen Evangelisch-Reformirten Frantzösischer Nation so sich in Ihren Landen niederlassen werden daselbst zu verstatten gnädigst entschlossen seyn.

Geben zu Potstam / den 29. Octobr. 1685.

Ganz oben: Das Edikt, welches die Rechte der eingewanderten Hugenotten (im Bild darunter: hugenottische Hutmacher) festlegte. Unten: die königliche Saline.

Auf Augenhöhe: Leicht amüsiert scheinen bronzene Augen auf die Besucher zu schauen. Vor dem Stadtrundgang statten Gerd Micheel (alias Händel) und Christel Wurbs (alias Queen Elizabeth) dem großen Sohn ihren Besuch ab.

Statt Jura: Komponieren - „wie ein Teufel"

Wer ihm die musikalische Begabung in die Wiege gelegt hat, ist nicht aktenkundig. Sein Vater fördert sie nicht; der Knabe übt heimlich in der Dachkammer auf einem Klavichord (links). Erst als Georg Friedrich Händel im Alter von acht Jahren seinen Vater nach Weißenfels begleitet, wo der Hofstaat residierte, und dort vor dem Herzog auf der Orgel spielte, ist auch der Vater vom Talent des Sohnes überzeugt.

Am 23. Februar 1685 erblickt Georg Friedrich Händel im Haus zum Gelben Hirschen am Großen Schlamm, heute Große Nikolaistraße und Museum, das Licht der Welt. Einen Tag später wird er in der Marktkirche getauft. Das Geburtshaus steht seit 1666 im Besitz seines Vaters Georg Händel.

Der Sohn wächst gemeinsam mit den beiden jüngeren Schwestern Dorothea Sophie (1687-1718) und Johanna Christiana (1690-1709) auf. Friedrich Wilhelm Zachow, Organist der Marktkirche, unterrichtet das junge Talent; Händel junior übt auf der kleinen Orgel über dem Altar, 1664 von Georg Reichel gebaut. Und bereits ab seinem neunten Lebensjahr beginnt Händel Kantaten zu komponieren.

Unterricht auf seinem Lieblingsinstrument, der Oboe, erteilt ihm um 1700 Michael Hyntsch in der Märkerstraße 2. Vermutlich hat Händel das lutherische Gymnasium im ehemaligen Barfüßerkloster besucht (wich im 19. Jahrhundert dem Löwengebäude). 1697 ist Kurfürst Friedrich III. in Berlin so vom Vorspiel des Zwölfjährigen beeindruckt, dass er Händels Vater anbietet, dem Sohn eine Musikausbildung in Italien zu finanzieren. Der lehnt ab. Und Georg Friedrich beherzigt den Wunsch des 1697 verstorbenen Vaters und schreibt sich 1702 für das Studium der Rechtswissenschaften in die Matrikel der halleschen Universität ein. Ein Jahr später übernimmt er dann aber den Organistenposten am Hallenser Dom auf Probe. Von jetzt ab komponiert er nach eigenen Aussagen „wie ein Teufel".

Mit 18 Jahren siedelt Händel nach Hamburg über, wo er als Geiger und Cembalist arbeitet und seine ersten Opern schreibt. 1706 bis 1710 dann doch noch: Jahre in Italien. Händels spätere zweite Heimat ist ab 1712 England. 1719 beruft ihn die Königliche Musikakademie in London zum Musikdirektor; 1727 nimmt er die englische Staatsbürgerschaft an. Das letzte Mal in seinem Leben reist Händel 1750 über Haarlem und Den Haag nach

Halle. Im Alter erblindet der große Komponist. Mehr als 600 Werke - 70 davon mit abendfüllenden Umfang - sind von ihm überliefert. Am 14. April 1759 verstirbt Georg Friedrich Händel. Seine letzte Ruhestätte findet er in der berühmten Westminster Abbey.

150 Jahre später setzt ihm die Stadt Halle auf dem Marktplatz ein Denkmal (oben). Der Berliner Bildhauer Hermann R. Heidel schuf die bronzene Statue, zu der Händelfreunde in Deutschland und England Spenden gesammelt hatten. Und:

250 Jahre später befördert Hydraulik auf dem Markt in Halle einen leibhaftigen „Händel" mitsamt der britischen „Queen" auf Augenhöhe mit dem bronzenen Star der Stadt. Zwar Schirmherrin der Händel-Festspiele des Jahres 2009, hat sich Queen Elizabeth II. kein Grußwort abringen lassen (gar einen Besuch? Ausgeschlossen!). Doch ZEIT REISE-Autorin Dr. Christina Seidel macht´s möglich - und schickt im folgenden Special den großen Komponisten und die kleine Queen auf einen Rundgang durch das Halle des Händel-Jahres 2009: Wir hoffen, dass nicht nur die Queen „amused" ist...

Begegnung in der Galgenberg-schlucht: „Nach 250 Jahren wach gesungen ..."

Das Feuerwerk war verklungen, die letzten Gäste verließen die Galgenbergschlucht, auch die Musiker hatten längst ihre Instrumente eingepackt und sie die dunklen Waldwege hinunter zu ihren Autos oder in die Straßenbahn getragen. Nur ein Mann saß einsam inmitten der vielen Bierzeltbänke und blickte gedankenverloren zur Bühne. Seine Lockenperücke schimmerte silbern im Mondlicht.

Schon gestern hatte er hier Tausende begeisterte Menschen beobachtet, die Wein, Bier, Käse und Brot auf den Bänken zwischen sich ausgebreitet hatten. Auch er liebte Speisen und Getränke, aber bei einem Konzert? Doch gleich bei den ersten Klängen war der Funke der Musik auf die Menschen übergesprungen, sie hatten sich rhythmisch bewegt und warm geklatscht, denn es war kalt gewesen gestern Nacht. Der Moderator auf der Bühne hatte versichert, die Musik werde Brücken schlagen zu Händels klassischen Werken. Und das hatte den Mann mit der Lockenperücke beruhigt.

Heute wärmte die Abendsonne, heute ging es feierlicher, gesitteter, andächtiger zu. Arien aus Rinaldo, Ariodante, Chöre aus seinen Opern und zum Schluss das Halleluja aus dem Messias. Und dann das Feuerwerk … Der Mann versank in Gedanken. 1749, am 27. April im Londoner Green Park uraufgeführt. 40 Trompeten, 20 Hörner, 16 Oboen, 16 Fagotte, acht Pauken, zwölf große Trommeln, Flöten und Pfeifen. Violinen hatte der König verboten ...

„Excuse me, please. We´ve come all the way from London for the Händel Festivals", eine ältere Dame mit Hut stand plötzlich vor ihm und sah ihn fragend an. „Eigentlich wollten wir schon vor einer Woche hier eintreffen, aber anderweitige Verpflichtungen hielten uns immer wieder ab. Auch wollten wir Aufhebens um meine Person vermeiden; wir reisen inkognito. Aber Sie Maestro, sehen auch nicht so aus, als ob Sie von hier wären."

Die Dame trat einen Schritt zurück. Der Mann erhob sich und der Mond schien voll auf sein Gesicht. „Sie haben eine verblüffende Ähnlichkeit mit Georg Friedrich Händel."

„Ins Schwarze getroffen", sagte der Mann und verbeugte sich. „Nach 250 Jahren nicht wach geküsst, aber wach gesungen, am 1. Juli bei dem Eröffnungskonzert auf dem Marktplatz. Und Sie, ich erinnere mich nicht, ihre Bekanntschaft gemacht zu haben."

„Elizabeth Windsor, Her Majesty Queen Elizabeth II. Für Sie, Maestro, Elizabeth R., wie ich meine Dokumente zu unterzeichnen Pflege", flüsterte die Dame, „Schirmherrin der Festspiele 2009. Leider verspätet, wie ich schon sagte."

„Darf ich Ihnen meinen Arm reichen, Verehrteste, obwohl ich nun wirklich ein beträchtliches Alter habe, bin ich noch ganz gut zu Fuß. Sie haben viel verpasst, Majestät, vertrauen Sie sich nur meiner Führung an. Ihre Zeit ist sicher begrenzt."

„Übermorgen muss ich wieder im Buckingham Palast sein."

„Schade, sehr schade, aber wo beginnen wir?"

„Im Bett", sagte die Queen. „Ich habe eine anstrengende Reise hinter mir."

Händel ließ sofort ihren Arm los und sah sie entsetzt an. „Damit kann ich nun wirklich nicht dienen. Ich hatte noch nie … also, ich meine … eine Dame in meinem Bett."

Die Queen schüttelte distinguiert den Kopf. „Mein lieber Georg Friedrich, da haben wir uns mächtig missverstanden. Ich will schlafen, sonst nichts. Dort kommt mein Fahrer. Wohin soll er uns fahren?"

„Das Rote Ross am oberen Boulevard, ich denke, das ist standesgemäß."

Die Haube des Leipziger Turmes glänzte am nächsten Morgen im Licht der Sonne, als sich Händel und die Queen auf ihren Stadtrundgang begaben.

Nach standesgemäßem Logis: Die Queen begibt sich auf den Rundgang durch die Stadt, die sie eigentlich gar nicht besuchen wollte...

Der große Sohn begegnet seiner Stadt

„Ein Fremder würde vorübergehen an diesem Grab"

Seine Wurzeln. Händel besucht mit der Queen das Grab seiner Eltern auf dem Stadtgottesacker, dem nördlichsten Camoposanto Europas.

„Sie gestatten, Majestät, dass ich zuvor meinen verstorbenen Eltern einen Besuch abstatte. Sie wurden hier ganz in der Nähe auf dem Stadtgottesacker, dem nördlichsten Camposanto Europas, begraben. Mein Vater segnete 1697 im Alter von 75 Jahren das Zeitliche, meine Mutter, sie war 29 Jahre jünger und die zweite Frau meines Vaters, starb 1730. Für meinen Vater schrieb ich als Zwölfjähriger ein Gedicht, beim Tod meiner Mutter weilte ich in England." Sie stiegen die breiten Stufen zum Haupteingang empor und lasen über dem Tor den Spruch.

Aufblühen und Staubwerden - das ist das ewige Gesetz der Natur.
Hoffet auf Morgengrauen im Totental -
hier ist die Saat, dort die Ernte.

„Ich habe gesät und geerntet", sagte Händel stolz und die Queen nickte zustimmend. Sie liefen an Arkaden vorbei, kunstvoll geschmiedeten Eisengittern, Familienwappen bis zum Rundbogen 80/81, der Franckeschen Familiengruft.

„August Hermann Francke", die Queen horchte auf, „ist Ihnen gewiss kein Unbekannter. Sein Ruf ging wie meiner um die Welt. Er errichtete, nur wenige hundert Meter von hier entfernt, zuerst ein Waisenhaus, später wurde daraus eine richtige Schulstadt. 1703, als ich mein Ränzlein schnürte, um Halle zu verlassen, verlegte er bereits eine eigene Waisenhauszeitung. Als ich zehn war, hat er das erste Waisenkind aufgenommen. Unter seiner Spendenbüchse im Wohnhaus stand: „Ein jeglicher nach seiner Willkür, nicht mit Unwillen oder Zwang, denn einen fröhlichen Geber hat Gott lieb". Mein Vater war so ein fröhlicher Geber. Mit mir an der Hand hat er des Öfteren einen Schein in diese Büchse geworfen. Ich habe die weitere Entwicklung von England aus und bei meinen späteren Besuchen in Halle verfolgt, und es ihm gleich tun wollen. Als ein Wohltäter für Waisenkinder habe ich großzügig The London Foundling Hospitals gefördert.

Im Freylinghausensaal wurde dieses Jahr meine Suite c Moll für 2 Cembali HWV 446 aufgeführt. Ein Genuss zuzuhören. Und in der gegenwärtigen Jahresausstellung in den Francke Stiftungen „Kinder - Krätze - Karitas" wird auch mein Engagement gewürdigt." Sie waren am Bogen 30 angekommen und Händel schaute enttäuscht hinein. Ein Eisengitter verwehrte ihm den Zutritt und an der linken Wand war nur eine kleine Tafel angebracht mit einem Hinweis auf Händels Familiengrab. Frische Blumen schmückten die Gedächtnistafeln Neuverstorbener. „Sicher", sagte Händel, „es sind 'nur' meine Eltern und Geschwister und eine lange Zeit ist vergangen, aber ein Fremder würde an dem Grab achtlos vorübergehen."

Die Stimmung war ein wenig gedrückt, als sie den Friedhof verließen. Sie liefen gemächlich die Gottesackerstraße hinunter, weiter die Wilhelm-Külz-Straße, bis Händel auf ein großes, repräsentatives Gebäude unter ihnen auf der gegenüberliegen Straßenseite des Hanserings zeigte.

„Womöglich wäre ich dort drinnen versauert!" Sein Gesicht sah dementsprechend aus. „Auf Geheiß meines Vaters schrieb ich mich mit 17 Jahren an der juristischen Fakultät ein.

Studienabbrecher: Dort drinnen wäre er versauert - bei der Justiz.

Die hallesche Alma Mater war 1694 zum 37. Geburtstag des brandenburg-preußischen Kurfürsten Friedrich III. gegründet wurden. Der lange Festzug aus Pfännern, Stadträten, Schöffen, Studenten bleibt auch bei einem Kind haften. Der Kurfürst höchstpersönlich war angereist. Ein Jahr später, ich war gerade zehn Jahre alt, spielte ich ihm auf Wunsch der Kurfürstin Sophie Charlotte in Berlin vor. Alle Zuhörer hatte ich mit meinem Cembalospiel zuvor in Erstaunen versetzt, aber der Kurfürst meinte nach einer Pause des Schweigens: „Der Kleine spielt ganz gefällig. Doch welch ein Drill musste wohl aufgewendet werden, um ein Kind so unbarmherzig abzurichten?"

Ich blieb ihm die Antwort nicht schuldig, verbeugte mich artig und sagte: Allergnädigster Herr, was ihr Drill zu nennen beliebt, ist für mich ein Quell der Freude." Die Queen verzog keine Miene, obwohl sie bei Drill sicher hätte mitreden können ...

Damals ultramodern: Händel und die Queen vor dem Opernhaus.

„Meine Floridante hatte hier Premiere"

Sie waren den Hansering weitergelaufen, Händel hatte noch kurz auf die Bedeutung von Halle als ehemalige Hansestadt hingewiesen und den Verlauf der Stadtmauer hier erläutert. „Christian Thomasius", sagte er wie nebenbei, „der Kämpfer gegen die Hexenverbrennung, wäre einer meiner Professoren gewesen. Sicher nicht uninteressant, aber was sind schon Paragrafen gegen Noten!"

Das Opernhaus am Ende der bunten Blumenrabatten trat hinter Springbrunnen in ihr Blickfeld. „1686, ein Jahr nach meiner Geburt, wurde es als Hallesches Stadttheater eingeweiht; einer der modernsten Theaterbauten Europas zur damaligen Zeit.

Meine Oper „Floridante" hatte hier dieses Jahr ihre Premiere. 36 Jahre war ich alt, als ich sie schrieb und Hauskomponist des Londoner Operntheaters, das den anspruchsvollen Titel Royal Academy of Music führte. Eine Tragödie mit zwei starken Konflikten: die verbotene Vater-Tochter-Liebe und die Liebe zwischen Täter und Opfer ..."

Die Queen winkte ab. „Sie müssen nicht weiter ausholen, ich weiß ..."

„Jedenfalls bin ich zufrieden mit der Umsetzung meiner Musik an diesem Haus. Der Franzose Vincent Boussard stülpte dem fiktiven Werk keinen nachträglichen Realismus über, sondern ließ sich auf meine Musik ein, so frei und flexibel wie auch ich mich mitunter bei Bedarf bedient habe.

Sie werden es nicht für möglich halten, Majestät, gleich fünf Inszenierungen waren während der Festspiele 2009 hier zu erleben: Außer den Premieren „Floridante" und „Serse", „Alica" ein Gastspiel, und zwei Wiederaufnahmen - „Ariodante" und „Belshazzar", ein Quintett fürwahr ..."

Die Queen war auf dem Treppenabsatz stehen geblieben, neben einem Händel-Porträt, das Hans Joachim Triebsch auf einen Bauzaun gemalt hatte und das nun Teil einer Ausstellung des Kunstverein war.

Sie legten ein Pause ein, betrachteten bei einem Aperitif in Ruhe die Ausstellung und Händel äußerte sich lobend oder kritisch. Ein Stirnrunzeln war das Höchste an Gemütsregung, was die Queen hervorbrachte. Als sie wieder hinaus ins Freie traten, hatte sich der Himmel mit Wolken zugezogen und Händel drängte zur Eile, um trocken ihr nächstes Ziel, das Löwengebäude, zu erreichen.

Während sie den Universitätsring hinunterliefen, berichtete er vom „Kastraten-Gesang nach Messers Schneide", der dort zur Aufführung gelangt war. „Das thalia-Theater hat einen Ruf für außergewöhnliche Inszenierungen", sagte er. „Stellen Sie sich vor, selbst der liebe Gott trat auf, ein Kastrat moderierte eine Talkshow, Steffi Graf spielte ein letztes Mal im Rollstuhl Tennis ...

Sicher, ich habe einen Großteil meiner Musik für Kastraten geschrieben. Ob sie glücklich waren, weil sie ein Höchstmaß an Bildung und Wohlstand erlangten, obwohl sie aus kümmerlichen Verhältnissen stammten oder im tiefsten Innern einsam, weil es ihnen nicht gestattet war, eine eigene Familie zu gründen, ich weiß es nicht ..."

Hier erhob plötzlich die Queen ihre hohe Stimme. Nur ein Satz ohne weitere Diskussion. „Das Prinzip Kastrat lebt meines Erachtens im Leistungssport und in der Schönheitsindustrie fort ...!"

Händel brummte irgendetwas, zustimmend oder ablehnend war nicht herauszuhören, und sie erreichten das Löwengebäude, als die ersten Regentropfen einsetzten.

Bewundernde Blicke auf die Gemälde im Löwengebäude: Die Queen ist beeindruckt.

Ein leerer Magen? Bremst nur die Kreativität.

Die Queen stieg, sich auf Händels Arm stützend, die Treppe zum ersten Geschoss empor und warf bewundernde Blicke zu den Gemälden an den Wänden. Händel erfreute sich in der Aula an der sanierten Sauer-Orgel. Der Regen begann an die Fensterscheiben zu prasseln. Die Queen schaute auf die Uhr und Händel nahm das zum Anlass, ein baldiges Mittagsmahl vorzuschlagen. „Ich komponierte ja in England wie der Teufel. Nur das Essen und Trinken vergaß ich nicht. Mit leerem Magen lassen sich nicht gut Noten schreiben." Er klopfte selbstgefällig auf seinen runden Bauch.

„Sie sind sicher bestens über meine Werke informiert, aber bis wir trockenen Fußes weiterlaufen können, würde ich ihnen eine kurze Auflistung vortragen. 40 große Opern, 20 Oratorien, über 100 Kantaten, über 70 selbstständige Arien, Duette und Lieder …"

Hier unterbrach die Queen. „Ich bin orientiert, mein lieber Händel. Ihr Schaffen war einzigartig."

Händel reagierte schroff, wandte sich ab, schaute aus dem Fenster und sagte verärgert: „Ich vermisse das jugendliche Volk, die Studenten hier."

„Aber, Herr Händel", wies die Queen ihn zurecht. „Have you been living under a rock…? Es ist Semesterpause."

„Was heißt Pause, so einen Unsinn gab es bei mir nie. In den Phasen zwischen meinen Werken kümmerte ich mich um die Verbreitung meiner Musik. Manche meiner Opern dirigierte ich selbst bis zu dreißigmal.

„Komponieren kann man damit auch? Nicht auszudenken, wenn mir damals solch ein Teufelsding zur Verfügung gestanden hätte…"

Aber kommen Sie, Gnädigste, die Sonne meint es schon wieder gut mit uns. Nun noch schnell am neuen theater vorbei, eine zauberhafte Aufführung „Anasthesia" von Nico and the navigators hat das Publikum vergangene Woche zu Begeisterungsstürmen von den Stühlen geholt, und dann lassen wir es uns beim „Dompfaff" auf dem Domplatz munden." Trotz Regenschauers war es drückend heiß geblieben. Sie waren die einzigen Gäste auf der kleinen Außenterrasse direkt gegenüber dem Dom. Händel zeigte auf den hohen turmlosen weißen Bau mit dem Rundbogen-Giebelkranz als äußerem Schmuck. „Im März 1702 wurde ich dort nur zur Probe als evangelisch-lutherisches Subjekt bei der Reformierten Gemeinde als Organist angestellt."

Der Kellner brachte die Karte und fragte nach ihren Trinkwünschen. Die Queen tupfte sich mit einem Spitzentaschentuch die Schweißtropfen von der Stirn und bestellte einen schwarzen Tee mit viel Milch, während Händel „ein großes Dunkles" brummte und seinen Kopf schon über die Karte gebeugt hatte. Nach dem er sie bis zur letzten Seite studiert hatte, schlug er sie zufrieden zu.

„Sie müssen wissen, Gnädigste, jedes Jahr ehrt die Stadt Halle einen Händelpreisträger. Dieses Jahr war der Katalane, Gambalist und Dirigent Jordi Savall der Glückliche und dort im Dom wurde ihm diese Ehre zuteil. Water & fire, Händel und Purcell hat er im Anschluss mit dem von ihm gegründeten „Ensemble Le concert des nations" gespielt und auch ich, wäre ich in der Jury gewesen, hätte ihm diese Auszeichnung verliehen." Er winkte dem Kellner. „Also notieren Sie: Anhaltische Käse-Lauch-Suppe, Hähnchenbrust auf Zitronensauce, Hallescher Salzkrustenbraten und Hallenser Bierfleisch unter Kartoffel-Kräuter-Kruste im Brotlaib serviert."

Die Queen tippte mit dem Finger auf die Karte und Händel bestellte: „Kräppelchen in Notenform mit einer Kugel Vanilleeis, dazu ein Glas Prosecco. Wie originell, aber das soll schon alles sein?"

Ein leichtes Nicken und der Kellner verschwand.

„Nun zum Dompfaff": Händel offenbart der Queen die lukullischen Highlights der Region.

„Ich bin allgegenwärtig in Halle“

Vorgeschmack zu Jahresbeginn in Halles Stiftung Moritzburg auf die parallel zum großen Festival veranstalteten zweiten Kinder-Händelfestspiele: Kleine Händels der Kita Moritzburgring tanzten in den von ihren Eltern selbst geschneiderten Kostümen Halles Oberbürgermeisterin und Schirmherrin Dagmar Szabados vor.

„Nur wenige Meter von hier entfernt, den Mühlberg hinunter, den Schlossberg wieder hinauf liegt die Moritzburg.“ Händel sah die Queen fragend an. Die schüttelte energisch ihren Kopf. „Ich will nicht mehr hinauf und hinunter,“ versicherte sie. „Erzählen Sie lieber!“

„Ja, also dort feierten Kinder mein Jubiläum. Sie tanzten verkleidet wie kleine Händel, sangen, spielten sogar ganz ordentlich auf den verschiedensten Instrumenten, vielleicht wächst da mal ein zweiter Händel oder Bach oder … na ja, Sie wissen schon, heran. Dort im Museum ist übrigens auch ein Bierhumpen ausgestellt, zwei Liter gehen hinein, aus dem ich getrunken haben soll. Ich kann mich an vieles erinnern, aber daran, weiß Gott nicht.

Ich bin in Halle übrigens allgegenwärtig. Das würden auch Sie feststellen, Verehrteste, wenn Sie länger hier verweilen würden. Ich blicke von Tassen und Tellern, Backmischungen und edlen Tropfen, Postkarten und Plakaten, einer Sonderbriefmarke und 250 Bildern, die Kinder gemalt haben, aus Schaufenstern und der Straßenbahn …Die Hallenser kombinieren, ich komponierte …

Aber warum sie ausgerechnet meinen Todestag so feiern, mit Pauken und Trompeten, mit Feuerwerk und Tanz? Wäre die Feier nicht an meinem Geburtstag angebrachter?“

Der Kellner brachte die bestellten Gerichte bis auf das Hallenser Bierfleisch.

Als Händel danach fragte, sagte er: „Ich dachte, Sie erwarten noch eine dritte Person.“

Händel schüttelte den Kopf, sodass seine Perücke verrutschte und hob die Stimme: „Die dritte Person bin ich!“

Der Kellner stürzte davon.

Die Queen schaute sprachlos zu, wie Händel von einem Teller zu dem nächsten griff und keine Sättigung zeigte. „Ein Chronist hat mal geschrieben“, sagte er, „dass meine Völlerei das einzige Laster sei. Und damit hat er völlig Recht.“

„Warum haben Sie eigentlich nie geheiratet“, fragte die Queen. So was interessiert also eine First Lady, dachte Händel erstaunt, wischte sich - nicht gerade Gentleman - den Mund mit dem Handrücken: „Eine meiner ersten Schülerrinnen hätte ich als junger Mann gern geheiratet. „Ein Fiedler kommt nicht in mein Haus, bestimmte ihre Mutter“. Eine zu große Verletzung, die ich nie vergessen konnte.“

Am Ende des Mahles erlaubte er sich einen kräftigen Rülpser und winkte dem Kellner. Die Queen verabschiedete sich dorthin, wohin auch sei zu Fuß geht. Händel brummte, „die Hochherrschaftlichen sind alle gleich“ und zahlte, ohne mit der Wimper zu zucken.

„Wenn Sie mich noch auf einen Kaffee einladen wollen“, sagte er, als die Queen zurückkam, „dann können Sie das im Barockgarten der Neuen Residenz. Wir sollten einen kleinen Verdauungsspaziergang unternehmen.“

Das 3,20 Meter hohe bronzene Händel-Denkmal auf Halles Marktplatz, zum Jubiläumsjahr gleich mehrfach geklont: Im Frühjahr übergab die Jugendwerkstatt „Frohe Zukunft“ die ersten drei Händel-Skulpturen an ihre Paten. Die von Steffen Sonntag entwickelten Polyester-Thermoplastiken sind 2,30 Meter hoch und rund 35 Kilogramm schwer. Die neuen „Denkmal-Geschwister“ sollen künftig Einwohner und Gäste der Saalestadt an unterschiedlichen Orten erfreuen - und auch als Botschafter in Halles Partnerstädte reisen. Dabei bleibt es aber den jeweiligen Paten vorbehalten, die Plastik zu gestalten und zu bemalen (oder bemalen zu lassen). Etwas neidisch schaute damals noch Halles Oberbürgermeisterin Dagmar Szabados - hier mit dem Beigeordneten für Wirtschaftsförderung Wolfram Neumann - auf die goldene Händel-Skulptur der Stadtmarketing-Gesellschaft. Aber inzwischen zeigt sich auch der Ratshof-Händel im schmucken Gewand…

Redet nicht viel, aber allemal eine gute Zuhörerin: Die Queen, hier mit ihrem Stadtführer im Barockgarten.

„Musik für 250 Stunden"

Sensation für Halle im Händelhaus: Leihgaben aus der British Library.

Zu dieser nachmittäglichen Stunde war der Barockgarten gut besucht. Die Menschen nutzten die gemütlichen, schattigen Plätze in kleinen Nischen, umrahmt von Rosen und Hortensienblüten oder spazierten zwischen Säulen und bronzenen Statuen, immer wieder von beschrifteten Fahnen an das barocke Ensemble erinnert. Aus Lautsprechern erklangen leise Töne. „Ich selbst habe Musik für 250 Stunden geschrieben", prahlte Händel ein wenig. „Aber ich weiß, Gnädigste, so viel Zeit haben Sie nicht", denn die Queen hatte bereits wiederholt auf die Uhr geschaut.

„Sorry, but at five o´clock wartet mein Fahrer auf mich an Ihrem Denkmal auf dem Marktplatz."

Jetzt kam Händel doch ins Schwitzen. „Vier Stationen sind noch zu besichtigen. Die Händel-Halle, mein Geburtshaus, die Marktkirche und die Ulrichskirche. In einer Stunde ist das nicht zu schaffen."

Die Queen winkte ab. „Lassen Sie uns hier sitzen bleiben. Erzählen Sie einfach. Für Marktkirche und ihr Geburtshaus wird meine Zeit und Kondition vielleicht noch reichen."

Händel musste sich damit begnügen. Wenn die Queen auch nicht viel redete, eine gute Zuhörerin war sie allemal.

„Vom 4. bis 14. Juni besuchten 57.000 Gäste die rund 80 Festspielveranstaltungen. In der Händel-Halle wurde das Festival mit einem ungewöhnlichen Konzert eröffnet. Man hat meinen Osterdialog, den ich in sehr jungen Jahren geschrieben habe, wieder hervorgeholt. Für zwei Soprane, Alt, Tenor, Bass, Fagott, Streicher und basso continuo.

Und dort wurde auch mein größtes und außergewöhnlichstes Werk, der „Messias" aufgeführt. In der Ulrichskirche, jetzt eine Konzerthalle, früher hat dort Francke gepredigt, ertönte die *kleine Oper* „Acis und Galathea", das schon zu meinen Lebzeiten meist gespielteste und „Israel in Egypt", mein spektakulärstes Werk. Mit dem ich mich endgültig vom Schreiben italienischer Opern abwandte. Ich musste eine Lebenskrise meistern und neue Wege finden. 1737 war ich gesundheitlich zusammengebrochen, meinen Opern blieb kein Erfolg mehr beschieden. Nach einer Bäderkur in Aachen schöpfte ich neue Kraft und bis 1751 schrieb ich mehr als 20 Oratorien. Majestät, haben auch Sie neue Kraft geschöpft, dann lassen Sie sich zum letzten Stadtgang führen."

„Hier bin ich geboren." Der Maestro und die Monarchin vor der Location in der Kleinen Ulrichstraße.

„Eine Frage, bevor wir aufbrechen", sagte die Queen und Händel schaute überrascht und neugierig.

„1726 wurden Sie englischer Staatsbürger. Warum haben Sie sich zu diesem Schritt entschlossen?"

„Nun", sagte Händel, „ich hatte ein eigenes Haus in der Londoner Brook Street bezogen und erkannt, dass ein einträgliches Potenzial in der Schaffung von landessprachlichen, also den Zuhörern verständlichen Werken lag. Zufrieden war ich aber auch, in einem Land zu wohnen, wo kein Mensch wegen religiöser Grundsätze unter irgendwelchen Belästigungen oder Unannehmlichkeiten zu leiden hatte. In Glaubensfragen lasse ich mich nämlich nicht belehren, das habe ich bereits einem ihrer Vorfahren gesagt, als er mir ein geistliches Libretto für ein Auftragswerk sandte: I have read my Bible very well ..."

Sie hatten beide nicht bemerkt, wie der Himmel sich mit dunklen Wolken zuzog, erst ein dumpfes Grollen in der Ferne ließ sie aufhorchen. „Sie sind selbstverständlich eingeladen, Maestro", sagte die Queen, zog ihre Geldbörse, zahlte und erhob sich. Auf dem Domplatz ließ ein Blitz sie zusammenzucken und ängstlich an Händels Arm klammern. Der war von

beidem unbeeindruckt und erzählte vom Händel Karee ganz in der Nähe, einer „Musikinsel“, auf der die Musikwissenschaft und Musikpädagogik, die Hochschule für Kirchenmusik, die Musikbibliothek und die Instrumentensammlung des Händel-Hauses Platz gefunden haben und „auf der hochwissenschaftlich über meine Werke diskutiert wurde“.

Als sie die kleine Ulrichstraße überquerten und Händels Geburtshaus erblickten, trat ein hochgewachsener Mann mit im Vergleich zu Händel auffallend wenigen Haaren auf die Straße und blieb, als er die beiden erblickt, wie vom Blitz getroffen stehen. „Sind Sie doch noch eingetroffen, Majestät. Was Sie aber auch alles erreichen, Herr Micheel?“ Händel wollte verärgert losdonnern, weil er als Herr Micheel angesprochen wurde, dann besann er sich und sagte: „Wir reisen inkognito, Herr Dr. Adlung. Darf ich vorstellen, meine Gnädigste, der Direktor des Händel-Hauses, er hat diese städtische Einrichtung in eine Stiftung verwandelt. Sehr lobenswert, aber... nun verlässt er die Stadt. Bereits nach zwei Jahren. Also Händel hat es da wesentlich länger an seinen Orten ausgehalten. Auch Frau Hanna John, Leiterin der Festspiele, geht. Jedoch in den wohlverdienten Ruhestand.“

Der Donner kam näher und die Queen drängte zur Eile. Sie versicherte, sich beim nächsten Jubiläum das Museum gleich zu Beginn ihres Rundgangs anzusehen. Sie ließen den verdutzt dreinschauenden Händelhausdirektor stehen, der „Aller, aller besten Dank, Majestät, für die Leihgabe der wertvollen Händelschriftstücke aus ihrer British Library. Eine Sensation für Halle...“ hinterherrief. Die Queen winkte hoheitsvoll zurück.

„Mehr als das Geschreibsel der Gelehrten“

Die vier Türme der Marktkirche und der rote Turm streckten ihre Spitzen in die dunkelgrauen Wolken und die Queen verweigerte wegen des Gewitters auch einen Besuch der Marktkirche. „Mein Oratorium „Samson“ wurde während der Festspiele dort aufgeführt“, sagte Händel. „Als ich 1741 mit der Komposition begann, ahnte ich noch nicht, dass ich Samsons Schicksal - er erblindete - teilen würde.“ Der Wind begann so kräftig zu wehen, dass die Queen ihren Hut festhalten musste.

„Ach reden Sie von etwas Erfreulicherem“, bat sie.

„Über den Marktplatz hier, an Ständen und Buden vorbei, streifte ich als junger Mann sehr gern. Was für eine musikalische Vielfalt, Dramatik und Harmonie war zu vernehmen, wenn die Händler ihre Waren anpriesen. Glauben Sie mir, hier habe ich mehr gelernt, als durch das Geschreibsel der Gelehrten.“

Er sprang erschrocken wegen der Straßenbahnklingel zur Seite. „Die störte damals natürlich noch nicht“, brummte er. „Schauen Sie, Gnädigste, extra zum Jubiläum wurde ein grüner Teppich um mein Denkmal ausgebreitet, für Sie wäre er selbstverständlich rot gewesen.“

Völlig unerwartet sagte die Queen: „Ich lade Sie ein Maestro, reisen Sie mit mir zurück nach England.“ Der Fahrer hielt bereits die Tür des Rolls-Royce geöffnet.

Doch Händel schüttelte so energisch den Kopf, dass seine Perücke das halbe Gesicht verdeckte. „Seit 150 Jahren stehe ich hier“, er zeigte zum Denkmal, „3,20 Meter groß, auf mein Pult gestützt mit der Partitur des Messias. Die Hallenser verehren mich als Europäer. Nach England schaue ich, aber hier bleibe ich. Ein Blitz, ein gewaltiges Donnergrollen, ein kurzer starker Regenguss - der Rolls-Royce rollte mit der Queen über den Marktplatz. Als kurz danach ein Hochzeitspaar aus dem Stadthaus trat, schien bereits die Sonne und ein Regenbogen überspannte den Himmel. Das Paar ließ sich auf dem grünen Teppich neben dem Denkmal fotografieren und niemand schien bemerkt zu haben, wie Maestro sich seine Perücke wieder gerade rückte.

Wo bleibt denn ihr Rollls-Royce? Doch in Halle hat die Straßenbahn auch Vorfahrt vor der königlichen Karosse.

Mit der Abreise der Queen endet unsere (virtuelle) Begegnung des großen Sohns mit seiner Stadt von heute.
Händel freilich wird uns noch häufig begegnen bei dieser ZEIT REISE...

Ratswaage und Hochzeitshaus, links daneben das erste Universitätsgebäude.

Die Universität und ihre Bauten

Nachdem das Herzogtum Magdeburg in den Kurstaat Brandenburg eingegliedert worden war, entwickelte sich bald die Idee, eine neue Universität zu gründen. Studierwillige Landeskinder, die sich bislang an den auswärtigen Hochschulen in Wittenberg, Jena, Leipzig oder Helmstedt ausbilden ließen, sollten nun eine heimische Universität besuchen können und - ein nicht unerhebliches Argument - damit auch ihr Geld im Lande ausgeben, wo es dem lokalen Handwerk und Handel zugute käme.
Als Sitz der geplanten Universität bot sich die Stadt Halle an - zum Ausgleich für ihre gerade verloren gegangene Funktion als Residenzstadt. Zudem existierte hier bereits eine „Ritterakademie" zur standesgemäßen Ausbildung junger Adliger und reicher Bürgersöhne.
Den eigentlichen Gründungsimpuls jedoch lieferte die Berufung des Rechtswissenschaftlers Christian Thomasius (1), der zuvor wegen seiner unorthodoxen Lehrmeinungen die Universität Leipzig verlassen musste. Nun lockte der brandenburgische Kurfürst Friedrich III. (ab 1701 Friedrich I., König von Preußen) den jungen Gelehrten mit dem hohen Jahresgehalt von 500 Talern nach Halle. 1690 begann Thomasius vor fünfzig Zuhörern mit seinen Kollegien. Er unterrichtete - wie zuvor in Leipzig - in deutscher Sprache und fand so großen Zulauf, dass er bald um größere Räumlichkeiten nachsuchen musste. Der Rat der Stadt überließ ihm schließlich die Waage am Marktplatz als Kollegiengebäude.
Thomasius' mitreißende Erfolge beeindruckten den Kurfürsten anlässlich seines Besuchs in Halle im Jahr 1691 derartig, dass dieser der Universitätsgründung zustimmte. Er setzte ein Kuratorium ein, das sich um die Organisation und die Berufung namhafter Gelehrter an die vier vorgesehenen Fakultäten kümmern sollte.
Diese Bemühungen zeigten bald Erfolg: An der Theologischen Fakultät erhielt Joachim Justus Breithaupt (2) die erste Professur. Für die Philosophische Fakultät sollte August Hermann Francke als Professor für Orientalistik gewonnen werden. Die Professur für Geschichte und Beredsamkeit besetzte ab 1695 Christoph Cellarius aus Merseburg. Im selben Jahr übernahm Johann Franz Buddeus den Lehrstuhl für Moralphilosophie. Erst im Jahr 1706 jedoch konnten mit der Berufung von Christian Wolff (3) auch Vorlesungen in den Fächern Mathematik und Physik abgedeckt werden, die damals noch zur Philosophischen Fakultät gehörten. An der von Thomasius begründeten Juristischen Fakultät übernahm ab 1692 der berühmte Gelehrte Samuel Stryck aus Wittenberg einen Lehrstuhl. Viele seiner Studenten folgten ihm nach Halle. Weitere Professuren gingen an Johann Simon und Heinrich Bode. Neben der Juristischen hatte vor allem die Medizinische Fakultät einen großen Zulauf und trug sehr zum Ansehen der jungen Universität bei: 1693 nahm Friedrich Hoffmann (4) einen Ruf nach Halle an, 1694 folgte ihm sein Kollege Georg Ernst Stahl.
Am 19. Oktober 1693 erteilte Kaiser Leopold schließlich das Privileg für die Universität Halle - trotz anfänglicher Vorbehalte gegen eine protestantische Hochschule und trotz der Proteste der sächsischen Fürsten, die Halle als Konkurrenz für ihre Landesuniversitäten fürchteten. Mit einer unvergleichlichen Prachtentfaltung folgte am 12. Juli 1694 die festliche Einweihung der Halleschen Universität durch Kurfürst Friedrich III.
Der Glanz der Feierlichkeiten konnte allerdings nur kurz über die unzureichende Ausgangssituation der Hochschule hinwegtäuschen. Deren finanzielle Mittel waren äußerst knapp: 1691 verfügte sie über einen Jahresetat von nur 3.000 Talern; im Jahr 1733 über nicht mehr als 7.000 Taler. Zudem fehlten wesentliche Einrichtungen wie zum Beispiel ein Kollegiengebäude oder eine medizinische Klinik. Daher hielten die Professoren die Vorlesungen in ihren Privathäusern oder in verschiedenen öffentlichen Gebäuden. Auch Bestände und Mittel der Bibliothek und des kleinen Botanischen Gartens ließen zu wünschen übrig.

1

2

3

4

Studentenleben

Zur Zeit ihrer Gründung zählte die junge Friedrichs-Universität 15 Lehrende und 765 Studenten. Deren soziale Lage war höchst unterschiedlich: Neben wenigen reichen Studenten, die mehrere tausend Taler im Jahr zur Verfügung hatten, und einer breiten Gruppe mit finanziellen Mitteln von etwa 400 bis 800 Talern gab es auch etliche Studenten, die keine Studiengebühren aufbringen konnten und auf Freitische oder Stiftungen angewiesen waren. Insgesamt bildete die Universität einen bedeutenden Wirtschaftsfaktor: Zahlreiche Bewohner der Stadt erschlossen sich neue Einkommensquellen dadurch, dass sie den Studenten Zimmer vermieteten, Waren aller Art verkauften, Kleidung oder Schuhe anfertigten oder verschiedenste andere Dienstleistungen übernahmen. Dennoch war das Verhältnis zwischen den Universitätsangehörigen und den Bürgern der Stadt nicht ungetrübt. Für Spannungen sorgten zum einen die Privilegien der Universität, so zum Beispiel die eigene Gerichtsbarkeit, zum anderen aber auch das Verhalten der Studenten, die häufig zum ersten Mal allein und unbeaufsichtigt lebten und die neuen Freiheiten ungehemmt genossen.

Aus dem Stammbuch des Studenten P. Serres (1747).

Studentenwohnung in Halle um 1750.

Christian Thomasius und das Ende der Hexenprozesse

Christian Thomasius (unten), als Sohn des Philosophen Jakob Thomasius am 1. Januar 1655 in Leipzig geboren, erwarb nach dem Studium der Physik, Mathematik, Geschichte und Philosophie bereits mit 17 Jahren den Titel eines Magisters der Philosophie an der Leipziger Universität. 1675 begann er mit dem Studium der Rechtswissenschaften an der Frankfurter Universität Viadrina, das er 1679 mit der Promotion abschloss. In seine Heimatstadt Leipzig zurückgekehrt, hielt er zunächst Privatvorlesungen ab und arbeitete als Verteidiger in Kriminalfällen. Thomasius befasste sich - in Auseinandersetzung mit dem großen Rechtsgelehrten Samuel von Pufendorf - vor allem mit dem Naturrecht und fiel dabei durch seine unorthodoxen Ansichten auf. Er war zudem der erste, der Vorlesungen in deutscher Sprache hielt. Thomasius betätigte sich auch als Publizist und Verleger: 1688/1689 veröffentlichte er die Zeitschrift „Teutsche Monate". Wegen verschiedener fachlicher Differenzen musste er 1690 Leipzig verlassen. Er zog nach Halle und hatte maßgeblichen Anteil daran, dass die Stadt mit ihrer neu gegründeten Universität zu einem angesehenen Zentrum der Aufklärung wurde. Für Aufsehen sorgten zwei kleine Schriften des Rechtsphilosophen: Die 1701 veröffentlichte Arbeit *„Über das Verbrechen der Hexerei"* stellte eine Abrechnung mit den immer noch in ganz Europa verbreiteten Hexenprozessen dar. In ihr widerlegte Thomasius den Glauben an einen Teufelspakt und entzog damit den Hexenverfolgungen die wesentliche Grundlage. 1714 verbot der preußische König Friedrich Wilhelm I. als Folge dieser Arbeit die Hexenprozesse. In der 1705 erschienenen Schrift *„Über die Folter"* erklärte Thomasius die Tortur zur *„Schande für die christlichen Staaten"*, da die Angeklagten unter der Folter zu Verrätern an sich selbst würden. Der König reagierte auch auf diese Ausführungen und erließ 1714 eine Kabinettsorder gegen die Folter, die diese allerdings noch zur Untersuchung bestimmter Delikte erlaubte. Das allgemeine Verbot der Folter aus dem Jahr 1754 erlebte Thomasius nicht mehr: Er starb am 23. September 1728 und wurde auf dem Stadtgottesacker beerdigt.

Francksche Stiftung: Hilfe für Arme

August Hermann Francke

Ein armseliges Nest, gezeichnet von Krankheiten und den Folgen des Dreißigjährigen Krieges, muss die kleine Amtsstadt Glaucha vor den Toren Halles gewesen sein, als August Hermann Francke im Januar 1692 die dortige Pfarrstelle übernahm. Durch leidenschaftliche Predigten, strenge Gemeinderegeln und praktische Tatkraft suchte der pietistische Theologe der sozialen Verwahrlosung in seiner neuen Gemeinde zu begegnen. Vor allem aber wandte er sich der Erziehung der verelendeten Kinder und der Waisenfürsorge zu. Francke hatte das Haus in der Mittelwache Nr. 6 bezogen und später das Nachbargebäude erworben. Hier richtete er im Jahr 1695 ein Waisenhaus ein, das neun Zöglinge aufnahm. Mit nur vier Talern und 16 Groschen Kapital gründete er eine Armenschule für zunächst 50 Kinder, darunter auch Mädchen - zur damaligen Zeit keineswegs selbstverständlich. Bald teilte er die Schule in eine Armen- und eine Bürgerschule auf, denen jeweils ein Erzieher vorstand. Den Unterricht übernahmen bedürftige Studenten, die dafür kostenlose Mahlzeiten, „Freitische“, erhielten. Im selben Jahr eröffnete Francke hier auch das Pädagogium, das die Söhne vornehmer Familien auf ein Universitätsstudium vorbereitete. Das Schulgeld, das diese zahlten, kam dabei den anderen Stiftungen zugute.

1697 entwickelte Francke eine neue Almosenordnung, um das Elend der armen Bewohner der Stadt zu mildern. Sie wurde beispielgebend in ganz Kurbrandenburg. Darüber hinaus erwies sich Francke bald als geschickter Organisator und Unternehmer. So wusste er die Vergünstigungen und Privilegien gewinnbringend zu nutzen, die ihm das *„Chur-Fürstlich Brandenburgische Privilegium über das Waysen-Hauß zu Glaucha an Halle“* vom 19. September 1698 gewährte. Neben verschiedenen Steuer- und Zollfreiheiten gehörten dazu auch Konzessionen zur Einrichtung einer Druckerei und einer Buchhandlung sowie zur Beschäftigung verschiedener Handwerker. Besonders profitabel entwickelte sich die Einrichtung einer eigenen Apotheke im Jahr 1698. Diese erzielte im Lauf der Zeit mit der Herstellung und dem Versand eigener Medikamente große Gewinne.

Die damals noch „Glauschasche Anstalten“ genannten Stiftungen florierten, und 1698 begann Francke damit, seine Schulen vor das Rannische Tor (heute Franckeplatz) zu verlegen - zunächst in den ehemaligen Gasthof „Zum Goldenen Adler“. Schon bald entschied er sich, einen geräumigen Neubau, das „Hauptgebäude“, errichten zu lassen. Dieser war im Jahr 1700 fertig gestellt.

Der schlichte mehrstöckige Bau besaß eine Schauseite mit hohen Fenstern und nahm sich zwischen den meist einstöckigen Wohnhäusern der Umgebung imponierend aus. Neben Schul-, Wohn- und Schlafstuben beherbergte er auch Wirtschaftsräume sowie den Buchladen, die Bibliothek, die Apotheke und das Labor.

Der Unterricht in allen Schulen der Franckeschen Stiftungen war - ganz im pietistischen Sinne - ebenso auf die christlich-religiöse Unterweisung ausgerichtet wie auf eine umfassende Erziehung im Sinne eines bürgerlichen Arbeitsethos.

Francke betonte vor allem den praktischen Nutzen des Lehrprogramms: So unterrichteten die Lehrer ihre Zöglinge nicht nur im Schreiben oder Rechnen, sondern verbanden damit zugleich Unterweisungen in der Geschäftskorrespondenz oder im Umgang mit verschiedenen Geldsorten und Gewichten. Auch moderne Sprachen zählten zu den Unterrichtsfächern. Über die ihm anvertrauten Kinder hatte Francke ein striktes Kontrollsystem verhängt.

Seit 1701 informierten regelmäßig Arbeitsberichte über den Fortgang der pädagogischen Einrichtungen und warben zugleich um finanzielle Unterstützung - mit Erfolg: Großzügige Spenden und die Einnahmen aus den eigenen Wirtschaftszweigen versetzten Francke in die Lage, seine Einrichtung nach und nach zu einer kleinen selbstständigen Schulstadt auszubauen. Als sich schließlich sogar der preußische König Friedrich Wilhelm I. im Jahr 1713 von der „zweckmäßigen“ Organisation des Waisenhauses überzeugen ließ, konnten in der Folge zahlreiche neue aufwändige Bauvorhaben verwirklicht werden; so zum Beispiel das Schülerhaus in den Jahren 1713 bis 1715 oder die Mädchenwaisenanstalt 1716/17.

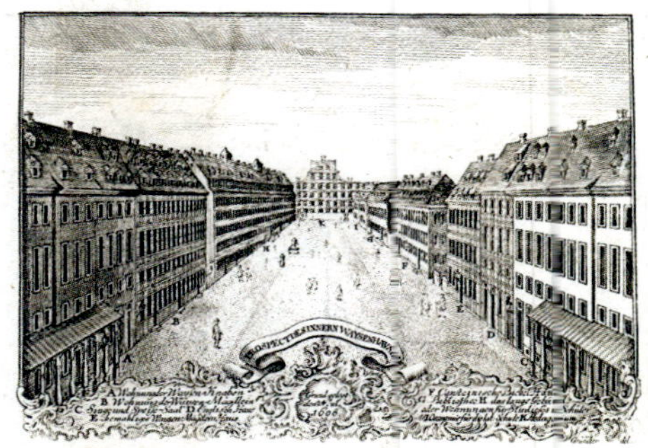

Innenansicht der Franckeschen Anlage (um das Jahr 1698).

Internationales „Collegium"

Eine weitere pädagogische Einrichtung, das „Collegium orientale", des pietistischen Theologen und Pädagogen Francke eröffnete Halle vielfältige internationale Beziehungen: Hier übersetzten sprachkundige Mitarbeiter die Bibel ins Russische, Polnische und Tschechische. Schüler und Studenten aus dem ost- und südosteuropäischen Raum ließen sich im „Collegium" ausbilden und wirkten anschließend in ihren Heimatgemeinden als Lehrer, Geistliche oder Ärzte im Sinne religiöser Toleranz und bürgerlichen Fortschritts. Über ein weltweites Korrespondentennetz verbreitete Francke seine Reformideen bis in die entferntesten Gegenden der Welt. Pietistische Geistliche aus Halle gelangten ab 1706 sogar bis nach Südindien, wo sie die erste protestantische Mission der Kirchengeschichte gründeten.

Als August Hermann Francke im Jahr 1727 starb, wurden in seinem Schulkomplex mehr als 2.200 Kinder unterrichtet, für die 167 Lehrer und acht Lehrerinnen angestellt waren. 250 Studenten erhielten hier ihre Freitische und waren dafür zur Mitarbeit verpflichtet. Franckes Nachfolger führten das Reformwerk in seinem Sinne fort und prägten durch die Errichtung weiterer Gebäude nachhaltig den Gesamteindruck des Stiftungskomplexes.

August Hermann Francke (rechts), am 22. März 1663 in Lübeck als Sohn eines Juristen geboren, studierte in Erfurt und Kiel und schloss seine Studien 1685 in Leipzig mit dem Titel eines Magisters der Theologie ab.

Nach einem Bekehrungserlebnis in einer Situation der Glaubenszweifel wandte er sich dem Pietismus zu, einer religiösen Richtung, die durch tätige Frömmigkeit auf eine religiöse und gesellschaftliche Erneuerung abzielte.

Francke war dem pietistischen Theologen Philipp Jacob Spener eng verbunden. In dessen Geist lebte und predigte er zunächst in Leipzig, bis ihm das Halten von Vorlesungen verboten wurde, danach in Erfurt, wo er als vermeintlicher Ketzer und Sektierer ebenfalls nicht geduldet wurde. 1691 berief ihn der brandenburgische Kurfürst Friedrich III. als Professor der griechischen und hebräischen Sprache an die Philosophische Fakultät der neu gegründeten Universität Halle. Aber erst 1698 übernahm Francke eine Professur - nun allerdings an der Theologischen Fakultät. Sechs Jahre zuvor hatte er die Pfarrstelle in Glaucha angetreten. Dort entwickelte er aus bescheidenen Anfängen heraus mit unermüdlicher Schaffenskraft und geschickter Organisation ein umfangreiches Sozial- und Bildungswerk.

Als Professor reformierte Francke die theologische Ausbildung. Als Pfarrer verhalf er dem Pietismus in Halle zum Durchbruch: Er kämpfte jahrelang gegen die Vorbehalte der streng lutherischen Stadtgeistlichkeit, bis diese schließlich den einst geschmähten *„sektiererischen Winkelprediger"* als Amtsbruder anerkannten.

Als Prediger und Pädagoge, Professor und Armenpfleger hatte August Hermann Francke in Glaucha und Halle als *„ein helles Licht der Welt, ein kräftig Salz der Erden"* gewirkt, wie es in einer Würdigung anlässlich seines Todes am 8. Juni 1727 heißt. Seine letzte Ruhestätte fand er in Halle auf dem Stadtgottesacker.

Aus der Vogelperspektive: die Anlage der Francke-Stiftung heute.

Beliebt am Russischen Zarenhof: Hallesche Goldtinktur

Dem beeindruckenden Lebenswerk August Hermann Franckes mit seinen Franckeschen Stiftungen war es zu verdanken, dass 1698 vor dem Festungsring Halles eine Apotheke eingerichtet wurde. Auf dem Gelände der Stiftungen entstanden Krankenanstalten, ein Waisenhaus folgte - viele Anstaltsbewohner benötigten ärztliche Betreuung und Arzneien. Aber auch das Sicherheitsbedürfnis der Hallenser hatte zur Gründung der neuen Apotheke beigetragen: Mit Einbruch der Dunkelheit schlossen die Stadttore, weshalb „Auswärtige“ die am Markt ansässigen Apotheken dann nicht mehr erreichen konnten. Wer auf Medikamente benötigte, stand vor verschlossenem Tor. Kurfürst Friedrich III. von Preußen erteilte am 19. September 1698 Francke das Privileg zur Gründung der Waisenhaus-Apotheke - die noch heute fest mit der Stadt Halle und den Franckeschen Stiftungen verwurzelt ist. Die Aufsicht der Apotheke übergab Francke dem Anstaltsarzt Dr. Christian Friedrich Richter. Neben der Apotheke entstand eine weitere Einrichtung: die Medikamenten-Expedition. Diese spielte mit dem Versand von Medikamenten wirtschaftlich eine bedeutende Rolle. Missionare transportierten die „Waisenhaus-Arzneyen“ bis nach Indien, Australien, Amerika und sogar nach Russland an den Moskauer Zarenhof.

In einer der Rezepturen, die ein Gelehrter Francke überlassen hatte, las dieser die Anweisung „zu einer aus Golde zu bereitenden sehr herrlichen Arzney“. Die Apotheker befassten sich in der Folge mit dieser sowie weiteren Rezepturen und forschten nach neuen Arzneimitteln in der Hoffnung, wirksamere Medikamente zu entwickeln. Christian Friedrich Richter entdeckte eine dieser Mixturen, der Francke den Namen Essentia dulcis gab, „die süße Essenz“. Um die Herstellung dieser Halleschen „Goldtinktur“ rankten sich bald Geheimnisse. Die Spuren einzelner Ingredienzien, unter anderem Kampfer, kannten nur die Apotheker. Deshalb arbeiteten die Beteiligten nachts (auch wegen des Kampfergeruchs) und an unterschiedlichen Orten innerhalb der Stadt. Diese Geheimniskrämerei diente nur einem Grund: Die Einnahmen aus dem Verkauf der Goldtinktur sollten das Waisenhaus finanzieren. Die Essentia dulcis avancierte zum Verkaufsschlager. Die Werbung für das Präparat gestaltete sich für damalige Zeiten geschickt und umfangreich konzipiert. Die den Franckeschen Stiftungen angehörende Druckerei druckte das „Werbematerial“. Das Buch „Kurze Nachricht von dem Nutzen und Gebrauch einiger bewährter Medicamenten“ entwickelte sich zum Bestseller und erschien in mehreren Sprachen und Auflagen. Durch diese geschickte Taktik und viele weitere Medikamente nahm der Einfluss der Waisenhaus-Apotheke während der folgenden Jahrhunderte zu; sie wuchs zu einem Unternehmen von Weltruf.

Durch das Wachstum der Stadt Halle, stellte die Regierung an die Verwaltung der Stiftungen die Forderung, unverzüglich mit dem Neubau einer Apotheke „am Königsthore“ zu beginnen. Seit 4. April 1870 befindet sich die Apotheke in einem mehrstöckigen gelben Klinkerbau an der jetzigen Waisenhausmauer nahe des Leipziger Turms. Den Eingang schmückt seit damals das Wahrzeichen des alten Waisenhauses - zwei zur Sonne auffliegende Adler.

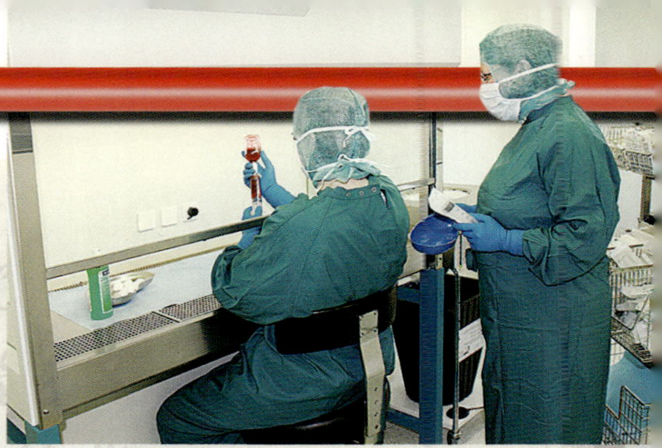

Nach 1945 ordnete die Provinzregierung Sachsens die Franckeschen Stiftungen und die Apotheke der Martin-Luther-Universität Halle-Wittenberg unter. 1951 stellte die Medikamenten-Expedition ihre Fabrikation ein, 1968 endete die Herstellung von „Hausspezialitäten“ in der Apotheke.

Am 1. Juni 1991 erwarb Christel Friederich, die seit 1976 die Waisenhaus-Apotheke leitet, das Unternehmen von der Treuhandanstalt. Unter ihrem Engagement hat die ehrwürdige Apotheke eine rasante Entwicklung genommen. Die mehr als 35 engagierten Mitarbeiter versorgen Patienten der auch im Haus der Waisenhaus-Apotheke praktizierenden Ärzte, „treue“ Patienten aus der ganzen Stadt sowie mehrere Krankenhäuser in Halle und den benachbarten Kreisen.

Altes Haus mit jungem Team: Halles Waisenhaus-Apotheke.

Zeit-Zeichen

1602
Die Niederländer gründen die Kapkolonie in Südafrika.

1606
Willem Janszoon entdeckt Australien.

1615
Galilei wird vor die Inquisition zitiert.

1619
Nordamerika führt Negersklaven ein.

1625
Engländer führen die Tabaksteuer ein.

1626
Der Auerochse stirbt in Europa aus.

1636
Erste nordamerikanische Universität in Cambridge.

1641
In England bilden sich die Whigs und Tories.

1645
Die Residenz des Dalai Lama wird in Lhasa gebaut.

1660
Die Toilette mit Wasserspülung verbreitet sich von Frankreich aus.

1667
Leibniz baut eine Rechenmaschine.

1671
Newton erfindet das Spiegelteleskop.

1683
Erste deutsche Auswanderungen nach Nordamerika.

1688
London beleuchtet Straßen mit Öllampen.

1690
Papin erfindet die Dampfmaschine.

Berühmte Komponisten an der Saale

Niemand wird einen anderen als Georg Friedrich Händel den berühmtesten Komponisten aus Halle nennen.
Fragt man aber nach den Noten, die in Halle aufs Papier gebracht wurden, so finden sich bei Händel nur einige Jugendwerke, da der berühmte Sohn zwar ab 1702 die Position des Organisten am Hallenser Dom bekleidete, danach aber in anderen Städten wirkte und ab 1712 bis zu seinem Tod in London lebte.
Samuel Scheidt (1587 - 1654) beansprucht den ersten Platz unter den Komponisten der Saalestadt. Im Unterschied zu Händel blieb er ein Leben lang seiner Heimat treu - was sie ihm nie so richtig dankte.
Immerhin - eine kleine Straße in Neustadt schmückt sich mit Scheidts Namen. Dabei gehört er neben Heinrich Schütz zu den wichtigsten Komponisten seiner Zeit. Sein Geburtshaus „Zum Walfisch" am Trödel fiel der Abrissbirne zum Opfer. Unbekannt bleibt, in welchem Haus in der Dachritzstraße er starb und wo seine letzte Ruhestädte zu finden ist.

Samuel Scheidt

Neben seinen musikalischen Werken erlangte auch Scheidts Einschätzung der gesanglichen Qualitäten der Sänger des Stadtsingechores, dessen Chef er war, Berühmtheit: „*Sie haben Ochsen-, Kälber- und schafblökende Stimmen und Pflaumen in den Mäulern.*"
So offenherzig hat niemand nach ihm seine fristlose Kündigung provoziert.
Musik gehört schon immer zum Leben der Menschen. In Halle begann eine professionelle Pflege spätestens im Kloster Neuwerk, wo bereits im 12. Jahrhundert ein Chor die Gottesdienste begleitete. Weltliche Musik brachten Minnesänger und Spielleute in die Stadt.
Für Kardinal Albrecht spielten im 16. Jahrhundert zu seinen Festlichkeiten eine Hofkapelle und Stadtpfeifer auf, 1565 gründete sich der Stadtsingechor. Unter dem Administrator Herzog August von Sachsen erklangen im 17. Jahrhundert erstmals in Halle auch Opernarien.

Von 1684 bis 1712 spielte Wilhelm Zachow die Orgel in der Marktkirche. Ihm verdankte unter anderem der junge Händel seine erste musikalische Ausbildung.
Wilhelm Friedemann Bach (1710 - 1784) erhielt 1754 die Anstellung als Organist der Marktkirche. Er prägte zwar als „Direktor Musices" wesentlich das kulturelle Leben in der Stadt, kam aber mit seinen kirchlichen Dienstherren nie so richtig zurecht. 1764 kündigte er deshalb und versuchte sich als freier Komponist. Dies misslang - auch wegen seiner Liebe zum Alkohol. Er starb1784 verarmt und (fast) vergessen in Berlin. Die halleschen Bürger aber ehrten ihn durch die Namensgebung des Platzes vor der Moritzburg.
Johann Friedrich Reichardt (1752 - 1814) erfuhr solche Ehrung gleich zwei Mal. Sein berühmtes Gartenreich und ein Chor tragen bis heute seinen Namen. Als Hofkapellmeister des preußischen Königs leistete er sich die Veröffentlichung „vertrauter Briefe", in denen er unverhohlen seine Sympathie für die Französische Revolution zum Ausdruck brachte: „ *Ich selbst bin ein Jakobiner gewesen, ich selbst habe… einen Jakobinerclub gestiftet.*" Das kostete ihn seine Anstellung in Berlin. Reichardt starb 1814 in Halle.
Robert Franz (1815 - 1892) wurde 1859 Universitätsmusikdirektor, er erteilte in dieser Funktion theoretischen und praktischen Unterricht und war für das Orgelspiel im akademischen Gottesdienst, die Chorproben in offener Kirche, die Leitung des akademischen Gesangvereins und für die musikalischen Aufführungen bei Feiern der Universität verantwortlich. Rund 350 Lieder entstammen seiner Feder. Er vertonte unter anderem Gedichte von Nikolaus Lenau, Heinrich Heine und Joseph von Eichendorff. Dem ernst blickenden Gesicht des Denkmals am Universitätsring (Fritz Schaber 1903) kann der Betrachter nicht entnehmen, dass Franz ein sehr lebensfroher Mensch gewesen sein soll.

Wilhelm Friedemann Bach

Ernst blickendes Robert-Franz-Denkmal am Universitätsring. Grab von Johann Friedrich Reichardt auf dem Hof der Kirche St. Bartholomäus (unten).

Genau 304 Jahre nach der Geburt von Georg-Friedrich Händel eröffnete die Stadt Halle ihr Jubiläumsjahr - mit einem repräsentativen Festakt und mit einem Konzert in der Händel-Halle. Hier erklang die Musik des genius loci mit Auszügen aus dem „Alexander-Fest“ und dem beliebten Harfenkonzert. Höhepunkt (Foto): Chöre aus aller Welt stimmen den Halleluja-Chor aus dem „Messias“ an. Dem Meister hätte es gefallen…

Zeit-Sprung ins Jahr 1749. Gastfreundliche Leute sind das, diese Halloren-Brüderschaft. Vor dem Thalamt in der Moritzburg begrüßen im traditionellen Festkleid (von links nach rechts) Hallorenbruder Peter Becker, Hallorenbraut Nicole Becker und Steffen Kohlert, einer der drei Halloren-Vorsteher, unsere Zeit-Reisenden. Als reiche Patrizier aus Halle sind Kai und Maria heute zu Gast bei der Brüderschaft - es gilt, dem traditionellen Pfingstbier zuzusprechen. Doch bevor das kühle Naß schäumen darf, überreicht Hallorenbraut Nicole - ganz im guten Stil der Brüderschaft - das Gastgeschenk: eine Silberdose mit der „Nelken-Krone", wie sie von den Hallorentöchtern nur zu festlichen Anlässen getragen wird. Kai freut sich schon auf das herzhafte „Prosit!", das die Gesellschaft wenig später ausrufen wird...

Links: Ein Träger bringt Salz aus dem Siedehaus (Hintergrund) zum Verladen. Rechts ein Hallore in typischer Tracht. Unten rechts drei Siedemeister.

Von Pfännern und Halloren

Die Pfänner waren die Eigentümer der Siedekoten im Thal. Ende des 17. Jahrhunderts stellten sie mehr als die Hälfte der Ratsherren und hatten so wichtige Ämter wie die des Ratsmeisters und des Kämmerers inne. Die Zugehörigkeit zu diesem „Salzpatriziat" war erblich. Über viele Jahrhunderte zählten die Familien Bötticher, Drachstedt, Gräfe und Katsch dazu. Die Pfänner durften jedoch ihr Eigentum an den Produktionsstätten des „weißen Goldes" auch komplett oder anteilig verkaufen. In den Besitz von Anteilen gelangten zugezogene reiche Kaufleute, Männer, die Witwen oder Töchter von Pfännern heirateten sowie mehrere Professoren der Universität.
In der Pfännerstube an der Südseite des Marktplatzes, ihrem Stammlokal, trafen sich abends die Honoratioren der Stadt.

Das Lokal hatte kein eigenes Getränkelager, sondern der Wirt holte - wie eine Chronik aus dem Jahr 1749 berichtet - bei Bedarf Bier und Wein aus dem Ratskeller mit einem Aufschlag von zwei Pfennigen pro Schoppen. Es herrschten strenge Sitten: „*Des starcken trinckens/ zunötigung zum truncke/ und übermäßigen vollsaufens/ soll sich ein jeder/ bey willkürlicher straffe enthalten ... So soll auch überdiß an diesem Orte das Tabacktrincken gäntzlich verboten sein*", so der Chronist Johann Christoph Dreyhaupt. Hunde durften nicht in die Stube. Fluchen, Verleumdungen oder üble Nachrede kosteten einen Taler Strafe, Gotteslästerungen meldete der Wirt sogar an den Rat weiter.
Bei der Pfännerschaft standen die Salzwirker in Lohn und Brot. Sie hatten sich in einer Art Gewerkschaft, der Brüderschaft der Halloren, organisiert. Die Brüderschaft vertrat die Belange der Arbeiter gegenüber den Anteilseignern und hatte durch ihre Streikerfolge ein großes Selbstbewusstsein entwickelt.
Wenn der Salzabsatz durch Überproduktion, Kriege oder Handelshemmnisse stagnierte, ließen die Pfänner die Sole auf das „Kaltlager" nehmen. Dann ruhte die Arbeit, und die Halloren erhielten keinen Lohn mehr. Damit sie sich ein Zubrot verdienen konnten, gestattete die Herrschaft den Salzwirkern den Fang von Vögeln sowie das Recht, in der Saale fischen zu dürfen. Mit den frisch gefangenen Vögeln deckten sie nicht nur den Eigenbedarf, sondern sie verkauften diese auch in den Städten des Umlandes: Zur Messe im Oktober 1720 hatten die Halloren mehr als 400.000 Lerchen nach Leipzig geliefert. Der Fleischerinnung konnten sie zudem das Recht abtrotzen, in ihren Siedekoten Speck und Würste räuchern und selbst verkaufen zu dürfen, ein Privileg, das der Preußenkönig Friedrich I. 1704 persönlich unterzeichnete. Die Halloren hielten auch das Monopol für die Herstellung und den Vertrieb von Soleiern.
Wahrscheinlich geht ein weiterer Nebenverdienst der Halloren auf die Pestjahre des 16. Jahrhunderts zurück: das „Leichentragen". Während der Seuchen ruhte die Salzsiederei, und die Salzwirker übernahmen das gefährliche Einsammeln und Bestatten der Leichen. Daraus entwickelte sich ein Gewohnheitsrecht: Eine Abordnung von sechs Halloren „im schwartzen Habit" begleitete nun stets die Verstorbenen der Stadt zur letzten Ruhe. 1756 erhielt dafür jeder teilnehmende Hallore zwölf Groschen.
Im Lauf der Zeit hatten auch die Salzwirker eine Reihe von Verpflichtungen zum Wohle der Stadt übernehmen müssen: Von jeher setzte die Bürgerschaft auf die starken Arme und die Geschicklichkeit der Salzarbeiter bei der Verteidigung der Stadt. Diese Funktion verloren sie jedoch, nachdem Halle seine Stadtfreiheit aufgeben musste. Die Halloren bildeten die Speerspitze der Feuerwehr der Stadt. Sie alle hatten ihre Schöpfgefäße gefüllt an den Brandort zu tragen und seit 1745 auch die zweispännigen Feuerspritzen zu

bedienen. Besucher und Chronisten lobten die tollkühnen und wagemutigen Aktionen der Hitze gewohnten Salzsieder auf den brennenden Dächern der Stadt. Auch bei Überschwemmungen war der Einsatz der Halloren gefragt: Weit über Halle hinaus waren deren Schwimmkünste bekannt. Reisende des 18. Jahrhunderts berichteten immer wieder davon, dass die Kinder der Salzsieder für einen kleinen Obolus von den Brücken aus in die Saale

Bei besonderen Anlässen wie dem Fischerstechen auf der Saale vor der Residenz kamen sicherlich auch die reich verzierten Hallorengläser (unten) zum Einsatz.

sprangen und minutenlang unter Wasser blieben: „*Sie machen gar possirliche Wendungen in demselben.*" In den Sommern verdingten sich viele Erwachsene als Schwimmlehrer und Bademeister. Die „Badehalloren" waren unter anderem in Berlin, Hamburg, in vielen Ostseebädern und auch in der Schweiz tätig.

Ihre Vertrautheit mit dem Wasser, ihre Geschicklichkeit und ihren Mut stellten die Halloren auch beim traditionellen „Fischerstechen" unter Beweis. Auf schmalen Kähnen hinter einem Ruderer stehend versuchten sie, sich gegenseitig mit Lanzen ins Wasser zu stoßen. Derartige Veranstaltungen umrahmten nur besondere Anlässe, so die Feierlichkeiten für die Kurfürsten Friedrich Wilhelm 1681 und Friedrich III. 1689 oder die Gründung der Universität 1694. Friedrich Wilhelm I. ließ 1728 sogar 90 Halloren zum Brückenspringen und zum Fischerstechen nach Berlin holen.

Obwohl es zwischen den Pfännern und den Salzwirkern wegen der Streiks immer wieder zu Auseinandersetzungen kam, wusste die Bürgerschaft die Verdienste der Halloren um die Stadt durchaus zu würdigen: 1671 stifteten ihnen 15 Bürger einen Silberbecher und ließen ihre Namen eingravieren. Zwei weitere Becher stifteten die Bürger wahrscheinlich 1680 als Anerkennung der Verdienste der Halloren bei der Brandbekämpfung. Weitere Becher erhielt die Brüderschaft vom Kurfürsten Friedrich Wilhelm anlässlich seiner Huldigung 1681 sowie von der Bürgerschaft und von Einzelpersonen Ende des 17. Jahrhunderts „*zum andencken treu geleisteter Hülffe bey der entstandenen Feuers-*

Salzkothen in Halle im 18. Jahrhundert. Ein Knochenjob war das Verladen des „weißen Goldes" für die Salzträger (rechts).

brunst". Aus finanziellen Zuwendungen anlässlich des Fischerstechens in Berlin 1728 und der Thronbesteigung Friedrichs II. im Jahr 1740 ließen sich die Halloren selbst einige Becher anfertigen. Die Erben des verstorbenen Pfänners Johann Zerener schenkten der Brüderschaft im Jahr 1801 den 30. Becher für das „liebevolle" Grabgeleit.

Die Halloren hatten ein besonders enges Verhältnis zur Studentenschaft. Beide verband eine tiefe Abneigung gegen jegliches bürgerliche Leben. Sie nannten sich gegenseitig „Schwager", besuchten die gleichen Kneipen und halfen einander bei Schlägereien mit Handwerksgesellen. Hatten die Studenten einmal über die Stränge geschlagen, boten ihnen die Halloren im Thal Zuflucht an - bis dahin reichte der Arm der universitären oder

städtischen Gerichtsbarkeit nicht. Die Halloren und zeitweilig auch die Studenten waren vom preußischen Militärdienst befreit. Trotzdem versuchte der Kommandant der Garnison Halle, Fürst Leopold von Anhalt-Dessau, immer wieder, junge Leute zu rekrutieren. Die Halloren wussten genau, auf welcher Seite sie sich zu engagieren hatten und verhalfen vielen Studenten zur Flucht nach Sachsen. Viele Hallorenmädchen arbeiteten bei den Studenten als Aufwärterinnen, sodass in der Bürgerschaft die spaßhafte Frage aufkam, ob der Verwandtschaftsbegriff „Schwager" vielleicht der Realität entspräche.

Dorothea Erxleben: erste Doktorin der Medizin

Auch Deutschland sieht in seiner Töchter Schaar
Das, was sonst nur die Männer zieret.
Ihm stellet sich die Erxlebin jetzt dar
Im Schmuck, der Ihr mit Recht gebühret,
Im Doctorschmuck der edlen Heilungskunst.
Ihr gab ihn nicht die Schmeicheley und Gunst.
Nein, Ihr Verdienst ist dieser Würde werth,
Sie ward von Ihr durch Fleiß errungen.
Die Ehre, die Ihr jetzo wiederfährt,
Bestärken selbst der Neider Zungen.

Diese Zeilen, Teil eines mehrstrophigen Lobgedichtes, würdigen ein bis dahin in Deutschland einzigartiges Ereignis: Als erste Frau hatte Dorothea Christiana Erxleben am 6. Mai 1754 an der Universität Halle den medizinischen Doktortitel errungen und sich damit - nach Überwindung vielfältiger Hindernisse - ihren Lebenstraum erfüllt. Dorothea war 1715 als Tochter des Stadtphysikus Christian Polycarp Leporin und seiner Ehefrau Anna Sophia in Quedlinburg geboren worden. Ihr Vater unterrichtete sie gemeinsam mit ihrem älteren Bruder in Sprachen ebenso wie in den „nützlichen Wissenschaften". Er nahm die begabte Tochter zu Krankenbesuchen mit und ließ sich in seiner Praxis sogar von ihr assistieren. Trotz ihres umfassenden medizinischen Wissens blieb ihr jedoch der ersehnte Zugang zu einem akademischen Studium verwehrt. Deshalb richtete Dorothea schließlich ein Gesuch an den jungen Preußenkönig Friedrich II., in dem sie darum bat, an der Universität Halle zum Medizinstudium zugelassen zu werden. In dieser Zeit befasste sie sich auch allgemein mit der Frage des Frauenstudiums: 1742 veröffentlichte sie ihre *„Untersuchung der Ursachen, die das weibliche Geschlecht vom Studiren abhalten, darinn deren Unerheblichkeit gezeiget, und wie möglich, nöthig und nützlich es sey, daß dieses Geschlecht der Gelahrtheit sich befleisse"*. Sie widerlegte darin überzeugend die damals gängigen Argumente gegen das Frauenstudium. Es sollten jedoch noch mehr als 150 Jahre ins Land gehen, bis schließlich - im Wintersemester 1908/09 - Medizinstudentinnen an preußischen Universitäten offiziell zugelassen wurden. Dorotheas Bittschrift allerdings war positiv beschieden worden: 1741 hielt sie die Ausnahmegenehmigung zum Besuch der medizinischen Fakultät in Halle in ihren Händen. Da sie sich jedoch ohne ihren Bruder, der sich dem Einberufungsbefehl durch Flucht entzogen hatte, *„alleine nicht nach Universitaeten getrauet"*, blieb sie in Quedlinburg und heiratete im selben Jahr den verwitweten Diakon Johann Christian Erxleben. Neben ihren Aufgaben in der sich vergrößernden Familie - zu den fünf Kindern aus der ersten Ehe ihres Mannes kamen vier eigene hinzu - praktizierte Dorothea ohne offiziellen Titel als Ärztin. 1747 übernahm sie die Praxis ihres verstorbenen Vaters. Als eine ihrer Patientinnen am Fleckfieber starb, zeigten mehrere Quedlinburger Ärzte Dorothea Erxleben wegen *„medicinischer Pfuscherey"* an. Ihre ärztliche Tätigkeit sollte sie nur unter der Bedingung fortführen dürfen, dass sie innerhalb von drei Monaten in Halle die Doktorprüfung ablegte. Kurz nach der Geburt ihres vierten Kindes reichte sie ihre Dissertation ein und richtete ein Gesuch um Zulassung zur Promotion an den preußischen König, der auch dieser Bitte entsprach. Dorothea absolvierte die Prüfung mit großem Erfolg und erhielt daraufhin die *„Allerhöchste Königliche Specialapprobation"*. Bis zu ihrem Tod im Jahr 1762 praktizierte die Doktorin Erxleben erfolgreich - unter anderem als Leibärztin der Äbtissin des Stiftes Quedlinburg.

Dorothea Erxleben: Die Stadt Halle setzte dieser beachtlichen Frau ein Denkmal.

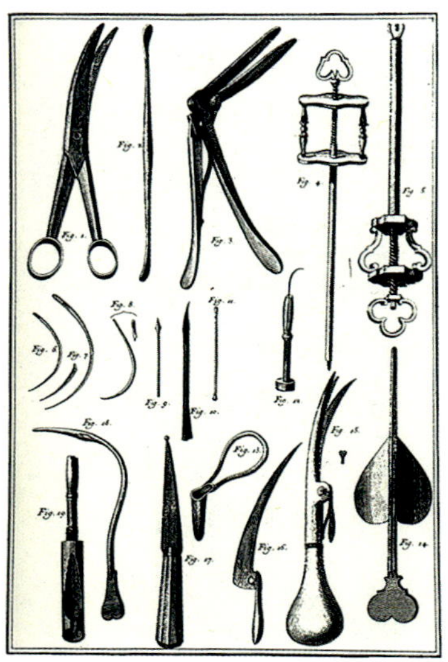

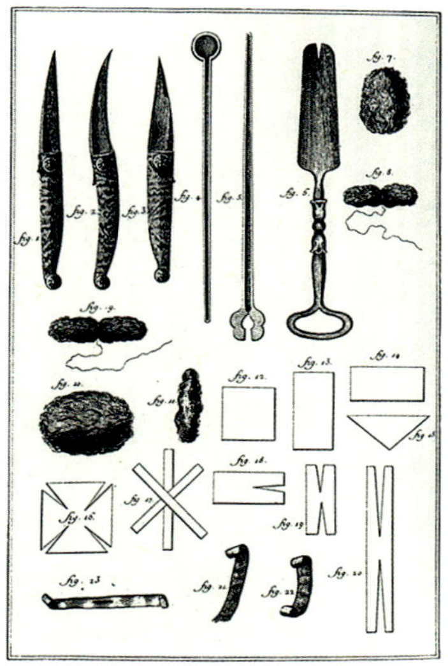

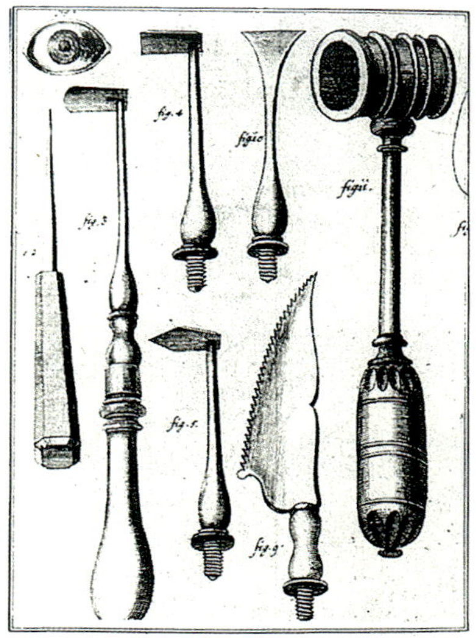

Aus heutiger Sicht beängstigende Folterwerkzeuge: medizinische Gerätschaften aus dem 18. Jahrhundert.

Halle zwischen den Fronten

Für 100 Jahre herrschte im preußischen Herzogtum Sachsen Frieden. Das sollte sich ändern, als König Friedrich II., genannt der Große (unten), zwischen Preußen und Österreich eine militärische Auseinandersetzung um Schlesien vom Zaun brach. Von den ersten Schlesischen Kriegen zwischen 1740 und 1745 blieb Halle noch verschont. Aber schon die preußischen Kriegssteuern belasteten die Stadtkämmerei schwer. Erst mit dem Siebenjährigen Krieg, der 1756 begann, geriet die Stadt zwischen die Fronten. Denn Halle grenzte direkt an das Kurfürstentum Sachsen, das sich mit einigen der anhaltinischen Länder auf die Seite Österreichs geschlagen hatte. Nach der Niederlage Friedrichs am 18. Juni 1757 bei Kollin zogen Truppen der österreichischen Kaiserin Maria Theresia in Halle ein. Auf die Drohung der feindlichen Truppen, die Stadt in Flammen zu setzen, zahlten die Bürger 8.000 Taler. Die Besatzer zogen wieder ab, brannten aber die Schifferbrücke und die Fähre bei Cröllwitz nieder. Friedrichs Sieg über die Österreicher bei Rossbach am 5. November feierten die Hallenser mit einem Fest. Die Freude währte jedoch nicht lange: Von nun an standen immer wieder österreichische Soldaten in der unverteidigten, offenen Stadt. Die Offiziere kassierten Schutzgelder gegen Brandlegungen durch ihre eigenen Soldaten. Anfang August 1759 begann eine besonders schwere Zeit: Kroatische Husaren und Kurmainzer Truppen drangen in Halle ein. Der kaiserliche Landkriegskommissar, der Tscheche Koschin von Friedenfels, erpresste die Stadt. Dabei ging er höchst systematisch vor: Er ließ den Rat ins Gefängnis werfen und sich Listen über die Vermögensverhältnisse aller Bürger aushändigen. Kaufleute, Professoren und reiche Witwen setzte er in den Kellern unter dem Rathaus gefangen. In den Häusern der Gefangenen machten sich die Offiziere breit. Sie quälten Bürger mit Scheinerschießungen.
Nach und nach mussten die Bürger und die Universität alles Geld, Silber und Gold, ihre Edelsteine und Schmuckstücke auf dem Rathaus abliefern. Die Soldaten plünderten die Lager der Händler sowie der Saline. Sie requirierten alle Pferde und die Fourage für die Tiere. Das Vieh der Stadtbauern schlachteten sie für ihre eigene Versorgung. Alles, was sich zu Geld machen ließ, holten die katholischen Österreicher aus den Kirchen des protestantischen Halle. Als sich die österreichischen Truppen im Oktober 1760 kurzfristig zurückziehen mussten, führten sie zahlreiche Amtspersonen als Geiseln mit sich; die meisten starben in Haft. Ein Jahr später kehrten die Österreicher zurück. Viele Bürger begingen aus Verzweiflung über ihre Lage Selbstmord. Und der berüchtigte Koschin war bis 1762 jedes Mal dabei, wenn die Feinde Preußens Halle bis aufs Blut ausplünderten. Dann neigte sich das Kriegsglück Preußen zu. Als die russische Zarin Elisabeth starb, schloss ihr Sohn Peter III. mit den Preußen einen Sonderfrieden. Die Verträge von Hubertusburg beendeten am 15. Februar 1763 die Auseinandersetzungen zwischen Preußen und den mit Österreich verbündeten Mächten. Rund 500.000 Taler und geschätzte fünf Tonnen Gold hatte Halle an die Österreicher zahlen müssen. Die Bürger der Stadt waren nun total verarmt. Die halleschen Manufakturen konnten kaum mehr Rohstoffe kaufen, um wieder mit ihren Produktionen zu beginnen. Darüber hinaus waren die Absatzmärkte in Kursachsen und Preußen weggebrochen. Auch die Landwirtschaft lag danieder; Hungersnöte folgten.

Zeit-Zeichen

1702
Als erste englische Tageszeitung erscheint der „Daily Courant“.

1707
England und Schottland werden zu Großbritannien vereinigt.

1709
Selkirk wird von seiner Robinsoninsel befreit.

1738
Im Schwarzwald beginnt die Produktion von Kuckucksuhren.

1750
Die erste Mondkarte wird erstellt.

1752
Der literarische Frauenkreis Londons trägt blaue Strümpfe.

1756
In Venedig entkommt Casanova aus den Bleikammern.

1764
James Watt baut die erste anwendungsreife Dampfmaschine.

1769
Napoleon Bonaparte wird in Korsika geboren.

1776
Verabschiedung der amerikanischen Unabhängigkeitserklärung.

1779
James Cook wird in Hawaii von Eingeborenen erschlagen.

1783
Die Brüder Montgolfier fliegen im Heißluftballon.

1786
Der Mont Blanc wird erklommen.

Hallescher Hungeraufstand: „...mit dem Ochsenziemer durchgehaun"

Noch zu Beginn des 19. Jahrhunderts litt das preußische Herzogtum Sachsen unter den Folgen des Siebenjährigen Krieges. In der völlig verarmten Bevölkerung fielen die Ideale der Französischen Revolution von 1789 daher auf fruchtbaren Boden: „Freiheit, Gleichheit und Brüderlichkeit."

Die Handarbeiter, Gesellen und Tagelöhner Halles lebten mit ihren Familien an der Grenze des Existenzminimums. Infolge mehrerer Missernten stiegen die Getreidepreise und damit auch die allgemeinen Lebenshaltungskosten. Spekulanten und Wucherer traten in Halle auf und steigerten bei den Warenbörsen auf dem Marktplatz mit. Zwar hatten die Bürger zwei Vereine zur Linderung der Not gegründet, deren Hilfe reichte jedoch bei weitem nicht aus. Es gärte in der Bevölkerung. Deshalb hatte Preußen bereits 1690 eine „Tumultordnung" erlassen und drohte den Untertanen für spontane Zusammenrottungen drakonische Strafen an.

Gelände der Saline mit ihren Siedehütten im Jahr 1800.

Als ein schon lange berüchtigter Getreidehändler auf dem Marktplatz das gesamte Brot aufkaufen und damit der Frau eines Tagelöhners den letzten Laib wegnehmen wollte, brach am Morgen des 15. Juli 1805 ein Aufstand aus. Mehr als tausend Menschen strömten auf die Straßen der Stadt: „Brot - schlagt die Aufkäufer tot", riefen die Massen. Es entwickelte sich eine Schlägerei, aus der der „Preistreiber" nur mit Hilfe der am Roten Turm stationierten Wache gerettet werden konnte. Nun stürmten die Aufständischen die Getreidelager der Händler, die Plünderungen weiteten sich auf die Backstuben der Stadt aus. Sie sollen sogar versucht haben, der Frau eines Bäckers einen Ringfinger abzuschneiden, um an ihr Kleinod zu gelangen. Nur mit Hilfe von Feuerspritzen gelang es der Polizei, die Menge auseinander zu treiben, so dass am Nachmittag Ruhe einkehrte.

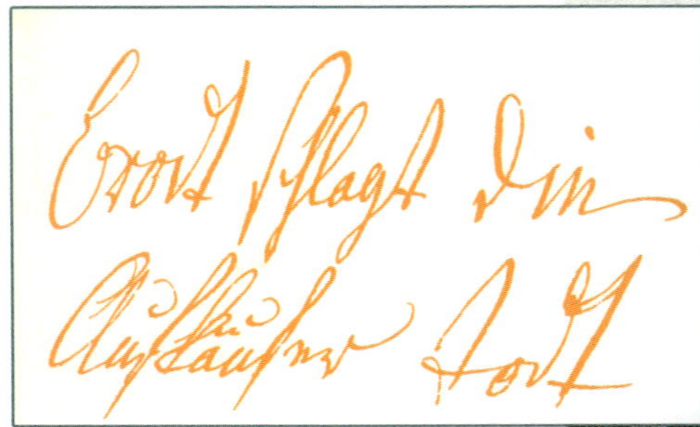

Aufruf zum Protest: *„Brodt schlagt die Aufkäufer todt".* Rechts eine Ansicht auf Halle.

Der Rat der Stadt trat zusammen und beschloss, sich verstärkt um die Versorgung seiner Bürger zu kümmern. Auf Kosten der Kämmerei ließ er preiswertes Brot backen und nahm dazu auch noch einen Kredit auf. Zudem setzten die Stadtväter den König und die Magdeburger Regierung umgehend von den Geschehnissen in Kenntnis.

Die preußische Zentralgewalt zeigte sich alarmiert und mobilisierte die städtische Garnison. Allerdings weigerte sich die Mehrzahl der Soldaten, auf ihre Angehörigen und andere Bürger zu schießen. Handgeschriebene Flugblätter, in denen die Betroffenen ihre Notlage schilderten, fanden sich an den Kirchen. „Schande unserem König, einem Geizhals, Barbar und Schinder", oder: „Macht die Brüder frey, plündert die Reichen", war zu lesen. Preußen ließ eine „Escadron Cavallerie" aus Calbe und Schönebeck nach Halle marschieren. Diese setzte 170 Aufständische in den Gefängnissen und den Torstuben fest. Die Strafen waren drakonisch. Die Rädelsführer mussten durch ein Spalier von mehr als 200 Soldaten Spießruten laufen: Die bis zum Gürtel entblößten Verurteilten hatten mit auf der Brust zusammengebundenen Händen mehrmals langsam bei Trommelschlag die Gasse zu durchschreiten. Dabei erhielten sie von jedem Soldaten mit einer Hasel- oder Weidenrute einen Schlag auf den Rücken. Wer die Tortur überlebte, kam ins Zuchthaus. Die Urteile bestätigte der preußische König persönlich. Auch die Bestrafung der Mitläufer ließ die preußische Justiz öffentlich auf dem Marktplatz vollstrecken. Einer der Augenzeugen war der junge Jura-Student Joseph Freiherr von Eichendorff. Am 20. August 1805 schrieb er in sein Tagebuch: *„Kinder, Mädchen, Weiber und weniger straffällige Mitschuldige wurden mit dem Ochsenziemer durchgehaun."*

Bestrafungen auf dem Marktplatz. Als Augenzeuge dabei: Joseph von Eichendorff.

Französischer Obelisk auf dem Marktplatz in Halle zur Zeit des Königreichs Westfalen.

„Code Civil" im Departement Saale

Nach den Wirren der Französischen Revolution gelangte in Paris Napoleon an die Macht. Sein Ziel: Europa unter seiner Führung gewaltsam zu einem Gesamtstaat zusammenzuführen. Preußen musste sich dem Franzosen nach der Schlacht bei Jena und Auerstedt am 14. Oktober 1806 geschlagen geben.
Unter schwerem Artilleriebeschuss drangen die französischen Verbände in Halle ein. Die verbliebenen preußischen Truppen konnten sich nur unter großen Verlusten einen Rückzug erkämpfen. Am 19. Oktober 1806 ritt Napoleon in die Stadt ein und verfügte in einem seiner ersten Dekrete die Aufhebung der Universität. Rund 2.000 Studenten ließ er aus der Stadt ausweisen. 35.000 Taler hatte die Stadt den Besatzern in einer ersten Tranche abzuliefern. Im Frieden zu Tilsit am 7. Juli 1807 musste Preußen auf alle linkselbischen Gebiete verzichten. Den größten Teil schlug Napoleon dem Königreich Westfalen zu, das er seinem Bruder Jérôme, auch „König Lustig" genannt, übertragen hatte. Halle als Distrikthauptstadt gehörte zum Saale-Departement. Am 1. Januar 1808 ließ sich der König von den Bürgern die Huldigung darbringen.
Der französische „Code Civil" schrieb die Gleichheit aller Bürger vor dem Gesetz fest. Damit fanden in Halle die alte Thalgerichtsbarkeit und die Sonderregelungen für die französischen und pfälzischen Neubürger ein Ende. Nunmehr herrschten Gewerbefreiheit und die Gleichstellung aller Religionsgemeinschaften. Die Zunft- und Innungszwänge fielen weg. An der Spitze der städtischen Bürgervertretung, der Munizipalregierung, stand nun statt des Bürgermeisters ein „Maire": Leopold Friedrich Streiber. Freie, gleiche und geheime Wahlen von Volksdeputierten fanden statt. Nun keimte Hoffnung auf bessere Zeiten auf, und hallesche Bürger gaben ihren Söhnen den Namen „Napoleon".
Am 19. Mai 1808 öffnete die Universität wieder ihre Pforten für 232 neu eingeschriebene Studenten. Der Pädagoge Professor August Hermann Niemeyer übernahm das Amt des Kanzlers. Von der westfälischen Regierung in Kassel erhielt die Universität einen Studienfonds von 50.000 Francs pro Jahr. Der Gesamtetat von mehr als 100.000 Francs übertraf die früheren preußischen Zuwendungen bei weitem. Die Professoren Johann Christian Reil für Medizin, Wilhelm Gresenius für Orientalistik sowie die Theologen Ludwig Wegscheider und Friedrich Daniel Schleiermacher verhalfen der Universität zu neuem Ansehen.

Von links: August Herrmann Niemeyer, Johann Christian Reil und Friedrich Daniel Schleiermacher

Johann Christian Reils Grabdenkmal auf dem „Reilsberg", dem ehemaligen „Schafsberg": König Friedrich Wilhelm III. hatte ihn dem Arzt geschenkt.

Reil erwarb sich während der französischen Besatzungszeit auch große Verdienste um die Stadt selbst. Als Stadtphysikus konnte er die westfälische Regierung davon überzeugen, in Halle eine Kuranstalt mit Sole- und Dampfbädern einzurichten. Am 2. Juni 1809 folgte die feierliche Eröffnung des Bades. Ein für reiche Gäste gedachter Spielsalon am gegenüberliegenden Ufer der Saale ergänzte den Kurbetrieb.
Auf Johann Christian Reils Veranlassung gelang es der Munizipalregierung auch, in der Kirche des alten Barfüßerklosters ein ständiges Theater zu etablieren. Bei der Einweihung am 3. Februar 1811 stand Lessings Schauspiel „Emilia Galotti" auf dem Spielplan. Für die Eröffnung der Gastspielsaison hatte Johann Wolfgang von Goethe anlässlich der Aufführung seines „Egmont" sogar einen Eröffnungsprolog verfasst. Und er sicherte seinem Leibarzt Johann Christian Reil regelmäßige Besuche des Weimarer Hoftheaters zu.

Staatenbund zwingt Napoleon in die Knie

Die Revolutionsideale „Freiheit, Gleichheit und Brüderlichkeit“ waren von einer breiten Bevölkerungsschicht begeistert aufgenommen worden. Freien Wahlen und einer neu geschaffenen Rechtssicherheit standen allerdings ständig wachsende Steuern, Einquartierungen und Sonderabgaben für die Feldzüge Napoleons gegenüber. Die Besatzungsmacht presste junge Leute in französische Dienste.
Bald gründeten sich Freikorps, die den Kampf gegen die Besatzer aufnahmen: Am 3. Mai 1809 rückte unter großem Jubel der Bevölkerung ein Husaren-Freikorps unter Ferdinand von Schill vorübergehend in die Stadt ein. Der „Schwarze Herzog“, der Welfe von Braunschweig-Oels, zog von Böhmen aus mit seinem 1.500 Mann starken Heer am 27. Juli 1809 über Halle zur Nordsee, um sich nach England einzuschiffen. Er konnte viele junge Hallenser davon überzeugen, sich seinen Truppen anzuschließen. Jérôme Bonaparte setzte ein Kopfgeld von 10.000 Francs auf den Herzog aus.
Im Oktober 1812 trat Napoleon aus dem brennenden Moskau den Rückzug an. Am 30. Dezember 1812 schloss der preußische Generalleutnant Johann David Ludwig Graf Yorck ohne Befehl seines Königs zu Tauroggen einen Separatfrieden mit der russischen Armee unter General Hans Karl von Diebitsch. Gemeinsam zogen sie gegen den angeschlagenen Korsen.

Friedrich Wilhelm III.

Eine große Zahl hallescher Studenten, Dozenten und Professoren trat dem Lützowschen Freikorps bei; Bürgersöhne schrieben sich in die Listen der preußischen Jägerkorps von König Friedrich Wilhelm III. ein, der sich lange geweigert hatte, die Bildung von Freikorps zu dulden.
Am 11. April 1813 konnten die Bürger Halles begeistert eine russische Kosakenabteilung als Vorhut der alliierten Verbände in der Stadt begrüßen. Diese wollten die Zusammenführung napoleonischer Verbände im Elbe-Saale-Raum verhindern. Als ein *„herrliches Beispiel deutsch-russischer Waffenbrüderschaft“*, wertete die DDR-Geschichtsschreibung dieses Ereignis.
Am 28. April 1813 griffen die Franzosen die Stadt zwar noch einmal mit 80.000 Mann und 32 Kanonen an, trafen jedoch auf gut organisierten Widerstand, unterstützt von einer Bürgerwehr und der Studentenschaft. Um eine Einkreisung von Merseburg zu verhindern, mussten sich die preußischen Truppen jedoch zurückziehen. Bei einem Aufenthalt in Halle am 11. Juli verlangte Napoleon die Zahlung von 4 Millionen Francs; anderenfalls wollte er die Stadt in Brand setzen. Er beabsichtigte, die Universität wieder zu schließen und alle am Widerstand beteiligten Hochschulangehörigen auszuweisen. Doch so weit kam es nicht. Am 12. August 1813 erklärte auch Österreich den Franzosen den Krieg und schloss sich zusammen mit Schweden dem Bündnis von Preußen und Russland an. Von Halle aus brach General Gebhard Leberecht von Blücher (Seitenmitte) am 15. Oktober 1813 mit seinen Truppen in Richtung Leipzig auf. Von Dresden aus näherten sich französische, sächsische und polnische Verbände. Bei der vom 16. bis 19. Oktober tobenden Völkerschlacht starben mehr als 80.000 Soldaten. Die geschlagenen französischen Truppen flüchteten rheinwärts. Halle nahm tausende Verwundete auf; Typhus griff um sich. Auch Stadtphysikus Johann Christian Reil infizierte sich und starb am 22. November 1813.
Auf dem Wiener Kongress strebten die Monarchen und Fürsten 1815 eine Neuordnung Europas an. Preußen gründete die Provinz Sachsen mit der Hauptstadt Magdeburg. Halle lag nun im Regierungsbezirk Merseburg, und Leopold Friedrich Streiber war jetzt wieder „Bürgermeister“.

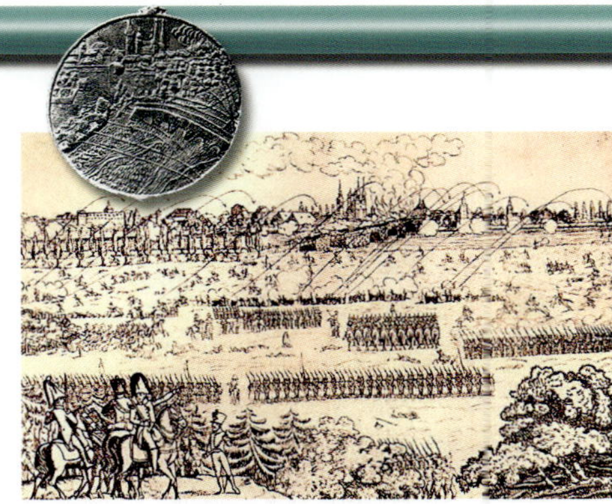

Kriegerische Auseinandersetzungen vor Halle am 28. April 1813. Dargestellt auch auf einer Medaille.

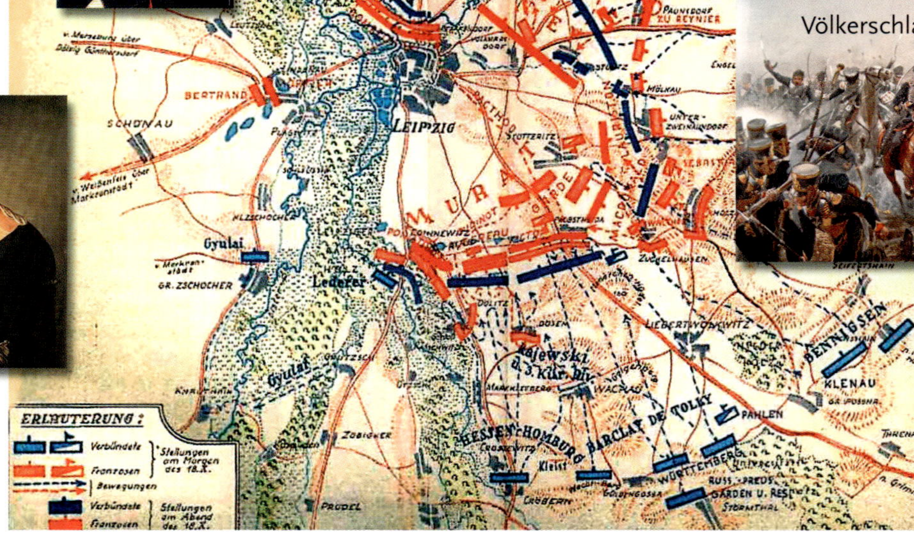

Völkerschlacht bei Leipzig

Die Universität - zwischen Reform und Restauration

Nach den Festlegungen des Wiener Kongresses 1815 fielen etwa sechzig Prozent des sächsischen Königreichs an Preußen. Als Folge dieser politischen Entwicklung gehörte nun auch das ehemals kursächsische Wittenberg zur preußischen Provinz Sachsen. Die ehrwürdige Wittenberger Universität - im Jahr 1502 von Kurfürst Friedrich III. gegründet, Wirkungsstätte der Reformatoren Luther, Melanchthon, Staupitz und Bugenhagen und im 16. Jahrhundert zeitweise meistbesuchte Hochschule Europas - drohte nun für die in derselben Provinz gelegene Universität Halle zur Konkurrenz zu werden. Deshalb verfügte der preußische König Friedrich Wilhelm III. den Zusammenschluss: Seit 1817 trug die neu geschaffene Hochschule den Namen „Vereinigte Friedrichs-Universität Halle -Wittenberg". Sieben Wittenberger Professoren lehrten nun in Halle weiter, und die Universität konnte ihre Phase der Stagnation überwinden: 1818 waren hier 731 Studenten immatrikuliert, 1827 sogar 1.330, bevor die Zahl - bedingt durch die verheerende Cholera-Epidemie von 1831/32 - auf 888 Studenten im Jahr 1833 sank.

Das Ende der napoleonischen Herrschaft weckte bei Teilen der Bevölkerung - besonders in Preußen - die Hoffnung auf einen nationalen Einheitsstaat. Zwei Drittel der halleschen Studentenschaft hatten bei den Lützower Jägern gegen Napoleon gekämpft; nun trat ein großer Teil entschieden für das Ideal eines einigen Deutschlands ein. Bereits im Winter 1813/14 hatten hallesche Studenten die „Teutonia" gegründet, die erste deutsche Burschenschaft. Die Bewegung, seit 1818 in der „Allgemeinen Deutschen Burschenschaft" zusammengefasst, setzte sich nachdrücklich für den Zusammenschluss aller studentischen Verbindungen ein.

Die Burschenschaften oder „Altdeutschen", erkennbar an ihrer Tracht aus kurzem schwarzem Rock, weiter Hose und Barett, hatten sich der Mäßigkeit, Zucht und Ordnung verschrieben. Unter ihren Farben „Schwarz-Rot-Gold" wurden sie zum wichtigsten Träger nationaler und freiheitlicher Bestrebungen. Als sich 1817 Studenten von 13 Universitäten aus Enttäuschung über die Politik des Deutschen Bundes auf der Wartburg zur ersten großen politischen Demonstration der neueren deutschen Geschichte versammelten, befanden sich unter den mehr als 500 begeisterten Teilnehmern auch 13 aus Halle.

Die Regierungen nahmen besonders die studentischen Forderungen nach einer freien Staatsbürgergesellschaft zum Anlass, gegen die Burschenschaftsbewegung vorzugehen. Am 20. September 1819 erließ eine Ministerkonferenz der wichtigsten deutschen Staaten die so genannten „Karlsbader Beschlüsse". Nun blies die Obrigkeit zur „Demagogenjagd", verbot die Burschenschaften und stellte Universitäten unter Staatsaufsicht. Eine „Central-Untersuchungs-Commission" in Mainz war mit Aufdeckung und Unterdrückung aller „revolutionären Umtriebe" betraut. An der Universität in Halle übernahm ein Kurator die Aufgabe, alle demokratischen Bestrebungen zu verhindern.

Blick auf Halle im Jahr 1855.

So sah das Uni-Gebäude 1833 aus.

Zeit-Sprung ins Jahr 1817: „Dass Du mir aber ordentlich zum Studieren gehst!“ Auf dem Campus legt Maria letzte Hand an. Kai ist einer der mehr als 700 Studenten der „Vereinigten Friedrichs-Universität Halle-Wittenberg“. Wird er zu den 13 aus Halle gehören, die in diesem Jahr zur Wartburg ziehen, um dort mit 500 Gleichgesinnten gegen die Politik des Deutschen Bundes zu demonstrieren - zum ersten Mal in der neueren Geschichte? Ist es eine gläserne Vision, in der sich das Universitätsgebäude spiegelt? Der Weg zum Audimax ist noch weit.

Karl Rauner, 1819 Professor für Mineralogie in Halle, beschreibt die damaligen Verhältnisse: *„An die Stelle der väterlichen akademischen Disziplin trat ein durchaus polizeiliches Verfahren, das um so härter war, als man von allen bisherigen Mitgliedern der Burschenschaft nur Böses präsumierte* (annahm). *Dagegen ließ man selbst die unsittlichsten Studenten gewähren und beschützte sie, weil man in ihnen Gegner der Burschenschaft sah, Leute, denen die Ideale dieser Verbindung ein Spott waren.“*

Mit den Gegnern der Burschenschaften waren vor allem die - unpolitischen - Angehörigen verschiedener Landsmannschaften gemeint. Pommern, Märker, Westfalen, Sachsen oder Thüringer waren nicht nur an ihrem martialischen Aufzug aus Schnürrock und Pumphose, Stulpenstiefeln mit Sporen, „Hieber“ sowie der Mütze in den Landesfarben leicht zu erkennen, sondern sie fielen auch durch ihr „renommistisches“ Benehmen auf: Zechgelage, Hazardspiele, Schlägereien, Duelle, Ruhestörungen und Sachbeschädigungen gingen auf ihr Konto. Bereits im 18. Jahrhundert hatte die Uni immer wieder Verbote gegen unbotmäßiges Verhalten erlassen. Diese zeigten offenbar nur wenig Wirkung, denn Joseph von Eichendorff, der in Halle Jura studierte, beschreibt in seinem Tagebuch aus dem Jahr 1805, *„wie oft des Nachts Schaaren besoffner Studenten auf dem Markte die Häscher aus ihrem Rathause zum Kampfe brüllend herausforderten, oder als Gespenster verkleidet in der Stadt spuken liefen“.*

Am 7. Februar 1822 kam es schließlich doch noch zum gemeinsamen Vorgehen von Burschenschaft und Landsmannschaften: Anlass war das brutale Vorgehen des „außerordentlichen Regierungsbevollmächtigten“ von Witzleben, der sogar die Soldaten der Garnison gegen die Studenten alarmieren ließ. Nachdem sie dem verhassten Mann die Fenster eingeworfen hatten, verließen zwei Drittel der Studenten die Stadt und zogen zur Broyhanschenke bei Ammendorf-Beesen. Ihr Ziel war es, einen inhaftierten Kommilitonen aus dem Karzer zu befreien. Derartige Auszüge waren ein bewährtes Druckmittel: Wenn Studenten ihre Universität verließen oder „in Verruf“ brachten, so zog dies für die betroffene Stadt jeweils gravierende wirtschaftliche Einbußen nach sich. So zeigte auch der Auszug aus Halle Wirkung und zwang die Regierung zum Einlenken. Dieser kleine Erfolg konnte jedoch nicht darüber hinwegtäuschen, dass der Kampf der Burschenschaft verloren war. 1825 löste sich die „Allgemeine Deutsche Burschenschaft“ auf - einige ihrer Anhänger betätigten sich daraufhin in illegalen „Kränzchen“.

Studentendemonstration auf dem Wartburgfest 1817.

Königliches Hauptzollamt unter neuer Regie

„Die Macht des Faktischen kam förmlich auf uns zu." So kommentieren Prof. Dr. Siegfried Köhli und seine Frau Dr. Karin Köhli den Kauf des alten Packhof-Areals an der Ankerstraße in Halle. Die Geschäftsführer der 1990 gegründeten Bildungs- und Beratungsinstitut GmbH (BBI) wollten ursprünglich die Villa des ehemaligen historischen Hauptzollamtes für neue Schulungsräume mieten. Doch die ehemalige Treuhand, Nachlassverwalter alter Liegenschaften, verkaufte nur den gesamten Komplex (Foto oben). Die Köhlis nutzten die Gunst der Stunde, erwarben 1993 den alten Packhof und begannen eines der umfangreichsten privaten Sanierungsprojekte in der Saalestadt.

Ursprünglich 1836 gebaut, diente der Neue Packhof (der Alte Packhof in der Kleinen Klausstraße 12 hatte sich im Laufe der Jahre als zu klein erwiesen) in der aufstrebenden Handelsmetropole Halle zur Einlagerung von Gütern sowie zur Berechnung des Zolls und der Akzise (städtische Steuer) für Handelswaren. Initiiert vom 1833 gegründeten „Verein für den Halleschen Handel", entstand auf dem heutigen Areal zwischen Ankerstraße und Saale ein Lagerhaus, gebaut mit wuchtigen Eichenholzpfeilern zur Standsicherheit des Gebäudes. Löbejüner Porphyrgestein und eine gewaltige Balkenkonstruktion im Zentrum mit überdimensionalen Andreaskreuzen unterstreichen die beeindruckenden Dimensionen des Bauwerks. Nach Fertigstellung zog auch das Hauptsteueramt auf das Gelände des Packhofes. Anfang 1901 errichtet der preußische Staat hier das Königliche Hauptsteueramt, gefolgt vom 1908 umgewandelten Königlichen Hauptzollamt. Auch heute zieren wieder Adler und Inschrift das imposante Gebäude.

Nach Ende des Zweiten Weltkrieges versank der Neue Packhof in der Bedeutungslosigkeit: Im- und Export kamen zum Erliegen. Die 1949 gegründete DDR und ihr Handel mit anderen „sozialistischen Bruderstaaten" schloss die zollrechtliche Behandlung von Import- und Exportgütern nahezu aus. Im Jahr 1954 gingen der Packhof und die „Steueramtsvilla" in Volkseigentum über. Die neuen Besitzer bauten um - ohne Rücksicht auf die historische Bedeutung der Gebäude: Der preußische Adler verschwand unter Putz, bei der Inschrift „Königliches Hauptzollamt" ließen die Ideologen das Wort „Königlich" mit Teerfarbe überstreichen.

Mit dem Erwerb durch die Familie Köhli zog in die Liegenschaft der alte Glanz wieder ein. Streng nach den historischen Plänen ließen die Besitzer zunächst die Villa des Hauptzollamtes restaurieren. Sie schufen damit den repräsentativen Firmensitz der BBI-Unternehmensgruppe (Foto oben rechts). Das Bildungs- und Beratungsinstitut widmet sich der kaufmännische Ausbildung von Beschäftigten klein- und mittelständischer Unternehmen, der Weiterbildung im Bereich Management und der EDV-Ausbildung. Jährlich betreuen die 75 Mitarbeiter des BBI mit ihren Weiterbildungsmaßnahmen mehr als 1.000 Menschen. Weiterhin stehen Existenzgründer im Fokus: Von der Beratung und Ausbildung bis hin in die Selbstständigkeit widmet sich das BBI beruflichen Neustartern.

Erst nach liebevoller Restaurierung zeigte sich das Königliche Hauptzollamt in voller Pracht.

Die 1995 umgebaute und sanierte Zollbaracke, direkt an der Saale gelegen, beherbergt die Gaststätte „Saalekahn", ein angesehenes und idyllisch gelegenes Restaurant mit deutschen und internationalen Küchenspezialitäten. Im Jahr 1997 feierte der Packhof seine Renaissance: als Hotel „Am Ankerhof". Die 50 Zimmer, jedes dank der Bauweise des historischen Komplexes anders gestaltet, bieten dem Halle-Besucher einzigartiges Flair. Die rustikale Balkenkonstruktion durchzieht jede Etage des Hotels. Ein Fitnessbereich, komfortable Seminarräume und eine Bowlinganlage mit sechs Bahnen im alten Lagerkomplex runden das Angebot des Vier-Sterne-Hauses ab.

Vom Packhof zum Ankerhof: Mit Hotel, Gaststätte „Saalekahn", Bowlingbahn und Ausbildungräumen zog neuer Glanz in die alten Gemäuer am Saaleufer.

Belebung von Handel und Gewerbe: mehr als 160 Jahre wirtschaftliche Selbstverwaltung im südlichen Sachsen-Anhalt

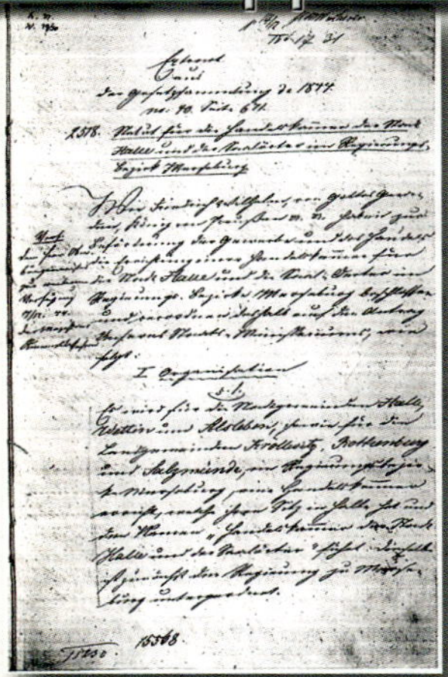

Das erste Statut der „Handelskammer der Stadt Halle und der Saalörter" von 1844.

Die Geburtsstunde der Industrie- und Handelskammer Halle-Dessau als Selbstverwaltungseinrichtung der gewerblichen Wirtschaft schlug im Jahr 1844 mit der Gründung der „Handelskammer der Stadt Halle und der Saalörter". Zwei Vorläuferorganisationen, das „Comité zur Beförderung der Halleschen Schiffahrt" (1826) und der „Verein für den halleschen Handel" (1833), hatten die Gründung der neuen Kammer maßgeblich vorangetrieben. Diese beiden Organisationen gründeten umsichtige Kaufleute und Fabrikanten in dem Bestreben, die günstigen natürlichen Voraussetzungen Halles für die Belebung von Handel und Gewerbe zu nutzen. Insbesondere Ludwig Wucherer setzte sich als erster „Vorsitzender" der Kammer gemeinsam mit Carl August Jacob, seinem Stellvertreter und späteren Nachfolger, engagiert für die neue Organisation ein.

Die Initiative lag im allgemeinen Interesse - sie kurbelte die Wirtschaft insgesamt an und diente so dem Gemeinwohl. Angesichts der Armut nach Krieg und Fremdherrschaft war dies bitter nötig.

Die wechselvolle Geschichte der Industrie- und Handelskammer Halle-Dessau ist von Beginn an bis heute durch beharrliches Bemühen der Unternehmerschaft um das Recht auf wirtschaftliche Selbstverwaltung geprägt. Anders als in den linksrheinischen Gebieten mit ihren bereits um 1803/1804 nach französischem Vorbild und traditionellem Staatsverständnis gleichsam „von oben" gegründeten Handels- und Gewerbekammern verstand sich die hallesche Kammer - wie alle kaufmännischen Korporationen in den altpreußischen Gebieten und die aus diesen hervorgegangenen Kammern - ausdrücklich nicht als Instrument und verlängerter Arm staatlicher Autorität. Das Selbstverständnis war vielmehr das einer basis-demokratischen und eher staatsfernen Selbstverwaltungsorganisation der gewerblichen Wirtschaft. Erklärtes Ziel war die Vertretung und Durchsetzung unternehmerischer Mitgliederinteressen gegenüber anderen, auch und insbesondere gegenüber dem Staat. Dies galt ebenso für die 1889 gegründete „Handelskammer für das Herzogtum Anhalt". Beide Handelskammern, Halle wie Anhalt, haben dieses Ziel gerade auch in turbulenten Zeiten stets verfolgt; so etwa während der Weimarer Republik: Hier trug die Kammer dazu bei, nach dem Ersten Weltkrieg und der großen Inflation das Vertrauen in die Wirtschaft wiederherzustellen und die schärfsten sozialen Gegensätze abzumildern. Der Nationalsozialismus schränkte die Autonomie der Kammern immer weiter ein: Mit der zwangsweisen Überführung in die Gauwirtschaftskammern und der Einführung des „Führerprinzips" war die Selbstverwaltung faktisch aufgehoben.

Ludwig Wucherer

Carl August Jacob

Nach dem Zweiten Weltkrieg gewannen beide Kammern ihre Selbstständigkeit zurück und nahmen ihre Tätigkeit zunächst wieder auf - erst in Halle, etwas später auch in Dessau. Unter der sowjetischen Besatzung sowie später in der DDR sollte sich jedoch zeigen, dass die zunehmende Kollektivierung und Zentralisierung der gesamten Wirtschaft für die Kammern nicht ohne Folgen bleiben konnte. Zunehmend in die sozialistische Zentralverwaltungswirtschaft eingebunden, verstanden sich die IHK in der DDR als letzter Hort der Privatwirtschaft. Sie konnten jedoch die immer stärkere Ausdünnung ihrer privaten Mitgliederbasis nicht verhindern. So gehörten im Herbst 1989 der „Handels- und Gewerbekammer des DDR-Bezirkes Halle" gerade noch 3.583 Betriebe an, davon mehr als 2.000 Einzelhändler und Gaststätten; hinzu kamen rund 2.000 Staatsbetriebe. Nach der „Wende" ging es für die in den Kammern verbliebenen Betriebe vor allem darum, Privateigentum sowie Vertrags- und unternehmerische Entscheidungsfreiheit zurückzugewinnen. Der Wunsch nach Wiederbelebung der über Jahrzehnte verhinderten wirtschaftlichen Selbstverwaltung lag auf der Hand.

Am 8. Februar 1990 - im Rahmen einer Versammlung im halleschen „Volkspark" - lösten rund 300 Delegierte der Gewerbetreibenden des Bezirkes Halle die Handels- und Gewerbekammer auf. Kurz darauf folgte die Neu- oder auch Wieder-

Friedrich Wilhelm VI. von Preußen und die erste gedruckte Ausgabe des Kammer-Statutes.

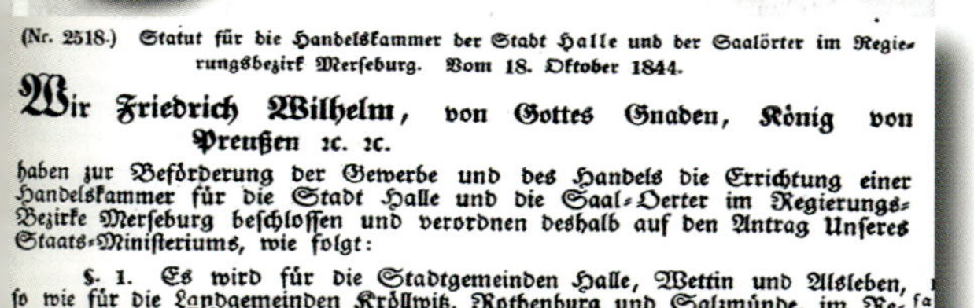

(Nr. 2518.) Statut für die Handelskammer der Stadt Halle und der Saalörter im Regierungsbezirk Merseburg. Vom 18. Oktober 1844.

Wir Friedrich Wilhelm, von Gottes Gnaden, König von Preußen &c. &c.

haben zur Beförderung der Gewerbe und des Handels die Errichtung einer Handelskammer für die Stadt Halle und die Saal-Oerter im Regierungs-Bezirke Merseburg beschlossen und verordnen deshalb auf den Antrag Unseres Staats-Ministeriums, wie folgt:

§. 1. Es wird für die Stadtgemeinden Halle, Wettin und Alsleben, so wie für die Landgemeinden Kröllwitz, Rothenburg und Salzmünde, im Re-

gründung einer „Industrie- und Handelskammer zu Halle“. Dies geschah noch, bevor die Regierung Modrow am 1. März die „Verordnung über die Industrie- und Handelskammern in der DDR“ und am 6. März das „Gewerbegesetz der DDR“ verabschiedete. So hielt die Gewerbefreiheit wieder Einzug in Halle und Umgebung. Die Delegierten wählten die Vollversammlung, das Präsidium und in der konstituierenden Sitzung Wolfgang Fell zum Präsidenten der IHK. Sitz der Kammer blieb Halle. Sie betreibt heute Geschäftsstellen in Bitterfeld, Dessau, Eisleben und Weißenfels. Im Dezember 1990 beschloss die Vollversammlung dann die Umbenennung in „Industrie- und Handelskammer Halle-Dessau“, um die lange Tradition Dessaus als Sitz einer eigenständigen (anhaltischen) Handelskammer zu würdigen.
Die IHK Halle-Dessau ist eine öffentlich-rechtliche Selbstverwaltungskörperschaft mit gesetzlich definierten Aufgaben. Dem Gemeinwohl verpflichtet, vertritt sie das Gesamtinteresse aller rund 50.000 Gewerbetreibenden ihres mehr als 8.700 Quadratkilometer umfassenden Kammerbezirks. Zu ihren wesentlichen Aufgaben

Sitz der IHK-Geschäftsstelle in Dessau.

zählen dabei - neben der wirtschaftspolitischen Interessenvertretung - die Umsetzung hoheitlicher, vom Staat speziell übertragener Aufgaben sowie die Erbringung von Dienstleistungen für die Mitglieder. Zudem achtet die IHK auf die Einhaltung von „Anstand und Sitte des ehrbaren Kaufmanns“. Insoweit versteht sie sich als unabhängiger Anwalt von Markt und Wettbewerb, als kundenorientierter Dienstleister für alle Gewerbetreibenden und als konstruktiv-kritischer Partner der Politik. Auf Basis dieses Selbstverständnisses mit Leitbildcharakter setzt sich die IHK Halle-Dessau seit 1990 für die Verbesserung der wirtschaftlichen Rahmenbedingungen ein - sie drängt konsequent auf den Auf- und Ausbau einer leistungsfähigen Infrastruktur sowie den Abbau von Bürokratie und Abgabenlast.
Die IHK berät in Fördermittelfragen, in Fragen der Internationalisierung, in Umweltfragen und unterstützt die Innovationsbereitschaft von Unternehmen. Sie setzt sich aktiv für die Förderung und Qualifizierung des Fachkräftenachwuchses ein, überwacht die betriebliche Ausbildung und organisiert die umfangreichen Prüfungen. Ein Einsatz, der sich lohnt: Die enorme Aufbauarbeit nach der Wende trug schnell Früchte - die Zahl der Mitgliedsunternehmen stieg allein bis Jahresende 1990 um das Fünffache.
Zahlreiche der in einem bunten Branchenmix aktiven rund 50.000 Mitgliedsunternehmen haben sich - auch international - als wettbewerbsfähig erwiesen. Dies alles wäre nicht möglich ohne das große Engagement der Unternehmerschaft selbst: In der Industrie- und Handelskammer Halle-Dessau engagieren sich mehr als 200 Unternehmer als gewählte Vertreter in den IHK-Gremien und in informellen Gesprächskreisen; hinzu kommen etwa 2.100 ehrenamtlich arbeitende Prüfer. Gerade hier zeigt sich der Zweck des Selbstverwaltungsprivilegs: Entscheidungsrechte bei der Erfüllung der sie betreffenden Aufgaben, Demokratie in den Entscheidungsverfahren sowie Nähe zum Entscheidungsgegenstand lassen die gewählten Unternehmer sach- und zugleich gemeinwohlorientiert handeln. Dieses Selbstverwaltungsprivileg wird heute vielfach als selbstverständlich hingenommen - bedauerlicherweise, war es doch hart erkämpft: Jene Unternehmer, die im Jahr 1844 die Kammer und deren Vorläuferorganisationen gründeten, mussten es der jeweiligen Obrigkeit regelrecht abtrotzen. Selbstverwaltung geht einher mit Selbsthilfe und Selbstverantwortung - Werte, die angesichts klammer öffentlicher Kassen und gleichwohl verbreiteter Staatsgläubigkeit größte Bedeutung haben. Das Selbstverwaltungsprivileg darf keinem Gewerbetreibenden vorenthalten werden - so will es das Gesetz, das deshalb die Pflichtmitgliedschaft definiert.

Im Vollversammlungs-Saal sind alle Wappen der historischen „Saalörter“ verzeichnet.

Das Kammergebäude in der Franckestraße bildet seit 1902 den Sitz der Industrie- und Handelskammer Halle-Dessau.

Revolution liegt in der Luft

Abbildungen oben links und Mitte: Extrablatt und Beilage der „Halleschen Demokratischen Zeitung“. Rechts: Für Arnold Ruge und Karl Marx, sowie auch für Heinrich Heine, ließ Berlin Haftbefehle ausstellen. Unten links: Medaille vom „Verbrüderungsfest der benachbarten Stämme“ in Halle am 17. September 1848.

Preußen hatte die Errungenschaften des französischen „Code civil“ wieder rückgängig gemacht. Die Ideale der Französischen Revolution und der Freiheitskriege gegen Napoleon hatten jedoch eine nachhaltige Wirkung hinterlassen. Der Ruf nach einem geeinten deutschen Nationalstaat wurde laut.

Der junge Student Arnold Ruge gehörte zu den halleschen Burschenschaftlern, die schon 1821 formulierten, dass es zur Durchsetzung bürgerlicher Freiheiten „ohne Hauen und Stechen“ wohl nicht abgehen werde. „Friede den Hütten, Krieg den Palästen“, stand auf Flugblättern zu lesen. Preußen schlug zurück und ließ 1824 Ruge sowie elf weitere Kommilitonen verhaften. Missernten in mehreren Jahren, preußische Repressionen und Pressezensur sowie eine neue Massenerhebung in Frankreich hatten auch in Deutschland revolutionäres Potential entstehen lassen. Es rumorte im Königreich, in der Provinz Sachsen - eine Revolution lag in der Luft. Die Bücher, welche der inzwischen aus der Haft entlassene Arnold Ruge zusammen mit Karl Marx in Paris herausgab, erfüllten nach preußischer Ansicht den Tatbestand des Hochverrats. Am 18. März 1848 kam es zu schweren Barrikadenkämpfen zwischen den Revolutionären und dem preußischen Militär in Berlin. 500 Bürger und Arbeiter aus Halle fuhren zu den Trauerfeierlichkeiten für die März-Gefallenen in die Hauptstadt.

Die Bürger Halles begannen, sich politisch zu organisieren. Eine Bürgerversammlung im „Kühlen Brunnen“ forderte das Recht auf „freie Rede auf religiöse, politische und überhaupt auf Zeitfragen“. In der Stadt gründeten republikanisch gesinnte Kleinbürger den „Volksverein“, Professoren und Geschäftsleute den „Constitutionellen Club“ und die Proletarier den „Arbeiterverein“. Die „Hallesche Zeitung“ mit dem Redakteur Gustav Rawald nahm deren Anliegen auf. Die halleschen Arbeiter bildeten als Untergruppe der Bürgerwehr ein lediglich mit Spießen bewehrtes Lanzierkorps. Am 17. September 1848 folgte das „*Verbrüderungsfest der benachbarten Stämme*“, der Preußen, Anhaltiner, Thüringer und Sachsen, auf dem Rossplatz zu Halle. Zu den Rednern gehörte unter anderen auch Arnold Ruge - Stadtverordneter von 1838 bis 1841. Die deutschen Staaten gaben dem Druck der Revolution nach und ließen Wahlen zu einer Deutschen Nationalversammlung zu. Die Stadt Breslau vertrat dort Arnold Ruge, für Halle war aus dem Volksverein Professor Max Dunker bei der konstituierenden Sitzung am 18. Mai 1848 in der Paulskirche in Frankfurt dabei.

Anfang Oktober schlug die „Reaktion“ zurück: General Wrangel drang mit 13.000 Soldaten in Berlin ein und zwang die Preußische Nationalversammlung zur Flucht.

In Halle kam es zu Protestversammlungen. Die Bürgerwehr bot der Nationalversammlung Waffenhilfe an. 3.400 Menschen strömten am 18. November an der Marktkirche zusammen und gründeten einen Sicherheitsausschuss, der den Widerstand koordinieren sollte.

Die innerstädtische Opposition gegen Preußen zerfiel jedoch, als gemäßigte Kräfte, besonders an der Spitze der Bürgerwehr, „*den gesetzlichen Boden nicht verlassen*“ wollten. Mit gefälltem Bajonett löste die 1.800 Mann starke Bürgerwehr am 19. November eine Protestversammlung auf dem Markplatz gewaltsam auf. Das aus 100 Mann bestehende unbewaffnete Arbeiterkorps der Lanziers war ohne jede Chance. Die Gewalt in der Stadt lag nun wieder in den Händen Preußens. Gustav Rawald und mehrere Redakteure der „Halleschen Zeitung“ wurden noch am selben Tag verhaftet und mussten „*wegen Aufruhrs, Pressevergehens und Majestätsbeleidigung*“ langjährige Haftstrafen antreten. Anderen Wortführern, unter ihnen auch Arnold Ruge, gelang die Flucht ins Exil.

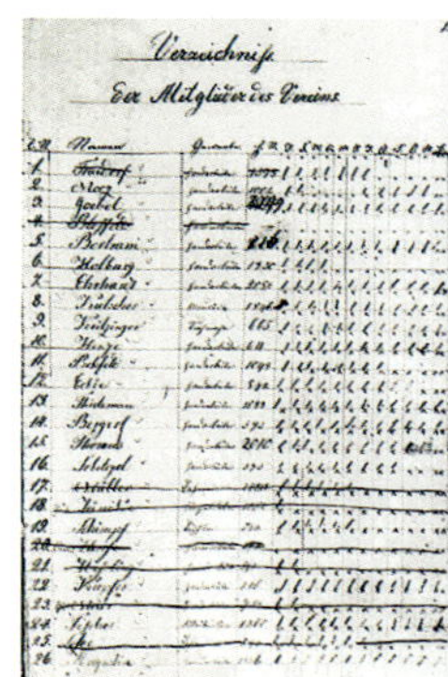

Ausschnitt aus dem Mitgliederbuch des halleschen Arbeitervereins von 1848, daneben Mitglieder der Bürgerwehr.

Bahnhof in Halle 1840

Eisenbahn 1840

Auf Achse und Kiel: Eisenbahn und Kettenschlepper

Während der Revolution 1848 tagte im Bahnhof die Bürgerversammlung. Die ersten Sitzungen waren dort vier Jahre zuvor einberufen worden. Bereits vor der Revolution hatte sich der Bahnhof zu einem Zentrum gesellschaftlichen und politischen Lebens entwickelt. Im „Salon" und im „Großen Saal" hatten sogar Konzerte stattgefunden. Es war Stadtrat Matthäus Ludwig Wucherer, der Halle als Eisenbahnknotenpunkt auf der Nordsüd- und Ostwest-Strecke bei der preußischen Bezirksregierung durchgesetzt hatte. Die Realisierung dieses Vorhabens hatte die Arbeitslosigkeit in der Stadt beträchtlich reduziert.
Am 22. Juli 1840 hatte mit der Lok „Salina" die feierliche Einweihung der Strecke zwischen Magdeburg und Halle stattgefunden, acht Tage später war die Feier zur Gleisweiterführung nach Leipzig gefolgt. An der 1846 eröffneten Strecke nach Erfurt über Merseburg lag an der Leipziger Chaussee der „Thüringer Bahnhof", der ebenfalls eine Gastwirtschaft mit 15 Fremdenzimmern beherbergte. Allerdings existierten für die Personenbeförderung zunächst nur Wagen der zweiten und dritten

Bahnhof in Halle 1847

Radschleppdampfer 1872

Pferdebahn um 1882

Klasse, letztere ohne Überdachung. Paragraf 22 der Polizeibeförderungsordnung von 1846 schrieb vor: *Trunkene Personen dürfen zum Mitfahren nicht zugelassen werden.*
Mit den Linien nach Erfurt 1856, nach Berlin 1859 und nach Kassel 1866 etablierte sich Halle als Drehkreuz im Schienenverkehr Mitteldeutschlands. Fünf verschiedene private Eisenbahngesellschaften betrieben die halleschen Gleisanlagen mit jeweils eigenen Güterbahnhöfen. Ende der 1880er-Jahre kaufte Preußen die Eisenbahngesellschaften auf und ließ nach mehreren Umbauten die siebensternige Gleisführung auf einen 1890 errichteten Hauptbahnhof zulaufen. Nach dem Bau eines Tunnels zwischen der Stadt und dem Bahnhof mussten die Hallenser nicht mehr über die Gleisanlagen laufen.
Das erhöhte Aufkommen des Warenverkehrs im Sophienhafen beantworteten die Stadtväter 1884 mit der Verlegung eines Kettenzuges zur Bergfahrt dampfbetriebener Schleppschiffe. Eine eigene Eisenbahnlinie der Halleschen Hafenbahn AG wickelte den Güterverkehr zwischen Bahnhof und Hafen ab. Salz, Holz, Kohle aus den Gruben der Umgebung und Güter einer allmählich aufblühenden Industrie gingen hier von Achse auf Kiel.
Seit 1882 beförderte im innerstädtischen Verkehr eine Pferdebahn die Bürger auf der Strecke zwischen Bahnhof und Giebichenstein sowie von der Universitätsreitbahn bis zum Leipziger Turm. 68 Pferde und 20 Wagen waren auf den insgesamt sechs Kilometer langen Strecken unterwegs.

Neue Handelsimpulse durch Schleusenbau und Schifffahrt

Nach den Belastungen durch zwei preußische Kriege gehörte Halle zu den ärmsten Städten in der Provinz Sachsen. Außer Salz und Getreide konnte die 28.000 Einwohner zählende Stadt kaum mehr überregional bedeutsame Waren anbieten. Die Manufakturen waren der englischen und sächsischen Konkurrenz mit ihren neuen industriellen Produktionsmethoden weit unterlegen. Der Handel lag brach. Deshalb wollte der Magistrat Halles der Industrie und dem Handel durch eine bessere Anbindung an die Schienen- und Wasserwege neue Impulse verleihen und damit die Chancen des 1834 gegründeten deutschen Zollvereins nutzen. Unterstützung erhielt er dabei vom „Comité zur Beförderung der halleschen Schiffahrt", dem „Industrieverein für den Halleschen Handel" sowie dem Unternehmer und Stadtrat Matthäus Ludwig Wucherer. Die Bemühungen waren erfolgreich: Durch den Bau mehrerer Schleusen konnte die Saale flussaufwärts bis Naumburg für Frachtkähne mit bis zu 150 Tonnen Tragfähigkeit schiffbar gemacht werden. Auf dem Gelände der alten Komturei an der Schifferbrücke entstand der Sophienhafen - ein Ladeplatz für circa 30 Kähne, mit Kränen, Magazinen und einem Packhof. 1836 legte der erste dampfbetriebene Raddampfer an, 1878 zwei speziell für die Saale gebaute Schleppdampfer. Bereits 1862 hatte die „Viktoria" für Lustfahrten ihren Anker gelichtet.

Leuchtgas kontra Dunkelheit

Schon seit 1729 leuchtete der Magistrat seinen Bürgern im Dunkeln heim - mit teuren Ölfunzeln. „Zur Verhütung von Diebereyen und anderem nächtlichen Unfug" brannten jede Nacht mehr als 500 Lampen - zu wenige, befand Polizeiinspektor von Bosse im November 1853 und berichtete in einem Artikel über die „Unzulänglichkeiten der hiesigen Straßenbeleuchtung". Bis Halles Stadtväter im Jahr1856 diese von Öl auf das hellere Leuchtgas umstellen, mussten noch jede Menge bürokratische Hürden fallen. Drei Jahre dauerte der Streit um Kosten, Standort, Sicherheit und Betreiber. Dann ging alles ganz schnell: 1856 nahm Halles erstes Gaswerk in der Hafenstraße seinen Betrieb auf. Es bestand aus zwei Gasometern, einem Wohnhaus, Kohleschuppen und Kesselhaus. Zwar grollten die „Ewiggestrigen", mussten dennoch den Erfolg des Gaslichts neidlos anerkennen. In Halle begann somit ein neues Kapitel der Industrialisierung. Auch die Kaufleute und Gastwirte interessierten sich für die neue Art der Beleuchtung. Sie war sauberer und kostengünstiger als bisherige Öllampen. Ein regelrechter Boom setzte ein: Immer mehr Abnehmer bezogen ihr neues Leuchtmittel von der Gasanstalt. 1871 gehörten die Eisenbahn, Zuckerraffinerie und die Franckeschen Stiftungen zu den größten Gasabnehmern. Nach und nach stellte sich die Frage nach der weiteren Nutzung - Gaskocher und Gasmotore kamen immer mehr zum Einsatz. Um den wachsenden Bedarf an Gas zu decken, baute die Stadt im Laufe der Jahre neue Gasanstalten wie die am Holzplatz - noch jetzt ragen hier die Reste des Gasometers in die Höhe und künden vom Stolz der wachsenden Industriestadt von einst.
Heute beziehen die mehr als 45.000 Haushalte und Industrieunternehmen als Kunden ihr sauberes und umweltverträgliches Erdgas von der Energieversorgung Halle, mit der Zuverlässigkeit und Kompetenz eines modernen Versorgungsunternehmens.

Wasserturm am Rossplatz.

Quell des Lebens, aber nicht immer ...

Im Wasser liegt der Ursprung allen Lebens. Allerdings ist die Wasserversorgung in Halle bis in die Mitte des 19. Jahrhunderts mit viel Mühe verbunden. Wer über keinen eigenen Schöpfbrunnen verfügte, musste sein Wasser aus der Saale holen. Betuchte Hallenser ließen sich dagegen das kostbare Nass gegen einen Obolus ins Haus liefern. Bereits im ausklingenden 15. Jahrhundert hatte eine einzelne Initiative Anstrengungen unternommen, die Wasserversorgung selbst in die Hand zu nehmen. Ehrbare Geschäftsleute schlossen sich zu einer „Wassergewerkschaft" zusammen. Im Jahr 1594 übernahm die Stadt die Oberhoheit über die so geschaffene „Wasserkunst" und leitete Saalewasser über Pumpwerke in ein hölzernes Rohrnetz. Zwar gab es nun Wasser, welches aber durch ungünstige Entnahmestelle an der Saale Verunreinigungen aufwies. Und mit fortschreitender Verschmutzung des Flusses stank das „kühle Nass" schließlich zum Himmel. Auch die Hausbrunnen blieben nicht sauber: Der Salzgehalt und Abort-Abwässer im Grundwasser verdarben jeglichen Trinkgenuss. Diese „Unzulänglichkeiten der alten Wasserkunst" hielten bis Mitte des 19. Jahrhunderts an. Nach einer schweren Cholera-Epidemie im Jahr 1849, der mehr als 2.000 Menschen zum Opfer fielen, begann die Diskussion über eine saubere Lösung der Trinkwasserversorgung Halles. In den Auen bei Beesen fand sich Grundwasser in hoher Qualität. Hier entstand Halles erstes Wasserwerk, dass mithilfe von Dampfmaschinen im Jahr 1868 Trinkwasser in das zentrale Wasserversorgungsnetz pumpte. Noch heute wird hier das Trinkwasser aufbereitet - seit 1993 im neu errichteten Wasserwerk. Das Leitungsnetz wuchs stetig: Immer mehr Haushalte und Fabriken brauchten Frischwasser. Steinerne Zeitzeugen dieser rasanten Entwicklung sind die Wassertürme, die auch noch jetzt vom Siegeszug des Wassers erzählen. Um den Bedarf an Wasser auch in Zukunft abzudecken, kamen Fernwasserzuführungen aus dem Ostharz sowie der Elbaue neu hinzu. Heute sichert die Hallesche Wasser und Stadtwirtschaft GmbH, ein Unternehmen der Stadtwerke Halle, die Trinkwasserver- sowie Abwasserentsorgung.
Die Reinigung der Abwässer erfolgt auf der Großkläranlage Halle-Nord.

Wasserturm am Lutherplatz.

Viel Theater um das Licht

Neben der kuriosen Apparatur eines „Weckbettes", das den müden Schläfer aus dem Bett katapultierte, bestaunten die Hallenser den Fortschritt der Elektrizität erstmals zur Eröffnung des neuen Stadttheaters im Jahr 1886. Eigene Dampfmaschinen erzeugten den Strom - der Musentempel erstrahlte nun im Licht zahlreicher Glüh- und Bogenlampen. Dennoch verdrängte diese Neuerung die vorhandene Gasbeleuchtung zunächst nicht.
Erst nach und nach setzte sich die neue Energiequelle durch. Viele kleine Kraftwerke versorgten als „Blockanlagen" einzelne Abnehmer mit Strom - so zum Beispiel den 1890 in Betrieb genommenen neuen Hauptbahnhof oder Gasthöfe und Warenhäuser.
Im ausklingenden 19. Jahrhundert kam mit dem Strom auch eine neue Antriebsquelle in die Fabriken: Der Elektromotor verdrängte nach und nach die Dampfmaschinen. Um den wachsenden Bedarf an Strom zu decken, fehlte ein Großkraftwerk. Halles Magistrat informierte sich in anderen Städten und begann mit der Planung. Der Entschluss fiel im Jahr 1899: Neben dem Gaswerk am Holzplatz sollte ein leistungsfähiges Drehstromkraftwerk entstehen. Als letzte deutsche Großstadt mit mehr als 100.000 Einwohnern nahm Halle am 28. August 1901 sein Elektrizitätswerk in Betrieb. Das Kabelnetz wuchs ständig, Trafohäuschen in Form von Litfaß-Säulen prägten Halles Straßenbild.
Nach dem Ersten Weltkrieg stieg der Energiebedarf erneut an. Im Jahr 1923 entschied sich die Stadtverwaltung zum Bau eines neuen Kraftwerkes in Trotha.
Heute steht an diesem traditionellen Standort das 1994 in Betrieb genommene Heizkraftwerk Halle-Trotha. Es versorgt, ebenso wie das 2005 neu errichtete Kraftwerk in der Dieselstraße, die halleschen Haushalte mit Strom und Fernwärme. Ein Plus der beiden Kraftwerke: In Kraft-Wärme-Kopplung entstehen Strom und Fernwärme als „Abfallprodukt" auf sehr umweltschonende Art.

Moderne Zeiten - ein Plus für die Stadt

Als größter kommunaler Unternehmensverbund der Region streben die Stadtwerke Halle an die Spitze - mit Ideen ebenso wie mit Zuverlässigkeit. Sie bieten umfassenden Service, maßgeschneiderte Produkte und viele Leistungen rund um das Leben in einer modernen Stadt. Ob die Versorgung mit Wasser, mit Energie wie Strom und Erdgas - die Stadtwerke Halle entwickelten sich seit ihrer Gründung im Jahr 1991 zu einem leistungsfähigen Infrastruktur-, Logistik- und Dienstleistungskonzern.
Der Unternehmensverbund ist heute in der Lage, sämtliche Leistungen, die für eine gewachsene Kommune wie Halle erforderlich sind, aus einer Hand anzubieten. Dazu zählen unter anderem Straßenreinigungs- und Winterdienstleistungen.
Zum Verbund gehört auch der Hafen in Halle. Die Stadtwerke unterstützen in Halle die Kultur, den Sport oder Veranstaltungen und fördern somit auf vielfältige Weise das Leben in der Saalestadt - ein Plus für Halle.

Blick in den Hafen Halle.

Dichte Dächer dank der Schiefer- und Ziegeldecker

Mein Schöpfer sey gelobt: Du hast ein Wort gesprochen, wodurch der Schiefer ward, der hie und da gebrochen, wohl zugerichtet wird, und Thurm und Dach bedeckt; weil auch mein Stückchen Brot in diesem Schiefer steckt.

Dieses Lied erklang seit dem 16. Jahrhundert, wenn die Schiefer- und Ziegeldecker in und um Halle auf den Dächern der betuchten Edelleute ihrer täglichen Arbeit nachgingen. Seit der Besiedlung der Saaleregion zählte eine gute Bedachung zum Streben aller „Häuslebauer". Anfangs mit Stroh und Naturstoffen bedeckt, schützten später Steine und Ziegelabdeckungen aus gebranntem Ton vor Regen und Nässe. Aufsehen erregte ein Naturprodukt: der Schiefer. Gespalten und in handliche Quadrate verarbeitet, hielt er auch in Halle die Dächer dicht. Eine aufstrebende und geachtete Zunft sorgte dafür, dass Küchen und Kemenaten trocken blieben: die Schiefer- und Ziegeldecker.

Wegen des rasanten Wachstums der Industrie zogen immer mehr Einwohner nach Halle. Mitte des 19. Jahrhunderts wohnten bereits mehr als 30.000 Menschen in der Saalestadt. Sie alle benötigten ein Dach über den Kopf. Um gegenüber den politischen Ereignissen der Neuzeit - wie die Revolution 1848 - gewappnet zu sein und die Interessen des Handwerkerstandes zu wahren, schlossen sich Halles Handwerker am 19. September 1848 zum „Handwerker-Gesamt-Verein" zusammen. Als Grundlage diente eine gemeinsame Geschäfts- und Prüfungsordnung. Nach einem Aufruf am 8. Juni 1858, zu dem sich *„alle hiesigen Schiefer- und Ziegeldeckermeister, welche ... der neu zu bildenden Schiefer- und Ziegeldecker-Innung beitreten wollen ..."* melden sollten, folgte mit der Gründung am 17. Juni des Jahres die Geburtsstunde der Innung des Dachdecker-Handwerks Halle.

1934 führte das nationalsozialistische Deutschland allgemeine Pflichtinnungen ein - ohne Mitspracherecht für die Mitglieder. Nach 1945 ersetzten im Osten Berufsgruppen die ehemaligen Innungen. Als Genossenschaft des Dachdeckerhandwerks (später „Einkaufs- und Liefergenossenschaft") erfolgte der Neustart. Jedoch kümmerten sich Halles Dachdecker im realen DDR-Alltag wegen Materialknappheit mehr um „Flickschusterei" auf den Dächern, als um Grundsanierungen.

Urkunde

FÜR VORBILDLICHE MITARBEIT IM NATIONALEN AUFBAUWERK 1966 DER STADT HALLE WIRD

Der Einkaufs- u. Liefergenossenschaft des Dachdeckerhandwerks Halle 15.

ALS DANK UND ANERKENNUNG DIESE URKUNDE VERLIEHEN

HALLE / SAALE, d. 20.7.1966

Erst zur wirtschaftlichen Wende 1989 setzte ein Boom ein, welcher die Auftragsbücher der Dachdecker-Betriebe füllte.

Mit der Deutschen Einheit lebte auch das Innungswesen wieder auf: Seit 1990 steht Handwerksbetrieben in allen neuen Bundesländern die freiwillige Innungsmitgliedschaft offen.

Marktplatz in Halle 1847

Innungsfahne der Dachdecker: Die Vorderseite stammt aus dem Gründungsjahr 1858, die Rückseite von 1888.

Die Zunftzeichen - Innungslade und Zunftfahne - konnten über die Jahre gerettet werden. Traditionsgemäß wechselten diese Innungsschätze von Obermeister an Obermeister. Kurt Bornschein war der letzte Obermeister, der diese Lade und Fahne sicher verwahrte und 1977 an den Dachdeckermeister Günter Kramer überreichte. Heute zählen diese Insignien zum Stolz der in der Dachdecker-Innung vereinten Handwerker.

www.dachdeckerinnung-halle.de

Innungslade der Dachdecker aus dem Jahr 1882

Auf dem Weg zur Großstadt

Die gute Anbindung an die Wasserstraßen, Landverbindungen und besonders an die Schienenverkehrswege ließen Halle zu einem der bedeutendsten Industriestandorte in Mitteldeutschland werden.
Salz, Braunkohle und Zuckerrüben bildeten die Entwicklungsgrundlage für eine auflebende mittelständische und Großindustrie. Zwischen 1850 und 1870 hatte sich die Einwohnerzahl Halles fast verdoppelt und betrug nun mehr als 50.000 Personen.
Preußen hatte die Gewerbefreiheit eingeführt. Das Aktiengesetz von 1872 erlaubte darüber hinaus noch die Gründung von Firmen in Gemeinschaftsbesitz, in besagtem Jahr waren es in Halle allein 17 Gesellschaften. In der Stadt ließen sich Bankiers nieder und finanzierten unternehmungsfreudigen Männern die Gründung von Betrieben, die bald zu hoher überregionaler Bedeutung aufsteigen sollten: Eisengießereien, Waggonbau-, Dampfkessel-, Maschinen- und Armaturenfabrikationen, Brikettpressereien und Zuckerfabriken.

Bis 1880 hatten die Pferdebahnen rund 1,8 Millionen Fahrgäste transportiert. Trotzdem folgte wenige Jahre später das Aus.

Die Firma Riedel und Kemnitz entwickelte sich zu einem erfolgreichen Exportunternehmen im Maschinenbau. Neue chemische Techniken ermöglichten die Gewinnung von Paraffin und Mineralölen aus der reichlich vorhandenen Braunkohle. Die „Montanwerke" von Carl Adolph Riebeck, einem ehemaligen Steiger, mit ihrem Schwelverfahren zur Teerherstellung brachten es bis an die Spitze der mitteldeutschen Mineralölindustrie. Halle avancierte zum Sitz der thüringisch-sächsischen Aktiengesellschaft für die Braunkohleverwertung.
Als 1868 das staatliche Salzmonopol fiel, erhielten die Pfänner die königliche Saline vor dem Klaustor zurück und dazu noch eine Braunkohlengrube bei Zscherben. Sie gründeten eine Gewerkschaft unter dem Namen „Konsolidierte hallesche Pfännerschaft" mit 6.000 Anteilen. Damit ließ sich die Salzgewinnung wieder auf profitable Beine stellen. Die Zuckerrübenindustrie begann aus der weiteren Umgebung Rohzucker aufzukaufen und selbst zu raffinieren. Im Gefolge entstanden Schokoladen- und Zuckerwarenfabriken. 1881 zog eine Industrie- und Gewerbemesse eine halbe Million Besucher in ihren Bann.

Markt in Halle: Postkarte, Ende des 19. Jahrhunderts.

Halle war auf dem Weg in moderne Zeiten: Mit der 1877 errichteten zweiten Gasanstalt vor dem Steintor konnte die alte Ölbeleuchtung der Straßen nun flächendeckend auf Gaslaternen umgestellt werden. Die „Städtische Gasanstalt" vor dem Steintor übernahm schließlich 1891 die Gesamtversorgung der Stadt. Nach mehreren Choleraausbrüchen entschloss sich der Magistrat, die innerstädtischen Brunnen aufzugeben und die Stadt aus den Sandlagern der Elsterniederungen bei Beesen mit frischem Wasser zu versorgen.
Seit 1879 durften Fäkalien und Abwässer nicht mehr in die Gosse geleitet werden. Fünf unterirdische Kanäle nahmen den Unrat auf und führten ihn in die Saale. Der Magistrat ließ die kleinen verwinkelten Häuserzeilen im Thal abreißen. Dort entstand der Hallmarkt. Die Gerbersaale verschwand unter neuer Bebauung, und der „Freudenplan", seit jeher Stätte der Lust und Sinnlichkeit, fiel 1895 den Verschönerungsbestrebungen der Stadtväter zum Opfer. Der Zuzug von Arbeitern mit ihren Familien machte den Neubau von Wohnungen notwendig - die Stadt dehnte sich über ihre mittelalterlichen Grenzen hinweg aus. Allein zwischen 1880 und 1890 entstanden 786 Wohnhäuser. Da die Saale und der Bahnhof (unten) eine Blockade bildeten, erweiterte sich die Stadt nach Norden und in südlicher Richtung.
Ende des 19. Jahrhunderts war die Stadt auf 100.000 Einwohner angewachsenen. Das Wachstum bedeutete für die Arbeiter auch längere Wege zu ihren Arbeitsplätzen. Zwar konnten die Pferdebahnen 1880 bereits 1,8 Millionen Fahrgäste im Jahr befördern, der Bedarf war jedoch höher - Anlass für die Gründung der Halleschen Straßenbahn AG im Jahr 1882. Im April 1891 nahm die erste „Elektrische" (oben rechts) Fahrt auf, betrieben von Akkumulatoren, mit 500 Volt Gleichstrom, und löste damit die „Haferbahn" ab. Seit 1902 erfolgte die Stromversorgung ausschließlich über Oberleitungen.

Einst „Anstalt zur Belebung der Tugend" unter kaiserlichem Protektorat, heute Wohnpark für Senioren und innerstädtische Herberge

Halle im 19. Jahrhundert: Die Stadt wächst rasant, Industrialisierung und der Forscherdrang an der Universität ziehen wie ein Magnet immer mehr Menschen in die Saale-Stadt. Doch wo Freude ist, wächst auch das Leid. Soziale Brennpunkte existierten schon damals - der rasante Anstieg der Bevölkerung zeigte seine Schattenseiten. Theologen, Pfarrer und weitsichtige Bürger sahen die Veränderungen im Stadtbild und forderten von der Politik soziale Veränderungen im Städtebau. Private Initiativen brachten Bewegung in die Stadtentwicklung: Die „Anstalt zur Vorbildung weiblicher Dienstboten" in der Gottesackerstraße 2 öffnete offiziell am 29. November 1885 ihre Pforten - die Geburtsstunde des „Marthahauses".

Als finanzielles Fundament der Gründung war die Stiftung von 2.500 Mark durch den Rechnungsrat Wilhelm Gutsche vorausgegangen. Die Maßgabe für den evangelischen Mädchen-Verein als Träger lautete, das „Marthahaus" als „Anstalt zur Belebung der Tugend" für die in der Stadt lebenden weiblichen Dienstboten zu leiten. Der Name Martha stammt aus dem Aramäischen und bedeutet „Herrin", sie ist Patronin der Häuslichkeit. Schnell wächst der Komplex um weitere Gebäude. Im Jahr 1891 konnte die Bildungsanstalt für weibliche Dienstboten das Haus Sophienstraße 6 (heute Adam-Kuckhoff-Straße) erwerben, Urzelle des heutigen weitläufigen Wohnkom-

plexes und Hotels. Eine gesonderte Stellung erhielt das Marthahaus, indem es 1897 unter das Protektorat von Kaiserin Augusta Viktoria fiel. Die Kaiserin informierte sich regelmäßig durch die zugesandten Jahresberichte über die Entwicklungen im Haus. Mit ihrem Protektorat stellte sie es unter einen besonderen Schutz und zeichnete es so als sittliche Anstalt aus. Die Kaiserin (Bild oben) machte sich persönlich ein Bild und besuchte am 5. September 1903 das Marthahaus.

Nach dem Zweiten Weltkrieg bot das Marthahaus Umsiedlern Unterkunft. 1948 nahm es seine Tätigkeit als christliches Hospiz wieder auf und widmete sich komplett der Altenpflege. Um die Stiftung vor einer drohenden Enteignung durch die neu gegründete DDR zu bewahren, erfolgte 1952 eine notarielle Übertragung des Eigentums an die evangelische Kirchengemeinde „Unser Lieben Frauen". Zusätzlich startet ein kontinuierlicher Ausbau des Hotelbetriebs. 1973 bot es 18 Zimmer sowie Konferenz- und Aufenthaltsräume. Der Lohn: die Auszeichnung mit der Kategorie „Drei-Sterne", die das Hotel auch heute noch trägt.

Nach der Wende im Jahr 1990 erwirbt die wieder gegründete selbstständige Stiftung weitere angrenzende Häuser und Grundstücke, um die Gesamtanlage zu erweitern. Nach dreijähriger Bauzeit eröffnete die Stiftung 2003 ein neues Pflegeheim. Mit einem Komplex „Betreutes Wohnen" schloss das „Marthahaus" darüber hinaus eine Lücke zwischen altengerechtem Wohnen und Pflegeheim. Die Wohneinheiten mitten in der Innenstadt von Halle bieten „Wohnen mit Service". Neben dem Traditionsgebäude mit Pflegeheimplätzen und 20 Hotelzimmern stehen den Ruheständlern weitere Räume im neuen Heim zur Verfügung.

www.stiftung-marthahaus.de

Vordenker und Namenspatron

Dr. Daniel Gottlob Moritz Schreber (1808-1861)

Die Industrialisierung der Städte hinterließen Spuren in den Stadtsilhouetten. Grünflächen mussten weichen und machten Platz für steinerne Landschaften. 1860 forderte der angesehene Arzt und Pädagoge Dr. Daniel Gottlob Moritz Schreber in einem Aufsatz in der Zeitschrift „Die Gartenlaube" die Schaffung öffentlicher Spielplätze, auf denen Kinder unter Obhut von „Turnlehrern und Militärpersonal" ungehindert spielen konnten. Diese Idee realisierte Schrebers Schwiegersohn Dr. Dr. phil. Ernst Innocenz Hauschild 1865 in Leipzig - mit der Einweihung des „Schreberplatzes" am 25. Juni des Jahres. Schnell entstanden am Rand des Spielplatzes kleine Beete, um die Kinder zu begeistern. Aus den „Kinderbeeten" an der „Schreberschen" Spielwiese wuchsen „Familienbeete", die später parzelliert und umzäunt als „Schrebergarten" in die Geschichte eingingen. Schnell gründeten sich die ersten Schrebervereine, die im Gegensatz zu anderen Naturvereinen, die im Zeitgeist des 19. Jahrhunderts entstanden, überlebten. Die Ideen Schrebers und Hauschilds begeisterten die Menschen, der Siegeszug der Schrebergärten setzte sich fort: In Halle gründete sich 1889 der Kleingartenverein „Luft und Sonne", der neben 131 weiteren Vereinen auch noch heute existiert.

Kleingärten - Grün für (H)alle: „Luft und Sonne" lösen Boom aus

Mit der Gründung des ersten Kleingartenvereins „Luft und Sonne" im Jahr 1889 setzte ein Boom auf die kleinen Flecken Natur mitten im Stadtbild von Halle ein. Die erschwinglichen Gärten präsentierten sich als Heimstatt für erholungssuchende Großstädter. Kinder konnten hier ungehindert spielen. Es galt als „in", selbst angebautes Gemüse und Obst auf den Tisch zu bringen. Viele weitere Vereinsgründungen folgten, und mit diesen zahlreiche parzellierte Flächen in und um Halle.

Nach Ausbruch des Ersten Weltkrieges und während der Weltwirtschaftskrise zeigten sich die Vorteile der Kleingärten: Selbstversorgung in Zeiten knapper Lebensmittel und Armut stand auf der Tagesordnung. Dies erkannte auch Professor Dr. Emil Abderhalden (rechts, seit 1911 als Biochemiker an der Universität Halle und Mitglied der „Leopoldina"), der 1915 mit Gleichgesinnten den „Bund zur Erhaltung und Mehrung der deutschen Volkskraft" in Halle gründete. Mit der Weimarer Verfassung 1919 wurde auch die erste Kleingartenordnung beschlossen und sicherte den organisierten Kleingärtnern ihre Rechte. Nach Ende des Zweiten Weltkrieges 1945 waren die Kleingärten wichtige Lieferquelle für fehlendes Obst und Gemüse. 1949 übernahm in der gerade gegründeten DDR der Freie Deutsche Gewerkschaftsbund (FDGB) das Zepter und koordinierte das Vereinsleben bis zur Gründung des „Verbandes der Kleingärtner, Siedler und Kleintierzüchter (VKSK)". Während der Planwirtschaft sicherten die Kleingartenanlagen bis zur Wende 1989 auch die Versorgung der gesamten Bevölkerung mit Obst und Gemüse. Durch spezielle Aufkaufaktionen gelangte die Ernte der Kleingärtner in die „Kaufhallen". „Leistungserfassungskarten" mit ihren Vorgaben reglementierten den Anbau von Naturalien in den Kleingärten. Mit der Wiedervereinigung beider deutscher Staaten gründete sich am 14. Juni 1990 im Kleingartenverein „Am Paul-Riebeck-Stift" der Stadtverband der Gartenfreunde Halle e.V., der von seinem Sitz in der Schleiermacherstraße (oben) 132 Vereine mit mehr als 12.000 Mitgliedern vertritt.

Kleingärten im Sinne von Dr. Daniel Gottlob Moritz Schreber sind in Halle noch lange nicht passé: Immer mehr Familien mit Kindern erfüllen sich ihren Wunsch nach dieser Form der Großstadtidylle. Bill Ramseys „Gartenzwergemarsch" kann es kaum besser beschreiben: „30 Meter im Quadrat, Blumenkohl und Kopfsalat! Wer so einen Garten hat, fühlt sich wohl in der Stadt!"

Seit mehr als vier Jahrzehnten ein Ehepaar und genauso lange auf dem „Plan" der Gartensparte „Am Paul-Riebeck-Stift": Renate und Wolfgang Philbert (rechts).

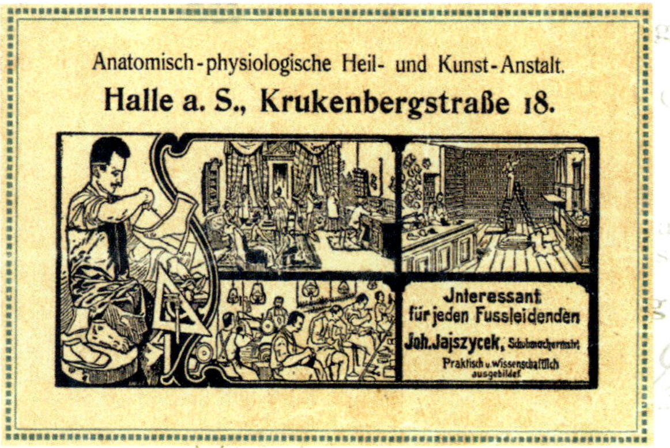

Anstalt gegen „Fußkrankheiten unter zivilisierten Völkern" - bis heute

Als Vordenker und Kämpfer für gesunde Füße verschrieb Schuhmachermeister Johannes Jajszycek sein ganzes Leben dem Kampf gegen „Moderne Fußkrankheiten unter zivilisierten Völkern" und erforschte Ursachen und Ausmaße. In verschiedenen wissenschaftlichen Arbeiten mahnte er, mit den Füßen, die durchs ganze Leben tragen, sorgfältiger und bewusster umzugehen. Als früherer Schüler des Direktors am Anatomischen Institut zu Halle, des Geheimen Medizinalrats Prof. Hermann Welcker, brachte Jajszycek in verschiedenen Publikationen Gedanken und Erfahrungen über einen gesunden Umgang mit den Füßen zu Papier. 1905 zog er mit seiner „Anatomischen-physiologischen Heil- und Kunst-Anstalt: Interessant für jeden Fußleidenden" in ein neu errichtetes „Prachtgebäude" in der Krukenbergstraße 18. Bis heute ist diese Adresse Ziel für Menschen mit verschiedensten Fußproblemen.

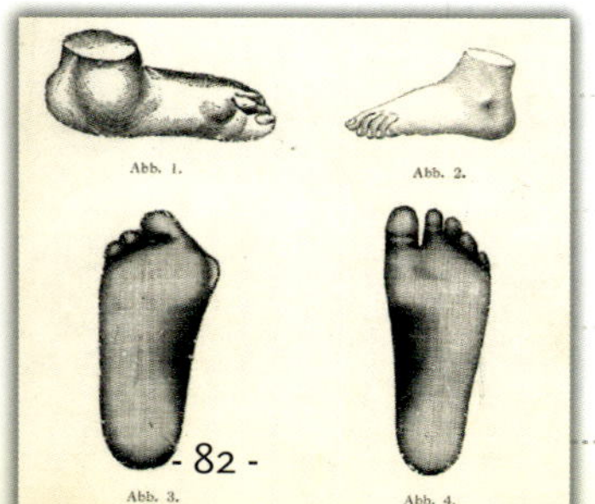

Die gesundheitlichen Folgen der beiden Weltkriege beeinflussten die Entwicklung des Orthopädie-Schuhmacherhandwerks: seit 1960 mit speziellem Berufsbild ausgestattet und seitdem Ausbildungs- und Meisterberuf. 1958 begann Erhard Albrecht, in dem kleinen Betrieb in der Krukenbergstraße Maßschuhe zu fertigen.

Fünf Jahre später konnte er den Betrieb vom Sohn des „Anstaltsgründers" übernehmen. Albrecht sen. entwickelte weitere Versorgungsmöglichkeiten bei Fußproblemen und legte großen Wert auf die Aus- und Weiterbildung seiner Mitarbeiter. In den 80er-Jahren kamen zweckentfremdete Werkstatträume wieder zur Nutzung frei, und die Werkstatt expandierte.

Der Seniorchef konnte seinen Sohn Martin Albrecht für das interessante Handwerk begeistern, und nach dessen Meisterabschluss übernahm1999 die nächste Generation die Werkstatt. Diese gehört seit mehr als 15 Jahren zur Landesinnung für Orthopädie-Schuhtechnik in Sachsen-Anhalt. Nach umfangreichen Umbau- und Modernisierungsarbeiten ist das Unternehmen heute in der Lage, noch besser den „Fußleidenden" zu helfen. „OSM M. Albrecht" bietet den Patienten orthopädische Maß-, Haus-, Sport- und Badeschuhe. Die Herstellung orthopädischer Zurichtungen und individueller Einlagen für Konfektionsschuhe, die Versorgung bei Diabetes Mellitus und Schuhreparaturen vervollständigen den Service. Besonderes Augenmerk gilt dem Nachwuchs im Handwerk - seit 1990 erlernten 15 Jugendliche den Beruf eines Orthopädie-Schuhmachers. Dies ist ganz im Sinne des Firmengründers. Er verkündete schon 1899: „Mögen die Menschen mit normalem, gesunden Fuß sich Stiefel kaufen, wo sie wollen; aber wer auch nur im allergeringsten über Plattfuß oder ähnliche Fußleiden zu klagen hat, oder wer die ersten Vorboten beginnender Fußleiden zu bemerken glaubt, der ist es sich und seiner Gesundheit schuldig, daß er Maßstiefel trägt."

Frische Farben für eine 100-jährige „Anstalt".

Das Team der Orthopädie-Schuhtechnik Albrecht.

Erster Weltkrieg: auf Begeisterung folgt Widerstand

Mitbürger! Gewerbetreibende! Angestellte! Arbeiter!

Der Krieg ist da!

Schon sind die ersten Schüsse gefallen! Schon dröhnen die Kanonen!

Das größte Verbrechen an der Menschheit und der Kultur hat seinen Anfang genommen. Die gewissenlose Clique, welche die Regierung in Oesterreich beeinflußt, hat ihr Ziel erreicht. Das Morden der Völker hat begonnen; die unschuldigen Massen der Völker müssen für den Wahnsinn einiger weniger Herrenmenschen bluten und andere Staaten liegen eifersüchtig auf der Lauer, ob sie nicht hierbei im Trüben fischen können.

Welche Aufgabe erwächst in dieser Lage dem deutschen Volke, dem deutschen Proletariat?

Noch haben Rußland und das Deutsche Reich in den Streit sich nicht eingemischt; noch ist es Zeit, daß das deutsche Volk seine Stimme erhebt und verlangt, daß der Krieg zwischen Oesterreich und Serbien lokalisiert bleibt, daß das Deutsche Reich sich in den Streit nicht einmischt. Die Balkankriege haben schon zwei Jahre lang das wirtschaftliche Leben niedergedrückt, und das Volk ist es, das die Folgen — die wirtschaftliche Krise — mit brutaler Gewalt am eigenen Leibe zu spüren hatte.

Soll das Elend, verschärft durch den Krieg, die Massen zur Verzweiflung treiben?

Verfolgen die Herrschenden dieses Ziel?

In den nächsten Tagen werden im ganzen Reiche Protestversammlungen stattfinden.

Für Halle finden am

Dienstag den 28. Juli, abends 6 Uhr

(gleich nach Schluß der Arbeit)

drei Volksversammlungen

im **Volkspark**, Burgstr. 27, statt.

Tages-Ordnung:

Protest gegen den drohenden Krieg.

Referenten sind die Reichstagsabgeordneten **Fritz Kunert-Berlin, Adolf Albrecht-Halle** und Stadtverordneter **Paul Hennig-Halle.**

Mitbürger! Erscheint in Massen! Heraus zum Protest!

Der Vorstand des Sozialdemokratischen Vereins für Halle und den Saalkreis.

Der Sozialdemokratische Verein für Halle und den Saalekreis ruft zur Volksversammlung auf.

Nach der Ermordung des österreichisch-ungarischen Thronfolgers Erzherzog Ferdinand durch serbische Verschwörer am 28. Juli 1914 in Sarajevo erklärte Österreich-Ungarn dem Königreich Serbien den Krieg. Daraufhin reagierte Russland mit einer Kriegserklärung an Österreich. Am 1. August 1914 trat schließlich das Deutsche Reich zunächst gegen Russland und darauf auch gegen dessen Verbündeten Frankreich in den Krieg. In dieser politischen Situation zeigte sich die Bürgerschaft Halles gespalten: Nationalistisch gesinnte Bürger hatten schon im Vorfeld der Geschehnisse patriotische Kundgebungen initiiert. Die links stehende Arbeiterschaft hingegen protestierte gegen die drohenden militärischen Auseinandersetzungen. Zu ihren Wortführern zählten besonders der Redakteur des „Volksblatts" Wilhelm Koenen (Briefmarke rechts) und der Sozialdemokrat Paul Matthes.

Letztlich aber löste der Eintritt Deutschlands in den Krieg auch in Halle in breiten Bevölkerungskreisen eine Welle nationaler Begeisterung aus, so auch bei vielen Sozialdemokraten. Studenten und Jugendliche meldeten sich freiwillig zum Kriegsdienst, und unter großem Jubel der Bevölkerung fuhren bereits in den ersten Kriegstagen 12.000 Soldaten vom Bahnhof aus an die Front. Für die Kriegsfreiwilligen wurden Nottrauungen offeriert; Gymnasiasten legten ein Notabitur ab, um an die Front ziehen zu können.

Die Eisengießereien, die Armaturenwerke und die Maschinenindustrie stellten auf Rüstungsproduktion um. In Leuna begann die BASF mit dem Bau einer Anlage zur Produktion von Sprengstoff. Zunehmend übernahmen in den Betrieben Frauen die Aufgaben der an der Front stehenden Männer. Bald schon kehrten erste Verwundete zurück, und gefallene Soldaten wurden überführt. Die Schulen und die studentischen Verbindungshäuser mussten zu Lazaretten umgerüstet werden.

Noch im Herbst 1914 baute der Magistrat ein Kriegsernährungsamt auf, denn ein schnelles Ende des Krieges war nicht in Sicht. Die Landwirtschaft lag vielfach brach, Missernten kamen hinzu. Halle gehörte zu den ersten Städten in Deutschland, die Brotmarken und Lebensmittelhefte ausgaben und damit die Nahrungsmittel rationierten. Vor den Bäckereien und Milchgeschäften bildeten sich lange Schlangen. Montag, Mittwoch und Freitag wurden zu fleischlosen Tagen erklärt, städtische Grünflächen gab der Magistrat zum Anbau von Gemüse frei. Es entstanden Hungerkrawalle im Kampf um die verbliebenen Nahrungsmittel. Im Herbst 1916 wurde die Kohle knapp. Als auch noch der Kartoffelnachschub zusammenbrach, führte dies 1916/17 zum berüchtigten „Steckrübenwinter". In Deutschland machten sich Kriegsmüdigkeit und Widerstand breit;

Freiwillige für den Kriegsdienst werden begeistert von der Bevölkerung angefeuert.

Wilhelm Koenen, ein Funktionär der USPD, organisierte für den 8. Juni 1917 in „Lösts Hof" an der Schmiedestraße die Reichskonferenz der Arbeiterjugend. Am 15. August 1917 streikten die 12.000 Arbeiter in Halle und in den Leuna-Werken. 5.000 hallesche Arbeiter aus 17 Betrieben folgten einem Aufruf des Spartakusbundes zur Arbeitsniederlegung und bildeten bereits im Januar 1918 einen Arbeiterrat. Das IV. Stellvertretende Generalkommando ließ viele Streikende verhaften und ein Viertel der „Heerespflichtigen" unter ihnen einberufen. Die aus den Streiks folgenden Versorgungs- und Nachschubprobleme boten den Anlass für die „Dolchstoßlegende", also die Erklärung, der Krieg werde durch „Verrat an der Heimatfront" verloren. In dieser Situation setzte die Regierung eine Pressezensur durch und ordnete immer wieder Hausdurchsuchungen und Beschlagnahmungen bei den halleschen Sozialdemokraten und der Redaktion des „Volksblatts" an.

Auch in Halle ließ das Generalkommando Metalle für die Rüstungsindustrie beschlagnahmen, sogar Kirchenglocken, Blitzableiter und die Kupfervorräte der „Elektrischen". Aber auch diese Versuche, letzte Reserven zu mobilisieren, konnten das Blatt nicht wenden: Der Krieg war verloren. Am 11. November 1918 folgte die Unterzeichnung des Waffenstillstands zwischen Deutschland und den Alliierten.

Die „Burg": Ideen-Schmiede der Kreativen

Viele nennen die Ateliers, Werkstätten, Gewölbe und Freiflächen unterhalb des Porphyrfelsen am Saaleufer erst seit dem Umzug der Handwerksschule in die Unterburg Giebichenstein kurz und zusammenfassend „Burg".
Wer 1915 als „Geburtsjahr" vermerkt, meint damit die Berufung von Paul Thiersch (1879-1928) nach Halle. Vorher in Berlin als Architekt tätig, wurde er aus 75 Bewerbern gewählt und trat sein Amt am 1. Juli 1915 an. Die Handwerksschule war zu dieser Zeit nicht mehr, als ihr Name verriet.
Thiersch stellte neue Bedingungen. So wollte er unter anderem *„ein reges Verhältnis zwischen Gewerbe- und Kunstgewerbetreibenden sowie Firmen auf kunstgewerblichen Gebiet und der Schule herbeiführen."* Und später forderte er unermüdlich „mehr Platz".
Die Unterburg Giebichenstein gehörte 1915 den Erben eines preußischen Generalleutnants, der testamentarisch ihre Veräußerung auf 30 Jahre hinaus untersagt hatte. Dieses Testament wurde „juristisch" entkräftet; 1921 ging die Burg in den Besitz der Stadt über. Der Ausbau zur Heimat der Kunstschule begann. Bereits im Juli 1922 folgte die Einweihung. Bemerkenswert: Walter Gropius hatte in Weimar erst 1919 das „Staatliche Bauhaus" gegründet. Die Programmatik von „Burg" und „Bauhaus" glichen sich. Warum aber stieg von zwei gleichwertigen Schulen eine zu Weltruhm auf und warum wurde die andere fast vergessen? Die „Burg" überlebte im Gegensatz zum Bauhaus die NS-Zeit in Deutschland und erwarb sich später als Hochschule für industrielle Formgestaltung nationale und internationale Reputation. Die damals entwickelten Produkte vom Versehrtenfahrzeug bis zum Dosenverschließautomaten können sich immer noch sehen lassen, was auch für Kunst und Künstler aus dieser Zeit gilt.
Heute arbeiten Lehrer und Studenten der Schule an drei Standorten im Stadtgebiet immer noch nicht in „Elfenbeintürmen".
Was Paul Thiersch einst proklamiert, gefordert und begonnen hatte, wird erweitert um neue Ideen mit viel Engagement fortgesetzt. So ist die „Burg" heute die Kunsthochschule mit dem größten Angebot für Studenten. Ausstellungen und „Tage der offenen Türen" fördern den Kontakt zur Welt hinter ihren Mauern. 15 Neubesetzungen in den vergangenen Jahren beweisen, dass sie auch personell nicht „stehen bleiben" will. Rektor Ulrich Klieber entwarf ein Etikett für den „Burgwein" (rechts). Er zeichnete „Weinstöcke unter blauem Himmel": Wer sollte sich da Sorgen um die Zukunft der „Burg" machen?

Paul Thiersch

Zeichenunterricht im Burghof, 1928.

Studiengruppe, Arbeitsschutzhelm (1975/76) - tausendfach produziert.

Karl Müller, Marmeladendose und elektrischer Wasserkocher, um 1929.

1879	Vereinigung der Provinzial-Gewerbeschule (seit 1852) mit der gewerblichen Zeichenschule (seit 1870) zur gewerblichen Zeichen- und Handwerkerschule
1902	Handwerkerschule der Stadt Halle
1918	Handwerker- und Kunstgewerbeschule
1922	Werkstätten der Stadt Halle Staatlich-städtische Kunstgewerbeschule Burg Giebichenstein
1934	Staatlich-städtische Handwerkerschule Burg Giebichenstein - Werkstätten der Stadt Halle
1938	Meisterschule des deutschen Handwerks auf Burg Giebichenstein Halle Werkstätten der Stadt Halle
1943	Meisterschule für das gestaltende Handwerk
1946	Burg Giebichenstein Kunstschule und Werkstätten der Stadt Halle
1950	Institut für angewandte Künste, Werkstätten der Burg Giebichenstein Martin-Luther-Universität Halle-Wtbg.
1951	Institut für künstlerische Werkgestaltung Burg Giebichenstein / Halle
1956	Institut für künstlerische Werkgestaltung der Hochschule für Bildende und angewandte Kunst Berlin-Halle Saale-Burg Giebichenstein
1958	Hochschule für industrielle Formgestaltung Halle - Burg Giebichenstein
1990	Burg Giebichenstein / Hochschule für Kunst und Design / Halle

Revolution 1918: Halle in Rätehand

Am 23. Oktober 1918 weigerten sich Matrosen der kaiserlichen Marine in Kiel und Wilhelmshaven, in die Schlacht gegen die britische Hochseeflotte zu ziehen. Schnell griff der Aufstand auf das ganze Reich über. In Berlin rief Philipp Scheidemann von der SPD am 9. November die „Deutsche Republik" aus. Kaiser Wilhelm II. dankte ab und ging ins Exil nach Doorn in Holland. Auf lokaler und regionaler Ebene übernahmen Arbeiter- und Soldatenräte die Macht.
Bereits am 7. November hatten die in Halle stationierten Soldaten des Fliegerersatzbataillons ihre Offiziere entwaffnet und waren in die Stadt eingerückt. Dort trafen sie auf eine stets streikbereite Arbeiterschaft, die bereits auf „Revolution" eingestimmt war. Noch am selben Abend wurde auf einer Versammlung im „Volkspark" die Bildung eines Soldaten- und Arbeiterrates beschlossen. Ein Kundgebungszug formierte sich und zog durch die Stadt bis zum Hallmarkt. Auf dem Rathaus wehte die rote Fahne. Der Revolutionsrat, am 9. November unter Vorsitz von Otto Kilian gegründet, erreichte beim Magistrat die Entwaffnung der Polizisten. Diese durften nur noch in Begleitung von revolutionären Soldaten patrouillieren. Um der Forderung nach einer demokratisch gebildeten Regierung Nachdruck zu verleihen, ruhte vom 9. bis zum 11. November die Arbeit in allen Hallenser Betrieben und in den Leuna-Werken. Zu den Streikzielen gehörten auch die Einführung des Acht-Stunden-Tages, die Koalitions- und Pressefreiheit sowie das allgemeine und gleiche Wahlrecht.
Der Magistrat der Stadt mit Oberbürgermeister Dr. Richard Robert Rive arrangierte sich mit dem Arbeiter- und Soldatenrat. Zusammen bildeten sie ein Sicherheitsregiment, das nun die Regierungsgeschäfte in Halle führte. Am 7. Januar 1919 gründete sich die Stadtparteiorganisation der KPD, zu der unter anderen Gustav Borrmann, Karl Meseberg und Ernst Schumacher gehörten.
Am 19. Januar 1919 folgte die Wahl zu einer verfassungsgebenden Deutschen Nationalversammlung, aus der in Halle die Arbeiterparteien USPD und die SPD als stärkste Kräfte hervorgingen. Die KPD hatte sich nicht am Urnengang beteiligt.
Mit einem Generalstreik vom 24. Februar bis zum 7. März kämpften die Arbeiter unter Führung von Wilhelm Koenen für die Demokratisierung des Militärs durch Soldatenräte, ein Mitbestimmungsrecht in ihren Betrieben, die Legalisierung von Betriebsräten und die Sozialisierung der Großbetriebe. Ein konservativ ausgerichteter Bürgerausschuss organisierte einen Gegenstreik, an dem sich Universitätsprofessoren, Ärzte, Lehrer, Polizisten und Postbeamte beteiligten. Als die Situation eskalierte, ließ Reichswehrminister Gustav Noske das Jägerkorps von General Ludwig Maercker gegen die Arbeiter aufmarschieren. Maerckers Truppen zogen am 1. März 1919 in die Stadt ein. Der General verhängte den Belagerungszustand, löste das Sicherheitsregiment auf und setzte den Soldatenrat ab. Der Rektor der Universität forderte die Studenten auf, in das maerkersche „Freikorps Halle" einzutreten. Bei erbitterten Kämpfen in der Innenstadt setzte Maercker sogar Minenwerfer ein. Als die Arbeiter nach Verhandlungen und Versprechungen am 8. März in die Betriebe zurückkehrten, waren 24 Tote und 67 Verwundete zu beklagen. Am 13. März gelang es Angehörigen des Freikorps, das führende KPD-Mitglied Karl Meseberg zu verhaften. Sie ermordeten ihn, so wie andere Mitglieder von Freikorps in Berlin Karl Liebknecht und Rosa Luxemburg umgebracht hatten.

Der hallesche Arbeiter- und Soldatenrat tagt im Sitzungssaal der Stadtverordneten (1918).

1907 eröffnete der „Volkspark", der in der Zeit der Revolution das Zentrum der halleschen revolutionären Arbeiter und der mitteldeutschen Industriebetriebe bildete.

Links: Karl Meseberg - 1918 in seiner Matrosenkompanie (Dritter von links) - wurde am 13. März 1919 verhaftet und dann ermordet. An ihn erinnern eine Gedenktafel auf der Hafenbahnbrücke und ein Gedenkstein in der Turmstraße.

Gustav Borrmann, 1919 Mitglied der neu gegründeten Stadtparteiorganisation der KPD, überlebte die Revolution (rechts im Jahr 1933).

Elefantenjäger und Sternengucker im Landesmuseum für Vorgeschichte

Es spricht für den Bürgersinn der Hallenser und ihr Interesse an Kultur, dass das Landesmuseum für Vorgeschichte in den letzten Tagen des Ersten Weltkrieges, am 9. Oktober 1918, feierlich eröffnet wurde - zu einem Zeitpunkt, als die Menschen wahrlich andere Sorgen plagten, als sich um Archäologie zu kümmern. Der Bau, der damals noch „Provinzialmuseum“ hieß, war von dem berühmten Architekten Wilhelm Kreis geplant und zwischen 1911 und 1913 errichtet worden. Wie eine Trutzburg beherrscht seitdem der älteste Spezialbau für ein Vorgeschichtsmuseum in Deutschland die Nordseite des Rosa-Luxemburg-Platzes. Die Sammlung selbst ist freilich wesentlich älter und führt bis in die Anfangsjahre des 19. Jahrhunderts zurück. Die offizielle Gründung des Museums erfolgte durch Beschluss des Landtages der Preußischen Provinz Sachsen im Jahr 1882.

Heute ist das Landesmuseum für Vorgeschichte aus dem Kulturleben der Stadt Halle und Sachsen-Anhalts nicht mehr wegzudenken. Weit mehr als 10 Millionen Funde machen das Haus zu einer der bedeutendsten archäologischen Sammlungen Europas, deren Bestand durch die vielen Ausgrabungen Jahr für Jahr weiterhin rasant wächst. Die Sammlungsbestände stammen zum größten Teil aus Mitteldeutschland und reichen von den ältesten Zeugnissen des Menschen in dieser Region bis in die frühe Neuzeit hinein. Sie umfassen somit einen Zeitraum von einer halben Million Jahre.

Viele der Funde haben Weltgeltung, wie die des Homo erectus von Bilzingsleben mit einem Alter von etwa 370.000 Jahren. Sie sind die zweitältesten Urmenschenfunde, die bislang in Deutschland freigelegt worden sind.

Während einer Warmzeit zerlegte eine Gruppe Neandertaler vor 125.000 Jahren einen Waldelefanten, der in einem später verlandeten See bei Gröbern im Landkreis Bitterfeld zugrunde gegangen war.

In eindrucksvollen Rekonstruktionen und Bildern wird die Welt der urzeitlichen Jäger wieder lebendig.

Nicht alle bedeutenden Funde sind auf den ersten Blick als solche erkennbar. Eine Weltsensation ist ein unscheinbares Stück Birkenpech aus Königsaue bei Aschersleben. In einem komplizierten Verfahren haben Neandertaler hier vor 80.000 Jahren den ältesten künstlichen Klebstoff der Welt hergestellt, um damit eine Feuersteinspitze an einem Holzschaft zu befestigen. Diese Urmenschen waren demnach alles andere als halbwilde Primitive. Eine in dieser Form einmalige lebensgroße Rekonstruktion zeigt einen nachdenklichen, sinnierenden Präneandertaler (oben links), der dem Skelett eines ebenfalls etwa 200.000 Jahre alten Mammuts gegenübersitzt.

Zahlreiche weitere Ausstellungsstücke haben mindestens europäischen Rang. Über anschauliche Lebensbilder wie zum Beispiel das kriminalistisch rekonstruierte äußere Erscheinungsbild einer Schamanin erhält der Besucher einen lebendigen Bezug zum vorgeschichtlichen Menschen. In den Bestattungen von Eulau tritt uns die erste, durch DNA-Untersuchungen nachgewiesene Familie der Welt entgegen, liebevoll bestattet von den Überlebenden.

Das sicherlich berühmteste Fundstück des Landesmuseums ist jedoch seit 2002 die 3.600 Jahre alte Himmelsscheibe von Nebra (links), die weltweites Aufsehen erregte. Auf einer nur 32 Zentimeter großen Bronzescheibe ist die älteste konkrete Himmelsdarstellung der Welt abgebildet, ein Beleg für das erstaunliche astronomische Wissen der damaligen Menschen. Nach seiner umfassenden Renovierung (2007) zeigt das Landesmuseum für Vorgeschichte (rechts) diese und viele andere Schätze in einer großartigen Dauerausstellung.

Turbulente Zeiten im „roten Halle"

Politisch begannen die 20er-Jahre in Halle so, wie das vorherige Jahrzehnt aufgehört hatte: mit Auseinandersetzungen zwischen der Arbeiterschaft und der Regierung in Berlin. Im März 1920 reagierten die Gewerkschaften, SPD und USPD mit einem Generalstreik auf den Kapp-Putsch. Zentren der Kämpfe waren Bitterfeld-Delitzsch, Zeitz-Weißenfels und Halle. Um Halle tobte eine regelrechte Schlacht zwischen Reichswehr, Sicherheitspolizei und Einwohnerwehr auf der einen Seite und bewaffneten Arbeitertruppen auf der anderen Seite. Mit Hilfe des Militärs aus Magdeburg konnten die Arbeiter schließlich in die Defensive gedrängt werden. Verhandlungen beendeten die Kämpfe, die mehr als 100 Todesopfer gefordert hatten. In der Region um Mansfeld und Merseburg kam es noch bis 1921 immer wieder zu heftigen Auseinandersetzungen. 6.000 beteiligte Arbeiter mussten Strafen im Zuchthaus verbüßen; 145 weitere ließ die Reichswehr standrechtlich erschießen. Nicht zu Unrecht bezeichnen Historiker die Stadt als das „rote Halle". Immer wieder lieferten sich der „Rote Frontkämpferbund (RFB)" der KPD, Gewerkschafter und SPD-Mitglieder Straßen- und Saalschlachten mit faschistischen Gruppierung wie dem „Stahlhelm", dem „Wikingbund" oder den „Wehrwölfen". Zu den besonders blutigen Ereignissen zählt eine Kundgebung der KPD am 13. März 1925 zugunsten ihres Kandidaten für das Amt des Reichspräsidenten Ernst Thälmann im „Stadtpark". Bei einem Polizeieinsatz fielen Schüsse; es entstand Panik. Mehr als 100 Arbeiter erlitten schwere Verletzungen. Zu den zehn Toten an diesem „Halleschen Blutsonntag" zählte auch ein Mitglied des Spielmannszuges des RFB, der Trompeter Fritz Weineck. Das KPD-Kampflied „Der kleine Trompeter", das bis zum Ende der DDR zum Liedgut gehörte, machte ihn zu einem Märtyrer.

Aus wirtschaftlicher Sicht erschien Halle als das „Essen Mitteldeutschlands": Die „Stinnes-Riebeck Montan AG" und die „Ölwerke AG" hatten sich zusammengeschlossen und beherrschten 35 Prozent der Braunkohleproduktion in Deutschland. Die „IG Farben" übernahm die Leuna Werke, die „Mansfeld AG für Bergbau und Hüttenbetrieb" die hallesche Pfännerschaft. Aus Halle pendelten jeden Tag rund 10.000 Arbeiter in die umliegenden Industrieunternehmen. Bis zur Weltwirtschaftskrise 1929/30 boomte die Industrie.

Das kulturelle Leben in der Stadt blühte unter ihrem „Kunstoberbürgermeister" Richard Robert Rive auf. Die schon 1915 auf der Burg Giebichenstein gegründete Kunstgewerbeschule mit ihren Verbindungen zum Bauhaus in Weimar und Dessau zog unter ihrem Direktor Gerhard Marcks viele kreative Köpfe in die Stadt. Von Marcks geschaffene Tierplastiken stehen an der Saalebrücke in Kröllwitz (unten rechts mit dem Künstler), seine Büsten von Luther und Melanchthon im Hauptgebäude der Universität. Auf der Moritzburg entstand eine Galerie, die sich dem Expressionismus verpflichtet fühlte. Zu ihrer Sammlung zählten Bilder von Franz Marc, Oskar Kokoschka, Emil Nolde und Ernst Ludwig Kirchner. Eine besondere Stellung nahmen dabei die Werke des Kubisten Lyonel Feininger ein, der zwischen 1929 und 1933 mehr als 30 Zeichnungen und Gemälde der Sehenswürdigkeiten Halles schuf. Auch das Städtische Museum kaufte moderne Meister an.

Trotz der hohen Arbeitslosigkeit während der Weltwirtschaftskrise, trotz Inflation und bitterer Hungerzeiten erreichten die Nationalsozialisten bei den Wahlen zur Stadtversammlung im November 1929 nur drei von 58 Sitzen. Als Adolf Hitler 1932 auf einer Wahlveranstaltung in Halle sprechen wollte, kappte ihm der Arbeiter Franz Heyl mit einer Axt das Stromkabel. Hitler hat Halle während des gesamten „Tausendjährigen Reiches" nie wieder besucht.

Extrablatt

Extrablatt

Klassenkampf

Kommunistisches Organ für den Bezirk Halle-Merseburg mit der Illustrierten Arbeiter-Zeitung „Der Rote Stern"

Nummer 48 — Halle, Sonnabend, den 14. März 1925

Proletariermord, um Thälmanns Wahl zu verhind[ern]

6 Tote, 20 Schwerverletzte, ungezählte Leichtverletzte

Polizeibestien feuern im geschlossenen Raum Salven auf wehrlose Versammlungsbesucher.

Sühne für den M[ord]

Oben rechts: Die erste Meldung über den „Halleschen Blutsonntag". Daneben eine Szene von der anschließenden Beerdigung der Opfer.

Links: Aufruf zum internationalen Arbeitertag am 11. Mai 1924. Seitenmitte: Notgeld aus den 20er-Jahren.

Die Propagandageschichte des „kleinen Trompeters" Fritz Weineck, im Gruppenbild des Spielmannzuges RFB der Zweite von links, wurde in der DDR für die Vereidigungen der Pionierorganisation benutzt. Sein Denkmal (rechts) steht heute im Museum für Stadtgeschichte.

Friedrich Wilhelm Raiffeisen (1818-1888)

Hermann Schulze-Delitzsch (1808 - 1883)

Gemeinschaftsidee gegen Armut

Ihren Ursprung haben die Genossenschaftsbanken bereits im 19. Jahrhundert. Um die Not der ländlichen Bevölkerung zu lindern, gründete Friedrich Wilhelm Raiffeisen 1847 in Weybusch/Westerwald den ersten Hilfsverein. Zwar noch keine Genossenschaft, dennoch ein richtungsweisender Verein für den Gemeinschaftssinn. Die erste Genossenschaft, die den Selbsthilfegedanken „Einer für alle, alle für einen" manifestierte, entstand 1864 unter der Obhut Raiffeisens als Darlehensverein in Heddersdorf.

Zeitgleich rief Hermann Schulze-Delitzsch in Delitzsch/Sachsen eine Hilfsaktion für in Not geratene Handwerker ins Leben. Sie arbeitete nach den Grundsätzen der Selbsthilfe, der Selbstverwaltung und der Selbstverantwortung. Schulze-Delitzsch war es auch, der 1850 den ersten „Vorschuss-Verein" initiierte, den Vorläufer der heutigen Volksbanken. Sein stärkster Gegner war Bismarck, der noch 1866 die Genossenschaften als die „Kriegskasse der Demokratie" bezeichnete. Raiffeisen und Schulze-Delitzsch riefen unabhängig voneinander Vereine ins Leben: mit Ideen, die auch heute noch modern sind.

Der Sitz der Volksbank-Hauptgeschäftsstelle in der Wilhelm-Külz-Straße.

Mit genossenschaftlichen Werten gewinnen

In seiner 1855 erschienenen Schrift „Vorschussvereine als Volksbank" legte Hermann Schulze-Delitzsch die Grundprinzipien eines genossenschaftlichen Kreditwesens dar. Im Gegensatz zu den Volksbanken für die kleineren und mittleren Gewerbetreibenden widmete sich Friedrich Wilhelm Raiffeisen mit seinen Geschäftsideen den Belangen der Bauern und Agrarproduzenten. Bereits 1893 entstand eine Kasse für landwirtschaftliche Genossenschaften der Provinz Sachsen und angrenzender Staaten, gefolgt von acht halleschen Handwerksinnungen, die eigene Spar- und Darlehnskassen bildeten. 1896 der Zusammenschluss: „Die Verbandsbank gewerblicher Genossenschaften" - Vorläuferin der heutigen Volksbank - entstand.

Am 5. März 1925 gründeten Hallenser Handwerker und Gewerbetreibende die „Spar- und Wirtschaftsbank e.G.m.b.H." - von Anbeginn eng mit der heimischen Wirtschaft verbunden. Der Sitz dieser Bank war in der Großen Märkerstraße 15. Im Wandel der Zeit änderte sich auch der Firmenname: 1928 Vereinsbank Halle, 1941 Volksbank Halle, 1946 Bank für Handwerk und Gewerbe, 1970 Genossenschaftsbank für Handwerk und Gewerbe, 1974 Genossenschaftskasse für Handwerk und Gewerbe der DDR, 1990 Volksbank Halle eG, 1993 Volksbank Halle/Saalkreis eG und schließlich Volksbank Halle (Saale) eG im Jahr 2000. 1995 wurden die Sanierung der Hauptstelle der Bank in der Wilhelm-Külz-Straße 2 und der zusätzliche Bau eines neuen Gebäudes (Wilhelm-Külz-Straße 3) notwendig. Der Einzug erfolgte 1996, und dieser Standort ist bis heute der Hauptsitz der Volksbank Halle (Saale) eG.

Die Geschäftsstelle „An der Magistrale" in Halle Neustadt.

Zahlreiche Fusionen mit anderen Banken prägen den Geschichtsverlauf der Volksbank in Halle - allein Ende des 20. Jahrhunderts die Übernahme des Privatkundengeschäftes von der DG Bank Halle (1991), Verschmelzung mit der Raiffeisenbank Landsberg (1993), Fusion mit der Raiffeisenbank Schochwitz (1995), der Zusammenschluss mit der Volksbank Hettstedt (1999) und nicht zuletzt im Jahr 2000 die Verschmelzung mit der Raiffeisenbank Nauendorf und der Raiffeisenbank Bad Bibra - Querfurt. Durch diese vielen Fusionen entstand eine der größten Volksbanken in den neuen Bundesländern mit insgesamt 36 modernen, mit neuester Technik ausgestatteten Filialen im südlichen Sachsen-Anhalt. Dieser direkte Kontakt zu den Menschen und den Unternehmen in der Region ist eine der größten Stärken der Volksbank Halle (Saale) eG. Tragender Pfeiler der Unternehmenspolitik ist das genossenschaftliche Prinzip der Hilfe zur Selbsthilfe. Ein Geschäftsmodell, welches sich auch in wirtschaftlich turbulenten Zeiten als erfolgreich erwiesen hat.
Als ständig lernendes Unternehmen orientiert sich die Volksbank Halle (Saale) eG an den rasant wechselnden Rahmenbedingungen. Fair, marktgerecht, (mit kurzen Beschlusswegen), hoher Flexibilität und Kompetenz werden bedarfsgerechte und maßgeschneiderte individuelle Lösungen für Mitglieder und Kunden gefunden.

Dabei reicht die Produktpalette von Girokonto, Geldanlage, Vermögensaufbau und -betreuung, Finanzierung von Wohneigentum, Altersvorsorge, Existenzgründung bis zu Leasingangeboten aller Art. Zur Bank gehören durch den genossenschaftlichen Finanzverbund die Bausparkasse Schwäbisch Hall AG, die R+V Versicherung, Union Investment, Münchener Hypothekenbank, VR-Leasing und seit Neuestem auch die TeamBank mit „ea@syCredit".
Mit über 20.000 Mitgliedern die mitgliedsstärkste Bank in Sachsen-Anhalt zu sein ist für die Volksbank Halle (Saale) eG Ansporn und Verpflichtung zugleich. Soziale Verantwortung in und für die Region wird bei der Volksbank Halle (Saale) eG groß geschrieben, und so wird der wirtschaftliche Erfolg auch mit gesellschaftlich verantwortlichem Handeln verknüpft. Nicht zuletzt deshalb vertrauen immer mehr Bürger dieser Bank.

Die Volksbank-Filiale in der Merseburger Straße.

Miteinander arbeiten ...

... voneinander profitieren, zu diesem Selbstverständnis gehört daher auch, aktiv an der Lösung gesellschaftlicher Probleme mitzuwirken. Wie intensiv die Wertschöpfung des Engagements der Volksbank Halle (Saale) eG für die Gesellschaft ist, verdeutlicht folgende Förderbilanz: Rund 300.000 Euro fließen jährlich über Spenden und Sponsoring in die Förderung gemeinnütziger Projekte, Vereinigungen und Einrichtungen im Geschäftsgebiet. Ein weiteres Beispiel ist die BÜRGER.STIFTUNG.HALLE. Die Volksbank Halle (Saale) eG begleitete von Beginn an deren Gründung im Jahr 2004. Bis heute hat sie über 100.000 Euro für das Stiftungskapital und verschiedene Projekte zur Verfügung gestellt. Das Büro der BÜRGER.STIFTUNG.HALLE. befindet sich im Hauptgebäude der Volksbank Halle (Saale) eG - natürlich zur kostenfreien Nutzung. Auch bei der Gründung weiterer Stiftungen in der Region engagiert sich die Volksbank Halle (Saale) eG und arbeitet aktiv in den Gremien mit. So zum Beispiel bei der Gründung einer Stiftung für Kunst, Design und Wissenschaft.
Darüber hinaus fördert die Volksbank Halle (Saale) eG zahlreiche Projekte von regionaler und überregionaler Bedeutung, wie zum Beispiel: das „Festival Theater der Welt 2008" oder regionale Leuchttürme wie die „Sanierung der Fontäne" auf der Ziegelwiese in Halle (oben) oder die Restaurierung der historischen „Meier Urne" im Park Dieskau.

Damals: tollkühne Männer am Himmel über Halle Heute: Take-off in die Zukunft

Der Flughafen Halle-Leipzig zu seiner Eröffnung 1927.

Am neuen Terminal erfolgt die Abfertigung der Flugzeuge.

Seit Hans Grades Motorflug 1908 griff das Flugfieber auch in Halle um sich. Tollkühne Männer in ihren „fliegenden Kisten" eroberten den Luftraum. Nach nur knapp acht Monaten Bauzeit wurde am 25. April 1927 der Flugbetrieb am Flughafen Halle/Leipzig mit der Landung einer Lufthansamaschine aufgenommen. 1928 kam eine 400 Meter lange betonierte Startbahn hinzu - und die „Fluggesellschaft Halle/Leipzig mbH" gründete sich. Konzipiert wurde er als Großflughafen für den Luftverkehr im Ballungsraum Halle und Leipzig (der hallesche Flugplatz in Nietleben, heute Stadtteil von Halle, hatte sich als zu klein erwiesen). Auf dem vorherigen Leipziger Flugplatz in Mockau (heute Stadtteil von Leipzig) residierte hauptsächlich Die Gesellschaft „Junkers-Luftverkehr", die 1926 in der Deutschen Lufthansa aufging. Bis zum Ausbruch des Zweiten Weltkrieges entwickelte sich der Flughafen zu einem der wichtigsten Airports Deutschlands, dessen Erscheinungsbild insbesondere ein im Bauhausstil errichtetes gläsernes Restaurant prägte. Nach einer eher beschaulichen Existenz in den Jahren 1959 bis 1990, die vor allem durch die Nutzung als Messe- und somit Saisonflughafen bestimmt war, startete der

Das gläserne Flughafenrestaurant 1931.

Airport mit Beginn der 90er-Jahre durch. Bis zum Jahr 2000 entstand neben dem 1996 eröffneten Terminal B die neue 3.600 Meter lange Start- und Landebahn Nord, deren Verfügbarkeit den Aufbruch in die Epoche des Interkontinentalverkehrs ohne Reichweiten- und Nutzlastbeschränkungen einleitete. 2003 folgte die Inbetriebnahme des Zentralterminals, welches ICE-tauglichen Fernbahnhof, Check-in, Parkhaus und Einkaufspassage unter einem Dach verbindet. Es besitzt eine Kapazität für mehr als 4,5 Millionen Passagiere pro Jahr. Seit der Inbetriebnahme der neuen Start- und Landebahn Süd im Juli 2007 verfügt der Flughafen Leipzig/Halle über ein paralleles Runway-System, das einen unabhängigen Betrieb der beiden 3.600 Meter langen Bahnen ermöglicht. Dies war eine Voraussetzung für die Einrichtung des europäischen Drehkreuzes der DHL am Flughafen, dessen Betrieb bis 2012 rund 3.500 direkte Arbeitsplätze schaffen wird. Mit über 440.000 Tonnen Frachtumschlag im Jahr 2008 stieg Leipzig/Halle zur Nummer drei unter den deutschen Frachtflughäfen auf. 2009 geht zudem mit AeroLogic die erste am Standort beheimatete Frachtfluggesellschaft an den Start, die Ziele in Asien und Nordamerika ansteuern wird. Der Flughafen pulsiert als Entwicklungsmotor der Region - mit seiner leistungsfähigen Infrastruktur, die nur dank der weitsichtigen Planung und Unterstützung der Gesellschafter geschaffen werden konnte. Folge: namhafte Ansiedlungen in Airport-Nähe wie Porsche, BMW, Quelle, Dow Chemical, Amazon, Total oder Dell. Schon heute ist der Standort Flughafen Leipzig/Halle mit mehr als 4.100 Arbeitsplätzen einer der größten Arbeitgeber der Region. Und diese Zahl wird sich in den kommenden Jahren noch um ein Vielfaches vergrößern: Take-off in Richtung Zukunft.

Halle auf dem Weg ins „Tausendjährige Reich"

Am 30. Januar 1933 ernannte Reichspräsident Paul von Hindenburg den Führer der „Nationalsozialistischen Deutschen Arbeiterpartei (NSDAP)", Adolf Hitler, zum Reichskanzler. Unter der Losung „Das rote Halle marschiert" protestierte in Halle noch am selben Abend die Arbeiterschaft. Schon in den ersten Februartagen bildeten die politischen Kampfgruppen der NSDAP - die SA und die SS- eine illegale „Hilfspolizei". Die „Linke" machte mobil: KPD- und SPD-Mitglieder, Arbeiter und Jugendliche schlossen sich zu „Häuserschutzstaffeln" zusammen und durchsuchten in den Arbeitervierteln Verdächtige nach Waffen. Es waren jedoch nur letzte verzweifelte Aktionen gegen eine von langer Hand vorbereitete Machtergreifung durch die Nationalsozialisten.

In der Nacht des Reichstagsbrandes vom 27. auf den 28. Februar überfielen SA und SS das Gewerkschaftshaus, das Gebäude der KPD-Leitung und den „Volkspark". Willkürlich setzten sie die dort Anwesenden im Untersuchungsgefängnis der Stadt, im Keller unter der Möbelhandlung Martick am Alten Markt und in der Ronneburgschen Mühle fest. Dort waren die Festgenommenen tagelangen Misshandlungen ausgesetzt.

Bei den Reichstagswahlen am 5. März 1933 konnte die NSDAP bereits knapp 44 Prozent der Stimmen erringen, die KPD kam auf 23 und die SPD auf zwölf Prozent: Der Durchmarsch der Faschisten war nicht mehr aufzuhalten. Die Widerstandskämpfer der Arbeiterbewegung gingen in den Untergrund. Aus Kassel holte die NSDAP Johannes Weidemann als Oberbürgermeister nach Halle.

Mit ihm begann die Phase der „Säuberungen": Alle Angestellten der Verwaltung mit „staatsfeindlicher Gesinnung" erhielten ihre Entlassungspapiere. Weidemann ermunterte auch die privatwirtschaftlichen Fabrikverwaltungen, sich von „politisch unsauberen Elementen" zu trennen.

Am 1. April erging der Aufruf zum Boykott aller jüdischen Geschäfte. Die SA stellte Wachen vor den Eingangstüren auf und beschmierte die Schaufenster mit antisemitischen Parolen.

Nach dem „Gesetz zur Wiederherstellung des Berufsbeamtentums" vom 7. April 1933 hatten jüdische und kommunistische Professoren der Kunstgewerbeschule, der Pädagogischen Akademie und der Universität den Dienst zu quittieren, unter anderem Guido Kisch, Paul Frankl, Theodor Brugsch, Adolf Reichwein, Günter Dehn, Elisabeth Blochmann und Gerhard Marcks. Der Pharmakologe Martin Kochmann verzweifelte und wählte den Freitod.

Von oben: Theodor Brugsch, Guido Kisch und Adolf Reichwein mussten 1933 ihren Dienst quittieren.

Anfang Mai 1933 brannten deutschlandweit Bücher jüdischer und kommunistischer Autoren, so auch am 12. Mai in Halle auf dem Universitätsplatz. Mit den Worten: „Wir übergeben den Flammen die Bücher von…", fielen Schriften von Heinrich Heine, Heinrich Mann, Lion Feuchtwanger, Bertolt Brecht, Lenin, Karl Marx, August Bebel, Ernst Thälmann und vielen anderen dem Feuer zum Opfer.

Anlässlich ihres 450-jährigen Bestehens erhielt die hallesche Universität im Jahr 1933 den Namen „Martin-Luther-Universität". Damit nahmen die Nationalsozialisten den Reformator mit seinen oft judenfeindlichen Äußerungen für sich in Beschlag.

Nun begann die Phase der „Gleichschaltung": Parteien und Gewerkschaften mussten sich auflösen. Das gesamte Vereinsleben der Stadt hatte sich unter die Herrschaft des NS-Regimes zu stellen und in den NSDAP-Organisationen aufzugehen. Dieses betraf besonders die Kultur- und Sportvereine der Arbeiterschaft und die noch unpolitisch verbliebenen Studentenverbindungen. Auch das kulturelle Leben Halles musste sich der Ideologie des Faschismus beugen. NS-Beauftragte prüften die Bestände der Kultureinrichtungen auf „Entartung" und verkauften 157 Kunstwerke aus der Galerie Moritzburg sowie weitere aus der Kunstgewerbeschule und dem Städtischen Museum an finanzkräftige Sammler ins Ausland.

Zwischen dem 20. Juli und dem 1. August 1933 folgten die ersten Transporte von mehr als 1.000 „Volksfeinden" in das Konzentrationslager Lichtenburg (rechts).

Linke Opposition agiert im Untergrund - Nazis reagieren mit Härte

Kurz nach der Machtergreifung durch die Nationalsozialisten waren die Mitglieder des antifaschistischen Widerstands von KPD und SPD in den Untergrund gegangen. Sie bildeten kleine Zellen, damit bei möglichen Enttarnungen nicht die gesamte Bewegung gefährdet würde.
Für die SPD versuchte Paul Schmidt von Halle aus, die Gruppen im Umland zu führen und neue Zellen aufzubauen. Nach seiner Verhaftung übernahm Paul Siebert, Funktionär der Holzarbeitergewerkschaft, diese Aufgabe. Er stand auch in Kontakt zur Gruppe „Revolutionärer Sozialisten" in der CSSR, der sich geflohene SPD-Mitglieder angeschlossen hatten. Als die Gestapo Ende 1935 die Verbindungswege enttarnen konnte, folgten sofortige Massenverhaftungen von Sozialdemokraten in ganz Mitteldeutschland. Paul Siebert überlebte die zweite Verhörwoche nicht: „*In Haft verstorben!*"
Die Aussage eines Parteigenossen führte 1935 zur Verhaftung des Kommunisten Walter Schlag. Er weigerte sich beharrlich, seine Kameraden zu verraten; 14 Jahre Zuchthaus waren die Folge. Walter Schlags Vater Otto war bereits im Konzentrationslager, seine Mutter im Obdachlosenasyl. „*Die Betätigung der KPD ist ihrer Natur nach hochverräterisch*", so eine Urteilsbegründung für lebenslanges Zuchthaus. Den KPD-Funktionär Walter Kaßner verurteilte der Volksgerichtshof nur deshalb nicht zum Tod, weil er unter der Folter zur „*Aufklärung des illegalen Apparates der Partei*" beigetragen hatte.
Im Frühjahr 1937 zerschlug die Gestapo eine im antifaschistischen Widerstandskampf sehr aktive Gruppe hallescher Jung-Kommunisten. Viele Mitglieder erhielten hohe Zuchthaus-Strafen, so Kurt Wüsteneck und Kurt Möbius. Mancher der jungen Kämpfer erlebte die Befreiung vom Faschismus nicht mehr.
Seit 1942 hatte sich an der Universität um die Professoren Theodor Lieser und Walter Hülse der Gesprächskreis „Anti-Nationalsozialistische Bewegung (ANB)" gebildet, der sich ab 1944 aus 20 bis 25 Personen zusammensetzte: Universitätsangehörige, Ärzte, Rechtsanwälte und höhere Beamte der Stadtverwaltung. Sie verteilten Flugblätter in der Stadt. Der Inhalt: Warnungen, dass bei Kriegsende im Fall von Widerstand gegen die Allierten die Bombardierung der Stadt drohte und die Forderung zum Hissen weißer Fahnen.
Professor Adolf Reichwein gehörte zum Kreisauer Kreis und war Mitverschwörer bei dem Attentat auf Hitler am 20. Juli 1944. Der Volksgerichtshof verurteilte ihn zum Tod, ebenso wie weitere Oppositionelle: den Rittergutsbesitzer Carl-Emil Wentzel aus Teutschenthal bei Halle und den ehemaligen Regierungspräsidenten von Merseburg, Ernst von Harnack. Die ehemaligen Stadtverordneten Otto Kilian, Hans Eckstein, Kurt Wabbel, Kurt Taatz und Emil Lange ließ die NS-Justiz kurz vor Kriegsende im Februar 1945 hinrichten. Eine besonders traurige Rolle bei der Verfolgung von Oppositionellen spielte der „Rote Ochse". In diesem Gefängnis inhaftierte die Gestapo 1933 alle bekannten Regimegegner, bevor diese in das KZ Lichtenburg in Prettin verschleppt wurden. 1935 in ein Zuchthaus umgewandelt, diente der „Rote Ochse" nun als Hinrichtungsstätte für die gesamte Region. Wehrkraftzersetzung, Fahnenflucht, Agententätigkeit, Vorbereitung zum Hochverrat, Landesverrat, Feindbegünstigung standen auf den Todesurteilen zu lesen. Zwischen 1942 und 1945 verloren hier 572 Menschen durch das Fallbeil, durch Erschießen oder Erhängen ihr Leben. Der Scharfrichter Roselieb, der außer in Halle auch in Weimar und Dresden tätig war, rechnete allein für das Jahr 1944 Kosten für 698 Hinrichtungen beim Reichsjustizministerium ab.
Nach Kriegsende setzte die „ruhmreiche" Sowjetarmee die bedrückende Tradition des „Roten Ochsen" mit Inhaftierungen und Hinrichtungen von Regimegegnern fort.

Otto Schlag

Professor Theodor Liesner, Ernst von Harnack, ehemaliger Regierungspräsident und der ehemalige Stadtverordnete Kurt Wabbel (von links).

Im Namen des Deutschen Volkes

Die Vollstreckungshandlung dauerte
a) vom Zeitpunkt der Vorführung bis zur Übergabe an den Scharfrichter 4 Sekunden,
b) von der Übergabe an den Scharfrichter bis zur Vollstreckung 3 Sekunden.
Die Vollstreckung war um 18 Uhr 08 Minuten Sekunden beendet.
Während der Verkündung verhielt sich ruhig.

Staatsanwalt Justizsekretär

Hinrichtungsprotokoll aus dem Jahr 1940.

Der „Rote Ochse": Stätte für Hinrichtungen und Folterung.

Gezielt in Richtung „Endlösung"

Die Synagoge in der Kleinen Brauhausstraße.

Mit der „Reichskristallnacht" erreichten die Repressalien gegen die Juden in Halle am 9. November 1938 ihren vorläufigen Höhepunkt. Schon seit 1933 hatten zielgerichtete Boykotts jüdische Geschäftsleute schwer geschädigt und in den Ruin getrieben, so dass sich viele gezwungen sahen, ihre Geschäfte weit unter Preis zu verkaufen. Den „Glücklichen" unter ihnen gelang die Flucht ins Ausland, wo ihnen bis zum Ausbruch des Zweiten Weltkriegs eine trügerische Ruhe beschieden war.

Seit dem Erlass der Nürnberger Gesetze am 26. November 1935 waren Ehen zwischen Juden und „Ariern" verboten. Für „Rassenschande" forderte die Staatsanwaltschaft bis zu sieben Jahre Zuchthaus und fünf Jahre Ehrverlust. Jüdische Rechtsanwälte, Ärzte und Schauspieler hatten Berufsverbot. Arbeitslose Akademiker verpflichtete die Stadt zum Straßenkehren, zum Tiefbau und in die Kohlegruben. Jüdischen Kindern war der Besuch regulärer Schulen untersagt.

Deutschlandweit hatten die Nationalsozialisten für die Nacht vom 9. auf den 10. November 1938 einen Sturm auf alle jüdischen Einrichtungen verabredet. In den frühen Morgenstunden drang eine SA-Gruppe unter Führung von Gauleiter Albrecht Eggeling in die Synagoge am Großen Berlin ein, raubte alle wertvollen Gegenstände und steckte das Gebäude in Brand. Daraufhin begannen Plünderungen der verbliebenen Geschäfte und Wohnungen jüdischer Bürger in der Innenstadt.

Der Mob setzte auch die Trauerhalle auf dem neuen jüdischen Friedhof in der Boelckestraße (Seitenmitte) in Flammen und zertrümmerte die Inneneinrichtung des Gemeindehauses in der Germarstraße.

Gestapo und SA nahmen 200 Juden in „Schutzhaft". Die meisten kamen in die für Halle zuständigen Konzentrationslager Buchenwald und Sachsenhausen. Sie durften allerdings das Lager nach mehreren Wochen wieder verlassen - unter der Zusicherung, aus Deutschland auszureisen und selbstverständlich nach Zahlung einer „Reichsfluchtsteuer". „Arier" sollten ab 1939 ihren jüdischen Mitbürgern die Wohnungen kündigen. Ab jetzt hatten Hausbesitzer aus der jüdischen Gemeinde die nunmehr Obdachlosen zu beherbergen; die Senioren kamen in den Altersheimen in der Boelckestraße und am Großen Berlin unter.

Mit Hilfe von Meldekarten wollte die Stadtverwaltung die Erfassung aller jüdischen Bewohner sicherstellen. Den Männern wiesen sie dabei als ersten Vornamen „Israel", den Frauen „Sarah" zu. Ihre Lebensmittel- und Kleiderkarten erklärte die Stadt für ungültig. Der Besuch von städtischen Büchereien, Kinos, Theatern und Bädern war ihnen verboten. Seit 1941 bestand die Pflicht, in der Öffentlichkeit den gelben Judenstern an der Kleidung zu tragen.

Auf der Wannseekonferenz am 20. Januar 1942 beschloss das NS-Regime die „Endlösung der Judenfrage". Nun begannen die Deportationen aus den halleschen Judenhäusern in die Konzentrations- und Vernichtungslager. Zu den Zielen gehörten Auschwitz, Buchenwald und weitere Vernichtungslager. Die Leuna-Werke produzierten das Zyklon B für die Gaskammern. Die Nazis brachten Kriegsveteranen und Alte in das Lager Theresienstadt, das als Vorzeigelager konzipiert war. 18 hallesche Juden wählten den Freitod, bevor sie deportiert werden konnten.

Kein Mitglied der ehemals 1.100 Menschen umfassenden jüdischen Bevölkerungsgruppe lebte bei Kriegsende 1945 noch in der Stadt.

Gauleiter Albrecht Eggeling (Bildmitte)

Nazi-Hetze gegen jüdische Menschen.

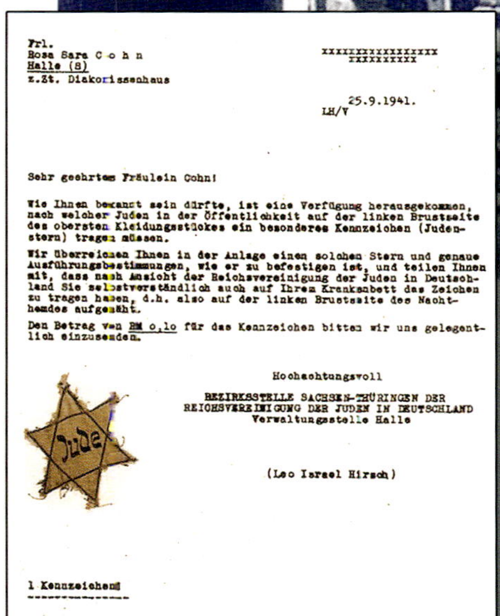

Frl.
Rosa Sara C o h n
Halle (S)
z.Zt. Diakonissenhaus

xxxxxxxxxxxxxxxxx
xxxxxxxxxx

25.9.1941.
LH/V

Sehr geehrtes Fräulein Cohn!

Wie Ihnen bekannt sein dürfte, ist eine Verfügung herausgekommen, nach welcher Juden in der Öffentlichkeit auf der linken Brustseite des obersten Kleidungsstückes ein besonderes Kennzeichen (Judenstern) tragen müssen.

Wir überreichen Ihnen in der Anlage einen solchen Stern und genaue Ausführungsbestimmungen, wie er zu befestigen ist, und teilen Ihnen mit, dass nach Ansicht der Reichsvereinigung der Juden in Deutschland Sie selbstverständlich auch auf Ihrem Krankenbett das Zeichen zu tragen haben, d.h. also auf der linken Brustseite des Nachthemdes aufgenäht.

Den Betrag von RM o,lo für das Kennzeichen bitten wir uns gelegentlich einzusenden.

Hochachtungsvoll

BEZIRKSSTELLE SACHSEN-THÜRINGEN DER
REICHSVEREINIGUNG DER JUDEN IN DEUTSCHLAND
Verwaltungsstelle Halle

(Leo Israel Hirsch)

1 Kennzeichen

Schikane: Der „Judenstern" musste in der Öffentlichkeit getragen werden.

Gangster aus Halle: Steilvorlage für Ronald Biggs und seine „Gentlemen"-Posträuber

Sie träumten vom „großen Geld“, von Dolce Vita, von Karriere, ja auch ganz bürgerlich vom Eigenheim. Drei Jahre lang hatte der bullige Schmied Paul Krybus den Coup geplant - und dafür auch als Rangierer bei der Reichsbahn gearbeitet. Und in den frühen Morgenstunden des 27. Januar 1939 schlägt die Krybus-Bande zu - mit einem Plan, der 24 Jahre später den legendären englischen „Gentlemen“-Posträubern als Steilvorlage gedient haben könnte.

An diesem kalten Januar-Morgen wird der Eilgüterzug 8340 Halle-Aschersleben sein Ziel nicht erreichen. Um 3.05 Uhr ruckt die Dampflok im halleschen Bahnhof an; im Schutz der Dunkelheit springen Krybus und sein „Adjutant“ Heinrich Edelhoff ins Bremserhäuschen des letzten Wagens. Die Postbediensteten, die hier im Innern Briefe - und vor allem „Wertgutsäcke“ ordnen: ahnungslos. Krybus & Co. machen sich an der Kupplung zu schaffen, wollen den Wagen abhängen. Das gelingt nicht, der Zug nimmt immer mehr Fahrt auf. Jetzt durchschneidet Krybus den Bremsluft-Schlauch zwischen den beiden letzten Wagen - und löst damit einen Notstop aus. Der Zug steht noch nicht ganz, als Krybus und Edelhoff schon die Fenster des Postwagens (Tatortfoto oben links) einschlagen und mit ihren Pistolen vom Kaliber 6,35 Millimeter (Seitenmitte) wahllos ins Innere feuern. Lebensgefährlich verletzt, bricht ein Postassistent zusammen. Verängstigt öffnet der andere Postbeamte die Tür. Durch Notstop und Schüsse alarmiert, rennt die Zugbesatzung zum Ort des Überfalls. Krybus schießt erneut - und trifft den Zugführer. Unterdessen raffen die beiden Gangster Post und Geldsäcke zusammen; draußen warten zwei weitere Komplizen und ein dritter im gestohlenen Auto. Den Fluchtwagen lässt die Bande wenig später in der halleschen Innenstadt stehen (in ihm vergessen die Gangster einen Postsack mit 2.100 Reichsmark). Die Tatwaffen vergraben sie in einer Grünanlage.

Ihre Bilanz ist ernüchternd: statt des „großen Geldes“ eine veritable Pleite. Kurze Zeit später nimmt die Kripo zunächst die Haupttäter und dann ihre Komplizen fest - Biedermänner, deren Träume (Karriere, Eigenheim) geplatzt sind. Nachhaltig.

Bereits zehn Tage nach dem Überfall machte die Nazi-Justiz kurzen Prozess mit den Tätern: Die Richter verurteilen Krybus und Edelhoff zum Tod; gegen die drei anderen verhängen sie lange Haftstrafen im Zuchthaus.

Zeitsprung, 8. August 1963: Bei der Bridego-Eisenbahnbrücke in Ledburn (Grafschaft Buckinghamshire) bitten der legendäre Ronald Biggs und seine „Gentlemen“ zur Kasse. Mit einem manipulierten Signal stoppen sie einen Postzug der Royal Mail - und erbeuten die Rekordsumme von 2,6 Millionen Pfund, heute etwa 30 Millionen Dollar. Anders als der brutale Krybus in Halle war ausgesuchte Höflichkeit das „Markenzeichen“ der Täter - bis auf einen k.o.-gegangenen Zugführer blieben alle Opfer unversehrt. Möglich, dass Ronny Biggs und seine Gang nichts vom „Vorläufer-Coup“ in Halle wussten - die Grundidee war jedoch ebenso gleich wie das Ende: Noch 1963 saßen alle „Gentlemen“ (Bildreihe unten) bereits in Untersuchungshaft.

Die Millionen freilich blieben verschwunden. Biggs, dem später die Flucht gelang, hatte sie durchgebracht: für Anwälte und Gesichtschirurgen...

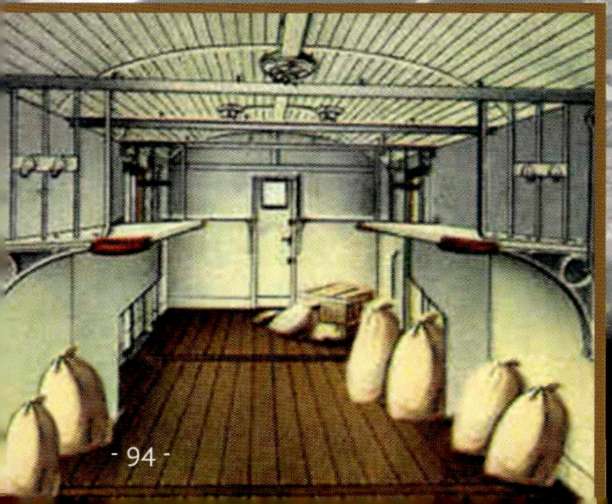

Rollender Tatort: Der Postwagen des Eilgüterzuges 8340 Halle - Aschersleben (oben) mit durchgetrennter Bremsleitung und zersplitterten Scheiben. Hier hatten Krybus und Edelhoff zunächst einen Postassistenten und kurz darauf auch noch den Zugführer mit ihren in Halle gestohlenen Pistolen niedergeschossen, bevor sich der „Sesam“ öffnete - mit dem Ziel der Begehrlichkeit: Prall gefüllten „Wertgutsäcken“, wie auf einer zeitgenössischen Zeichnung des Inneren eines Postwagens (unten) erkennbar.

Gefangene in mehr als 110 Lagern

Der Zweite Weltkrieg entwickelte sich, nicht erst kurz vor der deutschen Niederlage, zu einer gigantischen Materialschlacht. Immer mehr deutsche männliche Arbeitskräfte fehlten wegen Fronteinsätzen in den Rüstungsfabriken, Frauen konnten dies nicht ausgleichen. Die faschistischen Machthaber zwangen deshalb Menschen aus den besetzten Ländern zur Arbeit in Deutschland: Fremdarbeiter, die vertraglich verpflichtet waren und sich (relativ) frei bewegen durften, Zwangsarbeiter, Kriegsgefangene entgegen den Regeln des Völkerrechtes sowie KZ-Häftlinge.
Zwischen sieben und elf Millionen waren es am Ende, fast ein Viertel der in der deutschen Wirtschaft Beschäftigten. In Halle entstanden mehr als 110 „Unterkünfte" mit sehr unterschiedlichen Zwangsmaßnahmen.

Lager an der Frohen Zukunft, in dem die Nationalsozialisten unter anderem französische Kriegsgefangene einsperrten.

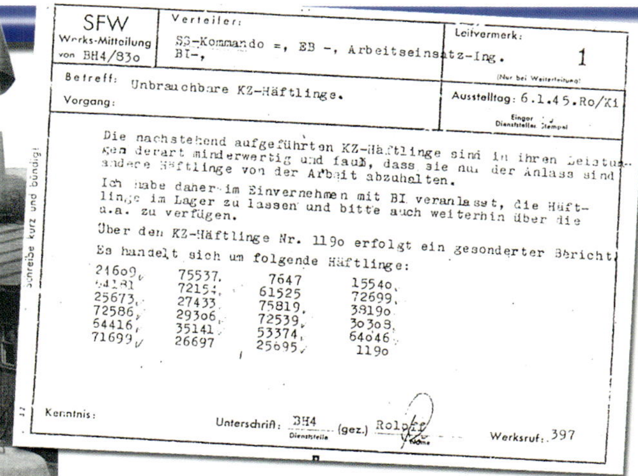

SFW Werks-Mitteilung von BH4/83o	Verteiler: SS-Kommando =, EB -, Arbeitseinsatz-Ing. BI-,	Leitvermerk: 1 (Nur bei Weiterleitung)
Betreff: Unbrauchbare KZ-Häftlinge. Vorgang:		Ausstelltag: 6.1.45.Ro/Ki Eingar. Dienststelle Stempel

Die nachstehend aufgeführten KZ-Häftlinge sind in ihren Leistungen derart minderwertig und faul, dass sie nur der Anlass sind andere Häftlinge von der Arbeit abzuhalten.
Ich habe daher im Einvernehmen mit BI veranlasst, die Häftlinge im Lager zu lassen und bitte auch weiterhin über die u.a. zu verfügen.
Über den KZ-Häftlinge Nr. 119o erfolgt ein gesonderter Bericht.
Es handelt sich um folgende Häftlinge:

216o9	75537	7647	1554o
64181	72154	61525	72699
25673	27433	75819	3819o
72586	29306	72539	303o8
54416	35141	53374	64o46
71699	26697	25695	119o

Kenntnis:
Unterschrift: BH4 Dienststelle (gez.) Rolpff Name Werksruf: 397

Schreibe kurz und bündig!

Bericht, in dem sich der Verfasser über „faule" und „minderwertige" KZ-Häftlinge beschwert. Zynisch: Die Gefangenen tragen keine Namen, nur Nummern.

Ein Stadtplan aus dem Jahr 1939 zeigt, dass fast jeder Hallenser in unmittelbarer Nachbarschaft mit Eingesperrten lebte. Das Hotel „Grüne Tanne", die Saline, „Bad Wittekind" und andere scheinbar ganz komfortable Orte beweisen dabei Verschiedenheit, dürfen aber nicht darüber hinwegtäuschen, dass die Nazis ausnahmslos alle Gefangenen menschenunwürdig behandelten, wenn auch der nackte Terror an anderen Orten wütete: Beispielsweise die Sammellager in den Kasernen Merseburger- und Paracelsusstraße (1933 bis 1934) und die SS-Baubrigade, die in der Saalestadt ab 1943 mehr als 300 Gefangene zur Arbeit zwang.
Schwerpunkt des Einsatzes der Gefangenen: die Siebel-Flugzeugwerke an der Frohen Zukunft, wo etwa 500 von ihnen schuften mussten. Die meisten hausten in Baracken, die unter anderem zwischen der heutigen Endhaltestelle der Linie eins und dem Mühlrain aufgebaut waren. Im Juli 1944 verdunkelte sich der Himmel über dem „Goldberg" unweit der Frohen Zukunft - die Nationalsozialisten errichteten ein Außenlager des KZ Buchenwald. Durchschnittlich 500 Häftlingen sperrten sie hier ein.
Und wie reagierten die Hallenser? Nach dem Krieg? Unbestritten ist, dass in der DDR NS-Verbrecher verfolgt, angeklagt und verurteilt wurden, dass Opfer Unterstützung fanden (zum Beispiel bei der Vergabe von Wohnungen) und dass sie als „Opfer des Faschismus" bevorzugt behandelt wurden.

Otto Kirchhoff (geb. 1933): „Ich wohnte damals in Tornau. Weil unser Lehrer an die Front musste, besuchten wir die Schule in Mötzlich. Dort begegneten wir regelmäßig französischen Kriegsgefangenen. Sie trugen ihre braunen Uniformen, wurden von deutschen Wachen begleitet und mussten bei 'Siebels' arbeiten. Bei Fliegeralarm durften die Gefangenen nicht in die Bunker, sondern mussten aufs freie Feld hinter dem Flugplatz. Einmal fielen dort Bomben und viele Gefangene starben. Von einem KZ in Halle weiß ich nichts." Mit dem Kriegsende sahen sich die Zwangsarbeiter zwar plötzlich befreit, aber sich selbst überlassen. Das führte zu Problemen mit den „displaced persons".

Bemerkung von Dr. Albert Osterloh (Chronist von Mötzlich): „Es gab bei 'Siebels' auch für die Gefangenen einen Bunker. Viele von ihnen (und auch Deutsche) erreichten ihn aber nicht rechtzeitig bei Alarm. Deshalb liefen viele aufs freie Feld."

Am 28. April 2009 enthüllte die Stadt ein vom einheimischen Bildhauer Bernd Kleffel geschaffenes und von der Stiftung Hospital St. Cyriaci et Antonii gesponsertes Denkmal für die Opfer des KZ-Außenlagers Buchenwald. OB Dagmar Szabados sagte zu diesem Anlass: „Gegen das Verdrängen und Vergessen müssen wir etwas tun. Und wir haben es getan."

Mehr als 1.300 Menschen starben durch die Luftangriffe.

314 Bomber legen die Stadt in Trümmer

Nach der Kapitulation der Sechsten Armee bei Stalingrad am 2. Februar 1943 zeichnete sich die Niederlage der deutschen Wehrmacht deutlich ab. Noch blieb Halle von größeren Bombardements alliierter Flugzeuge verschont. Zwar heulten immer wieder die Sirenen, gelegentlich fielen auch ein paar Bomben, aber sie richteten noch keine großen Zerstörungen an und kosteten nur wenige Menschenleben. Bereits seit 1942 stand Halle jedoch auf einer Liste der Royal Air Force (RAF) von fünfzig deutschen Städten, die der „Bomber Arthur T. Harris" in Schutt und Asche legen wollte.

Am 7. Juli 1944 nahm ein Verband amerikanischer Flugzeuge Kurs auf Halle mit dem Ziel, die Siebel-Werke zu bombardieren. 16 Tote waren zu beklagen. Die Zerstörung der Werke gelang den Bombern aber erst am 16. August des Jahres. Dabei fanden 23 Menschen aus der unmittelbaren Umgebung den Tod. Die Zweite Amerikanische Luftdivision holte am 27. Februar 1945 zu einem Schlag gegen die Stadt aus: 314 Bomber ließen 724 Tonnen Sprengstoff auf den Süden Halles „regnen". Besonders betroffen waren die Gegend um den Hauptbahnhof, die Merseburger Straße sowie der Luther- und der Riebeck-Platz. Der Angriff kostete 312 Menschen das Leben.

Am 31. März heulten die Sirenen erneut: 369 „Fliegende Festungen" mit 1.069 Tonnen Bomben waren im Anflug. Wieder hatten sie den Süden Halles zum Ziel, trafen aber vornehmlich Wohnhäuser und Geschäfte in der Innenstadt, darunter auch das Alte Rathaus, die „Waage", den Festsaal in den Franckeschen Stiftungen und mehrere Hotels. Der Wehrmachtsbericht zu den Angriffen der „feindlichen Luftpiraten" verschwieg die 796 Toten und 369 Verwundeten. Bei Luftangriffen von 194 Bombern am 6. April 1945 mit insgesamt 409 Tonnen Spreng- und Brandbomben starben106 Menschen.

Der Krieg war verloren. Von zwei Seiten aus bewegten sich die Fronten auf das Elbe-Saale-Gebiet zu. Anfang April standen die Amerikaner vor Halle und drohten mit massiven Bombardements, wenn sich die Stadt nicht ergäbe. 700 Flugzeuge standen bereit. Hitler hatte die Parole ausgegeben, die Stadt auf jeden Fall zu halten.

In Halle lebte Felix Graf von Luckner, der als Kapitän des „Seeadlers" im Ersten Weltkrieg durch seinen fairen Umgang mit Kriegsgefangenen bei den Alliierten großen Respekt erworben hatte. Luckner bot der „Liesergruppe" aus dem Widerstand an, mit der Führung der 104. Division der „Timberwölfe" über einen Abzug der deutschen Truppen zu verhandeln. Es gelang ihm, wie zuvor schon Dr. George Braude aus der „Liesergruppe", in das Hauptquartier der Amerikaner vorzudringen und mit General Terry Allan Kontakt aufzunehmen. Luckner machte Vorschläge für einen Rückzug der deutschen Truppen. Er betonte die Schutzwürdigkeit der Lazarette und der Zivilbevölkerung und wies auch auf die hohen Verluste auf beiden Seiten bei den unausweichlichen Häuserkämpfen hin. Die deutschen Truppen konnten schließlich nach Süden abziehen. Die Rolle des Grafen bei der friedlichen Übergabe der Stadt Halle ist allerdings bis heute umstritten (siehe nächste Seite). Fest steht, dass die Amerikaner ihre Bomber nicht starten ließen und kampflos in die Stadt vorrückten. Bei Torgau an der Elbe trafen sich am 25. April 1945 die russischen und die amerikanischen Truppen. Am 7. Mai 1945 kapitulierte das deutsche Oberkommando.

Die Angriffe auf die Stadt hatten 3.600 Gebäude mit 13.600 Wohnungen und rund 400 Gewerbestätten zerstört oder schwer beschädigt. 300.000 Kubikmeter Schutt galt es wegzuschaffen oder wieder zu verwenden. Mehr als 1.300 Menschen waren den Luftangriffen zum Opfer gefallen.

Hallenser!

Die Besetzung der Stadt durch die alliierten Truppen steht unmittelbar bevor!

Die nationalsozialistische Führung ist geflohen und hat die Bevölkerung ihrem schweren Schicksal überlassen.

Eines aber müssen wir verhindern: Daß unsere Stadt wie alle anderen großen deutschen Städte zertrümmert wird, daß unsere Frauen und Kinder getötet werden oder im Anschluß an die Vernichtung der Stadt zu Zehntausenden umkommen.

Das wird mit Sicherheit der Fall sein, wenn Halle unnütz verteidigt wird. Ein Großangriff alliierter Bomber würde die sofortige Folge sein.

Hallenser! Das darf nicht sein! Unsere Stadt, die letzte Deutschlands, soll stehen bleiben. Unsere Familien dürfen nicht sterben.

Nur eine Rettung!

Beim Eindringen der Amerikaner:

Weiße Fahnen heraus!

Flugblatt der antifaschistischen Widerstandsgruppe vom 15. April 1945.

Bis heute umstritten: die Rolle des Felix Graf von Luckner (oben) bei der friedlichen Übergabe der Stadt an die Amerikaner. Der Graf wohnte in der Alten Promenade 13 (Foto links).

Einmarsch der US-Amerikaner.

Übergabe oder Zerstörung?

Die Rettung der Stadt Halle vor der totalen Zerstörung ist zweifellos ein Unikat in der modernen Militärgeschichte.
Am 14. April 1945 erreichte die amerikanische 104. Infanteriedivision (die „Timberwölfe") die westliche Grenze der Stadt und eroberte, ohne auf großen Widerstand zu stoßen, Dölau, Nietleben und Kröllwitz. Weiter in Richtung Zentrum kamen die US-Einheiten nicht, weil die Saalebrücken durch Sprengung noch am 14. April 1945 unpassierbar zerborsten über dem Fluss hingen. Die Amerikaner setzten nun bei Friedeburg über die Saale und drangen am 15. April von Norden in die Stadt ein. In Trotha wurde ihr Vormarsch durch erbitterten Widerstand gestoppt, Kampfkommandant Generalleutnant Anton Radtke, über dem das nationalsozialistische Damoklesschwert „Sippenhaft" schwebte, lehnte die Übergabe ab.
Auf der anderen Seite drängte das US-Heeresoberkommando den Kommandeur der Timberwölfe, General Terry Allen, die Stadt schnell und rücksichtslos einzunehmen. 700 Bomber standen bereit. Deren Einsatz legten die Amerikaner auf den 17. April fest. Es folgte ein dramatischer Wettlauf mit der Zeit. Wer die Stadt retten wollte, musste unverzüglich noch am 16. April zwei Aufgaben lösen: Die Amerikaner zum Stopp der Bomber und Radtke zum Rückzug bewegen: das eine so schwer wie das andere. Und die heutige Beurteilung der beteiligten Personen ist heftig umstritten, hauptsächlich was den Anteil des Grafen Luckner betrifft.
Hat er allein oder wenigstens entscheidend dafür gesorgt, dass der Amerikaner Allen die Flugzeuge am Boden ließ? Fest steht, dass der Graf gemeinsam mit Major a.D. Karl Huhold zu den Amerikanern fuhr und deren Kommandeur nicht die gnadenlose Bombardierung der Stadt befahl.
Soll nun eine Straße in Halle Luckners Namen tragen? Die Gutachter Dr. Alexander Sperk und Daniel Bohse schreiben, dass der Graf *„der richtige Mann am richtigen Ort gewesen sei"*. *„Die zweite Aufgabe, den Kampfkommandanten zu bewegen, das Stadtzentrum widerstandslos zu räumen, hat er nicht erfüllt."* (Professor Erwin Könnemann). Das taten andere: Universitätsprofessor Dr. Theodor Lieser, Polizeioberst Max Baltersee, Polizeipräsident Rheins, mehrere Lazarettärzte... Unvergessen bleiben in Halle die Namen der Männer, die illegal Flugblätter herstellten und verteilten, die ihren Einfluss unter Lebensgefahr geltend machten, die dazu aufriefen, weiße Fahnen zu flaggen, die mit den Amerikanern verhandelten (Professor Hülse, Dr. Paul Braude, Professor Dr. Heinrich Gehlen, Dr. Karl Moritz Seeland, Dr. Nicolaus Weins, Major a.D. Huhold und andere). Am meisten wird aber heute noch in Halle über Felix Graf Luckner geredet, was den wahrscheinlich mehr freuen würde als eine Straße seines Namens. Die lehnte der Stadtrat am 29. März 2006 zum zweiten Mal ab. Die Neinsager nannten den Grafen in ihrer Begründung einen „eitlen Selbstdarsteller" und warfen ihm seine Nähe zu den Nationalsozialisten vor.
Und warum ein Unikat der modernen Militärhistorie? Der General zog seine Truppe zwar zurück, aber nur bis zu einer Ost-West-Linie in Höhe der Franckeschen Stiftungen, und gab Halle damit nicht kampflos auf.
General Allens Truppen marschierten ohne angegriffen zu werden ein, aber nicht in die gesamte Stadt. Damit konnten beide Parteien leben. Und Tausende Hallenser.

Seit dem 11. Mai 2003 ist diese Stele am Steintor den „Timberwölfen" gewidmet (geschaffen von Klaus Messerschmidt). Die Einweihung erfolgte in Gegenwart von US-Kriegsveteranen und Oberbürgermeisterin Ingrid Häußler.

Bereits am 27. April 1945 erlaubte die amerikanische Besatzung die Wiedereröffnung des halleschen Zoos. Sein Direktor, Professor Dr. Schmidt, wurde erst 1946 entlassen, obwohl inzwischen Dr. Voß dessen Funktion übernommen hatte. Das Bild zeigt Dr. Voß „im Gespräch" mit der jungen Tigerin Janka. Halle besaß zum Kriegsende die meisten Raubtiere von allen zoologischen Gärten Deutschlands.

In diesem Haus in Halle-Trotha (unten) entschied sich das Schicksal der Stadt: Die Amerikaner ließen ihre 700 Bomber am Boden. Heute erinnert eine Gedenktafel an den historischen Ort.

Links: Ein GI hilft einem verletzten Deutschen. Die Bevölkerung der Stadt nimmt den Einmarsch der Amerikaner gelassen auf.

Rote Fahnen heraus!

Die Rote Armee marschiert in Halle ein!

Vertrauensleute, Antifaschisten!

In wenigen Tagen wird die siegreiche Rote Armee in unsere Stadt einmarschieren.

Alle Betriebe werden zu diesem Ereignis Stellung nehmen.

Was ist sofort zu tun?

1. Erhöhte Wachsamkeit gegenüber allen Faschisten, vom Betriebsführer bis zum Arbeiter.
2. Verhindert alle Sabotageversuche!
3. Verhindert jeden Fluchtversuch der Faschisten!
4. Sorgt dafür, daß alle Betriebe intakt bleiben!
5. Wählt heute schon Delegationen zum Empfang der Roten Armee!
6. Am Tage des Einzugs rote Fahnen über allen Betrieben und Wohnungen!

Trefft sofort alle Maßnahmen!

Sdrastvuite Towaritschi

An diesem Sonntag war Schluss mit Kaugummi und Schokolade: plan- und vertragsgemäß verließen die Amerikaner am 1. Juli 1945 Halle. Die Einwohner blickten den GIs mit gemischten Gefühlen nach: Was würde die sowjetische Besatzung mit sich bringen? Im allgemeinen Durcheinander wurde tags darauf ein Jeep auf dem Markt von der Allgemeinheit erst wahrgenommen, als jemand erschrocken „Das sind ja Russen“ rief.
Im Wagen saß Wladimir Gall, der spätere Kulturoffizier in Halle. Robert Siewert, ein hallescher Kommunist, trat auf ihn zu und sagte: „Sdrastvuite Towaritschi.“ Seid gegrüßt, Genossen. Die „Russen“, nur wenige sprachen von der „Roten Armee“, übernahmen die Macht und teilten der Bevölkerung mit, wie sie sich zu verhalten habe. Einiges mussten sich die Hallenser aber selbst einfallen lassen, zum Beispiel das „Topfschlagen“. Lesen „was Sache war“ - Befehle und Anordnungen konnten sie unter anderem in den „Amtlichen Nachrichten der Stadt Halle (Saale) und des Saalkreises entnehmen, so am 12. Juli 1945:

> Befehl Nr. 1 des Militärkommandanten der Stadt Halle (Saale): Auf Grund des Befehls des Garnisonschef vom 7. Juli 1945 habe ich heute den Posten des Militärkommandanten der Stadt Halle (Saale) und des Saalkreises übernommen.
> Der Militärkommandant der Stadt Halle (Saale)
> Generalmajor Gustyschew

Eine Anordnung untersagte - auch russischen Militärpersonen - die Beschlagnahme von Kohle, Eisen, Benzin, Kraftwagen, Lebensmitteln oder Vieh. Befehl Nr. 2 (12. Juli 1945) erlaubte die Bildung und Tätigkeit aller antifaschistischen Parteien. Eine „Bekanntmachung“ garantierte den Bürgern Passierscheinfreiheit im gesamten von der Roten Armee besetzten Gebiet.
Wer mit dem Zug reisen wollte, brauchte allerdings eine Genehmigung. Die Haltung der Hallenser zu den „Russen“ war so zwiespältig wie ihre heutigen Erinnerungen. Diese reichen von brutalen Vergewaltigungen bis zu einem überraschenden Geldgeschenk in Babyhände.
Viele sowjetische Offiziere bevorzugten Privatquartiere. Manche Bewohner mussten deshalb ihre Häuser verlassen. Andere Familien hatten sowjetische „Einquartierungen“ hinzunehmen. Der Hallenser Dr. Lothar Bräunsdorf, als Kind Augenzeuge, erinnert sich: *„Im August 1945 zog Oberstleutnant Jelkin bei uns ein und brachte später auch noch eine deutsche Frau mit. Nach ihrem Einzug blieb uns als allein genutzter Raum nur noch das elterliche Schlafzimmer. Allerdings brachte Jelkins Anwesenheit auch nicht zu verachtende Vorteile mit sich: Glas in die zerstörten Fenster und Kohlen in den Keller zum Beispiel. Feiern war des Oberstleutnants liebste Freizeitbeschäftigung.“*

Aus dem Foto-Album der Familie Bräunsdorf

Ganz schön nobel. Mit solchen Karossen rollten die Russen (vermutlich nur die Offiziere) durch Halle. Die Bevölkerung wundert sich...

Er nannte sie nur ‚Jenka‘. Der fidele Oberst mit seiner deutschen Freundin Jenny aus Oberschlesien Lieblingsbeschäftigung: Feiern!

Prost Neujahr. Für Herrmann Bräunsdorf war die Einquartierung des Oberst nicht nur mit fröhlichen Abenden verbunden - sondern mit reparierten Fenstern und Kohlen im Keller.

Deutsch-russisches Akkordeon-Trio. Vor dem Weihnachtsbaum musizieren Oberst Jelkin, Jenny aus Oberschlesien und der kleine Lothar Bräunsdorf.

„Uri, Uri“, gehörte zu den ersten „deutschen“ Worten, die sowjetische Soldaten nicht nur beherrschten, sondern auch im Befehlston anwendeten - in dessen Folge Armbanduhrbesitzer oft auf öffentliche Zeitanzeiger angewiesen blieben.
Ein Witz machte damals die Runde: Ein sowjetischer Offizier bringt einer deutschen Frau Bohnenkaffee. Die schüttet die Bohnen in eine handgetriebene Kaffeemühle. Darauf der Offizier: *„Deutsche Frau, nix gute Frau, ich bringe Bohnenkaffee und sie anrufen Kommandantur.“* *)
Topfschlagen war in den ersten Nachkriegsjahren in Halle nicht nur ein Kinderspiel. Wer sich in Gefahr glaubte, weil plötzlich Soldaten vor seiner Tür standen und „komisch guckten“, oder gleich „rein wollten“, der schlug so laut wie möglich mit einem harten Gegenstand auf einen Topf. Wie ein Lauffeuer breitete sich der Lärm aus, weil überall solidarisch Töpfe traktiert wurden. Dies ließ die Besatzer häufig erst gar nicht auf dumme Gedanken kommen. Tatsächlich bemühte sich die Sowjetarmee zunehmend, Übergriffe und unwürdiges Auftreten ihrer Soldaten in Grenzen zu halten.

**) Erklärung für die Handy-Generation von heute: Die Feldtelefone von damals konnten nur durch beherztes Kurbeln „online“ gehen.*

1946

Nur noch Trümmer: Zerstörter Straßenzug in Halle.

Von Bomben zerstört ...

... entstehen neue Konturen

Alles was nicht niet- und nagelfest war: Demontage und Wiederaufbau

Die Produktionskapazitäten, entbehrlich für die Industrie, welche erlaubt sein wird, sind ... entweder zu entnehmen oder falls sie nicht entnommen werden, zu vernichten.
Beschluss der Siegermächte in Potsdam

Abmontiert und weggeschafft: Nach Kriegsende verschwanden auch in Halle Maschinen, Ausrüstungen, Lichtschalter und Wasserhähne. Eisenbahnverbindungen (beispielsweise Richtung Magdeburg) verloren 1946 ihr zweites Gleis. Rüstungsbetriebe wurden entsprechend dem Beschluss der Siegermächte vernichtet. Dies traf in Halle hauptsächlich die erhalten gebliebenen Teile des Siebel-Flugzeugwerkes. Monatelang jagten dort Sprengkommandos Beton und Metallteile in die Luft. Staubwolken verdunkelten oft den Himmel, und die Anwohner schüttelten verständnislos die Köpfe: „*Die Russen hätten hier sehr bald wieder Flugzeuge herstellen können*“, urteilt ein Zeitzeuge.
Es ging aber auch „anders herum“. Viele Betriebe begannen wieder zu arbeiten. Um sie in Gang zu setzen, benutzten die Ingenieure und Arbeiter auch alles, was nicht „niet- und nagelfest“ war. „Aus Alt mach Neu“ wurde zur Wiederbelebungsstrategie. In den Produktionsstätten der Firma Gottfried Lindner AG in Ammendorf hatte der Krieg so gut wie keine Spuren hinterlassen. Zur Belegschaft hatten am 1. Januar 1945 noch 2.917 Arbeiter und 509 Angestellte gezählt. Ende November 1945 liefen bereits wieder 1.736 Arbeiter und 236 Angestellte bei „Lindner“ durch die Eingangstore. Die Personalpolitik dieser Tage stand wie überall im Osten, so auch in Ammendorf, im Zeichen der Abrechnung mit dem Nazi-Regime. Bereits verhaftete Mitarbeiter wurden nun auch noch „ordnungsgemäß fristlos entlassen“. Aktive Nazis im Angestelltenverhältnis mussten Arbeiter werden. Mitglieder der Hitlerpartei, die aus wirtschaftlichen Gründen bleiben durften, verloren drei Monate lang 25 Prozent ihres Gehaltes.
Bleiben durften immer weniger belastete, aber fachlich kompetente Mitarbeiter - und den Ton gaben bald andere an. Ein ehemaliges Mitglied des Betriebsrates erinnerte sich: „*Nichts verstand ich von Wirtschaftsführung, kaum etwas von den Gesetzen der Ökonomie. Wie viel Wissen, wie viel erprobte Kenntnisse waren noch nötig! Wir mussten unbedingt stärker werden als diese Leute* (gemeint waren die alten Chefs), *stärker durch unsere Kenntnisse, durch die revolutionäre Organisation einer planvollen und friedlichen Gesellschaft)*“ (Aus: Betriebsgeschichte des VEB Waggonbau Ammendorf).
Trotz selbst erkannter Schwächen musste dieser Mann mitentscheiden, und trotzdem leisteten die „Neuen“ Beachtliches. Das Produktionsprogramm von „Lindner“ spiegelt 1945 nicht nur wider, was dringend benötigt wurde, sondern zeigt auch, wie „flexibel“ die Menschen damals darauf reagierten.
Repariert: 4.260 Güterwagen, 510 Lastanhänger und 39 Straßenbahnwagen.

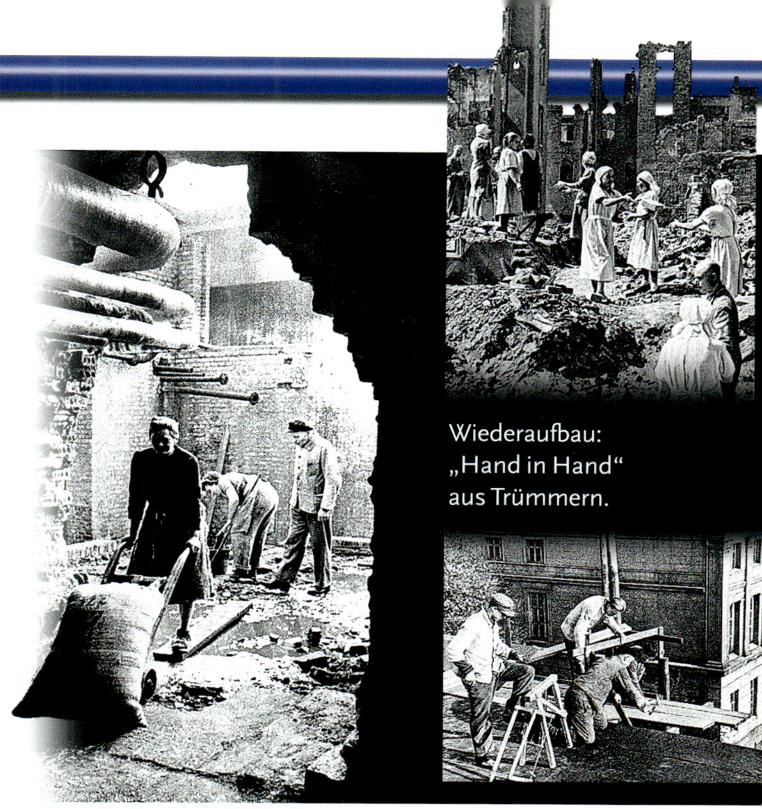

Wiederaufbau: „Hand in Hand“ aus Trümmern.

Neu gebaut: 300 Traktorenwagen, 45 Einachsfahrzeuge, 23 Langmaterialanhänger, 40 Achswagen (7,5-Tonner), 20 Milchkannentransportwagen, 428 Lastwagenanhänger-Anhänger, 321 Kartoffelsortiermaschinen, 365 Kartoffelwaschanlagen, 1.650 Kleiderschränke, 2.100 Betten, 2.100 Tische, 500 Kinderbetten. Dazu: Sackkarren, Schubkarren, Einkaufstaschen, Rucksäcke, Aktentaschen, Schultornister, Frühstückstaschen.
Am 22. Juli 1946 wandelten die Russen „Lindner“ per Befehl in eine sowjetische Aktiengesellschaft (SAG-Betrieb) um. Jahrzehntelang produzierte Ammendorf nun Eisenbahnwagen für die Sowjetunion.
Aber nicht nur in Betrieben heißt es nach dem Krieg: aufräumen, aufbauen. Halles Bürger suchten überall nach Brauchbarem und griffen zu Schaufel, Spitzhacke und Maurerkelle. Buchstäblich. Jeden Stein der zerstörten Gebäude verwendeten sie wieder, vom Putz gesäubert. Mit und ohne behördliche Genehmigung.

1947

Willi Dieker (SED) Wirtschaftsminister (1), Werner Bruschke (SED) Finanzminister (2), Dr. Erhard Hübener (LPD) Ministerpräsident (3), Robert Siewert (SED) Innenminister (4) und Ernst Thape (SED) Minister für Land, Forst, Handel und Versorgung.

Ein erfüllter Traum - Halle wird Landeshauptstadt

Die Träume der halleschen Bürger von hauptstädtischem Glanz, von Landesfürsten in ihren Mauern, von Halle als Reiseziel der Majestäten aus aller Welt blieben lange Zeit unerfüllt. Bis zum 6. Oktober 1947, als Halle zur Landeshauptstadt aufstieg - allerdings nur für fünf Jahre...

Im Jahre 961 schenkte Kaiser Otto I das Gebiet in und um Halle an Magdeburg. 1680 fiel die Stadt endgültig zum Kurfürstentum Brandenburg. In der „Franzosenzeit" (1807-1813) durfte sie sich immerhin „Hauptstadt des Saaledepartements im Königreich Westfalen" nennen. Nach Napoleons Niederlagen und dem Wiener Kongress entstand die preußische „Provinz Sachsen" mit den Regierungsbezirken Magdeburg, Merseburg und Erfurt - was heute noch der Grund für mancherlei Irrtümer ist, denn zu den waschechten Sachsen haben die Hallenser nie gehört. Abgesehen von der Auflösung des Provinzialverbandes aus Gründen der Reichsverteidigung blieb Halle bis zum Kriegsende unter hauptstädtischem Blick nicht mehr als eine wichtige Stadt, zuerst im Regierungsbezirk Merseburg und später im Gau Halle-Merseburg. Das änderte sich dank eines damals bereits 64 Jahre alten Professors. Er hieß Erhard Hübener, hatte von 1924 bis 1932 das Amt des Landeshauptmanns der preußischen Bezirksverwaltung Halle-Merseburg bekleidet und - von den Nationalsozialisten abgesetzt - sich bis 1945 ins Privatleben zurückgezogen. Die Amerikaner verhalfen ihm wenige Tage vor ihrem Abzug wieder zu Amt und Würden. Der sowjetische General Alexander Kotikow besuchte Professor Dr. Hübener in Merseburg, angeblich auch deshalb, weil er einen geeigneten Ministerpräsidenten suchte.

Wahlkundgebung der SED am 6. September 1946 auf dem Hallmarkt.

An dem Gespräch hatte auch der Kommunist Bernard Koenen teilgenommen. Professor Dr. Hübener unterbreitete bereits hier folgenschwere Vorschläge zur Gestaltung der neuen Provinz: Zusammenlegung der Regierungsbezirke Halle und Magdeburg, Einverleibung von Anhalt und Teilen Thüringens sowie Braunschweigs. Halle sollte Hauptstadt werden, weil sich laut Begründung von Professor Dr. Hübener „hier das geistig-kulturelle Zentrum des Landes befand". Entschieden hat dann natürlich die Besatzungsmacht: Sie erhob Halle am 15. Juli 1945 zur Provinzial-Hauptstadt.

Im Wahlkampf hatten die politischen Kräfte um jede Stimme gerungen. Die SED verfehlte mit 47,6 Prozent der Stimmen die absolute Mehrheit. Trotzdem besetzte sie die wichtigsten Ministerien: Inneres, Wirtschaft, Volksbildung und Finanzen.

Am 18. November 1946 konstituierte sich der erste Landtag Sachsen-Anhalts im halleschen Stadtschützenhaus, wählte Professor Dr. Erhard Hübener zum Ministerpräsidenten und beschloss am 3. Dezember, die „Provinz Sachsen" in „Provinz Sachsen-Anhalt" umzubenennen: Geburtsstunde eines völlig neuen territorialpolitischen Gebildes mit einem nicht mehr zeitgemäßen Namen. Bereits am 6. Oktober 1947 beschloss der Landtag deshalb rückwirkend zum 21. Juni eine erneute Änderung: Aus der „Provinz" wurde bis zum 27. Juli 1952 das Land Sachsen-Anhalt - mit Halle als Landeshauptstadt. An diesem Tag löste sich die Volksvertretung selbst auf und degradierte damit Halle zur Bezirkshauptstadt.

Landtagswahl am 20. Oktober 1946

Um die Wählergunst und damit um die 110 Sitze im Landtag bewarben sich

1. die SED (Gründung während des Parteitages am 21. und 22. April 1946 in Berlin von Mitgliedern der SPD und KPD; am 9. März folgte in Halle die Vereinigungsversammlung).
2. die LPD (Liberal-Demokratische Partei)
3. die CDU (Christlich-Demokratische Partei) und
4. der VdgB (Verein der gegenseitigen Bauernhilfe)

Auszug aus der Verfassung der Provinz Sachsen-Anhalt vom 10. Januar 1947.

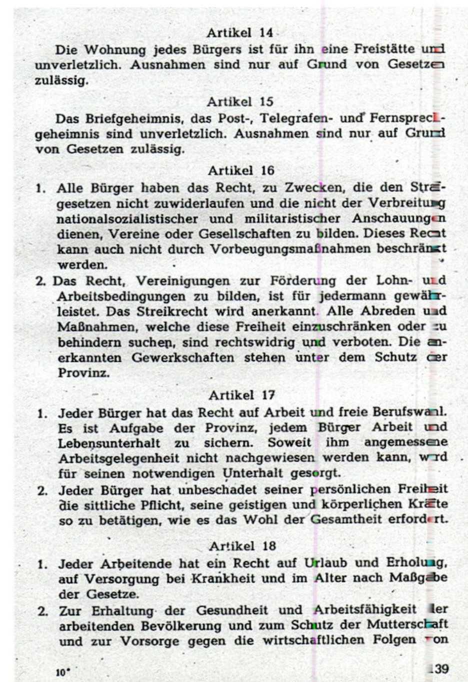

Artikel 14

Die Wohnung jedes Bürgers ist für ihn eine Freistätte und unverletzlich. Ausnahmen sind nur auf Grund von Gesetzen zulässig.

Artikel 15

Das Briefgeheimnis, das Post-, Telegrafen- und Fernsprechgeheimnis sind unverletzlich. Ausnahmen sind nur auf Grund von Gesetzen zulässig.

Artikel 16

1. Alle Bürger haben das Recht, zu Zwecken, die den Strafgesetzen nicht zuwiderlaufen und die nicht der Verbreitung nationalsozialistischer und militaristischer Anschauungen dienen, Vereine oder Gesellschaften zu bilden. Dieses Recht kann auch nicht durch Vorbeugungsmaßnahmen beschränkt werden.
2. Das Recht, Vereinigungen zur Förderung der Lohn- und Arbeitsbedingungen zu bilden, ist für jedermann gewährleistet. Das Streikrecht wird anerkannt. Alle Abreden und Maßnahmen, welche diese Freiheit einzuschränken oder zu behindern suchen, sind rechtswidrig und verboten. Die anerkannten Gewerkschaften stehen unter dem Schutz der Provinz.

Artikel 17

1. Jeder Bürger hat das Recht auf Arbeit und freie Berufswahl. Es ist Aufgabe der Provinz, jedem Bürger Arbeit und Lebensunterhalt zu sichern. Soweit ihm angemessene Arbeitsgelegenheit nicht nachgewiesen werden kann, wird für seinen notwendigen Unterhalt gesorgt.
2. Jeder Bürger hat unbeschadet seiner persönlichen Freiheit die sittliche Pflicht, seine geistigen und körperlichen Kräfte so zu betätigen, wie es das Wohl der Gesamtheit erfordert.

Artikel 18

1. Jeder Arbeitende hat ein Recht auf Urlaub und Erholung, auf Versorgung bei Krankheit und im Alter nach Maßgabe der Gesetze.
2. Zur Erhaltung der Gesundheit und Arbeitsfähigkeit der arbeitenden Bevölkerung und zum Schutz der Mutterschaft und zur Vorsorge gegen die wirtschaftlichen Folgen von

10* 139

Bekanntmachung des Kohlenkommissars der Stadt Halle

In Ergänzung des Punktes 6 der Sofortmaßnahmen, wonach die vorhandenen Kohlenbestände zu melden sind soweit diese mehr als 5 Zentner betragen, wird folgendes angeordnet:

1. Die Meldung hat sich zu ers... alle vorhanden... Pr...

...sen, daß auch alle sogenannten Deputatkohlen zu melden sind.

Punkt 10 der Sofortmaßnahmen vom 24. Februar 1947 wird noch einmal in Er... ...cht, wonach Verstöße gegen ... des Kohlenkommissars als ...chen und als solche streng... wird, insbesondere mit ... Enteignung, kriminellen ...mensnennung in der Presse. ...enden Gaststätten werden ...rsorgung der Berufstätigen

...ust Thurm, Inh. Kurt ... Reilstraße 10, ... la Tour", Große Ulrich...

... 27. Februar 1947.

...berbürgermeister ...missar der Stadt Halle ... Pretsch.

Reichsbahngelände ist Sperrgebiet

Kohlendiebe kommen vor ein Schnellgericht

Von der Reichsbahndirektion Halle wird mitgeteilt, daß die Diebstähle von Kohlen und Beförderungsgut überhand nehmen, so daß die öffentliche Polizei um Hilfe gebeten worden ist. Außerdem wurde ab 13. Januar bei der Reichsbahndirektion Halle ein Schnellgericht eingerichtet, vor dem gefaßte Eisenbahndiebe sofort abgeurteilt werden.

Wie aus einer amtlichen Bekanntmachung der Reichsbahndirektion hervorgeht, wird das Reichsbahngebiet ab sofort als Sperrgebiet erklärt und darf von Unbefugten nicht betreten werden.

Allen denen, die es nicht unterlassen können, sich an fremdem Eigentum zu vergreifen, und sich weiter an Kohlendiebstählen beteiligen, sei gesagt, daß nunmehr mit aller Schärfe gegen sie vorgegangen wird. Die Bevölkerung wird gebeten, bei der Sicherung unseres Allgemeingutes tatkräftig mitzuhelfen.

Halle (S.), den 24. Januar 1947.

Rat der Stadt Halle — Nachrichtenamt

gez.: Pretsch.

Harte Zeiten: vom Kohlenklau zum „Witwenball"

Der Winter 1946/47 blieb allen, die ihn erlebten, für immer im Gedächtnis. Er begann in Halle bereits Ende November; zu Beginn des neuen Jahres waren Saale und Wasserlöcher der Umgebung zugefroren, und die Temperatur sank unter minus 25 Grad. Die Natur schien Freude daran zu haben, den Menschen, die schon mühsam genug ums Überleben kämpften, zusätzliche Probleme zu bereiten. Die Stadt richtete Wärmestuben ein, wo die Bürger das Gefühl, langsam zu erfrieren, wenigstens kurzzeitig vergessen konnten. Kohlen gab es - sieben Zentner pro Familie bei Selbstabholung zum Beispiel bei der Firma Jesau an der Dessauer Brücke.
Und - sie lagen griffbereit auf offenen Eisenbahnwaggons, die langsam durch die Stadt rollten. Männer, die über ausreichend Mut und Kraft verfügten, sprangen meist nachts auf die fahrenden Züge, füllten dort Säcke oder warfen Briketts Stück für Stück herunter. Frauen und Kinder sammelten ein.
Behörden und Besatzungsmacht reagierten zunehmend nervöser. Halles Oberbürgermeister Karl Pretzsch erklärte in den „Bekanntmachungen" am 24. Januar 1947 das Reichsbahngelände zum Sperrgebiet und drohte Kohlendieben mit einem Schnellgericht bei der Reichsbahndirektion. Am 24. Februar 1947 durfte er sich im gleichen Blatt zusätzlich „Kohlenkommissar" der Stadt Halle nennen. Seine an diesem Tag bekannt gegebenen Sofortmaßnahmen zeugen gleichzeitig von Hilflosigkeit und dem trotzigen Willen, alles doch noch in den Griff zu kriegen.
Theater, Kinos, Kabaretts und sonstige Vergnügungsstätten durften ab sofort nicht mehr heizen - und mussten ihre restlichen Kohlen abgeben. Wer mehr als fünf Zentner Kohlen besaß, hatte das zu melden. Schulen, die nicht an das Fernheizwerk angeschlossen waren, blieben kalt. Die Benutzung der Überlandbahn war vor und nach Schichtbeginn nur Berufstätigen erlaubt.

Ausgabe von Kohlenkarten

Die Kohlenversorgung vom 1. Januar 1947 bis 31. März 1947

Ab 1. Januar 1947 werden einheitlich in der Provinz Sachsen-Anhalt für Haushaltungen neue Kohlenkarten und für Gewerbebetriebe, Schulen, Krankenhäuser, Behörden usw. Kontrollkarten eingeführt.

1. a) Haushaltungen können Anträge auf Ausstellung einer Kohlenkarte stellen. Formulare hierzu sind bei der zuständigen Bezirksverteilungsstelle bis zum 8. Januar 1947 abzuholen. Die Anträge sind gewissenhaft auszufüllen. Sie werden von den Straßenbeauftragten am 9. und 10. Januar 1947 abgeholt. In Zweifelsfällen kann der Straßenbeauftragte den tatsächlichen Brennstoffvorrat feststellen.

... für Handel und Versorgung, Zimmer Nr. 22, für Gemeinschaftsverpflegte Zimmer 9, empfangen werden.

e) Haushaltungen, die aus 5 Personen und mehr bestehen, erhalten zusätzlich ½ Kohlenkarte.

f) Die Kohlenkarten müssen sofort, spätestens bis zum 18. Januar 1947, bei dem bisherigen Kohlenhändler angemeldet werden. Dieser versieht die Rückseite der Kohlenkarte mit seinem Firmenstempel und schneidet die Kontrollabschnitte ab. Die Kohlenkarte verbleibt in den Händen des Verbrauchers. Bei Belieferung schneidet der Kohlenhändler den betreffenden Abschnitt der Kohlenkarte ab. Lose Ab... Es dürfen nur ...

Q—T Donnerstag, 16. Januar 1947, von 8.30—13 und 15—17 Uhr; ...

... erfolgen, soweit es die ... erlaubt, ab 13. Januar 1947 im Amt für Handel

Ausgabe einer Raucherkarte

1. Die tabakwarenversorgungsberechtigten Verbraucher erhalten am 25. und 26. Januar 1947 durch die Straßenbeauftragten mit den Lebensmittelkarten für den Monat Februar 1947 zugleich eine Raucherkarte.

2. Tabakwarenversorgungsberechtigt sind:
a) männliche Personen nach Vollendung des 18. Lebensjahres; sie erhalten eine Raucherkarte „M III",
b) weibliche Personen nach Vollendung des 21. Lebensjahres; sie erhalten eine Raucherkarte „F I".

3. Die Straßenbeauftragten und Mitarbeiter hallischer Verwaltungen vermerken bei Aufstellung der Hausliste zur Einteilung der Versorgungsberechtigten in die Lebensmittelkartengruppen am Sonnabend, dem 18., und Sonntag, dem 19. Januar 1947, in die Spalten 18 und 19 die Tabakwarenversorgungsberechtigten, und zwar
in Spalte 18 (M) männliche Verbraucher ab 18. Lebensjahre (vor dem 1. Februar 1929 geborene),
in Spalte 19 (F) weibliche Verbraucher ab 21. Lebensjahre (vor dem 1. Februar 1926 geborene).

4. In Zweifelsfällen kann sich der Straßenbeauftragte oder sein Mitarbeiter einen Ausweis (Geburtsschein usw.) über das Geburtsalter des Versorgungsberechtigten vorlegen lassen.

5. Falsche Angaben über das Geburtsdatum werden nach der Verbrauchsregelungs-Strafverordnung bestraft.

Halle (S.), den 10. Januar 1947.

Rat der Stadt Halle
Amt für Handel und Versorgung
gez.: v. Rohrscheidt.

Vor den sowjetischen Soldaten fürchteten sich die Kohlendiebe am meisten. Deren Reaktionen waren unkalkulierbar. Das Brennmaterial verloren Ertappte fast immer, oft dazu auch die Rucksäcke und andere Behältnisse. Frauen traf es nicht selten noch härter. Manchmal passierte aber auch überhaupt nichts.
Glück musste man haben in diesen harten Zeiten! Nicht nur beim Kohlenklau im Winter. Auch später, als die Sonne wieder die Öfen ersetzte. Glück beim Ährenlesen, Kartoffelstoppeln und „Hamstern" bei den Bauern vor der Stadt: rechtzeitig zur Stelle sein, wenn ein Acker „frei" wurde, einen mitleidigen Hofbesitzer antreffen, wenn man vor seiner Tür Teppiche, Geschirr, Bestecke oder Bettwäsche für etwas zu essen anbot.
Wer in den Nordseehäfen Schnaps und Nährmittel gegen Fische tauschen wollte, dem musste vor allem an der Grenze zu den Westzonen das Glück hold sein. Sie wurde von sowjetischen Soldaten bewacht. *„Meist scheuchten sie uns zurück"*, erinnert sich eine Frau, die das selbst noch erlebte, *„aber es kam auch vor, dass sie uns absichtlich den Rücken zudrehten."*
Glück und Scharfsinn brauchten die Menschen auch beim Einkaufen. Welche Ware es auf bestimmte Abschnitte der Lebensmittelkarten gab, stand nicht darauf, sondern ebenfalls in den „Bekanntmachungen", was konzentrierte Aufmerksamkeit selbst beim Kauf von Essig erforderte. Harte Zeiten. Die Menschen nahmen es, „wie es kam".

Allen Schwierigkeiten zum Trotz: Im „Grinzing" ging die „Post ab".

Und als die Theater, Kinos, Kabaretts und Gaststätten sowieso nicht mehr zu heizen brauchten, öffneten sich ihre Türen wieder. Zum Beispiel bald auch die vom „Grinzing" in der Geiststraße zum abendlichen „Witwenball", was so viel hieß, dass hier vorwiegend die Frauen wählen durften, mit wem sie tanzen wollten. Auch wenn sie keine Witwen waren...

Nicht einfach, durch die einzelnen Lebensmittelkarten und Berechtigungsscheine durchzusteigen ...

Große Kunst und kleine Geister

Kunst und Künstler erfreuten sich nach dem Krieg im Osten Deutschlands besonderer Förderung. Die Besatzungsmacht unterstützte nach Kräften, erteilte aber auch zunehmend „Vorgaben". Partei und Regierung nahmen die Arbeiten ernst, überschätzten aber die Wirkungen von Büchern, Theateraufführungen und Bildern auf breite Schichten der Bevölkerung. Zum einen glaubten sie, geleitet von den behaupteten positiven Erfahrungen in der Sowjetunion, fälschlicher Weise daran, dass die „richtige", das heißt sozialistisch-realistische, Kunst die Volksmassen begeistern und zu ungeahnten Höchstleistungen beflügeln würde. Gleichzeitig fürchteten dieselben Leute überängstlich, dass zum Beispiel weniger realistische Werke dem „Klassenfeind" Munition liefern würden - ab 1948 besonders krass, was die bildende Kunst betraf.

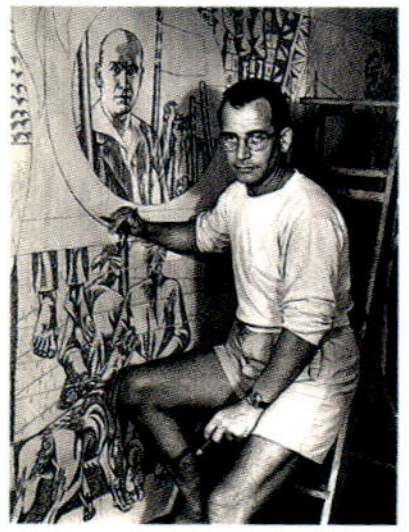

Sein Bild „Karl Marx liest vor" zeichnete die Stadt Halle 1953 mit dem ersten Kunstpreis aus; doch ihm gefiel es nicht. Kurzerhand vernichtete Willi Sitte (Foto) das prämierte Werk. Der hallesche Maler stieg zum DDR-Nationalpreisträger und international renommierten Künstler auf. Als Direktor leitete er die Kunsthochschule Burg Giebichenstein. Oben links sein „Reiterkampf".

Der sowjetische Major A. Dymschik lieferte am 29. November 1947 bei einem Vortrag in Berlin die Argumente. Im Geleitwort zur ersten Kunstausstellung der Provinz Sachsen 1947 hatte Ministerpräsident Dr. Hübener über diese noch geschrieben: *„Sie soll Aufbruch einer edlen Gesinnung sein, die Bekenntnis ablegt vom ewigen Born der Kunst."* 1948 übernahm der Minister für Volksbildung, Ernst Thape (SED), das Geleitwort zur 3. Kunstausstellung und hob schon warnend den Finger: *„Wer heute noch verspielt und tändelnd ein Effekte liebendes Publikum sucht, wird morgen vergessen sein."*

Diese Worte des Ministers klangen harmloser, als sie gemeint waren. Am Kritiker-Horizont waren bereits die Umrisse der Kampfschwadronen gegen den „Formalismus" zu erblicken. Der Hallesche Maler und spätere DDR-Nationalpreisträger wie Direktor der Kunsthochschule Burg Giebichenstein, Professor Willi Sitte, war bei dieser Ausstellung mit zwei Zeichnungen vertreten („Der geschlagene Harlekin" und „Kapitalismus"). Künstlerkollege Herbert Sandberg erinnerte sich in seinem Buch „Spiegel eines Lebens" (1988), wie SED-Funktionär Alfred Kurella bei einem Atelierbesuch vor Sittes Staffelei stand und sich empörte: *„Wenn du nicht ein Genosse wärst und Widerstandskämpfer, möchte ich dir eine runterhauen, wenn ich deine Malerei betrachte."*

Katalogtitel zur Kunstausstellung 1948.

Kurella schlug nicht zu. Andere hallesche Künstler mussten mehr einstecken als eine (angedrohte) Ohrfeige. Hermann Bachmann sei hier erwähnt, der 1948 unter anderem das Bild „Blick aus dem Fenster" gemalt hatte. Dieses und andere Kunstwerke brachten ihn in die Schusslinie der Streiter im ideologischen Kampf gegen Formalismus und - die zweite Todsünde - „Dekadenz".

So schrieb die Kunsthistorikerin Ingrid Schulze noch 1986 im Heft „Bildende Kunst in Halle zwischen 1945 und 1950" über Bachmanns Malereien empört: *„Damit waren die Voraussetzungen dafür gegeben, dass Bachmann Preisträger ... eines amerikanischen Kunstpreisausschreibens 1949 beim Art Collecting Point München werden konnte. Denn der Kampf des USA-Imperialismus um die politische Vormachtstellung hatte auch zu verschärften Auseinandersetzungen auf dem Gebiet der Kunst geführt."*

Carl Crodels „Bitterfelder Industrielandschaft IV" (1950).

Hermann Bachmann ging 1953 nach Westberlin, wo er drei Jahre später Dozent und 1961 Professor wurde. Seine kleinen Kritiker-Geister in Halle blieben. Bachmanns Bilder, im Gegensatz zur Prophezeiung des Ministers, auch 1992 waren sie einen Monat lang auf der Peißnitz zu sehen.

Eine hallesche Zeitung schrieb 1952 zu Herrmann Bachmanns „Mohn in der Reife" (Aussschnitt/Hintergrundbild), angeblich von einem Werktätigen als Leserbrief formuliert: *„Das Bild ist ein völlig formloses und dekadentes Machwerk eines Menschen, dessen Arbeiten in unseren Kunstausstellungen nichts mehr zu suchen haben."*

Auferstanden aus Ruinen

Bernard Koenen (oben) spricht am 8. Oktober 1949 auf dem Hallmarkt (rechts).

Am 7. Oktober 1949 eröffnete Wilhelm Pieck die konstituierende Sitzung der Provisorischen Volkskammer der Deutschen Demokratischen Republik. Zwei Stunden vorher war der neue Staat einstimmig unter minutenlangem, stürmischem Beifall aller 13 Fraktionen und Arbeitsgemeinschaften aus der Taufe gehoben worden. Auferstanden aus Ruinen. Und der Zukunft zugewandt - entscheidende Weichen für die weitere Entwicklung im Osten Deutschlands waren damit gestellt. Eine davon hieß: *„Mobilisierung der werktätigen Massen.“* Mobilisiert wurde in der DDR später immer. Am Ende taten es die Massen ohne Aufforderung von „oben“.
In Halle sprach Bernard Koenen (SED) am 8. Oktober 1949 vor 40.000 Menschen auf dem Hallmarkt. Auch die Vertreter der Blockparteien, zum Beispiel Gerald Götting von der CDU, bekannten sich zur DDR. Die Besatzungsmacht übergab „ihre Funktionen“ am 14. November 1949 in die Hände des Rates der Stadt - ihre Soldaten, Geschütze, Panzer und Fahnen blieben aber, wo sie waren. Die Partei der Arbeiterklasse (SED) erhob sich zur „führenden Kraft“. Im Funktionärsdeutsch las sich das später so: *„Sie setzte durch, dass noch mehr erfahrene und im Klassenkampf bewährte Arbeiter und Aktivisten, Mitglieder der SED und Gewerkschaften, entscheidende Funktionen in Staat und in der Wirtschaft besetzten...“*
Politiker anderer Parteien, die nicht so wollten wie die SED, hießen nun „reaktionär-bürgerlich“. Aber das waren nicht viele. Die meisten wollten bald so. Als folgenschwer erwies sich die Veränderung der Modalitäten für die Wahlen 1950 (Volkskammer, Land- und Kreistage, Gemeindevertretungen). Zukünftig durften die Bürger nur noch auf einheitlichen Kandidatenlisten der Nationalen Front ihre Kreuze machen. Schluss mit lustig! Die Sowjetunion war zwar keine Besatzungsmacht mehr, aber immer noch das große Vorbild. Von ihr lernen, hieß siegen lernen! Auch in Halle.
Der sowjetische Dreher Pawel Bykow hatte es vorgemacht. Gustav Zabel, Drehermeister im VEB Pumpenwerke Halle überwand, wie es hieß, seine „Skepsis“ und meldete bald telegrafisch nach Berlin: „1.000 Meter erreicht.“

Die ABF erhält seinen Namen: Walter Ulbricht am 27. Juni 1951.

Gustav Zabel, „Held der Arbeit“.

Die Geburtsstunde der „Schnellzerspanungsmethode“ hatte geschlagen und hing nun an der „Vorbild- und Nachmacheglocke“. Andere sowjetische Neurermethoden richteten Schaden an. Die deutschen Rinder in den „Offenställen“ weigerten sich zum Beispiel beharrlich, ihre Milchleistungen in Sturm und Regen stehend zu steigern. Der neue Staat brauchte eine sozialistische Intelligenz. Diese sollte die am 11. Oktober 1949 in Halle gegründete „Arbeiter- und Bauernfakultät“ liefern. Viele junge Menschen, ohne planmäßiges Abitur, nutzten sie als willkommenen Weg zum Aufstieg in einen akademischen Beruf.

Halle wird größer

Die Grenzen zwischen Kreisen und Gemeinden waren bis 1950 identisch mit denen aus der Kaiserzeit. Sie behinderten und verlangsamten im Ballungsraum Halle nicht nur die staatliche Leistungsfähigkeit. Das Rathaus von Ammendorf zum Beispiel gehörte optisch längst zum Stadtbild. Am 1. Juli 1950 verloren deshalb aus dem Saalkreis die Gemeinden Ammendorf, Bruckdorf, Büschdorf, Diemitz, Dölau, Kanena, Lettin, Mötzlich, Nietleben, Reideburg, Seeben, Tornau und Wörmlitz-Böllberg sowie aus dem Landkreis Merseburg die Gemeinde Passendorf ihre Selbstständigkeit. Die Stadt vergrößerte sich von 50 auf 134 Quadratkilometer. Ihre Einwohnerzahl stieg um 54.000 auf 299.000 Menschen.

Mutter Kaethes Marke

Not macht erfinderisch - so auch in den Nachkriegsjahren Mitte des vorigen Jahrhunderts. Besonders gefragt sind Lebensmittel. Im Jahr 1951 fassen Kurt und Kaethe Thiele (Foto oben) den Entschluss, Kloßmehl, kochfertige Suppen, Soßen, Fertiggerichte und Backmischungen herzustellen - alles unter dem Kürzel „Kathi“: den Anfangsbuchstaben des Namens Kaethe Thiele. Die Firma entwickelte sich gut, zu gut. Der Staat streckte seine Hände nach dem Privatunternehmen aus - „Kathi“ musste ab1957 eine staatliche Mehrheitsbeteiligung mit der Folge einer Sortimentsbereinigung hinnehmen. Die Produktion beschränkte sich auf Backmischungen.
1972 die Zäsur: Die staatlich angeordnete Enteignung brachte Kurt und Kaethe Thiele mit einem Federstrich um die Früchte ihres Lebenswerkes - eine menschliche Tragödie, die nicht ohne gesundheitliche Folgen blieb. Sohn Rainer leitete von da an als „Sozialistischer Werkdirektor“ den Volkseigenen Betrieb, kurz VEB (hinter vorgehaltener Hand standen diese drei Buchstaben auch für „Vaters ehemaliger Besitz“). Jedoch besetzte er diesen Posten nicht lange: Als Parteiloser musste er den Chefsessel räumen.
Im Jahr 1991 wagte Rainer Thiele dann die Re-Privatisierung des elterlichen Unternehmens. Der hohe Bekanntheitsgrad der Marke Kathi erleichterte den Übergang von der Plan- zur Marktwirtschaft. Mehr als 14 Millionen Mark investierte Rainer Thiele 1994 in einen Neubau.
Heute erwirtschaften die mehr als 90 Mitarbeiter mit mehr als 70 Produkten einen Umsatz von nahezu 18 Millionen Euro. Die KATHI Rainer Thiele GmbH ist im Bereich Backmischungen im Osten zum Marktführer aufgestiegen.
Mit Investitionen in ein Logistikzentrum bekräftigt Kathi sein Engagement am Standort Halle. Besondere Aufmerksamkeit widmet KATHI dem Nachwuchs: Seit 2001 stiftet das Unternehmen den hoch dotierten Ausbildungspreis „Die Goldene Kathi“ für den besten Lehrling im Kammerbezirk der IHK Halle-Dessau.

Seit mehr als 55 Jahren in vielen Haushalten: feine Backideen aus Halle.

Zeit-Zeichen

1900
Max Planck erläutert die Quantentheorie.

1901
Marconi gelingt die transatlantische drahtlose Telegrafie.

1905
Einstein berichtet über die Relativitätstheorie.

1911
Amundsen erreicht vor Scott den Südpol.

1912
Untergang der Titanic.

1913
Der Büstenhalter wird patentiert.

1920
Die Jungfrau von Orleans wird heilig gesprochen.

1922
Howard Carter findet das Grab des Tut-Ench-Amun.

1927
Erster Alleinflug über den Atlantik von Charles Lindbergh.

1929
Schwarzer Freitag an der New Yorker Börse.

1936
Konrad Zuse baut den ersten Digitalrechner.

1937
Explosion des Luftschiffs „Hindenburg“.

1945
Atombomben über Hiroshima und Nagasaki.

1946
Erfindung des Zweikomponentenklebers.

1948
IBM bringt einen Computer mit Lochkartensteuerung auf den Markt.

Titel, Tore und Paraden:

Als am 4. Juli 1948 die SG Freiimfelde Halle als Sachsen-Anhalt-Meister im Finale der Ostzonen-Meisterschaft stand, musste sie sich der SG Planitz noch mit 0:1 beugen. Nach dem Anschluss an die ZSG Union Halle und erneuter Sachsen-Anhalt-Meisterschaft spielte sich die Mannschaft im darauf folgenden Jahr erneut ins Finale. Vor 50.000 Zuschauern in Dresden klappte es diesmal nach einem deutlichen 4:1 gegen Fortuna Erfurt mit dem Titel. Halles Torschützen: zweimal Herbert Rappsilber, Otto Werkmeister und Rolf Theile.
Am 20. April 1952 standen sich die zwei Mannschaften in Erfurt erneut gegenüber - dieses Mal beide unter dem Namen „Turbine“. Der Gastgeber hatte in der Partie nichts zu verlieren. Für Halle ging es - drei Spiele vor Saisonende der dritten DDR-Meisterschaft - „vorfristig“ um den Titel. Danach sah es 75 Minuten nicht aus. Erfurt führte überraschend 1:0. Dann überschlugen sich die Ereignisse: Gerhard Kulitze traf in der 76. Minute. Torwart Heinz Kegel

Die Meister von 1952; stehend von links: Mannschaftsleiter Heinz Acke, Horst Blüher, Erich Haase, Otto Knefler, Heinz Schleiff, Fritz Belger, Arthur Richter, Wolfgang Stops, Otto Werkmeister, Herbert Rappsilber, Trainer Fred Schulz; hockend von links: Walter Schmidt, Horst Ebert, Günter Heyse, Heinz Kegel, Karl Gola, Gerhard Kulitze

Meisterhafte Turbinen, unvergessene Spieler und eine große Tragödie

verhinderte mit einer tollen Parade eine erneute Erfurter Führung. Nur vier Minuten nach dem Ausgleich schoss Otto Knefler (Karikatur rechts) aus 16 Metern den Ball zum 2:1-Sieg ins Erfurter Netz. Halle war Meister.

1954 mussten die Turbine-Spieler zum neu gegründeten „SC Chemie Halle-Leuna" übertreten, Turbine wurde in die Bezirksliga zurückgestuft. Chemie holte 1956 und 1962 den FDGB-Pokal an die Saale. In der Winterpause der Oberliga-Saison 1965/66 entstand in Halle eines von elf Fußball-Leistungszentren der DDR. Nach einem 0:0 gegen den PSV Eindhoven im Hinspiel in der ersten UEFA-Cup-Runde 1971 erlebte der Hallesche FC Chemie am Vorabend des Rückspiels eine Tragödie: einen Großbrand im Mannschaftshotel „Seepferdchen" in Eindhoven. Klaus Urbanczyk und Erhard Mosert verletzten sich schwer, Wolfgang Hoffmann kam ums Leben. Das Team trat aus dem laufenden Wettbewerb aus.

Die Saalestadt brachte zwölf Nationalspieler hervor. Die erfolgreichsten: Bernd „Branscher" Bransch (72 Spiele), Klaus „Banne" Urbanczyk (34) und Dariusz Wosz (24). Branscher wurde 1968 und 1974 als DDR-Fußballer des Jahres ausgezeichnet. Er schoss 1973 vor 100.000 Zuschauern im Leipziger Zentralstadion die DDR mit zwei Toren gegen Rumänien zur WM 1974. Hier führte er das Team als Kapitän zum legendären 1:0 gegen die BRD. Mit dem Olympiateam der DDR gewann er 1972 Bronze und 1976 Gold. Urbanczyk wurde 1964 als Fußballer und als Sportler des Jahres ausgezeichnet. Er trug die Kapitänsbinde des Bronzemedaillen-Olympiateams 1964. Wosz (unten im Trainingsanzug) spielte 24 internationale Einsätze (sieben für die DDR und 17 für Gesamtdeuschland).

Eine der besten deutschen Spielerinnen wurde am 16. November 1978 in der Saalestadt geboren: Conny Pohlers. Ihre Erfolge bis 2009: Weltmeisterin 2003, Europameisterin 2005 (unten als Torschützin im Halbfinale gegen Finnland und mit Pokal), Olympiadritte 2004 und 2008 sowie UEFA-Cup-Siegerin 2005 und 2008, dreimal Deutsche Meisterin, viermal DFB-Pokalsiegerin und zweimal Torschützenkönigin. Die Sportsoldatin begann mit sechs Jahren beim FSV 74 Halle mit dem Fußball. Ihre weiteren Stationen an der Saale: Böllberger SV und BVB Halle.

Fast 40.000 Zuschauer verfolgten am 25. August 1951 im Kurt-Wabbel-Stadion das Freundschaftsspiel zwischen dem norddeutschen Meister Hamburger SV und Turbine Halle. Bemerkenswert der Willkommensgruß des Oberbürgermeisters Karl Pretsch: „*Wenn die Mannschaften heute den grünen Rasen betreten, dann werden sie sich im friedlichen Wettstreit gegenüber stehen und nichts unversucht lassen, sich über die verhängnisvollen Grenzen hinweg im Geiste der Freundschaft zu treffen.*" Das Spiel endete im Geist der Freundschaft mit 2:2.

Eine trostlose Ruine verwandelt sich - nach und nach - in ein Schmuckstück von heute.

Vorhang auf zu „Was ihr wollt“: Kultur nach dem Krieg

Nach dem Krieg waren die Voraussetzungen, wieder Theater zu spielen, in Halle besonders günstig. Viele Schauspieler hatten Krieg, Nazihaft und Verbannung von der Bühne überlebt. Die sowjetische Besatzungsmacht ermunterte die Künstler. Der erste Intendant und Regisseur nach 1945, Schauspieler Karl Kendzia, erinnerte sich: *„Am 2. Juli zog die Rote Armee ein, und schon zwei Tage später versammelte der erste sowjetische Kulturoffizier, Major Grischin, alle Kulturschaffenden Halles im Filmtheater am Moritzburgring und bat darum, sofort mit kulturellen Veranstaltungen jeglicher Art zu beginnen.“*

Von Bomben getroffen, lag das Stadttheater seit dem 31. März 1945 allerdings nur noch als eine hoffnungslose Ruine da. Aber wer unbedingt spielen will, braucht im Sommer kein Haus. Schien nicht die Sonne in den Hof der Unterburg Giebichenstein?

Am 17. Juli 1945 strahlte sie besonders schön auf die Schauspieler, die dort Shakespeares „Was ihr wollt“ aufführten.

Das „Thalia“ begann seine neue Spielzeit am 27. Oktober desselben Jahres programmatisch mit Lessings Stück „Nathan der Weise“ - als Aufruf zur Toleranz. Im späteren Puschkinhaus etablierten sich die Kammerspiele - und schließlich 1947 ein Operettentheater in der ehemaligen Saalschlossbrauerei (Seebener Straße). Die Hallenser konnten sich also wieder schick fürs Theater machen. Aber immer noch lagen die Trümmer des Stadttheaters weithin sichtbar vor ihren Augen. Dessen Wiederaufbau hatten die Stadtverordneten bereits am 27. April 1947 beschlossen. Dafür waren in den Ruinen nur die Fundamente und Teile des Zuschauerraumes verwendbar, Bühnen- und Garderobenhaus hatten so stark gelitten, dass die Gebäude abgebrochen werden mussten. Allerdings bauten die Verantwortlichen damals nicht nur wieder auf: *„Alles was wir in den Resten des Zuschauerraumes vorfanden und nicht mit unserer Grundhaltung zu vereinbaren war, verfiel der Spitzhacke“*, schrieb Prof. Kurt Hemmeling und meinte damit Stuck-Ornamentik, „Reichtum vortäuschende Materialien“ und „klassenbildende Raumaufteilung“.

Sechs Jahre nach der Zerstörung erklangen am 31. März 1951 Beethovens Fidelio-Arien im neuen alten Haus. Viele Menschen, die nicht auf der Bühne standen, Studenten und Einwohner, hatten geholfen, die Trümmer zu beseitigen, Firmen, die irgendwo noch etwas Brauchbares fanden und nicht zuletzt der sowjetische Hauptmann Edelberg: Er sorgte dafür, dass sich die Drehbühne wieder drehen konnte – auf alten Reichsbahngeleisen. Stadtverordnetenvorsteher Erich Behnke gab dem Ensemble auf den Weg: *„Mögen sie (die Künstler am Theater) erkennen, dass ihre Tätigkeit dem Frieden dienen muss, damit nie wieder ein neuer, verbrecherischer Krieg dieses schöne Theater in Schutt und Asche legt.“*

Am 27. Mai 1951 erhielt das Haus den schönen Namen „Theater des Friedens“, der den Hallensern gefiel. Nun heißt es Opernhaus und sieht, nachgebessert, von außen auch so aus.

Im „Thalia“ als erstes Stück im Programm: „Nathan der Weise“.

„Theater der jungen Garde“

Am 11. Oktober 1952 verwandelte sich das „Thalia“ in das „Theater der jungen Garde“. Zuerst stand „Timur und sein Trupp“ nach einer Erzählung von Gaidar auf dem Spielplan. Kinder helfen darin allein gebliebenen Frauen und Kindern. Gestört wird ihre Arbeit durch die „Kwakin-Bande“, deren größter Bösewicht in Halle der Schauspieler Rolf Hoppe war. „Timur-Brigaden“ halfen später nicht nur auf Theaterbühnen armen Frauen und Kindern, sondern handgreiflich real überall in der Sowjetunion und der DDR. Schön - und wohl einmalig, was die Folgen eines Theaterstückes betrifft.

Spitzbart, Bauch und Brille

Sie wussten nicht, was sie taten. Und ahnten die Folgen nicht. Am 28. Mai 1953 beschloss das ZK der SED gemeinsam mit der Regierung eine zehnprozentige Normerhöhung. Sie sollte am 30. Juni, dem Geburtstag von Walter Ulbricht, Pflicht werden. Für alle.

Nach ersten Streiks, Protesten und Anweisungen aus Moskau, nahm die Regierung am 16. Juni diesen Beschluss zurück. Zu spät. Berlin erlebte am 17. Juni 1953 Streiks, Massenkundgebungen und handgreifliche Auseinandersetzungen zwischen Volkspolizei und Demonstranten. Die Rücknahme der Normerhöhungen hatte der Regierung nichts genutzt. Neue Forderungen hießen nun: freie Wahlen, Demokratie, Absetzung der Regierung. Aber auch: niedrigere Preise für Lebensmittel auf dem freien Markt. Sowjetische Panzer sorgten in der Hauptstadt für „Ruhe und Ordnung". Das Händel-Denkmal in Halle „schmückte" am 17. Juni 1953 ein außergewöhnliches Plakat (links). *„Spitzbart, Bauch und Brille, sind nicht des Volkes Wille!"* Gemeint waren Walter Ulbricht (Bart), Wilhelm Pieck (Bauch) und Otto Grothewohl (Brille).

Spontane Demonstrationszüge (rechts) bewegten sich zuerst zum Thälmannplatz (heute Riebeckplatz). Am Steintor stürmten Demonstranten das Gebäude der SED-Bezirksleitung.

Ein damals 14-Jähriger erinnert sich: *„Wir kamen aus der Steintorschule. Vor dem Haus lagen Broschüren, Plakate, Fahnen, Akten. Wir wussten nicht richtig, worum es ging, waren aber begeistert."*

Die „Uhren des Aufstandes" liefen weiter. Gegen 13 Uhr versammelten sich auf dem Hallmarkt etwa 35.000 Menschen (Bilderreihe unten und nächste Seite). Aus der Untersuchungshaftanstalt in der Kleinen Steinstraße befreiten kurz nach 14 Uhr meist jugendliche Demonstranten sämtliche Gefangenen (248 Frauen und drei Männer). Um 14.30 Uhr eröffneten Polizisten das Feuer auf Demonstranten, die versucht hatten, das Kreisamt der Volkspolizei zu stürmen. Sechs Menschen starben. „Erfolgreich" verliefen Verwüstungen von Büros der FDJ und des FDGB.

Tragisch endete der Versuch, auch den Gefangenen im „Roten Ochsen“ die Freiheit zu bringen (unten rechts). Den Aufständischen gelang es zwar, mit Hilfe eines Lastwagens das Gefängnis-Haupttor aufzubrechen und in den Hof zu stürmen - aber dort starben im Feuer von Volkspolizisten fünf Menschen. Und wer noch laufen konnte, wich entsetzt zurück.
Danach gingen sowjetische Panzer vor dem Gebäude in Stellung (links). Der Tag war aber noch nicht zu Ende. Gegen 18 Uhr forderten etwa 60.000 Menschen auf dem Hallmarkt soziale und politische Veränderungen. Eine Stunde später näherten sich aus den Seitenstraßen sowjetische Panzer. Flugblätter verkündeten den Ausnahmezustand...
Spitzbart, Bauch und Brille waren danach zwar immer noch nicht überall des Volkes Wille, gewannen aber relativ schnell Macht und Übermacht zurück. Bereits am 26. Juni zog die SED ebenfalls auf dem Hallmarkt eine Großveranstaltung vor rund 75.000 Menschen auf, von denen viele „freiwillig“ erschienen waren und mit gesenkten Köpfen zuhörten, was die Redner verkündeten...

Von links: Walter Ulbricht (Bart), Wilhelm Pieck (Bauch) und Otto Grothewohl (Brille).

Die Aufseherin von Ravensbrück

Erna Dorn verbüßte seit Mai 1953 wegen Verbrechen gegen die Menschlichkeit eine 15-jährige Haftstrafe. Sie hatte zugegeben, für die Gestapo als Aufseherin in Ravensbrück gearbeitet zu haben.
Beweise dafür fehlen bis heute. Sie wurde am 17. Juni 1953 befreit und soll auf dem Hallmarkt nationalsozialistische Parolen gerufen haben, wofür es allerdings nur einen einzigen Zeugen gibt. Geschrieben an ihren Vater hat sie wahrscheinlich tatsächlich: *„Möge doch nun auch die Stunde kommen, da unser geliebter Führer wieder funktioniert.“*
Die SED benutzte Erna Dorn als Beweis dafür, dass „faschistische Rädelsführer“ am 17. Juni in Halle am Werk gewesen seien. Erna Dorn wurde zum Tode verurteilt und hingerichtet. Zweifel an ihrer geistigen Zurechnungsfähigkeit blieben.

Die „goldenen" 50er-Jahre: Selbst mit Abfällen ließ sich noch etwas anfangen

Aus der „Freiheit": „Kollege Sommer aus der Sattlerei des VEB Karosseriewerke Halle sparte 79 m² Bezugsstoff ein."

99,4 Prozent der gültigen Stimmen: Dieses in der DDR durchaus übliche Traumergebnis „freier demokratischer Wahlen" hatten die Kandidaten der Nationalen Front in Halle bei den Wahlen zur Stadtverordnetenversammlung für sich verbuchen können. Der allgemeinen Stimmung in der Bevölkerung entsprach dieses Ergebnis freilich nicht. Viele Hallenser blickten nicht nur vergleichend Richtung Wirtschaftswunderland im Westen. Sondern packten ihre Sachen. Den Osten lähmten und frustrierten permanente Versorgungs-Engpässe. Die „Partei" - damit war mittlerweile immer die SED gemeint - forderte unter anderem Materialeinsparungen. Deshalb verpflichteten sich zum Beispiel die Genossen der Parteigruppe 3 im Karosseriewerk in der „Freiheit" vom 12. Dezember 1957 öffentlich: *„Abfälle beim Blechschneiden nicht zu verschrotten, sondern für kleine Werkstücke weiterzuverarbeiten".* Eine geniale Idee. Häufiger Grund für Unzufriedenheit war bei vielen Hallensern die beklemmende Wohnraumsituation: zermürbende Untermietsverhältnisse, Teilwohnungen, marode Strom- und Wasserleitungen, undichte Fenster. Die „Freiheit" versuchte, am 24. Oktober 1957 Mut zu machen: *„Seit Anfang des Jahres werden 46 Wohnungen und 20 Einzelzimmer durch Umsetzungen frei."* Der 40. Jahrestag der Großen Sozialistischen Oktoberrevolution, ausgeschmückt mit den Erfolgen der Sowjetunion im Weltall (Sputnik) warf seine propagandistischen Schatten bereits Mitte des Jahres voraus. Zu Ehren der „ruhmreichen Sowjetunion" verpflichteten sich die Mitarbeiter eines Wohnbezirksausschusses zu einhundert (Extra-)Aufbaustunden. Kämpfen und siegen war überall angesagt.

Im Westen längst normal: Das erste SB-Geschäft der DDR eröffnet in Halle.

Am 27. November 1957 meldete die „Freiheit" auf der Titelseite: *„Ein großer Sieg beim Aufbau des Sozialismus. Rübenernte im Bezirk beendet."* Im gleichen Monat äußerte sich Schriftsteller und Genosse Otto Wilke bei einer Kulturaktivtagung der SED („Freiheit" vom 27. November): *„Es gibt nur einen Maßstab der Kultur ... Wenn die Arbeiterklasse ihr Träger ist, wird sie frei von jeder Entartung und Dekadenz sein."* Viele Hallenser lasen bald nur noch die Lokalberichte und Anzeigen in ihrer Zeitung, schimpften (nicht mehr als heute) auf Wetter und Regierung. Lieber kämpften und siegten sie auf privaten Schlachtfeldern. In kleinen Kneipen fand jeder Platz. 13 Kinos spielten bis zu fünf Mal jeden Tag. Zum Topfilm stieg im Dezember 1957 „Bonjour Katrin" mit dem kapitalistischen Busen-Wunder Caterina Valente auf. Theater luden ein, Konzerte begeisterten. Große Tanzabende boten neben anderen das „Klubhaus der Gewerkschaften" (Kapelle Lux), das Jugendklubhaus „Hofjäger", das „Puschkinhaus" (Kapelle Thomas), Kurpark „Wittekind" (Kapelle Ricci Beutel), der „Volkspark" oder das „Posthorn".
Bettler, Obdachlose und beschmierte Wände fehlten weitgehend. Die Straßenbahn fuhr im Sechs-Minuten-Takt, eine Fahrt kostete 15 Pfennige. Angst, am helllichten Tag auf einer belebten Straße beraubt zu werden, hatte niemand. Hilfe von „wildfremden" Menschen war auch bei „Pannen, Pech und Pleiten" des täglichen Lebens eine Selbstverständlichkeit. Wer arbeiten wollte, brauchte nicht lange zu suchen.
Am 26. November bugsierte ein Kran des „VHZ Schrott Ammendorf" eine fast 20 Meter hohe Tanne auf den Markt. Das Radio dudelte im Dezember pausenlos alle schönen alten Weihnachtslieder. Unter den Weihnachtsbäumen der Familien lag manches Geschenk, das aus wiederverwendeten „Abfällen" gefertigt worden war: Pullover aus aufgetrennter Wolle, Puppenkleider aus Stoffresten, gewendete Garderobe...
Die halleschen Fußballfreunde hatten am Jahresende 1957 wenig Grund zur Freude. „Wissenschaft" belegte in der I. DDR-Liga den 5. Platz, und die einst so erfolgreiche „Turbine" kämpfte in der „Bezirksliga" gegen den Abstieg.

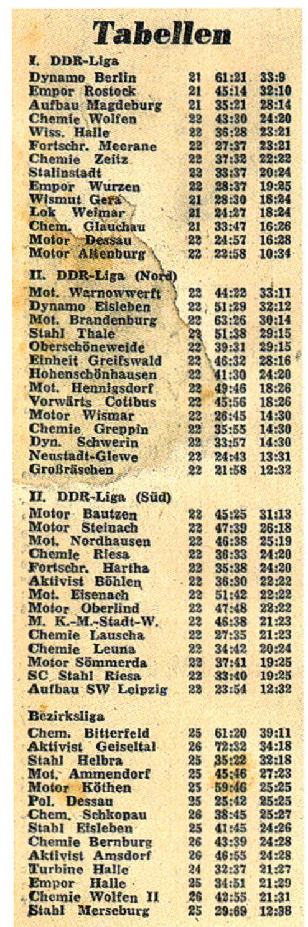

Tabellen

I. DDR-Liga			
Dynamo Berlin	21	61:21	33:9
Empor Rostock	21	45:14	32:10
Aufbau Magdeburg	21	35:21	28:14
Chemie Wolfen	22	43:30	24:20
Wiss. Halle	22	36:28	23:21
Fortschr. Meerane	22	27:37	23:21
Chemie Zeitz	22	37:32	22:22
Stalinstadt	22	33:37	20:24
Empor Wurzen	22	28:37	19:25
Wismut Gera	21	28:30	18:24
Lok Weimar	21	24:27	18:24
Chem. Glauchau	21	33:47	16:26
Motor Dessau	22	24:57	16:28
Motor Altenburg	22	22:58	10:34
II. DDR-Liga (Nord)			
Mot. Warnowwerft	22	44:22	33:11
Dynamo Eisleben	22	51:29	32:12
Mot. Brandenburg	22	63:26	30:14
Stahl Thale	22	51:38	29:15
Oberschöneweide	22	39:31	29:15
Einheit Greifswald	22	46:32	28:16
Hohenschönhausen	22	41:30	24:20
Mot. Hennigsdorf	22	49:46	18:26
Vorwärts Cottbus	22	45:56	18:26
Motor Wismar	22	26:45	14:30
Chemie Greppin	22	35:55	14:30
Dyn. Schwerin	22	33:57	14:30
Neustadt-Glewe	22	24:43	13:31
Großräschen	22	21:58	12:32
II. DDR-Liga (Süd)			
Motor Bautzen	22	45:25	31:13
Motor Steinach	22	47:39	26:18
Mot. Nordhausen	22	46:38	25:19
Chemie Riesa	22	36:33	24:20
Fortschr. Hartha	22	35:38	24:20
Aktivist Böhlen	22	36:30	22:22
Mot. Eisenach	22	51:42	22:22
Motor Oberlind	22	47:48	22:22
M. K.-M.-Stadt-W.	22	46:38	21:23
Chemie Lauscha	22	27:35	21:23
Chemie Leuna	22	34:42	20:24
Motor Sömmerda	22	37:41	19:25
SC Stahl Riesa	22	33:40	19:25
Aufbau SW Leipzig	22	23:54	12:32
Bezirksliga			
Chem. Bitterfeld	25	61:20	39:11
Aktivist Geiseltal	26	72:32	34:18
Stahl Helbra	25	35:22	32:18
Mot. Ammendorf	25	45:46	27:23
Motor Köthen	25	59:46	25:25
Pol. Dessau	25	25:42	25:25
Chem. Schkopau	26	38:45	25:27
Stahl Eisleben	25	41:45	24:26
Chemie Bernburg	26	43:39	24:28
Aktivist Amsdorf	26	46:55	24:28
Turbine Halle	24	32:37	21:27
Empor Halle	25	34:51	21:29
Chemie Wolfen II	26	42:55	21:31
Stahl Merseburg	25	29:69	12:38

Die Häuser am Wasserturm Nord wurden aus Abfällen (Trümmern) errichtet.

Sechs Monate Wartezeit für modischen Chic

Halles Damen- und Herrenwelt stand in den 1950-er Jahren auf modische Frisuren und Chic. Vorbei die Zeiten der Nachkriegspomade und trister Kurzhaarschnitte: Dauerwellen und Fönfrisuren bestimmten den Trend. Dem privaten Friseurhandwerk legte allerdings staatliche Reglementierung jede Menge Hürden in den Weg. Mit Zuschüssen lotste der Staat die Handwerker in Genossenschaften. So schlossen sich am 30. Dezember1958 vier Friseurmeister mit 17 Angestellten zur Produktionsgenossenschaft des Handwerks (PGH) „Ihr Friseur" zusammen - die heutige „Haarmoden" GmbH. Die Geschäfte florierten - bis 1980 arbeiteten in elf Salons mehr als 160 Mitarbeiter. Bei Preisen von 1,50 Mark für einen Herrenhaarschnitt und 13 Mark für eine Dauerwelle standen die Kunden Schlange. Für Hochzeits- und Jugendweihefrisuren oder zu Festtagen musste man sich drei bis sechs Monate vorher einen Termin sichern.

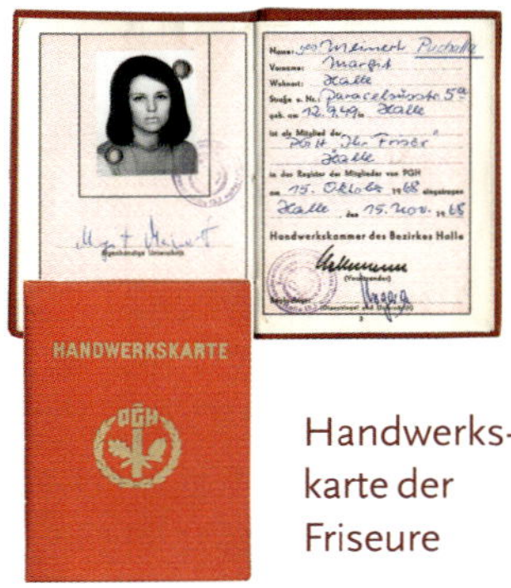

Handwerkskarte der Friseure

Mit der Wende eröffneten sich auch neue Wege: Klaus Eckstein, damals PGH-Vorsitzender, und weitere drei Genossenschaftsmitglieder führten die PGH in die neue Rechtsform einer GmbH. Seit 1966 arbeitete Margit Puchalla in den Salons der PGH. Sie erlernte das Friseurhandwerk von der Pike auf. Als „Dienstälteste" leitet sie mittlerweile seit 1998 die „Haarmoden" GmbH. Sie führt gemeinsam mit Mitgesellschafterin Hannelore Stephan das Unternehmen, das an sieben Standorten mit mehr als 30 Mitarbeitern und Auszubildenden für Chic und modische Trends auf den Häuptern der Hallenser Frauen und Männer sorgt. Und eins ist sicher: Lange Wartezeiten gibt es keine mehr.

Friseursalons einst und heute: 40 Jahre liegen zwischen den Aufnahmen.

„Fahrt frei" - erstmals am 12. Juni

Besucher der Stadt blieben mitten im Grünen auf der Peißnitzinsel erstaunt vor Eisenbahnschranken stehen. Am 12. Juni 1960 hieß es zum ersten Mal „Fahrt frei". Wer bezahlt hatte und eingestiegen war, rollte in offenen Wagen und im gemütlichen Tempo zwei Kilometer lang einmal 'rum um die Insel, vorbei an Spaziergängern und Radfahrern. Hinter Büschen und Bäumen grüßten die Saale und ihre wilde Schwester. Der Rat der Stadt hatte es gemeinsam mit der „Deutschen Reichsbahn" ermöglicht; Kindereisenbahner sahen „dienstlicher" aus als ihre erwachsenen Kollegen. Wer mitmachen wollte, zehn bis zwölf Jahre alt war und die Erlaubnis der Eltern besaß, durfte die Uniform anziehen. So ist es trotz Verbesserungen und Erneuerungen bis heute geblieben - inklusive Diesellokomotive aus dem Jahr 1959, die nach 50.000 gefahrenen Kilometern endlich als Museumsstück stehen bleiben darf. Ihr ist es wahrscheinlich gleichgültig, dass die Pioniereisenbahn nun „Peißnitzexpress" heißt.

Junge Pioniere auf der Peißnitz

Die Peißnitzinsel verdankt den Slawen ihren ursprünglichen Namen: „Pustenzia", Einöde, Wildnis. Das blieb sie zwar nicht, aber ein Glück für die Stadt - von umfangreichen Bebauungen weitgehend verschont und seit Jahrhunderten ein Ort für Entspannung, sportliche Bewegung und für die Kinder. Der Versuch der Hitlerpartei scheiterte, aus der „Peißnitz" eine deutsche „Nachtigalleninsel" zu machen - trotz mannigfaltigen Vogelgesangs.
Das auffallendste Gebäude der Insel nennen ältere Hallenser immer noch „Pionierhaus". Als „Gesellschaftshaus" (1893 erbaut) fand es bald keinen Pächter mehr, weil die Gäste ausblieben. Dafür kamen die Kinder. Kinder der „Wald- und Erholungsschule", „Jungvolk" im nationalsozialistischen Staat, Internatsschüler 1945, „Junge Pioniere" seit 1952, da hieß das Gebäude „Bezirkspionierhaus". Seit 1967 schmückte es zusätzlich der Name des Kleinen Trompeters „Fritz Weineck". „Seid bereit!", so die offizielle Begrüßung; nach dem III. Pioniertreffen (1958), ergänzt zu „Für Frieden und Sozialismus, seid bereit!" Wozu solch ein Pionierhaus? Wer nur die Zeitungen jener Zeit zu Rate zieht, redet folgerichtig anschließend von „parteipolitischer Instrumentalisierung". Junge gläubige Sozialisten im Pionierhaus zu erziehen, war sicher ein Ziel der Partei, und DDR-Journalisten übertrafen sich mit Erfolgsmeldungen: *„Immer mehr entwickelte sich das Pionierhaus zu einem echten Helfer des Jugendverbandes bei der staatspolitischen Erziehung der Schuljugend". („Die aktuelle Wochenzeitung", 27. Mai 1970).*
Tatsächlich übertrieben solche Berichte meist, verwechselten wie auch auf anderen Gebieten Absichten mit der Wirklichkeit. Denn die Kinder betraten mit anderen Wünschen und Vorstellungen ihr Pionierhaus und verließen es auch nicht mit geballter sozialistischer Faust. Dazu redeten die Funktionäre meist zu lang und unverständlich. Viel mehr Spaß machten die (zeitweilig 52) Arbeitsgemeinschaften (Botanik, Flugmodellbau, Tanzgruppe, Keramik, Nähen und viele mehr).
Viele Kinder standen während der Sommerferien nicht gelangweilt auf der Straße herum, sondern beschäftigten sich bei den „Ferienspielen" auf der Peißnitz. Ein Zeitzeuge erinnert sich: *„Ich habe dort ohne Pionierhalstuch begeistert Tischtennis gespielt."* Aus finanziellen Gründen musste niemand zu Hause bleiben. Die Mitarbeiter des Hauses bastelten und verbesserten hauptsächlich die materiellen Voraussetzungen. Das „Politische" nahmen die meisten von ihnen als notwendiges Übel in Kauf - so wie heute die Hallenser den Zerfall des Hauses? Weit gefehlt! 77,2 Prozent fordern die Sanierung, wollen auf der Insel aber keine Eintrittskarten für ein Disneyland kaufen, sondern sich naturnah erholen (Bürgerumfrage 2005).

Attraktion. Am 1. Mai 1955 stürzte sich der erste „Todesmutige" vom nagelneuen Fallschirmturm auf der Peißnitz. 44.000 Sprünge sollten bis 1967 folgen - dann musste das spiralige Teil den Ausstellungshallen weichen.

Alte und neue Mauern: Stadtjubiläum 1961

Ältere Hallenser werden ihre Erinnerungen an das Jahr 1961 womöglich mit Geschichten über die Folgen des „Mauerbaus“ in Berlin beginnen, aber ganz bestimmt auch nicht vergessen, die Tausendjahrfeier ihrer Stadt zu erwähnen - und vielleicht schmunzelnd hinzufügen, nie gehofft zu haben, die Zwölfhundertste auch noch zu erleben. Selbstverständlich war die Urkunde von 806, in der das Kastell der Franken *bei einem Ort der Halle genannt wird*, keine Nachwende-Erfindung, wie mache Leute glauben. Aber im Magdeburger Archiv lag ja noch ein Dokument: Am 29. Juli 961 schenkte König Otto I. dem Moritzkloster zu Magdeburg den gesamten Gau Neletice.

Das Wort Halle ist in diesem Schreiben nicht vermerkt; das musste nach dem Verständnis derer, die 1991 feiern wollten, auch nicht sein. Nachweislich existierte tausend Jahre vorher die Burg Giebichenstein, zu ihren Füßen eine Siedlung, eine Salzquelle im „Wittekindtal“ und Salzbetrieb auf dem heutigen Hallmarkt. Die dazu gehörenden Menschen werden sich vielleicht nicht Hallenser genannt, aber das Wort „Hall“, was so viel heißt wie der Ort, wo das Salz gewonnen wird, vermutlich schon verwendet haben. Also warum nicht 1961 die Gläser klingen lassen? Viele andere Orte hatten per Staatsakt das Stadtrecht erhalten: Da weiß man genau, woran man ist. In Halle erlaubte angeblich Karl der Große den Salzsiedern: *„Baut Eure Stadt mit Hilfe von Mond und Sternen.“* Eine schöne Sage, aber unbrauchbar für einen Stadtjubiläums-Termin.

Unvergessener Höhepunkt der Feierlichkeiten war der Festumzug am 2. Juli 1961. In einer Broschüre konnten die Hallenser und ihre Gäste nachschlagen, wer gerade an ihnen vorbei lief. Die Marschierer an der Spitze gaben die Richtung vor: Kapelle, Fahnengruppe, Ehrendelegation der Nationalen Front, Fahnenblock. Den zweiten Abschnitt führten Musiker in historischer Kleidung an, hinter ihnen Personen und Ereignisse: Kaiser Otto I., Konrad von Einbeck, Münzer, Luther, Tetzel, Christian Wolf, Straßenbahn, Fernsprechamt, Handwerker... Bei „Nummer 36“ war der Erste Weltkrieg erreicht. Es folgte die Darstellung einer kleinen Geschichte der Arbeiterbewegung, die Stadt Halle lieferte dabei mehr oder weniger nur noch die lokale Kulisse: Novemberrevolution, Gründung der KPD, Rot-Front-Kämpferbund, Ernst Thälmann...

Die neue Zeit (Nummern 69-103) illustrierte der dritte Abschnitt: Befreiung des deutschen Volkes durch die Sowjetunion, Bodenreform, Staatsrat der DDR, V. Parteitag der SED bis Nationale Volksarmee, Bereitschaftspolizei, Transportpolizei. Die Kampfgruppen (Nr. 103) marschierten am Schluss. Aber Vorsicht! Die meisten Menschen an den Straßenrändern fanden den Festumzug rundherum „einfach Klasse“ und prophezeiten: So was wird's nie wieder geben. Stimmt.

Bernard Koenen, der Erste Sekretär der Bezirksleitung der SED, Mitglied des ZK der SED und des Staatsrates der DDR, dankte den Hallensern anlässlich des Festes: *„...für ihren entschlossenen Kampf um die Sicherung des Friedens, um den Sieg des Sozialismus in der DDR.“* Wusste er da bereits, was sie am 13. August erwartete? Die „Freiheit“ veröffentlichte am Montag, 14. August 1961, auf ihrer ersten Seite eine Karikatur des halleschen Zeichners Rolf Kiy. Auf Seite drei, unter der Überschrift: „Endlich ist die Hintertür zu“, äußerten Hallenser ihre Meinung. Zum Beispiel Dieter Schmidt, Tagebau Lochau: *„Verbrecher lasse ich nicht in meine Wohnung.“* Oder Baggerführer Rothe: *„Wir werden unsere Leistungen weiter erhöhen.“* Lebhafte Zustimmung also auf breiter Front? Keine kritischen Stimmen aus den alten Mauern der Stadt Halle gegen die neue Mauer in Berlin? Keine - in der Zeitung...

1964

Einzug in Ha-Neu.

Glücklich und stolz - von Halle-West zu Halle-Neustadt

Halle-Neustadt, Ha-Neu: Die Gründe für die Realisierung eines Projektes dieser Größenordnung lassen sich aus zeitnahen Dokumenten so formulieren: Eine sozialistische Stadt, hauptsächlich für die Chemiearbeiter in Leuna und Buna, sollte entstehen und beispielhaft beweisen, zu welchem Kraftakt die DDR fähig war.

Am 15. Juli 1964 legte der 1. Sekretär der Bezirksleitung der SED, Horst Sindermann (wer sonst?) den Grundstein. Symbolisch und schön: Zuallererst entstand eine Schule. Im August 1965 beförderten Möbelwagen das Hab und Gut der ersten acht Familien, die anschließend Halle-West auf ihre Briefabsender schrieben. Und was hieß „sozialistische Stadt"? Die meisten Menschen stellten diese Frage nicht. Viele zogen froh aus engen, teilweise unbeheizbaren Räumen, waren glücklich über die Fernheizung und zeigten Gästen stolz die Durchreiche zwischen Küche und Wohnzimmer. Provisorien nahmen sie mit Blick auf die Zukunft in Kauf: endloser Schlamm und tiefe Pfützen, Heizungsprobleme, Versorgungsschwierigkeiten.

Grundsteinlegung am 15. Juli 1964 für die „sozialistische Musterstadt".

Zehn Jahre nach der Grundsteinlegung hingen vor 22.300 Wohnzimmerfenstern Gardinen, lernten Kinder und Jugendliche in 17 Schulen, erwarteten 23 Kindergärten und 31 Krippen morgens ihre Schutzbefohlenen.

Eine sozialistische Stadt - kein Platz für die „Besserbetuchten", kein Getto für sozial Schwache: Bauarbeiter wohnten im selben Haus mit Professoren. Solche Gemeinsamkeiten wirkten konfliktentschärfend, verbindend und anregend. Und das Bauen in Halle-West nahm kein Ende. Von einer Neubausiedlung konnte längst keine Rede mehr sein, als die erste Stadtverordnetenversammlung nunmehr von „Halle-Neustadt" am 15. Juli 1967 konstituierend zusammentrat. Die abfällige Bezeichnung „Plattenwüste" nahm vor der Wende kaum jemand in den Mund, aber soziale Gefahren, die von der Architektur der in Reih und Glied aufgestellten Wohnblöcke ausging, erkannten die Bewohner durchaus und versuchten, mit gemeinsamen Freizeitaktivitäten gegenzusteuern. Die Kunst trat auf den Plan. Eine nummerierte Bilanz zählt 84 öffentlich sichtbare Werke in der Stadt auf.

Und die Bilanz der Bewohner? Viele wohnen seit mehr als dreißig Jahren hier, wollen bleiben und protestieren gegen Abrisspläne. Sind immer noch glücklich in ihrer „Platte", wenn auch nicht mehr stolz auf die Durchreiche. Die meisten Professoren und Ärzte haben allerdings der Stadt den Rücken gekehrt.

1961 Die Bezirksleitung der SED berät über den Aufbau eines Wohnkomplexes für die Chemiearbeiter
1963 Standortentscheidung (zwischen Saale und Passendorf)
1963 Das Politbüro der SED gibt grünes Licht
1964 Beginn der Tiefbauarbeiten
1964 Grundsteinlegung am 15. Juli
Der Ministerrat stellt 1,5 Milliarden Mark für die erste Aufbauetappe bereit
1989 Bewohner 90.956
2006 Bewohner 51.000

„Hören" und „Rufen" - zwei von 87 Kunstwerken in Halle-Neustadt.

„Zither-Reinhold"

Der armselige Musikant hockte besonders gern am Händeldenkmal, zu Füßen des großen halleschen Meisters. Er klimperte Weihnachtslieder im Frühling und Maienlieder an den Adventtagen. Er trug eine dicke Nickelbrille. Das Geld, das ihm die Leute zuwarfen, beachtete er kaum. Nie hat ihm jemand ernsthaft etwas Böses angetan. Er war „verrückt", wie die meisten Hallenser geistig Behinderte damals nannten. Am 5. November 1964 fuhr ihn ein Auto an, kurze Zeit später starb er im Krankenhaus. Die Hallenser errichteten ein Denkmal für einen „Verrückten". So etwas haben nur wenige Städte aufzuweisen.

Sie fuhren nicht mehr für den Frieden

„Bedeutete der Aufbau Ihrer Stadt das Ende für den Motorrennsport in Halle?" Auch die Lokalhistoriker in Halle-Neustadt zucken auf diese Frage nur die Schultern. Wer heute die im Wesentlichen erhalten gebliebene ehemalige Rennstrecke entlangläuft, braucht die Neubaublocks westlich vom Gimritzer Damm nicht unbedingt als Begründung dafür, dass hier Mitte der 60er-Jahre heulende Rennmotoren verstummten: Die Piste mit ihren engen, inzwischen gefährlichen Kurven hatte angesichts immer schnellerer Fahrzeuge ausgedient.

236 Fahrer aus zwölf Staaten gingen am 23. Mai 1965 zum letzten Mal an den Start. Absoluter Höhepunkt: der Lauf der Formel-III-Rennwagen, den der Franzose Bernusett überlegen gewann. Aber auch das passierte: Gerhard Schröter aus Dresden kam von der Bahn ab, prallte gegen einen Baum und verstarb auf der Stelle. Der spätere Straßenbau verkürzte die Strecke um die Hälfte. Standen früher bis zu 200.000 Zuschauer an der Piste, so waren es am 24. April 1966 nur noch 25.000. „Quo vadis Halle-Saale-Schleife?", lateinerte ein Volkskorrespondent in der „Freiheit". Am 23. April 1967 verabschiedete sich die „Schleife" nach dem 22. Rennen endgültig als Rennbahn - und niemand fuhr hier mehr, wie es auf sämtlichen Plakaten und in den Programmheften gestanden hatte: „Für den Frieden."

Dafür aber immer mehr Hallenser auf eigenen Fahrzeugen. Junge Männer legten für ihren Traum, eine „Sport-Awo" (Preis: 3.250 Mark), jeden Pfennig zurück. „IFA" lockte mit verschiedenen Stärken: 124 RT, 250 ES, 350 BK, Java aus Tschechenland und Czepel-Panonia aus Ungarn vervollständigten das Angebot. Und unvergessen: das Simson Moped aus Suhl. Autobesitzer stiegen stolz aus einem „IFA F9", einem „Wartburg 311" oder dem „Plastebomber P 70". Fußballspielen war nunmehr auch auf den Nebenstraßen in Halle aus verkehrstechnischen Gründen nicht mehr möglich.

Die Länge der Rennstrecke betrug 5,256 Kilometer. Das Publikum stand direkt neben der Strecke, nur in den Kurven schützten Strohballen vor möglichen Katastrophen. Bei einer durchschnittlichen Geschwindigkeit von 70 Stundenkilometern sahen die Zuschauer etwa alle vier Minuten die Fahrer. DDR-Rennfahrer galten, wie alle Sportler, als Amateure - ein Status, der immer mehr zu einer viel belächelten Formalie degenerierte, weil manche Sportler von ihren Betrieben nur Lohn erhielten und nie richtig dort arbeiteten.

Die Rennfahrer der DDR gaben in drei Gruppen Gas - einzig in Abhängigkeit von ihren Erfolgen und nach festen Regeln: Ewig „Nachwuchs" blieb, wer immer verlor. Mehrmals vordere Plätze brachten den Aufstieg zum „Ausweisfahrer", drei Siege oder fünf vordere Plätze schließlich den „Lizenzfahrer".

In Halle starteten Nachwuchs-, Ausweis- und Lizenzrennen für Motorräder, Seitenwagen, Sport- und Rennwagen. Interessant ist ein Blick auf die Fahrzeugtypen: NSU und DKW dominierten bei den Motorrädern, BMW bei den Seitenwagen sowie in der Kategorie Sport- und Rennwagen. Motorfans zeigen sich heute noch Fotos von fast vergessenen Maschinen: Triumph, Benetti, Puch, Zündapp, Viktoria, Horex, Norton und andere.

Deutsche Arbeiterbewegung in Stein und Eisen: Fahne oder Flamme

Oben die Flamme der Revolution, errichtet 1967. Rechts: Held oder Legende? Fritz Weineck, „Der Kleine Trompeter". Unten in der bekleckerten Version.

Der grüne Teil des Hanserings lockt seit mehr als hundert Jahren nicht nur Spaziergänger und Liebespaare, sondern auch Denkmalplaner der besonderen Art. Hier sollte schon immer nicht irgendwas oder irgendwer bewundert, sondern staatstragende Ideen zu Stein werden. Das führte folgerichtig zu Aufmärschen und Auseinandersetzungen unterschiedlicher Art.
Dem bronzenen Kaiser Wilhelm aus dem Jahr 1901 sprengten junge Kommunisten in der Silvesternacht 1922/23 seinen Generalfeldmarschall von Moltke (1800 bis 1891) aus dem Denkmal. Am 11. Mai 1924 stand er wieder aufrecht neben seinem Herrn - was zu blutigen Zusammenstößen zwischen glühenden Verehrern und fanatischen Gegnern führte.
Nach dem Zweiten Weltkrieg verschwand Moltke samt Kaiser und allen anderen Teilen des Monuments endgültig. Neue Denkmalplaner richteten begehrliche Blicke auf den frei gewordenen Platz. Pünktlich zum 50. Jahrestag der Großen Sozialistischen Oktoberrevolution 1967 entzündeten Siegbert Fliegel und Kollegen unweit der Stelle, wo einst der Kaiser auf seinem Pferd gesessen hatte, die „Flamme der Revolution", deren „Feuer" die Hallenser nicht erkannten und kurzerhand zur „Fahne" umfunktionierten.
Feuer oder Fahne aus unbeweglichem Beton als Symbol der Revolution? Wer will, mag das prophetisch für die weitere Entwicklung nennen. In den Tagen der friedlichen Revolution 1989 forderten neben ihr die Hallenser unter anderem die Absetzung der „Betonköpfe" - und danach auch die Schleifung des Denkmals. Aber es überlebte. Im Oktober 2004 sang der Huttenchor vor dem neu bemalten Objekt. Architekt Fliegel sieht nun eine *„Weitergestaltung auf anderer Ebene"*. Steffen O. Rumpf, der das vollbrachte, spricht von *„aufsteigender Galaxis mit kosmischer Hintergrundstrahlung"*. Verabschiedung der Revolution ins Weltall?
Auch den Namen „Monument der revolutionären Arbeiterbewegung" am Thälmannplatz (1969) nahmen die Hallenser nie in den Mund, für sie erstreckten sich hier mehr oder weniger drohend erhobene „Fäuste" in den Himmel (rechts oben).
Diesem Werk war jedoch keine „Weitergestaltung auf höherer Ebene" vergönnt. Nach 13-jährigem Streit fielen die „Fäuste". Ende 2003 gab es damit nach der revolutionären Arbeiterbewegung in Halle auch ihr Denkmal nicht mehr. *„Nur die Tauben werden es vermissen"*, prophezeite die Mitteldeutsche Zeitung am 25. Juli .
Halles schöne Uferpromenade unterhalb von „Lehmanns Felsen" hieß nach dem Zweiten Weltkrieg nicht mehr „Giebichensteiner", sondern „Rive-Ufer". Solche Ehrung hatte der ehemalige Oberbürgermeister bekanntlich verdient. Aber im August 1958 musste er Fritz Weineck

Platz machen. Ach ja, der kleine Trompeter: *„Von all unseren Kameraden... das lustige Rotgardistenblut..."*
Weineck wurde am 13. März 1925 im nahe gelegenen Volkspark erschossen und später zum Helden gekürt. Nach der Wende beschmierten Unbekannte sein Denkmal, und andere bezweifelten die Tapferkeit des Trompeters.
Die Geschichte der Arbeiterbewegung aus Stein und Eisen in Halle ist länger als das mittlerweile auch verschwundene Relief (unten) am „Haus des Lehrers" mit dem Titel: „Traditionen der revolutionären Arbeiterbewegung" (1973). Ein Verzeichnis aus dem Jahr 1971 beginnt mit der Leninbüste in der sowjetischen Kaserne Heide und endet wenig revolutionär bei der Gedenktafel an der „Brücke der Freundschaft" zur Peißnitz. Manches, was in der Broschüre aufgezählt ist, existiert heute nicht mehr. Der „Kleine Trompeter" hat „überlebt": Abgestellt im Depot des Heimatmuseums.

Hochstraßen und andere Verbindungen

„Halle verändert“, als Motto in Richtung europäische Kulturhauptstadt gemeint, ermöglicht verschiedene Sinngebungen. Ergänzt zu „Halle hat sich verändert“, wird 1968 zu einem markanten Zeitpunkt für einen Blick zurück. Auch im Osten Deutschlands bewegten sich Anfang der sechziger Jahre immer mehr Menschen und Kraftfahrzeuge auf den Straßen, und über Halles Thälmannplatz rollten und liefen mehr als sonst wo in der DDR. Sechs Straßenbahnlinien hielten hier, bis zu 4.000 Autos und mehr als 5.000 Fußgänger wollten zu bestimmten Zeiten innerhalb einer Stunde über den Platz gelangen. Die Beschäftigten des Bezirkes Halle erarbeiteten damals 41 Prozent der chemischen, 31 Prozent der metallurgischen, 15 Prozent der elektroenergetischen Produkte und holten 23 von 100 Tonnen in Bergwerken ans Licht des Tages - alle Zahlen gemessen an den Leistungen der gesamten Republik. Vieles davon musste durch Halle transportiert werden. Der Stadtplan von 1960 verdeutlicht das dabei auftretende Haupthindernis: Thälmannplatz.

In Richtung Neustadt.

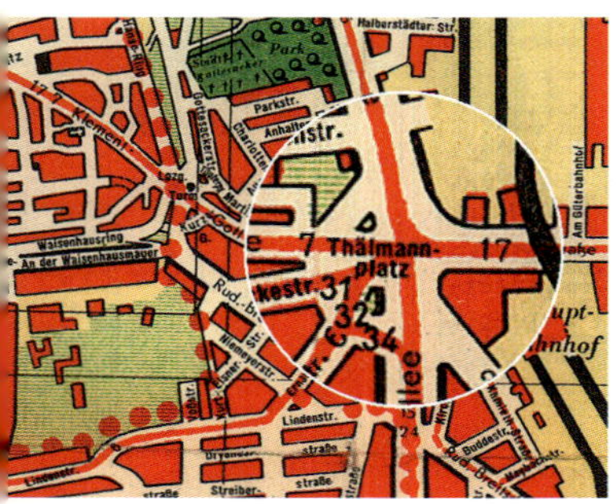

Der Engpass Thälmannplatz sollte unter großem Aufwand verschwinden.

Aber nicht nur der sorgte reichlich für Staus. Wer über die Stalinallee (heute Merseburger Straße) aus dem Süden kommend hinter dem Thälmannplatz aufatmete, hatte in Richtung Norden noch die Leninstraße (heute Magdeburger Straße), den Marx-Engels-Platz, (heute Steintor), die Ludwig-Wucherer Straße, Reileck und Trothaer Straße vor sich. Noch sperriger war der Weg von Ost nach West. Der VI. Parteitag der SED stellte im Januar 1963 die Weichen für Veränderungen. In Halle löste Horst Sindermann den alten Kämpfer Bernard Koenen an der Spitze der Bezirksleitung der SED ab. Der Neue war ein Mann, der sieben Jahre Zuchthaus und Konzentrationslager hinter sich hatte und langjährig Chef der „Freiheit“ gewesen war. Die, wie es hieß, „Rekonstruktion“ der 1.000-jährigen Saalestadt begann hoffnungsvoll: im gleichen Jahr in der Puschkinstraße und am August-Bebel-Platz und veränderte dort nicht nur die Fassaden der Häuser. Dann begannen die Arbeiten auf dem Thälmannplatz. Neben den Profis buddelten mehr oder weniger geübte Bürger der Stadt im Rahmen des NAW (Nationales Aufbauwerk) herum (Gesamtleistung 150.000 Stunden). 1968 hatte sich Halle verändert. Problem Thälmannplatz gelöst? Fahrschüler befiel Gänsehaut, wenn der Prüfer sie in der Prüfung plötzlich in dessen Richtung beorderte. Auswärtige verfuhren sich fluchend im Kreisverkehr, der eben nicht (wie geplant) 12.000 Fahrzeuge pro Stunde mühelos verkraftete. Staus behinderten hauptsächlich aus Richtung Osten. Die Gebäude rings um den Platz standen kantig, zweckmäßig und glatt, jedes für sich allein: das Interhotel (heute „Maritim“ 1964/65), die Hochhäuser (1968/70), die Wasserwirtschaft (1965/66) mit 1.300 Arbeitsplätzen, das Büro des VEB Starkstrom-Anlagenbaus (1966/67) mit 1.127 Arbeitsplätzen. Erleichterung zog mit der Hochstraße nach Halle-Neustadt (1968/71) ein; sie entlastete auch den innerstädtischen Verkehr. Was das alles kostete? Nicht nur Geld. Häuser fielen dem Projekt zum Opfer, der „Rossplatz“ (damals „Platz der Thälmann-Pioniere“) wurde unbenutzbar für Fußgänger zerschnitten, der Nordfriedhof verkleinert, der Blick auf die „Stiftungen“ durch die Hochstraße verstellt. Alles ohne Alternative? Viel musste durch Halle...

Auch an andere Verbindungen dachten die Planer. Der VEB „Naherholung“ baute die Saaleaue als grünen Spazier- und Erlebnisweg zwischen der alten und neuen Stadt planmäßig aus. Und viel beneidet: die Wünsche der Neustädter nach Telefonanschlüssen gingen problemlos in Erfüllung.

Aus F. Döppe „Holtekamp oder Der Weg nach Gutenberg“, erschienen im Aufbauverlag Berlin, 1980:

„Dann aber fielen ehrfürchtig gepflegte Häuser von Denkmalswert, wie Bachutka beteuerte. Das Vorhaben der Stadtplaner wurde deutlicher und bekam den allmächtigen und brutalen Namen: Rekonstruktion der Innenstadt. Die Nord-Süd-Trasse, die Ost-West-Trasse mit ihren Abzweigungen und Zubringern zerstückten Alt- wie Neubauviertel; kaum vierzigjährige Häuser wurden geopfert und vierhundertjährige.“

Mehr Zeit zum Leben: Minigolf und „Schniefkittel“

Seit September 1967 durften die Werktätigen der DDR am Sonnabend zu Hause bleiben. Die Schulkinder übrigens noch lange nicht. Die Hallenser freuten sich darüber und atmeten auch sonst erst einmal tief durch. Anfang der 70er-Jahre kreisten die Gedanken der Stadtplaner zwar schon um die neuen Großbaustellen Silberhöhe und Voßstraße, aber das Schlimmste schien überstanden.

Naherholung war nicht nur im gleichnamigen VEB angesagt; die suchten die Menschen bei schönem Wetter traditionell erst einmal auf der Peißnitzinsel, bestellten Kaffee und Kuchen oder ein Bierchen auf der Terrasse der Gaststätte „Saaleaue“ (1). Vielleicht sangen oder tanzten auf der nahe gelegenen Freilichtbühne gerade irgendwelche Kulturgruppen. Ein paar hundert Meter weiter stand die „IL 14“, das „fliegende Restaurant“ (6). Viele Besucher blickten hier zum ersten Mal in ihrem Leben in das Innere eines Flugzeuges, das sich allerdings nie wieder vom Boden erheben würde. Danach zogen manche ihre Jacken beim Minigolf aus. Derartige Anlagen erfreuten sich in der DDR großer Beliebtheit. Golf fürs Volk, Golf für alle (wenn auch nur im Kleinformat). Groß dagegen die Eissporthalle (7 und 8) hinter der Wilden Saale (erbaut 1968). Auf den 3.600 Plätzen ihrer Tribüne nahmen gelegentlich auch Konzertbesucher Platz. Die Saale begleitete an vielen Orten die Naherholungssuchenden. Oben und unten. Oben auf den Felsen, die Bankier Lehmann einst der Stadt verkauft hatte und die bis 1945 seinen Namen getragen hatten, grüßte sie bilderbuchschön zwischen grünen Ufern. Hier stand das „Gästehaus der Regierung“ – meist leer. Daneben eine Gaststätte, deren Architektur ein Bildband aus dieser Zeit „kühn“ nannte. Treppen führen von oben seit ewigen Zeiten zum Gartenrestaurant, das heute noch fast genauso aussieht wie vor dreißig Jahren. Die zahlreichen Saalebäder waren längst Abwässern zum Opfer gefallen, aber es boten sich neue Möglichkeiten, ins Wasser zu springen: Nordbad, Heidebad, Kiesgrube, Krebssee.

Und was fingen die Hallenser Anfang der siebziger Jahre mit ihrer Freizeit am Abend an? Saßen sie hauptsächlich in ihren Schalensesseln aus dem „Intecta-Kaufhaus“ und starrten in die „Röhre“ aus Staßfurt – Westprogramm inklusive? Call-Center, die im Auftrag von Statistikern Antworten auf solche Fragen suchten, existierten nicht. Neue Gaststätten waren ganz nebenbei auch entstanden: die „Mokkastube“ am Thälmannplatz, das „Salzwirkerstübchen“ im Hotel „Rotes Roß“, die Nachtbar „Tusculum“, das „Cafe für Dich“ in der Großen Ulrichstraße (mit Kaffee, so stark wie nirgends sonst in der DDR), das „exklusive Weinrestaurant“ im Kellergewölbe der Moritzburg und das „Gastmahl des Meeres“ (2) in der Steinstraße. Aber der langsame Tod der kleinen, vor allem privaten Kneipen, begann auch. Freie Plätze? Mangelware: „Haben Sie vorbestellt?“, „Sie werden eingewiesen“ oder „Warten Sie bitte an der Tür“ waren gängige Begrüßungsformeln der Bedienungskräfte, deren Ansehen und Bedeutung immer weiter wuchs, je mehr Gaststätten schlossen. Diese Regel bot allerdings auch Ausnahmen. Wer sich anden Wirt Fischbach (3, ganz rechts) im „Klosterkeller“, heute Mönchshof am Hallmarkt, erinnert, wird ihn und seine Kneipe ganz gewiss dazu zählen. Hier wies der Patron niemanden auf die Straße und nicht selten teilten sich zwei Gäste einen Platz. Ähnlich publikumsfreundlich begrüßte Hans Meyer (5) im „Haus am Fuchsberg“ (4) jeden mit dem Satz: „Na du Schniefkittel!“ Und für die Künstler der Stadt waren freitags Plätze im „Cafe Schade“ (Seebener Straße) reserviert.

Die entwickelte sozialistische Gesellschaft und ihre Haupt- und Nebenaufgaben

Auf ihrem VIII. Parteitag 1971 hielt die Partei (SED) die Zeit für gekommen: Die sozialistische Gesellschaft schmückte nun zusätzlich das Adjektiv „entwickelte“. In Halle löste Werner Felfe Horst Sindermann als 1. Sekretär an der Spitze der Bezirksparteileitung ab. Die „Hauptaufgabe“ der SED-Politik bestand darin, auf der Grundlage höherer Arbeitsproduktivität das „kulturelle und materielle Lebensniveau des Volkes zu heben“. Diese Forderung stand nicht nur in den Beschlüssen, sondern prangte ständig auch in den Zeitungen.

Hallenser konnten zum Beispiel 1972 in den Kaufhallen zweimal täglich frische Brötchen erwerben, nachdem die Bänder der ersten „Brot- und Brötchenlinie“ in Halle-Neustadt zu laufen begonnen hatten. Warum man diese erfreuliche Verbesserung nicht den Bäckern überließ, lag nicht nur daran, dass es zu wenige gab, sondern auch am neuen Wort vor der „sozialistischen Gesellschaft.“ Vom Februar bis Juni 1972 wandelten die Staatsorgane auch in Halle die industriell produzierenden PGH's (Produktionsgenossenschaften des Handwerks) kurzer Hand in Volkseigentum um. Viele Eigentümer waren damit zu „volkseigenen“ Betriebsleitern (Kathi-Nährmittelwerk, Plastefirma Wölfel, Baumaschinenfabrik Drescher) dregradiert, aus VEB kalauerten die Bürger „Vaters ehemaliger Besitz“. Die stolz vermeldete Zahl von 168 neuen Betrieben konnte nicht darüber hinwegtäuschen, dass diese Aktion den Zielen der Hauptaufgabe nicht diente, sondern im Gegenteil empfindliche Lücken hinterließ. Viele Hallenser fanden sich und ihre Stadt trotzdem entwickelt. Von 1964 bis 1970 hatte die Stadt 10.000 und bis 1974 weitere 11.000 neue Wohnungen fertig gestellt, was nicht wenige Alpträume in viel zu engen Räumen beendet hatte.

Die größte Kaufhalle der Stadt mit 860 Quadratmetern Verkaufsfläche stand seit 1973 an der Straßenkreuzung Juri-Gagarin-Allee (heute Vogelweide) und Elsa-Brandström-Straße. Die großen Kaufhäuser am Markt schlossen „Kontaktringe“ mit den Produzenten - das beschleunigte den Warenfluss und verbesserte die Angebote.

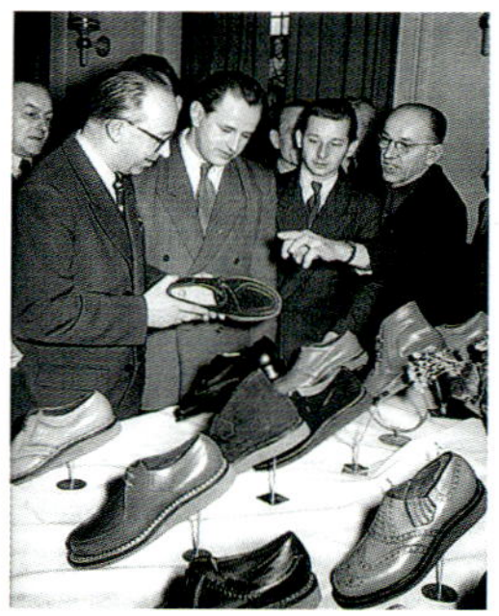
Schuhe werden auf einer Leistungsschau begutachtet.

Nach April 1972 stiegen für 58.500 Menschen in Halle die Renten, 3.000 Einwohner zahlten nun weniger Miete. Junge Ehepaare nahmen den zinslosen Kredit (5.000 Mark) in Anspruch und „arbeiteten“ ihn mit Hilfe ihres Nachwuchses teilweise oder vollständig ab (erstes Kind 1.000, zweites Kind 1.500 und drittes Kind 2.500 Mark Schuldenerlass). Kinderreiche Arbeiterfamilien zogen in Eigenheime am Küttner Weg, die Kosten für Aufschlussarbeiten, Grunderwerb und Bodennutzung übernahm für sie der „Staat“ - der auch an vielen anderen Stellen zuzahlte, so beispielsweise die Stadt Halle 4,10 Mark pro Person in den Schwimmhallen.

Junge Volkspolizisten

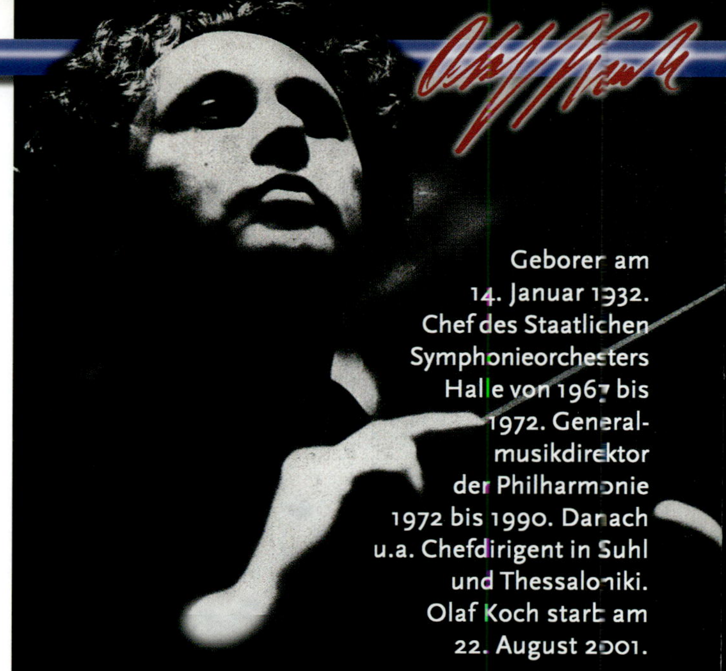

Geboren am 14. Januar 1932. Chef des Staatlichen Symphonieorchesters Halle von 1967 bis 1972. Generalmusikdirektor der Philharmonie 1972 bis 1990. Danach u.a. Chefdirigent in Suhl und Thessaloniki. Olaf Koch starb am 22. August 2001.

„Feuerwerksmusik“

URKUNDE

Auf der Grundlage des Beschlusses
des Rates der Stadt Halle
vom 27. September 1972
wird mit Wirkung vom
1. Oktober 1972
die
HALLESCHE PHILHARMONIE
gegründet.

Sitz der Halleschen Philharmonie
ist Halle.
Übergeordnetes Organ ist der
Rat der Stadt Halle -
Abteilung Kultur.

Halle, 1. Oktober 1972

Oberbürgermeister

Gründung der „Halleschen Philharmonie“. Am 1. Oktober 1972 ging in Halle ein Traum der Freunde klassischer Musik in Erfüllung: die „Philharmonie“ öffnete. Beim festlichen Gründungsakt im Klubhaus der Gewerkschaften erklang die Ouvertüre aus Händels „Feuerwerksmusik“. Philharmonie durfte sich ein Orchester nicht einfach so von heute auf morgen nennen - deshalb stieg die Zahl der Musiker auf 82, die Robert-Franz-Singakademie und der Stadtsingechor gehörten fortan fest zum neu gebildeten Klangkörper. Das „Konzertinstitut“ unter der Leitung von Generalmusikdirektor Olaf Koch sollte sich als Koordinator des Veranstaltungswesens und der Musikpropaganda verstehen und Berufs- und Volkskünstlern ein Qualifizierungszentrum bieten.

Zeit-Sprung ins Jahr 1972. Das offizielle Defilee an den Parteispitzen auf der halleschen Demonstrationsmeile Leninallee (später Merseburger Straße) ist vorbei. Maria und Kai erholen sich an der - ziemlich kapitalistisch-dekadent kolorierten - „Flamme der Revolution“, schließlich ist heute schulfrei. Die blaue Bluse der Jugendorganisation FDJ trägt das Symbol der aufgehenden Sonne - klar, dass da in der ersten Maisonne auch die Bluse schrumpft und die Offenherzigkeit einer jungen, selbstbewussten Generation zeigt. Das rote Thälmann-Banner, FDJ-“Winkelemente“ (Papierfähnchen) und die Uniform der sozialistischen Wehrorganisation der DDR - Gesellschaft für Sport und Technik (GST) - haben heute beim Aufmarsch am Kampftag der Werktätigen einfach zum Straßenbild gehört. Allerdings: Vorbei am Zentralkomitee der immer Recht habenden SED hat die junge Generation der DDR als eigentliche „Kampfreserve der Partei“ ihr eigenes Leben entwickelt, das nicht immer in das Leitbild der sozialistischen Gemeinschaft und deren Staatsdoktrin passt...

„Die Schatten meiner Toten“ oder „Auf der Suche nach Gatt“

Nationalpreisträger Erik Neutsch aus Halle („Spur der Steine“, 1964).

Die Sechziger und Siebziger waren gute Jahre für Bücher und Verlage in Halle. Viele Menschen interessierten sich für literarische Erzeugnisse. Absatzprobleme kannten ihre Produzenten nicht, im Gegenteil. Nicht nur zum Erwerb von Lizenz-Ausgaben aus dem Westen waren „Beziehungen“ zu einem Buchhändler vonnöten: Vor dem „Guten Buch“ bildeten sich lange Schlangen, wenn drinnen Autoren ihre Werke signierten. Die Dichter und ihre Bücher waren bekannt. Der am 24. April 1946 in Halle gegründete Mitteldeutsche Verlag stand dabei oft im doppelten Sinn im Blickpunkt. Berlin hatte die „großen Geister“, Leipzig die Buchmesse und Halle den „Mitteldeutschen“, den spannendsten Verlag der DDR. Den Verlag mit den größten Spannungen! Autoren wie Günter de Bruyn, Werner Heiduczek, Max-Walter Schulz, Volker Braun, Werner Bräunig, Heinz Czechowski und andere versuchten sich erfolgreich in ihren Büchern an der realen sozialistischen Gegenwart. Und Partei und Stasi an den Autoren.

Wer heute zum Beispiel bei Heiduczek in seiner Autobiographie („Die Schatten meiner Toten“) von Wanzen in seiner Wohnung liest, von Einmischen, Reinreden und unter Druck setzen, von Parteistrafen und verweigerten Druckgenehmigungen, der sucht kopfschüttelnd nach einer Antwort auf die Frage: Wozu dieser Aufwand der Macht? Zumal deren Geschosse oft genug die Reihen der Gutwilligen dezimierten. 1968 erhitzte Christa Wolf, die damals in Halle lebte, mit „Nachdenken über Christa T.“ die Gemüter derer, die die Autorin im Visier hatten. Getroffene Hunde bellen. Und beißen! Der damals im Westen bereits anerkannte Literaturkritiker Marcel Reich-Ranicki kommentierte das Buch so: *„Sagen wir klar, Christa T. stirbt an Leukämie, aber sie leidet an der DDR.“*

Max Walter Schulz (Autor, Direktor des Leipziger Literaturinstituts, Nationalpreisträger, Vizepräsident des Schriftstellerverbandes, Chefredakteur von Sinn und Form) empörte sich öffentlich auf dem 6. Schriftstellerkongress 1969: *Hier drängt sich ein offenes Wort über Christa Wolfs „Nachdenken über Christa T.“ auf. Wir kennen Christa Wolf als eine talentierte Mitstreiterin unserer Sache. Gerade deshalb dürfen wir unsere Enttäuschung über ihr neues Buch nicht verbergen. Wie auch immer parteilich die subjektiv ehrliche Absicht des Buches gemeint sein mag, so wie die Geschichte nun einmal erzählt ist, ist sie angetan, unsere Lebensbewusstheit zu bezweifeln, bewältigte Vergangenheit zu erschüttern, ein gebrochenes Verhältnis zum hier und heute und morgen zu erzeugen.“*

Für „Spur der Steine“(1964) hatte der Staat den halleschen Autor Erik Neutsch mit dem Nationalpreis geehrt. Den DEFA-Film zum Buch durften die DDR-Bürger nicht sehen: verboten (nach der großen Wende erschien das Buch gleich in den Verlagen Lübbe, DTV, Faber & Faber). Seinem Erfolgsroman ließ Neutsch „Warten an der Sperre“ folgen; 1973 erschien „Auf der Suche nach Gatt“. Wie die eine Fassung aus der anderen folgte, ist noch heute unter den damaligen Akteuren umstritten.

Harald Korall (rechts, zusammen mit Werner Heiduczek) begleitete als Lektor beim Mitteldeutschen Verlag Erik Neutschs „Spur der Steine“. Selbst Autor, veröffentlichte Korall hauptsächlich authentische Kriminalfälle von „Die Tote an der Waisenhausmauer (1984) bis „113 Messerstiche“ (2005).

„Denn die Menschen waren nicht leicht zu sehen hinter den überlebensgroßen Papptafeln, die sie trugen und an die wir uns, was sehr merkwürdig ist, schließlich sogar gewöhnten ... denn der heftige Streit der früheren Jahre war in Einstimmigkeit übergegangen, Monologe nach immer gleichem Textbuch wurden gehalten... Da aber die Zukunft immer vor uns hergeschoben wurde, da wir sahen, sie ist nichts weiter als die Verlängerung der Zeit, die mit uns vergeht, und erreichen kann man sie nicht...“

Christa Wolf in „Nachdenken über Christa T.“ (Mitteldeutscher Verlag Halle, 1968)

Gute Zeiten für die Literatur? Das hallesche Publikum jedenfalls stand Schlange, wenn Autoren im „Guten Buch" ihre Werke signierten.

Die Schatten meiner Toten. Auch ein Blick hinter die Kulissen der schönen Bücherzeit.

Neutsch hatte der ersten Fassung des Romans den Titel gegeben: Warten an der Sperre. Er zeigte einen Journalisten, der die Parteitreue oder das was er dafür hielt, über die menschliche Haltung stellt. Er gehorcht dem Chefredakteur gegen seine eigene Überzeugung. Daran geht er kaputt. Die Frau verlässt ihn, beruflich scheitert er gleichfalls, der Chefredakteur aber macht Karriere. Gatt wartet jeden Tag am Bahnhof auf die Ankunft eines Zuges, mit dem seine Frau kommt. Aber sie geht wortlos an dem gebrochenen Mann vorbei. Natürlich bekam dieses Manuskript keine Druckgenehmigung. ... H. (Heiduczek) warnte ... Neutsch vor einem falschen Kompromiss. Er (Heiduczek) riet ihm zu warten, bis die Zeit für eine Veröffentlichung reif sei. Der Erfolgsdrang von Neutsch war jedoch stärker. Er ließ sich beschwatzen. In der veränderten Fassung wird Gatt von der Partei wieder auf den richtigen Weg geführt, schreibt Werner Heiduczek in „Die Schatten meiner Toten" (Leipzig: Faber & Faber 2005).

Erik Neutsch reagiert im November 2005 in einem Brief an Werner Heiduczek: *Nicht „Warten an der Sperre" wurde verboten, sondern es war meine ureigen freiwillige, von niemandem bevormundete Entscheidung, diese für mich unfertige Erzählung zum „Gatt" zu erweitern. Dazu stand ich damals und stehe ich heute noch.*

Februarabend in H.
Verflüssigte Luft. Die Wolken
Frühlingshaft nah. Die Stadt
Eine alte
Vettel. Wir gingen und sprachen
Über die Brüchigkeit
Unseres Daseins: keine Kontinuität.
Außer der
Des Verfalls. Das
Bezeugten, unwiderlegbar,
Die Häuser.
Heinz Czechowski, Zitat aus „Schafe und Sterne" (Mitteldeutscher Verlag Halle, 1974)

Du aber denunzierst mich als Feigling, der ich nie war. Ich habe mich in keinem meiner Bücher jemals aus opportunistischen Gründen, selbst Halbsätze bis hin zu den Kommata betreffend, wenn ich nicht selbst von einer Korrektur überzeugt war, zu Änderungen überreden lassen...
Wie auch, ich hätte mich wie von Anfang an dagegen gewehrt, ja, und wenn die Veröffentlichung bis zum Sankt-Nimmerleins-Tag gedauert hätte. Der aber wäre gewiss gegenwärtig, in dieser Gesellschaft, die jeden Gedanken an Sozialismus ins Fegefeuer (oder auf die Müllhalde) wünscht, eben wegen der Brisanz des Romans, heute mehr als damals, erst recht nicht zustande gekommen.
Um die Sache ein für allemal zu beenden schicke ich Dir den Schatten meiner Toten, die „Verdämmerung", wo Du, wenn Du magst, auf den Seiten 77-79 oben nachlesen kannst, was sich damals wirklich mit „Gatt" und seinem Autor zutrug."

Neutschs Darstellung widersprechen allerdings zwei Weggefährten: Harald Korall und Eberhard Günther.

„Ich habe Erik Neutschs „Spur der Steine" als Lektor begleitet und bin heute noch stolz darauf", erklärt Korall, von 1959 bis 1986 Lektor im Mitteldeutschen Verlag. *„Den 'Gatt' habe ich nicht mehr betreut. Neutsch hat das Ende aus ideologischen Gründen verändert. Sein Held ging nicht mehr zugrunde, sondern bekam wieder eine Zukunft."*

Eberhard Günther, von 1973 bis 1996 Chef beim „Mitteldeutschen", merkt an: *„Ich schätze den Autor Erik Neutsch noch heute. Aber den 'Gatt' hat er, nachdem der Text von der Partei kritisiert worden war, umgeschrieben."*

Berlin hatte die „großen Geister", Leipzig die Buchmesse - und Halle den „Mitteldeutschen": den spannendsten Verlag der DDR mit Autoren wie Werner Bräuning (1), Volker Braun (2), Christa Wolf (3), Erik Neutsch (4), Hans Czechowski (5), Günter de Bruyn (6), Max-Walter Schulz (7) oder Werner Heiduczek (8).

Vom Bullewart zum Boulevard: die Leipziger Straße

Ein Gymnasialpädagoge wollte vor Jahrzehnten das „Hallesche" zur Weltsprache erheben, weil darin viele Worte dasselbe bedeuten und die Sprache deshalb einfach zu erlernen wäre. „Leem" könne „Leben, Löwen, Lehm, Leim" heißen, „Daum" kann für Daumen, Tauben und Taube stehen und „Raam" für Raben, Rahmen und Rahm.

Die Vorzeigestraße der Stadt wies schon viele Namen auf. Im 12. Jahrhundert hieß sie Galgstraße, da am äußersten östlichen Ende - auf dem heutigen Riebeckplatz - die Hinrichtungsstätte lag. In einem Adressbuch von 1804 war sie kurzerhand in „Kalbstraße" umgewandelt worden, der Magistrat billigte erst 1827 eine Umbenennung in „Leipziger Straße". 1953 erhielt sie den Namen des tschechoslowakischen Staatspräsidenten Klement-Gottwald, der im gleichen Jahr gestorben war.

1974 begann die Stadt eine Fußgängerzone und Einkaufsmeile, von den Hallensern schnell „Bullewart" (Boulevard) genannt, einzurichten. 40 Gebäude mit 112 Wohnungen und 50 Arbeitstätten, in denen 800 Hallenser beschäftigt waren, umfasste der geplante Bauabschnitt. Das ehemalige „Hallorencafé" funktionierte die Stadt zur Bauarbeiter-Kantine um. Im Juli öffnet das „Zentrum für gesunde Ernährung" im Haus Nr. 93 als sechstes von 15 neu zu gestaltenden Handelseinrichtungen. Am 8. Oktober, zum 25. Jahrestag der DDR, kann der Boulevard allerdings nicht wie geplant fertig übergeben werden.

Ende 1974 beginnt der Umbau der Kreuzung am Leipziger Turm. Den Fußgängern steht ein zwölf Meter breiter Übergang zur Verfügung. Dessen Ampeln sind zwar meist außer Betrieb, doch als ungeschriebenes Gesetz gilt, dass die Fußgänger Vorfahrt haben.

Der Baubeginn verzögert sich, weil die PGH „Granit" durch Reparaturarbeiten anderweitig gebunden ist. Buchladen und Anzeigenannahme der „Neue Weg" sind dafür drei Wochen früher als geplant fertig gestellt.

Kurz vor Weihnachten bemüht sich der stellvertretende Minister für Land- und Forstwirtschaft Neuber nach Halle und lobt die „Tüchtigen Neun von der Kokospalme", weil sie stets frische Eier verkaufen und die Kunden wegen der „vielen Käsesorten" vor die „Qual der Wahl" stellen. (LDZ 17. Dezember 1974) 1975 werden die Milchbar und das Haus Exklusiv renoviert wieder eröffnet. Am 8. Mai wird das Herrenkaufhaus „Aktivist" in „Drushba" umbenannt. Der Name setzt sich bei der Bevölkerung jedoch nicht durch. Das „Rote Ross" öffnet im Mai 1975 nach seinem Umbau mit neuen russischen Gerichten auf der Speisekarte. Bereits 1968 hatte das „Automatenrestaurant" am oberen Ende der Leipziger Straße zum Besuch eingeladen.

Nicht so oft wie heutzutage, aber auch damals wechselten die Geschäfte. Das ehemalige Geschäft „Ofen-Achilles" wird zum Kosmetikgeschäft „Make-up" umgestaltet, neben dem Industrieladen „Clara Zetkin" entsteht eine Krawattenboutique.

Das „Brotkörbchen" öffnet 1986 gegenüber den Goethe-Lichtspielen: mit erstaunlichen 17 Brotsorten im Angebot. 1970 zieht die „Jugendmode" im heutigen Woolworth ein. Als „letzten Schrei" präsentieren die Verkäuferinnen die Kollektion auf dreidimensionalen Drahtgestellen.

Hallesch for You

acheln	-gut schmecken
asten	-schwer tragen
Bemme	-Schnitte, Brot
Bläke	-Zunge
Plautze	-Bauch
plieren	-gucken
Deez	-Kopf
Dilpsch	-Sperling
Draasch	-Hektik
Dust	-Dummkopf
Feez	-Spaß
funzen	-weinen
Gusche	-Mund
Kackschmus	-Gerede
Kaff	-kleines Dorf (abwertend)
kambeln	-sich balgen
kaubeln	-schwindeln
illern, ilzen	-gucken
Ische	-Mädchen
Kläje	-harte Arbeit
Kluft	-Kleidung
Kwien	-Köter (Hund)
Lubbert	-Uhr
Lulatsch	-großer Kerl
Maium	-Wasser
Nische	-Kopf
Scheeks	-Junge
spachteln	-essen
schwofen	-feiern

1974 bis heute: Verwandlung vom Bullewart zum Boulevard.

Rund um den Roten Turm

Halle ist die Stadt der fünf Türme. Das architektonische Quintett auf dem Marktplatz ist ihr Wahrzeichen. Vor zweieinhalb Jahrhunderten hatten sie geschwankt und „eine etwas heftige, aber nicht ungewöhnliche Bewegung“ vollzogen: Ein Erdbeben, das große Teile Europas erschütterte, war auch in Halle zu spüren gewesen.

Der Rote Turm ist der einzige frei stehende Glockenturm Deutschlands. Er hatte seinen Helm durch Beschuss der Amerikaner am 16. April 1945 verloren. 1976 reckte er sich wieder in den Himmel: Ein fünfstimmiger „Westminster-Uhrschlag“ erklang aus der neuen Turmhaube. Schon in den 60er-Jahren hatte der Rat der Stadt Halle überlegt, in Etappen ein „Carillon“ (Glockenspiel) einzubauen. Immer wieder wurde das Vorhaben vertagt; und erst 1993 zu den Händelfestspielen erklang das Carillon zum ersten Mal, gespielt von Martin Stephan: 19 Glocken, in Karlsruhe gestimmt und poliert. Die Hallenser erlebten bei der Installation im Roten Turm noch einmal ein aufregendes Schauspiel.

Auf der Spitze der Haube glänzt eine goldene Kugel mit 246 Stacheln, um Geister und Dämonen nachts abzuschrecken. Reliquien von Heiligen, Knochen von den 11.000 Jungfrauen und vom Heiligen Moritz sollen der Sage nach in ihr enthalten sein. 1976 wurde der freitragende Pavillon entfernt, zwölf Jahre zuvor aus Halbparaboloidschalen errichtet und im Volksmund „Schmetterling“ genannt. An dessen Stelle trat ein Umbau mit kupfernen Außenwandplatten. An den hatten sich die Hallenser im Lauf von 30 Jahren gewöhnt, doch im Juli 2004 wurde er im Zuge der Markterneuerung demontiert. Zwischenzeitlich musste auch der sandsteinerne Roland seinen Stammplatz fürs „Facelifting“ verlassen: Schmutzkrusten hatten ihn in einen „Mohren“ verwandelt. Im Sockel ruhte eine Flaschenpost mit der Aufschrift „Nordhäuser Doppelkorn 7,80 Mark“ und ein Zettel mit den Namen der Bauleute, die den Roland im Frühsommer 1976 am Turm befestigt hatten. Geldscheine, zwei Reichspfennige und eine Urkunde vom November 1946 mit einem historischen Abriss zum Roland kamen ebenfalls zum Vorschein. Seit Beginn der Operation am „offenen Herzen der Stadt“ - dem Marktplatz - reißt die Serie der Funde nicht ab. Hier verzeichneten die Archäologen eine Sensation: Zwei 4.000 Jahre alte Solebecken neben dem Ratshof in der Gustav-Anlauf-Straße belegen die Salzgewinnung um 2.000 Jahre vor unserer Zeitrechnung. Ein mindestens 1.000 Jahre alter Holzbrunnen - nach dem Setzkastenprinzip aus Eiche gebaut - wurde ebenso ausgegraben wie gut erhaltene Holzsärge auf einem 1.000 Jahre alten Friedhof. Außerdem entdeckten die Archäologen das Fundament des alten Rathauses in zwei Metern Tiefe, Reste der romanischen Kirche mit Apsis im Ostchor, einer Krypta aus dem 12. Jahrhundert sowie der gotischen Hallenkirche aus dem 14. Jahrhundert. Und schließlich gab das Erdreich die Fundamente eines großen Kaufhauses der Tuchhändler aus dem 13. Jahrhundert (von Erzbischof Wichmann erbaut) frei - und zu Füßen des Roten Turms Händlerbuden aus dem 14. Jahrhundert mit Latrine.

Wegen der vielen Funde und nach einem strengen Winter platzte der Übergabetermin für den Markt Ende April 2006. Für 12,6 Millionen Euro war er umgestaltet worden. Auf der Ostseite erinnert nun ein Bronzerelief an den Standort des alten Rathauses. Auf der Westseite, in der Nähe der „Goldsole“, einem modernen Marktbrunnen, befindet sich ein „Geoskop“, mit dem Besucher von oben in einer mehreren Meter tiefen Schachtung den Verlauf der Marktplatzverwerfung unterirdisch beobachten können. Der Obermarkt wurde mit dem Hallmarkt durch eine großzügige Freitreppe verbunden und im Umfeld der Marienkirche wurden Bänke aufgestellt.

Inzwischen überlegt selbst die Oberbürgermeisterin laut, ob der Marktplatz nicht doch durch mehr Grün aufgewertet werden könnte. Eine Arbeitsgruppe wurde gebildet …

Links außen: Der Rote Turm macht seinem Namen Ehre. Rot angeleuchtet während der Feierlichkeiten zur Eröffnung des „Neuen Marktplatzes“. Links ein Blick auf alle fünf Türme. Rechts die Errichtung einer neuen Turmspitze; die alte fiel dem Bombardement der alliierten Truppen im Zweiten Weltkrieg zum Opfer. Rechts außen: Der Roland hält die Wacht am Markt.

Goldkinder: der Namensgeber und die Athletin der Spiele

Als unbeschriebenes Blatt startete Waldemar Cierpinski bei den Olympischen Spielen 1976 in Montreal im Marathon. Erst zwei Jahre zuvor war der Mittelstreckler auf die längste olympische Laufdisziplin gewechselt. Die Sensation: Cierpinski hielt den zermürbenden Attacken des favorisierten Titelverteidigers Frank Shorter (USA) stand, überholte ihn nach 34 Kilometern. Im Stadion ein Schock: Laut einer Tafel musste er eine weitere Runde laufen. Am Ende der Runde wartete Shorter bereits im Ziel, um ihm zum Sieg zu gratulieren - nach 42,195 Kilometern plus der zu viel gelaufenen Runde und 2:09,55 Stunden (Olympischer Rekord).

Vier Jahre nach dem Triumph schlug in Moskau erneut die Stunde des Waldemar Cierpinski. DDR-Sportreporter Heinz-Florian Oertel jubelte, als dieser ins Stadion einlief: *„Ein Lauf geht um die Welt, erneut der Lauf des Waldemar Cierpinski! 100.000 umfangen ihn mit dem Beifall. Man möchte sich an den Zeiger der Geschichte hängen, um die Uhren anzuhalten, weil die Größe dieses Augenblicks für eine Momentaufnahme eigentlich viel zu schade ist.*" Als zweiter Marathonläufer nach dem legendären Abebe Bikila wiederholte er seinen Olympiasieg (unten) und wurde selbst zur Legende - wie Oertels Kommentar bei der Zielankunft: *„Liebe junge Väter oder angehende, haben Sie Mut! Nennen Sie Ihre Neuankömmlinge des heutigen Tages ruhig Waldemar. Waldemar ist da!*" Der Boykott der Ostblockstaaten verhinderte 1984 in Los Angeles einen möglichen dritten Olympiasieg. Doch Cierpinskis Ruf war längst in alle Welt geeilt. 1994 stellte der japanische Kaiser den Läufer bei einem Empfang in Osaka seiner Frau mit folgenden Worten vor: *„Das ist der Mann, nach dem in Deutschland die Söhne benannt werden.*" Der in Halle lebende „Namensgeber" ist heute Cheforganisator des Mitteldeutschen Marathons zwischen Halle und Leipzig, an dem jährlich rund 6.000 Läufer teilnehmen. Sein Sohn Falk startet mittlerweile ebenfalls im Marathon und nahm an der WM 2009 in Berlin teil. Cierpinski war nicht der einzige Hallenser, der in Montreal auftrumpfte: Bernd Bransch gewann mit der DDR-Fußballauswahl bei den Olympischen Spielen 1976 in Montreal in einem packenden Finale die Goldmedaille. Klaus Grünke brillierte als erster Olympiasieger der DDR im Radsport. Schwimmerin Cornelia Ender (rechts oben) wurde nach viermal Gold und einmal Silber sogar als erfolgreichste Sportlerin der Spiele ausgezeichnet. 1970 hatte sie mit sechs Goldmedaillen bei der 33. Zentralen Kinder- und Jugendspartakiade ihre Siegesserie bei Olympischen Spielen, Welt- und Europameisterschaften begonnen. Nach Cornelia Ender holten die Schwimmer Carmela Schmidt, Dagmar Haase, Cornelia Polit, Sybille Schönrock, Torsten Spanneberg und Stefan Pohl Medaillen nach Halle. Bei den Turmspringern errangen Falk Hoffmann und Martina Jäschke (rechts) 1980 in Moskau Gold, Ute Wetzig überraschte 1989 als 17-Jährige in Bonn mit einem EM-Titel.

Sportstadt Halle - zu Lande und zu Wasser

Halle hat sich früh einen Namen als Sportstadt gemacht: In den 50er- und 60er-Jahren begeisterten die Läuferin Ulla Jurewitz-Donath und der Zehnkämpfer Walter Meier. Ulla Jurewitz begann zu den II. Weltfestspielen der Jugend und Studenten in Berlin ihre Karriere. Sie trainierte erst bei Ewald Mertens, dann bei ihrem Mann Rolf Donath, 1951 DDR-Meister im 800-Meter-Lauf und 1952 DDR-Meister im 1.500-Meter-Lauf. Ulla Donath erkämpfte mehrere deutsche und Weltrekorde und 1960 die Bronzemedaille bei den Olympischen Spielen in Rom im 800-Meter-Lauf. Walter Meier stellte von 1953 bis 1958 sieben DDR-Rekorde im Zehnkampf auf. Bei der EM 1958 in Barcelona erkämpfte er die Bronzemedaille.

Karin Beyer holte 1958 den ersten Weltrekord im Schwimmsport nach Halle und wurde bei der erstmaligen Umfrage zur „DDR-Sportlerin des Jahres“ gewählt. In der darauf folgenden Zeit bis 1969 waren die Leichtathleten Lothar Milde, Maritta Lange, der Boxer Rolf Caroli und der moderne Fünfkämpfer Uwe Adler die erfolgreichsten Sportler des SC Chemie Halle. Im Boxen hatte die Saalestadt einen weiteren Ausnahme-Athleten zu bieten: Ottomar Sachse (rechts). 1957 wurde er mit 16 Jahren Jugendmeister. Von 208 Kämpfen gewann er 191, drei gingen unentschieden aus, nur 14 verlor er. Mehrfach DDR-Meister im Halbschwergewicht und Junioren-Europameister, belegte Sachse EM- und WM-Medaillenplätze und nahm an den Olympischen Spielen in München und Montreal teil. Sechsmal in Folge gewann er den Internationalen Chemiepokal, das wichtigste deutsche Amateur-Boxturnier. Der hallesche Boxer Steven Küchler, „Mr. Hollywood“, holte 2001 beim 20. Internationalen Boxturnier sogar zum siebenten Mal in Folge den begehrten Pokal. Andere erfolgreiche Boxer des SV Halle: Siegfried Mehnert und Rene Suetovius. Nach der Vereinigung der beiden deutschen Staaten etablierten sich neue Vereine und Sportarten - vor allem ostasiatische Kampfsportarten. Der Breitensport gewann seine Gleichrangigkeit zurück. Und doch blieben Halles Leistungssportler überaus erfolgreich: Von 1990 bis 2009 gewannen Athleten des SV Halle bei Olympischen Spielen, Welt- und Europameisterschaften 38 Gold-, 29 Silber- und 34 Bronzemedaillen und erkämpften fast 1.000 deutsche Meistertitel. Halles Ruderer zum Beispiel: Bei den Olympischen Spielen 1992 in Barcelona sicherte sich Thomas Lange Gold im Einer und vier Jahre später in Atlanta noch einmal Bronze. In Atlanta gewann auch Andreas Hajek Gold im Doppelvierer. 2000 in Sydney siegte die sechsfache Weltmeisterin Jana Thieme im Doppelzweier. Außer diesem Trio schrieben Rüdiger Reiche, Christian Schreiber, Wolfgang Hönig, Uwe Heppner, Roland Schröder, Ulf Sauerbrey, Olaf Beier, Carl Ertel, Jürgen Pfeiffer, Gerd Uebeler, Florian Eichner und Philip Naruhn Sportgeschichte. Seit 1976 holten die Ruderer neun olympische Goldmedaillen, 23 WM-Titel, 23 JuniorenWM-Siege und sechsmal Gold bei U23-Weltmeisterschaften in die Saalestadt.

Ebenfalls erfolgreich in Atlanta 1996: Diskuswerferin Ilke Wyludda (Gold) und Uta Rohländer in der 4x400-Meter-Staffel (Bronze). Letztere gehörte in den 90er-Jahren zur Weltspitze über 400 Meter. Sie siegte bei der WM 1997 in der 4x400-Meter-Staffel. Im Speerwerfen zählten Karen Forkel und Silke Renk (links) zu den erfolgreichsten Frauen der 90er-Jahre. Renk wurde 1992 Olympiasiegerin, Forkel erkämpfte die Bronzemedaille. Bei den Männern hatte Wolfgang Hanisch schon bei Olympia 1980 Bronze geholt. Hans Gstöttner feierte 1990 in Poznan seinen größten Erfolg als Ringer mit dem Gewinn des EM-Titels. 1994 kamen zwei Bronzemedaillen bei der WM und EM dazu. Stefan Henze und Marcus Becker hatten bei den Sommerspielen 2004 in Athen Silber im Kanu erkämpft, Stefan Pfannmöller Bronze. Ein Jahr zuvor, bei der WM in Augsburg, waren Becker und Henze ebenfalls erfolgreich gewesen. Sie hatten das erste Gold nach 14 Jahren für den deutschen Kanusport gewonnen. Pfannmöller war 2002 Vizeweltmeister und hatte im Weltcup den ersten Platz errungen. Andreas Wels konnte 2005 bei der WM in Montreal seine Silbermedaille im Synchronspringen aus Athen bestätigen und 2007 in Montreal einen dritten Platz holen.

Auch 2008 gab es Gold für hallesche Sportler: Beim Weltcup für Erik Pfannmöller im Kanu, bei der WM für Heide Wollert im Judo und für Tina Strüver im Mannschaftsrennen Speedskating. Paul Biedermann (unten) hatte 2007 bei der EM zwei erste Plätze im Schwimmen belegt. 2009 folgte die Sensation von Rom: Ende Juli schlug er mit Weltrekordzeiten über 200 und 400 Meter Freistil Rekord-Olympiasieger Michael Phelps und war auch in der 4x100-Meter-Lagenstaffel mit Silber erfolgreich.

Die Entstehung der Silberhöhe am Ende der 70er- und Anfang der 80er-Jahre. Auf die Gestaltung der Außenanlagen legten die Planer wenig Wert: In erster Linie ging es darum, möglichst schnell Wohnraum zu schaffen.

Ein Schatz auf der Silberhöhe

Exerzierplatz, Elendsquartier, Großquartier der DDR-Stadtplanung, Jubiläumshain und Waldstadt der Zukunft - die Silberhöhe im Süden der Stadt prägt eine bewegte Vergangenheit. Ende des 19. Jahrhunderts diente das Gebiet als Exerzierplatz und zu Schießübungen. Nach Ausbruch des Ersten Weltkrieges entstand eine Munitionsfabrik; ein schweres Explosionsunglück zerstörte einen Teil der Anlagen. Während der Weimarer Republik wohnten hier die ärmsten Bürger, kinderreiche Familien und Unterstützungsempfänger in alten Baracken und Elendsquartieren.
In den Siebzigerjahren des vorigen Jahrhunderts erklärten die Planer der DDR die Silberhöhe zu einem riesigen Baugebiet. Am 30. Juni 1978 begann die Hochbaumontage. In nur zwei Jahren sollten 7.000 Wohneinheiten fertiggestellt sein. Die hallesche Zeitung „Freiheit“ zeigte im Juni 1979 Männer der Brigade „Trojan 50“, die sich aus Hochhausfenstern lehnten und darunter ein Plakat befestigt hatten: „Diese Platte - Stein des Anstoßes.“ Sie hatten ihren Plan nicht erreicht und stellten sich nun selbstkritisch die Frage: Warum?
Zwei Monate später ziehen die ersten Mieter in einen Elfgeschosser ein. Familie Bierbaß kommt zu Wort: *„In unserer alten Einzimmerwohnung haben wir es mit unserer Tochter nicht mehr ausgehalten“* (Freiheit, 14. August 1979).
Ein Foto in der Zeitung „Freiheit“ zeigt einen fensterputzenden Mann. Darunter: *„Gerhard Wegner nimmt seiner Frau das Fensterputzen ab.“* Wo blieb mit dieser Unterschrift die Gleichberechtigung zwischen den Geschlechtern, auf die der Staat so viel Wert legte?
Eine Buslinie zur Silberhöhe wird eingerichtet, am 6. Oktober 1979 die neue Brücke über die S-Bahn eingeweiht, eine Kaufhalle eröffnet. Die Straßenbahnanbindung erfolgt, und das Neubaugebiet beginnt, sich bis an den Zusammenfluss von Elster und Saale auszudehnen. Mit vorwiegend Fünf- und Elfgeschossern. Eine Landschaft mit diesem verheißungsvollen Namen hätte Besseres verdient...

Silbermünzen und -geschirr wurden lange Zeit vergraben auf dem Gebiet der Silberhöhe vermutet. Bis heute hat niemand etwas gefunden.

Tödliches Tafelsilber und tanzende Leuchtkäfer

Die Saalezeitung berichtet im April 1937 von einer berüchtigten Diebesbande, die auf der Silberhöhe für Angst und Schrecken sorgte. Trieb die Kriminellen der legendäre Schatz um, der einer Sage nach irgendwo in dem untergegangenen Dorf Malteritz versteckt sein sollte oder im sumpfigen Brühl, aus dem beständig Gase stiegen, die sich in warmen Nächten entzündeten? Diese silbernen Lichter und auch die tanzenden Leuchtkäfer nährten die Sage vom verborgenen Schatz: das Silbergeschirr des Amtmannes vom Beesener Rittergut, der diesen in den Notzeiten des Dreißigjährigen Krieges vergraben hatte. Wegen seines plötzlichen Ablebens hatte der wohlhabende Herr seine Erben nicht mehr über das Versteck unterrichten können. Nur ein am Sonntag Geborener könne den Schatz heben, erzählten die Ahnen. Doch alle, die es versuchten, kamen elendig um, und bis auf den heutigen Tag fand sich kein Silberling - dafür ein Name für dieses Gebiet.

Weg zur Waldstadt ist noch weit

Am 165. Geburtstag von Karl Marx, so verkündet „Freiheit“ am 8. Mai 1983 stolz, ist bereits die 10.000 Wohnung fertiggestellt - und das nach nur zweieinhalb Jahren Bauzeit insgesamt. Später kommen eine Ladenstraße, das Gesundheitszentrum, die katholische St.-Marien-Kirche, ein Jugendclub und Mietergärten in den Innenhöfen hinzu. Nur Bäume, Büsche, Grünpflanzen und Blumen sind spärlich auf der Silberhöhe.

Aber auch nach der Wende hat man es damit nicht eilig. Neue Straßennamen sind wichtiger. Die Straße der Weltjugend, der Aktivisten, der Neuerer, des Roten Oktober, der Waffenbrüderschaft werden umbenannt, auch von der Straße der Technik, der Freundschaft, der Solidarität, der Kosmonauten will man nichts mehr wissen. Geld ist wichtiger, und nach Dukaten, Gulden, Kreuzern, Silbertalern werden nun die Straßen benannt. Ob dadurch die Anwohner gehalten werden? Nein. Täglich sind Möbelwagen zu sehen. Die Einwohnerzahl von 40.000 zur Wende sinkt auf 25.000 im Jahr 2000, auf 15.600 Ende 2005. Obwohl es inzwischen ein Polizeirevier, ein Postamt, Parkplätze, Einkaufsmöglichkeiten, einen Bolz- und Spielhügel, „Lungerplätze“ für Jugendliche, den „Blauen Elefanten“ des Kinderschutzbundes und einen Spazierweg durch ein „Pärkchen“ mit Kunstbrunnenanlage (links unten) gibt. Hinzu kommt ein Familienzentrum, die „Schöpf- Kelle“ (links Mitte) der SKV Kita gGmbH. Die Einrichtung feierte 2009 ihr 15-jähriges Bestehen. Deren Mitarbeiter organisieren Angebote, die von Sprach-, Schreib- und Gitarrenkursen über Spiele und gesellige Nachmittage bis zu Ferienveranstaltungen, sozialen Beratungen und Ausstellungen reichen. Das Haus beherbergt ein Kino, eine Töpferwerkstatt, einen Jugendclub, Sporträume sowie ein Internetcafé und bietet ein spielplatzähnliches Außengelände. 1998 setzten sich die Stadt, Vermietergenossenschaften, Vereine, eine Bürgerinitiative, Parteien und Geschäftsleute an einen Tisch. Ein Berliner Büro leitete die Arbeitsgruppe, warb gezielt Fördermittel ein und koordinierte Projekte. Eine Kiezkneipe entstand, die inzwischen jedoch schon wieder geschlossen ist und auf einen neuen Träger wartet. Ein Höhepunkt auf der Silberhöhe sind die jährlichen Stadtteilfeste, von Vereinen, der Bürgerinitiative, dem Stadtteilbeauftragten organisiert. Letzterer informiert als ständiger Ansprechpartner die Bürger - auch über den 1999 erstmalig vorgestellten Abrissplan, der für viele Bewohner zu verstehen ist, aber trotzdem nicht gewünscht wird. Johanna Klinghofer, 79 Jahre, schrieb ein Gedicht darüber.

„Ihr“ Hochhaus wird mit als eines der Ersten abgerissen. Nicht gesprengt, sondern Platte für Platte abgetragen (2. Bild von links unten). Bilder, die an Bombeneinschläge erinnern: *„Erst mit einer Abriss-Birne weichgeklopft“*, sagt der Bauleiter, *„dann greift die Zange zu.“* Ein dicker Wasserstrahl bindet den Staub. Bis zur elften Etage, 36 Meter hoch, reicht der Baggerarm nicht. Deshalb wird ein Seilbagger eingesetzt. Am Boden werden die Betonteile zerkleinert und zur Deponie gefahren.

Ein Hochhaus, das mit 20 Jahren noch lange nicht abgeschrieben ist - wer hätte mit dieser Wende gerechnet? Abriss oder Rückbau? Nun soll die Silberhöhe eine „Waldstadt“ werden - mit 1.200 Bäumen - ein Jubiläumshain als Symbol für 1.200 Jahre Halle. Hallenser Bürger schenkten ihrer Stadt sogar 3000 Bäume, Kiefern und Birken, Kirsch- und Ahornbäume, die zu unterschiedlichen Zeiten blühen, aber zu jeder Jahreszeit Farbspiele bieten - ein neuer Schatz auf der Silberhöhe.

Ein weiterer wurde bereits 2008 fertiggestellt: Ein Skulpturenpark. Acht Holzbildhauer aus verschiedenen Ländern kreierten jeweils aus einem fünf Meter langen Stamm Eichenholz einen eigenen Turm. Ein. Symbol für Wahrnehmung, Ordnung, Sicherheit und Macht entlang der Promenade vom Gesundheitszentrum zum Anhalter Platz. Entgegen aller Unkenrufe sind sie bis heute von Graffiti verschont geblieben.

Johanna Klinghofer (rechts) mit Ihrem Gedicht über die Silberhöhe.
Halles ehemaliger OB Dr. Klaus-Peter Rauen (rechts unten) ist Mitinitiator der Pflanzaktion, bei der 1.200 Bäume gepflanzt werden sollen (rechts oben).

Blicke aus meinem Hochhausfenster

Hochspannungsmasten ziehen
Notenlinien aus Metall
in den hellen Himmel
morgenstiller Fensterreihen.
Darüber gleitend wolkenweit
vom Wind getragen
schreibt ein roter Milan
seine Melodie hinein.
Kinderomnibus dreht
eine Kurve Gänseblümchen
in die mittagswarme
Wieseninsel hinterm Haus.
Aus der braunen Schachtel
Purzeln perlenbunte Zwerge
Und Schneewittchen zaubert
Einen Tausendfüßler draus.
Orangenvollmond hockt
Auf der Fernsehantenne,
blinzelt Venus zu bei
FKK am Nebelmeer.
Dem Wind fehlt eine Windsbraut,
er hat Langeweile.
Hochhausfenster, Straßen,
Plätze, Wiesen gähnen leer.

Programm: Helfen ist unsere Aufgabe

Das ehemals städtische Pflegeheim zur Eröffnung 1980.

Schon 1980 zeigten Halles Stadtobere Weitblick und errichteten in der heutigen Jamboler Straße 2 ein städtisches Alten- und Pflegeheim. Je zur Hälfte teilten sich Senioren und Pflegepatienten die vorhandenen 140 Plätze. Auf jeden dieser begehrten Heimplätze gab es eine lange Warteliste, übertraf das im Plattenstil errichtete Haus an Komfort und Ausstattung (jedes Zimmer besaß eigene Sanitäreinheiten) bereits vorhandene Heime. Seit 1991ist der Arbeiter-Samariter-Bund ASB als gemeinnütziger Verein Träger des Objekts. Drei Jahre später übernahm der ASB-Landesverband die Trägerschaft. Seit1999 ist es Bestandteil der neu gegründeten gemeinnützigen Gesellschaft für Sozialeinrichtungen und Soziale Dienste im ASB-Landesverband Sachsen-Anhalt.

Im gleichen Jahr begann auch die grundlegende Rekonstruktion und Sanierung der gesamten Bausubstanz. Bei voller Belegung des Heimes werkelten Baufirmen und machten das Unmögliche wahr. Die farbenfrohe Fassade strahlt Lebensfreude aus, der Service verbesserte sich und der eigene Park lockt wie eine grüne Insel die Heimbewohner ins Freie. Zwar sank die Anzahl der Plätze auf 96, was allerdings mit der Neuausrichtung der Betreuung im Einklang stand. Heute betreuen und pflegen multiprofessionelle Teams Menschen mit geriatrischen und gerontopsychiatrischen Erkrankungen. Meist sind es Demenzkranke, wie Alzheimer-Patienten, gealterte psychisch behinderte Menschen oder Heimbewohner mit Korsakow-Syndrom und chronischen Depressionen. Dafür stehen 44 Einbett- und 26 Zweibettzimmer sowie sechs geschützte Wohnungen zur Verfügung.

Neben der ganzheitlichen Betreuung und Pflege ist hier auch Kurzzeitpflege möglich. Die Betreuung stützt sich primär auf noch vorhandene Fähigkeiten der älteren Bewohner. So gibt es regelmäßige Gymnastik, Gestaltungstherapie, Wahrnehmungstherapie, Biografiearbeit sowie computergestütztes Hirnleistungstraining. Aber auch die Angehörigen stehen in der „Weiterbildung“: Für sie bietet das Haus in Seminaren Verhaltensregeln und Aufklärung über die Krankheitsformen. Human altern - auch mit Handicap - das hat sich der ASB mit seinem Heim in der Jamboler Straße auf die Fahnen geschrieben. „Helfen ist unsere Aufgabe“ - ist für das Personal Programm und Verpflichtung zugleich. Neben regelmäßigen Treffen in der Begegnungsstätte, beim Kaffeekränzchen oder beim Friseur, bei Physiotherapie, Kosmetik oder beim gemeinsamen Essen im Speiseraum - soziale und zwischenmenschliche Kontakte schaffen Wohlfühlambiente.

Das Leben ist wie das Meer,
ein Auf und Ab an Ebbe und
Flut, ein Kommen und
Gehen, Sturm gepeitschte
Wogen wechseln
mit friedlicher Dünung.

Auch das Leben kommt und
geht, mit seinem Glück und
seinem Leid, seinen frohen
und düsteren Stunden.

Am Ende wird alles gut.
So ist die Welle das Symbol
für das Leben und das
Symbol für das Meer,
für das ewige Auf und Ab,
für das immer während
Kommen und Gehen.

Leitspruch und Symbol des ASB-Pflegeheim Jamboler Straße in Halle

ASB-Heim heute

Freundlich: der Wintergarten

Einladend: der Außenbereich

Portal in der Jamboler Straße

Heilung: der Therapieweg

Kulturinsel ist „färtch“ und „Halle ist mein Hallywood!“

Nur „Färtch“ stand auf dem Transparent, das die Besucher der Einweihungsparty auf der Kulturinsel begrüßte. Fertig, nach 22 Jahren. 1980 war der in Meißen geborene Schauspieler und Regisseur Peter Sodann nach Halle an das Theater des Friedens gekommen, das heutige Opernhaus (links oben). Ein Jahr später bereits, nach beharrlichen Kämpfen für eine zweite Spielstätte, zog er ans andere Ende der Schulstraße, und dort wurde am 8. April 1981 das provisorisch eingerichtete „neue theater“ eröffnet: Auf einem ehemaligen Brauereigelände, wo um 1900 in den prächtigen Kaisersälen bereits die Kultur zu Hause war - mit Sinfoniekonzerten, die Arthur Nikisch, Richard Strauß oder Siegfried Wagner dirigierten, und Lesungen mit Gerhardt Hauptmann und Thomas Mann, die ein begeistertes Publikum fanden. Diverse Kneipen, auch der „Biertunnel“, vervollständigten den Gebäudekomplex. 1912 war es mit der Kultur vorbei, die Kaisersäle wurden geschlossen. Nach dem Ersten Weltkrieg folgte der Umbau zu Halles ehemals vornehmstem Lichtspielhaus, den CT-Lichtspielen. Ab 1969 saßen Besucher dort im „Kino der deutsch-sowjetischen Freundschaft“.

Was haben Peter Sodann und seine Mannschaft daraus gemacht? Eine Insel im Großstadtmeer zum Zurückziehen, Lachen, Weinen, Nachdenken und Träumen. Zum Streiten, Trinken und Essen. Zum Lesen und Schauen. Zum Lernen und Eintauchen in die Welt der großen Geister, um teilzuhaben an ihrer Fantasie, ihrem Spiel mit den Worten und Personen. 1982 wurde der Große Saal ausgebaut, nicht zu einer Guckkastenbühne, sondern zum Raumtheater mit mehr als 400 Plätzen. 1985/86 stürzte die Saaldecke ein. Sie wurde erneuert, das Foyer, Garderoben, eine Probebühne und die Kassenhalle entstanden.

1987 folgte der Ausbau des Innenhofs. Dort treten die Schauspieler im Sommer und in der Vorweihnachtszeit auf - das Wetter spielt meist mit. 1990 mutierte der ehemalige Fotoladen Schulz zum nt-Café (unten links), 1992 öffnete „Strieses Biertunnel“, 1993 die kleine Bühne „Tintenfass“ mit 100 Plätzen (auch als Kino), 1995 die Bühne „Kommode“ mit 190 Plätzen. 1999 zog das Puppentheater aus dem Mühlweg ein. Die Bibliothek, vorwiegend bestückt mit DDR-Literatur, erweiterte ständig ihren Bestand. Ein „Freundeskreis des neuen theater“ hat sich gegründet, ein Jugendclub, der Bürgerpreis wird im Großen Saal vergeben.

POLITIK
ist die Kunst, die Leute daran zu hindern, sich um das zu kümmern, was sie angeht.

„Tag der offenen Tür“ auf der Kulturinsel.

Peter Sodann als Hauptkommissar Ehrlicher im MDR/ARD-Tatort „Tiefer Fall". Eher hoch hinaus wollte er mit der „Kulturinsel", was ihm auch gelungen ist. Da braucht er sich gar nicht zu verstecken; auch nicht hinter der Skulptur, die vor dem „neuen theater" zu finden ist.

„Vertrauen braucht Zeit"

Ohne Peter Sodann wäre es so weit nicht gekommen. Wie im Tatort als Hauptkommissar Ehrlicher hatte er gefahndet, jedoch nicht nach Mördern, sondern unermüdlich nach Baumaterialien, Geldern und Fördermitteln.
Ein Vergleich zweier Luftaufnahmen aus dem Jahr 1990 und heute erinnert eindrucksvoll und beklemmend an die Zustände vor 1989 und… „Färtch" schreibt Sodann und ergänzt: „*Die Menschen sind es noch nicht.*"
Am 1. August 2006 trat Christoph Werner, bisher erfolgreicher Intendant vom Puppentheater, Sodanns umstrittene Nachfolge an. Werner bemühte sich um ein jüngeres Publikum, auch mit spektakulären Inszenierungen wie „Feuchtgebiete" nach dem Roman von Charlotte Roche. Sehr erfolgreich verlief 2008 das „Theater der Welt".
Anfang des Jahres wurde eine Kultur GmbH gegründet, die die Oper, Staatskapelle, Kulturinsel und das Thalia-Theater vereint. Werner war einer der Befürworter. „Vertrauen braucht Zeit", sagte er in einem Interview. Nun wird er 2011 vorzeitig und gewollt seine nt-Intendanz abgeben und ans Puppentheater zurückkehren.

Full-Service-Partner für Rechts- und Steuerberatung

Die Ursprünge der Kanzlei KKP Köning & Partner gehen zurück ins Jahr 1985, als der erste Standort der Kanzlei in Nürnberg gegründet wurde. Bereits kurz nach dem Fall der Mauer - noch vor der offiziellen deutschen Wiedervereinigung - eröffnete im Mai 1990 der zweite Standort in Halle (heute mit Sitz in der Franckestraße 2, unten). 2000 folgte durch eine Kanzleifusion der dritte Standort in Berlin.
Die Kanzlei KKP Köning & Partner fungiert als ausgelagerte Rechtsabteilung von mittleren Unternehmen. Insoweit stellt die umfassende rechtliche und steuerliche Beratung auf hohem Niveau ihre Kernkompetenz dar. Exzellentes Know-how zeigt KKP seit Mitte der 80er-Jahre unter anderem durch das Engagement im Bereich der rechtlichen Betreuung von geschlossenen Immobilienfonds sowie der rechtlichen Beratung von ausländischen Investoren in Immobilien-, Steuer- und Medizinrecht.
Mittlerweile repräsentieren mehr als 30 engagierte Rechtsanwälte und Steuerberater, davon zwölf Partner, und insgesamt mehr als 80 Mitarbeiter ein modernes Dienstleistungsunternehmen, welches den stets wachsenden Anforderungen der Mandanten gerecht wird. Der unabhängige Full-Service-Partner für Rechts- und Steuerberatung realisiert gemeinsam mit seinen Mandanten die individuell optimale Problem- oder Konfliktlösung - das rechtlich Richtige kombiniert mit dem wirtschaftlich Vernünftigen.
www.kanzlei-kkp.de

2001 kauften Guido, Adolf und Olaf Schmidt die ehemalige Maschinenfabrik aus dem Jahr 1872 (kleines Foto) und errichteten darin ein modernes Auto- und Motorradhaus.
Kleines Foto rechts oben: die Anfänge als Honda-Autohaus in Osterhausen/Sittichenbach www.hondaschmidt.de

Auf zwei und vier Rädern: Kompetenz und Tradition in moderner Architektur

Als Zwei-Mann-Betrieb eröffnete Olaf Schmidt 1986 eine Fahrzeugwerkstatt in Osterhausen/Sittichenbach: groß, sauber und modern eingerichtet. Diese Weitsicht half nach der Wende bei der Partnersuche. Am 15. September unterzeichnete Olaf Schmidt den Händlervertrag mit Honda: die Geburtstunde des Autohauses Schmidt. Im darauffolgenden Jahr gründeten Adolf, Olaf und Guido Schmidt eine GmbH. Seither führen sie gemeinsam die Geschäfte. Dabei prägen die kaufmännische Erfahrung des Seniors und sein wirtschaftliches Herangehen das Unternehmen wesentlich. 1992 weihte das Trio ein neues Autohaus im Gewerbepark Rothenschirmbach an der B180 ein. Es folgten weitere Neubauten - stets mit dem Bestreben, bessere Bedingungen für die Kundenbetreuung zu schaffen.

2000 wagte das Unternehmen den Schritt nach Halle - als Übergangslösung an der Delitzscher Straße. Ein Jahr später kauften Guido, Adolf und Olaf Schmidt die ehemalige Maschinenfabrik aus dem Jahr 1872. Bis zur feierlichen Eröffnung des Gesamtkomplexes in der Merseburger Straße im August 2002 verwandelte sich die abbruchreife Fabrik in ein Prachtstück moderner Architektur (unten). Im selben Jahr besichtigte das japanische Top-Management von „Honda Motors" unter Leitung des Präsidenten Hiroyuki Yoshino das Unternehmen. Die Gäste überzeugten sich von der ausgezeichneten Arbeit der Geschäftsführer und

der zu dieser Zeit 60 Mitarbeiter sowie von der fundierten Lehrlingsausbildung.
Seit 2007 führt die GmbH neben den Filialen in Rothenschirmbach und Halle auch ein Autohaus in Leipzig (Automeile - Richard-Lehmann-Straße). An allen Standorten bietet sie eine breite Palette an Fahrzeugen, Motorrädern, Equipment sowie Teile und Zubehör. Von Beginn an setzte sich das Autohaus Prämissen: Die Werkstatt immer auf dem aktuellsten Stand der Technik zu halten und die mittlerweile mehr als 130 Mitarbeiter regelmäßig weiterzubilden, um für die Kunden kompetente Ansprechpartner zu sein. Service steht an erster Stelle. Reifen-, Not- und europaweiter Abschleppdienst zählen zu den Leistungen, die stetig ausgebaut und verbessert wurden.

Hoher Besuch: Takayuki Arima, Präsident Honda Motor Europe (North) Deutschlandzentrale Offenbach (2. von rechts), besichtigte die Filiale in Halle mit den Geschäftsführern Adolf Schmidt (links), Olaf Schmidt (rechts) und Yvonne Schmidt, Marketing

Die Geschäftsleitung: Guido, Adolf und Olaf Schmidt (von links).

ZEIT REISE
Spezial

Wir haben den Atem der Geschichte erlebt - hautnah.
Für die junge Generation sind die Tage und Wochen,
in denen sich die Welt veränderte, bereits
„History“.
Und das alles soll schon
zwei Jahrzehnte zurückliegen?
Ob in der DDR von einst, ob in der
alten Bundesrepublik: Wer damals
Zeuge dieser friedlichen Revolution war,
dem werden die Bilder für immer
in Erinnerung bleiben.
Dieses ZEIT REISE Spezial
blickt zurück auf 20 Jahre Wende:
Wir erinnern uns an Hans-Dietrich Genschers
Botschaft auf dem Balkon der Botschaft in Prag,
wir dokumentieren die Ereignisse in Halle,
erzählen die Geschichte eines außergewöhnlichen
Stasi-Fotos. Erinnerungen: Hallenser schildern, wie sie die
Wende erlebt haben. Und ZEIT REISE - Autor
Dr. Kurt Wünsch beendet diesen Sonderteil mit
seiner ganz persönlichen Bilanz.

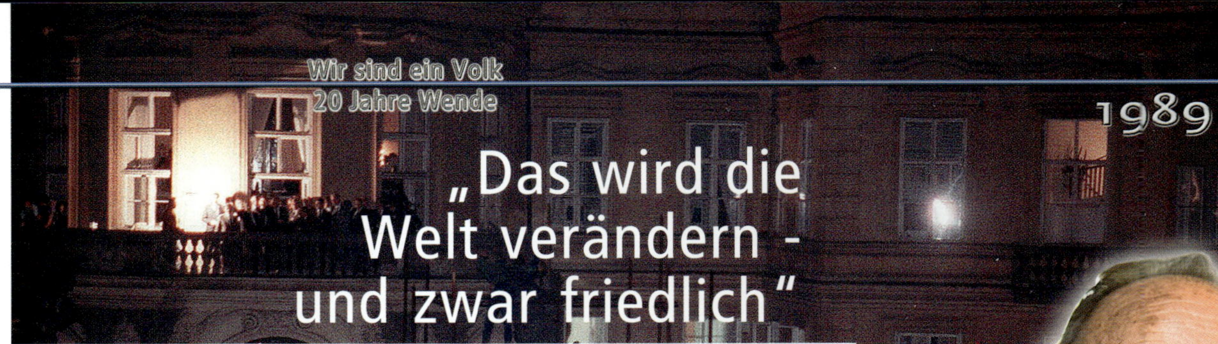

„Das wird die Welt verändern - und zwar friedlich“

„Architekt der deutschen Einheit“ - sein politisches Werk und diese ehrenvolle Bezeichnung sind mit der weltweiten Hochachtung für eine der bekanntesten Hallenser Persönlichkeiten verbunden: Hans-Dietrich Genscher. Nur einem einzigen weiteren Elder Statesman - Altbundeskanzler Helmut Kohl - gestehen die Meinungsmacher diesen Titel zu. Und im Jahr 2009 schließt sich für ihn, einen der bekanntesten Politiker in Ost und West, ein Kreis: Genschers Geburtshaus in Reideburg bleibt als „Bildungs- und Begegnungszentrum Deutsche Einheit“ auch für kommende Generationen erhalten.

Hans-Dietrich Genschers überaus langes politisches Wirken manifestiert sich für die Weltöffentlichkeit in einem dramatischen Höhepunkt und einem historischen Highlight: 1972 führte er als Innenminister in München die Verhandlungen mit den palästinensischen Terroristen, die bei den Olympischen Spielen israelische Athleten als Geiseln genommen hatten (das Blutbad konnte er nicht verhindern). 17 Jahre später dann die Szene, die nicht nur allen Deutschen in Erinnerung bleiben wird: Um 18:58 Uhr am 30. September 1989 betritt Bundesaußenminister Hans-Dietrich Genscher in Prag den Balkon des Palais Lobkowitz. Hier, in der Botschaft der Bundesrepublik, harren bereits seit Wochen Tausende DDR-Bürger aus, bangen, hoffen. Die dann folgende Szene hat der Diplomat in seinen „Erinnerungen“ (Goldmann, 1997, ISBN 3-442-12759-9) festgehalten:

Wir traten heraus. „Liebe Landsleute“ - ein Jubelsturm brach los. Dann begann ich: „Wir sind gekommen, um Ihnen zu sagen…“ Ehe ich den Satz zu Ende bringen konnte, noch einmal unbeschreiblicher Jubel. (Genscher fährt dann fort: „…dass heute Ihre Ausreise in die Bundesrepublik Deutschland möglich geworden ist.“ Anm. d. Red.). *Auch heute, im Rückblick der Jahre, ergreift mich bei dieser Erinnerung immer noch tiefe Bewegung.*

… Dann wandte ich mich noch an Flüchtlinge aus meiner Heimatstadt: „Sind denn Hallenser da?“ Sofort riefen einige Stimmen „Ja, hier!“ Es war

ein unvergesslicher Moment, für mich ebenso wie für die in der Botschaft versammelten Menschen, und noch heute höre ich bei zufälligen Begegnungen immer wieder: „Wir waren damals in der Botschaft in Prag mit dabei!“

Später hat Hans-Dietrich Genscher der TV-Produzentin Regina Ziegler (ARD-Dokumentation „Portrait - Mister Bundesrepublik“) anvertraut, was ihm als Erstes durch den Kopf ging, als er jenen Balkon betrat: „Das wird die Welt im wahrsten Sinne des Wortes verändern - und zwar friedlich.“

Wie könnte die Welt diese Szene je vergessen? Und die Hallenser erst recht nicht. Ein Jahr später feiern sie „ihren Genscher“ stürmisch auf dem Marktplatz anlässlich seines 63. Geburtstages (Foto unten links); 1991 verleiht ihm die Stadt die Ehrenbürger-Würde. Erinnerung dann 1999: Am zehnten Jahrestag der Ansprache winken Hans-Dietrich Genscher, der tschechische Ministerpräsident Milos Zeman, Bundeskanzler Gerhard Schröder und der tschechische Staatspräsident Vaclav Havel vom Balkon der Botschaft in Prag.

Und wiederum zehn Jahre später ist Cornelia Pieper am Ziel. 2009: Die Bundestagsabgeordnete aus Halle und stellvertretende FDP-Bundesvorsitzende hat sich gegen immense Schwierigkeiten behauptet, Sponsoren gefunden. Sichtlich stolz steht sie vor dem Geburtshaus von Hans-Dietrich Genscher, das sie vor Verfall und Abriss gerettet hat - und das nun als „Bildungs- und Begegnungszentrum Deutsche Einheit“ der liberalen Erhard-Hübener-Stiftung auch die Erinnerung an den kleinen Knirps bewahrt, der hier vor 82 Jahren aus dem Kinderwagen unter seinem Seppel-Hut fröhlich in die Welt lächelte... ast

Kerzen, Knüppel und Gebete

Der Bezirk Halle war aus Sicht der SED ein schwieriger, aber auch wichtiger Bezirk: schwierig wegen der vielen Arbeiter, die bereits am 17. Juni 1953 ihre Stärke gezeigt hatten, und wichtig wegen der Chemieindustrie in Buna, Leuna und Bitterfeld. Der 1. Sekretär der SED-Bezirksleitung, Hans-Joachim Böhme, residierte ebenso wie seine beiden Vorgänger Werner Felfe und Horst Sindermann auch im Politbüro. Nur vier der 15 SED-Bezirkschefs hatten dieses Privileg.

Die Situation ist für die Regierenden brisant. Die Bezirksverwaltung für Staatssicherheit (BVfS) Halle am Gimritzer Damm, die Kreisdienst- und Objektstellen arbeiten 1989 mit mehr als 3.000 Angestellten, die 11.240 aktive inoffizielle Mitarbeiter (IM) führen. Dazu stehen ihnen 447 konspirative Wohnungen zur Verfügung. Im Frühjahr 89 haben mehr als 6.000 Bürger im Bezirk Halle einen Ausreiseantrag gestellt und warten auf die Bearbeitung. Die Staatssicherheit registriert zu diesem Zeitpunkt 20 Bürgerrechtsinitiativen mit etwa 350 Mitgliedern, in Halle den Arbeitskreis „Christliche Frauen für den Frieden“ oder die „Ökologische Arbeitsgruppe“.

Am 21. September 1989 beantragen Katrin und Frank Eigenfeld als Vertreter des „Neuen Forums“ die staatliche Zulassung dieser neuen Vereinigung. Der Antrag wird abgelehnt. Und die Obrigkeit lässt die nicht strukturelle Arbeitsgruppe „Forum“ gründen, um die Bildung oppositioneller Gruppen zu verhindern. Über deren Wirken wollte Hans-Joachim Böhme ständig informiert werden, auch aus Angst, dass die Jubelfeiern zum 40. DDR-Geburtstag am 7. Oktober gestört werden könnten. Vergebens. Zu ersten Demonstrationen kommt es in Halle in den Abendstunden des 6. und 7. Oktober. 60 vorwiegend junge Leute versammeln sich nach dem Abendgottesdienst in der Marktkirche auf dem Marktplatz und rufen „*Stasi raus!*“ Im Bericht der Bezirksverwaltung für Staatssicherheit (BVfS) vom 7. Oktober heißt es dazu: „*Nach etwa 30 Minuten wurde die Gruppe im politisch-operativen Zusammenwirken mit der DVP* (Volkspolizei) *aufgelöst. ...Insgesamt wurden 47 Personen zugeführt* (festgenommen) ... “

Am 9. Oktober besetzt die Staatssicherheit ab 14 Uhr alle Zugänge zum Markt. Hunderte Menschen versammeln sich dennoch an der Marienkirche unter den Losungen „*Gewaltfrei widerstehen. Schweigen für Leipzig. Schweigen für Reformen. Schweigen fürs Hierbleiben.*“

>>>

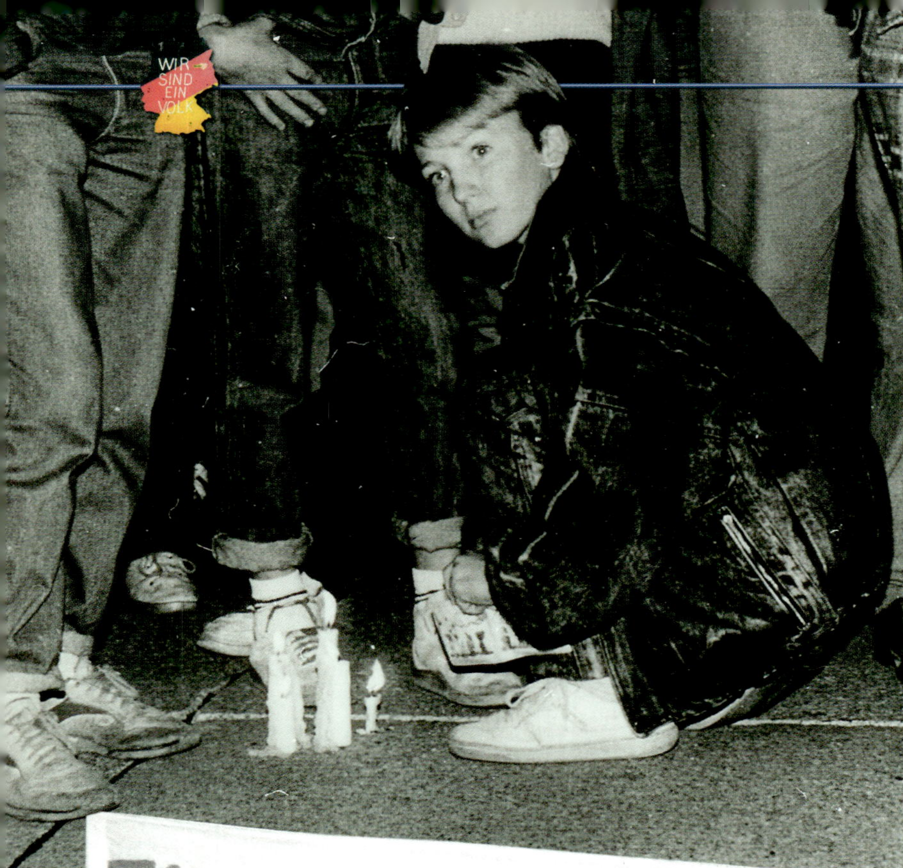

Eskalation: Volkspolizei verprügelt wahllos Bürger

Dr. Eckhard Pratsch, Oberbürgermeister von 1989 bis 1990, moderiert eine Diskussion. Unten links: Bürger fordern den Rücktritt von Alfred Kolodniak, Vorsitzender des Rates des Bezirkes Halle.

Eine Augenzeugin berichtet über die Vorkommnisse am 9. Oktober 1989: *„Eine Frau kam aus der Sperrzone durch die Mauer aus Polizisten. Ein Hund fasste nach ihrem Mantel. Sein wütendes Gebell klang über den Markt. Wir standen zu diesem Zeitpunkt an der Haltestelle der Straßenbahn Linie 13. Unerwartet kam heftige Bewegung in die Menge. Die den Polizisten unmittelbar gegenüberstanden und versucht hatten, mit ihnen zu diskutieren, erhielten die ersten Schläge. Die Polizisten prügelten unterschiedslos. Schmerzensschreie. Wir fassten die Frauen, die sich uns angeschlossen hatten, an den Händen und liefen los, so schnell es ging… Eine Straßenbahn war angekommen. Viele versuchten, in ihr Schutz vor den heranstürmenden und knüppelnden Polizisten zu finden. Die es geschafft hatten auszusteigen, gerieten in den Angriff. Völlig Ahnungslose erhielten Prügel.“* (aus „Halle im Herbst“, Völlger/Butzke)
Das Ergebnis: 39 „Zugeführte“. Dagegen protestieren am 10. Oktober Kirchenvertreter und engagierte hallesche Bürger bei Stadtregierung und SED.

Die Zeitung „Freiheit“ stellt die Vorgänge vom Montag verzerrt dar. Am Nachmittag des 15. Oktober versammeln sich 2.000 Menschen in der Pauluskirche. Sechs Thesen werden vorgestellt, diskutiert und angenommen.

- Selbstverpflichtung zur strikten Gewaltfreiheit.
- Keine Gewalt der Sicherheitsorgane gegen Teilnehmer friedlicher Zusammenkünfte.
- Keine Diffamierung und Kriminalisierung von für eine Reform engagierten Personen und Gruppen.
- Offene und wahrheitsgetreue Berichterstattung in den Medien.
- Versammlungs- und Redefreiheit.
- Bereitstellung von Räumen und Plätzen zur öffentlichen Diskussion.

Einen Tag später, wieder am Montag, harren bereits Tausende Menschen mit Kerzen und Blumen auf dem Marktplatz eine Stunde schweigend aus, und nur ein Transparent, vom Giebel der Marienkirche zur Marienbibliothek dem Rathaus entgegen, verkündet ihren Wunsch: „*Gewaltfreiheit für unsere Stadt*".

Vereinzelte Frauen gehen mit Körben voller Astern herum und verteilen die Blumen. In der Nacht zum 20. Oktober hindert die Staatssicherheit mehrere hallesche Initiatoren des Neuen Forums an ihrer Fahrt zur Leipziger Demo und nimmt sie fest. Am 23. Oktober demonstrieren Tausende Menschen in einem Zug vom Marktplatz zum Leipziger Turm und an der Waisenhausapotheke vorbei zum „Café Böhme". Auf der Hochstraße kommt der Verkehr zum Erliegen. Eine Woche später sind es bereits 50.000 Hallenser.

Am 30. Oktober bewegt sich der Zug der Demonstranten erstmals Richtung Gimritzer Damm und bleibt vor den Gebäuden der Bezirksverwaltung für Staatssicherheit stehen. Noch zu groß ist die Angst vor der Stasi, um Einlass zu begehren. Am Montag darauf ist Halle Schauplatz der bis dahin größten Demonstration mit 80.000 Teilnehmern.

Der 1. Sekretär der Bezirksleitung der SED hat immer noch die Macht, mit dem Losungswort „Keimerstickung" die Garagen in der Reideburger Straße, dem „Zentralen Zuführungspunkt", wieder zu öffnen.

Die Mitarbeiter des MfS erwarten einen Angriff der Demonstranten auf ihr Objekt, zu dem es jedoch nicht kommt. Eine Dienstanweisung sah vor, „*...jegliche feindliche Einwirkung auf das Dienstobjekt der Bezirksverwaltung mit aller Konsequenz zu verhindern.*" In einer Liste wird die Bewaffnung der Mitarbeiter mit Maschinengewehren und Maschinenpistolen aufgeführt sowie ihre Aufteilung auf die einzelnen Dienstzimmer, die laut Plan als „Feuerstellungen" bezeichnet werden. In einer Skizze sind die Schusssektoren aus den einzelnen Fenstern militärisch exakt eingezeichnet.

Am 8. November verbreitet sich in Halle die Nachricht, dass Hans-Joachim Böhme erneut in das Politbüro der SED gewählt wurde. Massenaustritte aus der Partei sind die Folge. Angehörige der Volkspolizei verkünden, „*dass sie es ablehnen, sich für Achim Böhme den Schädel einschlagen zu lassen*". Einen Tag später erklärt Böhme den Rücktritt von der Funktion des 1. Sekretärs der Bezirksleitung Halle.

Nur 24 Stunden später geht ein Lauffeuer durch Halle: Am 9. November hat DDR-Regierungssprecher Günter Schabowski bei der inzwischen legendären Pressekonferenz um 18:23 Uhr die Öffnung der DDR-Grenzen zur Bundesrepublik verkündet - und damit die Reisefreiheit. Der „Sturm nach Westen" ergreift die Hallenser: 100 D-Mark „Begrüßungsgeld" pro Besucher in der Bundesrepublik locken zur Spritztour in den Westen, von der fast alle Hallenser wieder zurückkehren.

In Halle geht die Erosion der brüchigen DDR weiter. Am 5. Dezember erfährt Frank Eigenfeld vom „Neuen Forum" aus Berlin, dass in anderen Bezirken bereits die Zentralen des Staatsicherheitsdienstes besetzt seien und er unbedingt in Halle etwas unternehmen müsse. Hans Peter Lön beschreibt in seiner Broschüre „Unsere Nerven lagen allmählich blank" die folgenden Stunden bis zur beginnenden Versiegelung der Archive um 13.15 Uhr minutiös, authentisch und spannend. Aktenbestände in acht Kilometern Länge stellten die Bürger sicher.

>>>

Lange Schlange: Im November 1989 können Hallenser in der Staatsbank am Hansering erstmals Ost- in West-Mark tauschen.

Ein Stasi-Foto und seine Geschichte

Die Lust am erhobenen Haupt

Manuela und Michael Klapperstück zeigen das Wahlplakat, mit dem der Akademiker für das neue forum / BÜNDNIS 90 kandidierte.

Es war absehbar damals: Angesichts des entschiedenen Bürgerwillens nach Reformen waren die Tage der Betonköpfe in Wandlitz und anderswo gezählt. Und ein bis heute anonymer Stasi-Fotograf konnte nicht ahnen, dass er im letzten Herbst der DDR eine einmalige Situation auf seinen Schwarz-Weiß-Film knipsen sollte - in Halle.
Das Foto zeigt zwei Bürger mit ernsten, skeptischen Gesichtern, flankiert von Angehörigen der Volkspolizei. Und alle tragen Schärpen mit der Aufschrift GEWALTFREI. Ist das Lächeln des Volkspolizisten rechts im Bild von Erleichterung geprägt? Hoffnung? Optimismus gar?
Zwei Jahrzehnte danach bleibt die Frage unbeantwortet; der freundliche Mann in Uniform ist unauffindbar. Die junge Frau im Ozelot-Imitat von 1989 jedoch erinnert sich, als sei es gestern gewesen. Die Biochemikerin Dr. Manuela Klapperstück hatte gerade den Schritt vollzogen, ihren bis dahin höchstens im kleinen Kreis geäußerten Unwillen über den Staat bei den Montagsdemos am Fahnenmonument öffentlich auszudrücken, als der anonyme Fotograf auf den Auslöser drückte: „Wir hatten keine Lust mehr, den Kopf einzuziehen.“
Die Lust am erhobenen Haupt hatte den Lebensweg ihres Mannes Dr. Michael Klapperstück schon früher bestimmt. Nach einem gescheiterten Fluchtversuch und Untersuchungshaft im „Roten Ochsen“ von der Obrigkeit eh abgestempelt, war er im Diakonie-Krankenhaus zum Abteilungsleiter für klinische Chemie und Labordiagnostik aufgestiegen. In jenen Wochen der Vor-Wende zählte Dr. Klapperstück dann zu den Aktivisten der Bürgerbewegung, saß später für das neue forum am Runden Tisch der Stadt Halle und schließlich für die SPD im Rat.
Anfang Oktober 1989: explosive Stimmung in Halle. Nach ihren Prügel-Attacken auf dem Markt (siehe Dokumentation) hatte sich die Volkspolizei völlig zurückgezogen - aus Angst vor der eigenen Bevölkerung? „Und auch wir hatten Angst“, erinnert sich Dr. Klapperstück, „dass Krawallmacher unsere friedlichen Versammlungen in unkontrollierbare Bambule verwandeln konnten.“ Also suchte der Mann (den die

Stasi später fotografieren und mit dem Vermerk „führender Redner / evtl. Chef einer Reformgruppe“ einstufen sollte) den Chef der Volkspolizei Halle auf. Mit einem für damalige Zeiten kühnen Vorschlag: Sowohl die Ordnungs(?)-Hüter als auch die Bürgerrechtler sollten sich mit Schärpen öffentlich zum Verzicht auf Gewalt bekennen. Die Reaktion des Polizeichefs, völlig überraschend: „Machen wir.“
Und so kam es zu dieser wohl einmaligen Situation in der gesamten DDR: Die Volkspolizei selbst (!) ließ 120 Schärpen herstellen und lief mit diesen friedensstiftenden Uniform-Accessoires bei der nächsten Montags-Demo am Fahnenmonument auf. Etwa die Hälfte der Schärpen verteilte die Polizei an die Bürger. GEWALTFREI sorgte von da an für ein friedliches Miteinander - „und so blieb das bis zu Wende“, erinnert sich Dr. Michael Klapperstück.
Zwei Jahrzehnte später - was ist geblieben? Für das Akademiker-Paar aus Halle zwiespältige Ansichten und Einsichten. Schließlich waren sie damals auf die Straße gegangen, um einen aus ihrer Sicht reformfähigen Staat zu verändern (Dr. Michael Klapperstück: „Die Wiedervereinigung war zunächst gar kein Thema. Wir waren sehr fundamental und völlig ungeübt. Auf jeden Fall wollten wir weniger Staat.“). Dann die Grenzöffnung; Klapperstücks fuhren nach Wolfenbüttel („damals für uns die kürzeste Strecke … die Idee, dort zu bleiben, hatten wir überhaupt nicht“). Und nun die Einheit, als die DDR - frei nach Wolfgang Neuss 1965 beim gemeinsamen Konzert mit Wolf Biermann - unter das „Glücksrad der Bundesrepublik“ geriet. Etwas blauäugig, hatten Klapperstücks gehofft, „der Westen werde die positiven Seiten der DDR übernehmen, aber alles war plötzlich schlecht“. Das heutige Gesundheitssystem der Berliner Republik, die Privatisierung der Grundversorgung, die Banken-Skandale: Verbitterung bei den beiden Zeitzeugen, vor allem, „weil der Mensch heute nur noch ein Kostenfaktor ist“.
Doch gegen den Frust steht auch eine „ganz große Freude“ - darüber, dass sich die Eheleute frei bewegen, ungehindert Kontakte zu Kollegen pflegen können. Über die neue Lebensqualität, den technischen Fortschritt. Und darüber, dass der Himmel über Halle endlich wieder blau ist.
Das letzte Wort hat an dieser Stelle Dr. Michael Klapperstück. Der kritische Geist hat ihn bis heute nicht verlassen; und das ist gut so - denn solche Leute braucht das Land:
„Kein System ist so gut, dass es sich nicht verbessern ließe.“ ast

>>>

Wenn in einer Gesprächsrunde alle gleichzeitig reden und jeder durch Lautstärke die Oberhoheit gewinnen will, dann sagt Peter Sodann: *„Seid doch mal stille. Ich muss Euch was erzählen.“*
Meist hebt er dann den linken Arm und fügt: *„ich schwör's, dass es so war“*, hinzu. Und dann beginnt er zu erzählen..

Erinnerungen I: Peter Sodann

„Mein Herz schlug etwas anders“

Die Erinn'rung ist eine mysteriöse Macht
und bildet die Menschen um.
Wer das, was schön war, vergißt, wird böse.
Wer das, was schlimm war, vergißt, wird dumm. Erich Kästner

Was war schön an der Wende, was war schlimm? Es ist so viel geschehen in dieser Zeit. Ich bin von Episode zu Episode gerannt, war des Tags und des Nachts unterwegs, auch im Nebel. Zu viel ist geschehen, zu rasant war das Tempo der Ereignisse. Vielleicht müssen noch einmal 20 Jahre vergehen, bis man wirklich begreift, was da in der Zeit des Gefängsnisaufstandes geschehen ist.

Gefängnisaufstand sage ich deshalb, weil eine Revolution, auch eine friedliche, etwas anderes ist. In anderen revolutionären Zeiten haben wir gesungen: Du hast ja ein Ziel vor den Augen... Und ich glaube, das Ziel 1989 war doch recht zweideutig. Ich bin mit allem einverstanden, ich habe mich beteiligt an den Protestdemonstrationen, ich habe sie auch mit organisiert und kann mich an so vieles erinnern. Mit dem Neuen Forum hatte ich nicht so viel im Sinn. Ich muss ehrlich sagen, mein Herz schlug etwas anders, als das Neue Forum es wollte. Es fällt mir nur schwer, das alles nach 20 Jahren in ein schlüssiges Resümee zu bringen. Was ich zu sagen habe, hatte ich in der WENDE REVUE am neuen theater erzählt, die man heute nicht mehr sehen kann.
Aber zwei Episoden kann ich doch erzählen, die mich damals sehr beeindruckt haben.
Ich hatte im neuen theater einen Stammtisch, den ich zusammenrief, um ein wenig Schutz vor den Einrichtungen des Staates zu haben. An diesem Stammtisch nahm die Bezirksleitung der SED teil, die Blockparteien, >>>

Künstler, Wissenschaftler von der Uni, die Kirche, selbst ein Bischof war mal da. Am Anfang habe ich immer ein Gedicht vorgetragen oder eine Geschichte erzählt, die die Grundlage der Diskussion waren. Ich habe also am 24. Februar 1989 zu solch einem Stammtisch eingeladen, da waren wir ungefähr 30 bis 40 Leute im neuen theater. Der Abend stand unter dem Brechtschen Gedanken, wer seine Lage erkannt hat, wie sollte der aufzuhalten sein.Und dazu habe ich ein Gedicht von Ludwig Uhland vorgetragen:

Die linden Lüfte sind erwacht,
sie wehen und säuseln Tag und Nacht.
Sie schaffen an allen Enden.
Oh frischer Duft, oh neuer Klang,
nun armes Herze sei nicht bang,
nun muss sich alles, alles wenden.
Die Welt wird schöner mit jedem Tag,
man weiß nicht, was noch werden mag,
das Blühen will nicht enden.
Es blüht das fernste, tiefste Tal:
nun armes Herz vergiss die Qual,
nun wird sich alles, alles wenden.

Darüber haben wir dann diskutiert, damals, im Frühjahr 1989. Ich nehme an, dass die meisten der von ihnen an die wunderschönen kommenden Frühlingstage dachten und nur wenige an die Wende, die schon vor der Tür stand. Dies war, ich will nicht sagen lustig, aber nach wie vor in meinem Hinterkopf bemerkenswert.
Eine zweite Episode steht im Zusammenhang mit dem ersten Besuch Hans-Dietrich Genschers in Halle. Ich hatte mich immer an den Sitzungen des Runden Tisches beteiligt. Eines Tages meldete sich Herr Genscher an und bat mehrere Mitglieder des Runden Tisches in die Georgen-Gemeinde. Die Georgen-Gemeinde war zu dieser Zeit, wir wollen es schon so nennen, eine Art revolutionäres Zentrum der Bürgerrechtler der Stadt. Herr Genscher bereitete an diesem Abend seine Rede für den nächsten Tag, den 17. Dezember 89, in der Marktkirche vor. Trotz meines Alters war ich damals doch stark nervös und aufgeregt. Am nächsten Tag traten wir in der Marktkirche an. Anwesend waren im Präsidium Herr Hirsch von der FDP, Herr Baum von der FDP, Herr Genscher stand natürlich im Mittelpunkt des Geschehens, Herr Nelles von der Leopoldina, Frau Hahnewinkel, spätere SPD-Bundestagsabgeordnete, Herr Dr. Klapperstück, der immer für den Runden Tisch die Protokolle schrieb. Und meine Wenigkeit.
Herr Genscher hatte uns am Abend zuvor gebeten, nach seiner Rede die Diskussion mit Fragen aus dem Präsidium zu beginnen. Jeder von uns sollte sich eine Frage ausdenken. Ich hatte die ganze Nacht gegrübelt, welche weltpolitisch wichtige Frage ich ihm stellen könnte. Mir fiel auch eine ein. Als wir die Kirche betraten, fragte mich ein Freund aus dem Präsidium, welche Frage ich denn stellen würde und ich habe sie ihm gesagt.
Herr Genscher hielt seine Rede, die uns allen sehr gut gefiel. Es war eine sehr feierliche Stimmung in dieser Kirche an jenem Tag. Dann sollte die Diskussion beginnen mit unseren Fragen. Und jener Freund, der mich nach meiner Frage gefragt hatte, stellte jetzt meine Frage. Ich begann zu schwitzen wie mein Lebtag nicht. Denn wenn jetzt keiner mehr eine Frage gestellt hätte und ich aufgefordert worden wäre, meine zu stellen – was hätte ich sagen sollten? Ich wusste keine Frage mehr. Glücklicherweise kamen aber Fragen aus dem Publikum, die ich die Ehre hatte vorzulesen.
Erwähnenswert ist auch, dass ich morgens, um in die Kirche zu gelangen, so schnell und so voller Aufregung hastete, dass ich gegen einen Laternenpfahl gelaufen bin und mir die Stirn aufschlug. Was Herrn Genscher zu der Bemerkung veranlasste: „Gestern sahen Sie aber friedlicher aus, Herr Sodann."
Solche Episoden könnte ich stundenlang erzählen. Es soll aber damit genug sein. Eins allerdings will ich noch bemerken. Wir haben damals den Kapitalismus gerufen und er ist auch gleich gekommen. Zu einem 1. Mai nach der Wende hatten wir die Losung: „Erst haben wir den Sozialismus ruiniert, jetzt ist der Kapitalismus dran". Im Moment durchleben wir Zeiten, die alte Fragen wieder neu aufwerfen. Wird es eine neue Wende geben? Wie sieht Deutschland, wie sieht die Welt nach der Krise aus? Müssen wir vielleicht doch über eine neues Deutschland nachdenken? Jenseits des Kapitalismus. Wie muss die Welt eingerichtet sein, damit die Menschheit überleben kann? Diese Frage müssen wir beantworten. Es muss sein!

Was haben Sie damals erlebt?
Wie sehen Sie die Wende heute - nach zwei Jahrzehnten?
Diese Fragen hatten die SONNTAGSNACHRICHTEN an ihre Leserschaft gerichtet.
Hier im ZEIT REISE Spezial einige der Beiträge in Auszügen.

Erinnerungen II:
Helmut Tauchnitz

„Wir konnten doch nicht im Handumdrehen aufhören zu existieren!"

Ich war Lehrer. Mein Hobby, die Ornithologie bewirkte, da ja Vögel keine Grenzen kennen, weltweites Interesse. Als DDR-Bürger, stark eingeschränkt, war es nur mit großem Glück oder mit guten Beziehungen möglich, einmal eine Reise in ein Bruderland zu bekommen. Vogelfreunde im Westen bereisten die ganze Welt. Nur neidvolle Gedanken waren möglich.
Noch Anfang des Sommers 1989 glaubte ich nicht an eine politische Wende in der DDR. Auch meine Freunde, Bekannten und Kollegen waren der gleichen Meinung.
... Als nach den Ferien, Ende August 1989, die ersten Besprechungen und Konferenzen in der Vorbereitungswoche in der Schule erfolgten, hatte sich die Lage in Ungarn zugespitzt. Die Flucht von DDR-Urlaubern, über die Botschaft der BRD in Ungarn, war zu einer Massenbewegung geworden. ... An eine Änderung der Politik in der DDR glaubte aber immer noch keiner. Im Unterricht wurde dieses Thema vermieden.
Die Fluchtwelle wurde immer größer. Die BRD-Botschaft in der CSSR kam als neuer Fluchtort hinzu. In der DDR wurde die Kritik immer lauter und öffentlicher. Viele wagten zum ersten Mal ihre Meinung laut, aber immer noch vorsichtig,

zu sagen. Auch die untergeordneteren staatlichen Stellen wurden leiser in ihren regimetreuen Äußerungen.

... Ende Oktober erfolgten auf dem Markt in Halle die ersten Zusammenstöße von Oppositionellen mit der Polizei. ... Es begann eine Massenbewegung zu werden. Unter der Bevölkerung sprach sich herum, was vorging. Am zweiten Montag nach der ersten Konfrontation auf dem Markt in Halle hielt es mich nicht mehr zu Hause. Um 17 Uhr, hatte ich erfahren, treffen sich die Oppositionellen auf dem Markt. Zehn Minuten vorher war ich da. Dann eine Überraschung. Mein bester Kollege aus der Schule, Jürgen, er war stellvertretender Direktor, steigt aus der Straßenbahn. Nicht einmal wir guten Freunde hatten uns verständigt. Die Unsicherheit gerade unter Lehrern war noch groß.

... Es war ein unbeschreibliches Gefühl. Ich nahm das erste Mal an einer politischen Kundgebung teil, zu der ich nicht befohlen wurde, zu der ich aus eigenem Antrieb gegangen bin, und wo der größte Teil der Mitdemonstranten gleichgesinnt war. Nach einer kurzen Demonstration durch einige Straßen der Innenstadt endete der Marsch wieder auf dem Markt. Von den Treppen des Rathauses sprachen dann einige Leute zu Fragen, die alle bewegten. Schluss mit der Stasi, Einführung demokratischer Verhältnisse, Reisefreiheit. Das waren die wichtigsten Themen.

... Am letzten Novembersonnabend bin ich mit Gabi und Jürgen nach Westberlin gefahren, um auch den Westen kennenzulernen. 1961, im Frühjahr, kurz vor Errichtung der Mauer, war ich das letzte Mal dort, illegal mit einigen Kommilitonen während einer Studienreise nach Potsdam... Es war ein beklemmendes Gefühl, als wir mit vielen anderen die Grenzanlagen passierten. Es waren Befestigungen mit Panzersperren und Sicherungen, die ein nicht genehmigtes Durchkommen unmöglich machten. Wir haben in einem unheimlich sicheren Staat gelebt. Nur seltsam, dass die Sicherungen in Richtung unseres Landes waren, nicht gegen den Feind. Auf der westlichen Seite war nichts Derartiges.

... *(Helmut Tauchnitz schildert weiter, wie er Westberlin erlebt, sein früheres Wohmhaus wiedersieht, wie die Supermärkte auf ihn wirken* („Fantastisch die Fülle“*). Im Kaufhaus des Westens gibt er die Hälfte des Berüßungsgeldes aus - für ein ornithologisches Bestimmungsbuch und eine Basecap.)*

... Spätabends sind wir wieder mit gemischten Gefühlen zu Hause gewesen. Die Montagsdemonstrationen gingen weiter. ... Ungefähr zu dieser Zeit tauchten dann bei den Montagsdemonstrationen die ersten Transparente mit der Forderung „Deutschland - einig Vaterland“ auf. ... Viele der Demonstranten, auch ich, glaubten anfangs nicht an die Realität dieser Forderung. Wir mussten uns bald eines Besseren belehren lassen. Nicht, dass wir das nicht wollten, wir wollten es sogar aus ganzem Herzen. Wir glaubten aber einfach nicht daran, dass zwei so grundverschiedene Staaten so im Handumdrehen vereint werden können. Wir, die DDR, konnten doch nicht so einfach im Handumdrehen aufhören zu existieren. Wir wollten ja auch nicht sofort BRD-Bürger werden. Freie DDR-Bürger die ihr Leben selbst gestalten und selbst bestimmen, war unser Ziel. Verschwinden, bzw. radikal reformieren mussten wir ja. Das sozialistische System war nicht lebensfähig. Der Gedanke musste sich erst allmählich vertiefen.

Wir haben noch bis Ende Dezember regelmäßig an den Montagsdemonstrationen teilgenommen. Dann wurden sie eingestellt. Das Ziel, Beendigung des sozialistischen Staates, war geschafft.

Dann beschreibt Tauchnitz die Zeit der Wendehälse („Die besten Genossen gaben ihre Parteibücher ab“*) und die Konflikte, verursacht durch die* „demokratische Umgestaltung der Schule“. *Schließlich zieht er die Konsequenzen:*

Ich habe mich dann ein Jahr später, im Frühjahr 1990, als die Umstrukturierung des Schulsystems begann, an einem Gymnasium beworben. Das Torgymnasium war meine letzte Dienststelle. Am 31. Dezember 1992 bin ich auf eigenen Wunsch in den Vorruhestand gegangen. Jetzt hatte ich Zeit und die Möglichkeit, mir endlich, in doch fortgeschrittenem Alter, Länder, deren Menschen und Tiere auf allen Erdteilen anzusehen und ihre Lebensweise kennenzulernen.

Erinnerungen III:
Hans-Ulrich Giese

Sturmzeit

Im November 1989 war ich Seemann bei der Deutschen Seereederei in Rostock. Deshalb finden sich meine Wendeerlebnisse nur zeitweise in Sachsen-Anhalt.

...Die berühmte Pressekonferenz des “Genossen“ Schabowski am 9. November konnte ich noch zu Hause in Halle verfolgen. Seinerzeit brachte diese Meldung mein bis dahin vorhandenes Gleichgewicht durcheinander. Nicht so sehr, weil der Fall der Grenzen nun absehbar wurde. Es war auch nicht die Furcht vor Veränderungen. Vielmehr belastete mich die Ungewissheit über die Art und Weise, wie dieser Umbau vor sich gehen könnte.

Bereits vier Stunden später saß ich im voll besetzten Nachtzug nach Rostock gemeinsam mit Studenten, Arbeitern und einigen Soldaten. Nur vereinzelt hörte man im Waggon Bemerkungen zu den neuen Reisebestimmungen. Die Nacht forderte ihren biologischen Tribut. Nach der langen und unbehaglichen Fahrt verzichtete ich auf den Weitertransport per S-Bahn zum Überseehafen. Etwas abseits vom Taxistand, vor dem Hauptbahnhof in Rostock, liefen ein paar Herren, „unauffällig“ mit ihrem Autoschlüssel klappernd, auf dem Vorplatz hin und her. Ein Mittfünfziger erklärte sich sofort für die Tour zum Hafen bereit. Natürlich bekam er schnell heraus, wen er da beförderte. Ohne lange Vorrede gab er mir zu verstehen, dass unsere Sonderrechte als Seeleute in diesem zugemauerten Staat nun wohl der Vergangenheit angehören werden. Ich antwortete ihm, dass mich das nicht stören würde. ... Ich machte mir hauptsächlich Sorgen um den friedlichen Fortgang der Ereignisse.

.... Eine Stunde später, um 8 Uhr, begann die Wache. In der vertrauten Umgebung an Bord hoffte ich, so etwas wie Ruhe zu finden. Zunächst schien sich dieser Wunsch zu erfüllen. Die Ankündigung vom Vorabend im Fernsehen stand nicht so sehr im Vordergrund. Vielleicht lag es daran, dass wir so kurz vor dem Auslaufen ausreichend mit der Ausrüstung und diversen Reparaturen am Schiff zu tun hatten, vielleicht hatten wir die Tragweite dieser offiziellen Entscheidung noch nicht begriffen oder die Grenzöffnung spielte, anscheinend wegen unseres Berufes, nicht die große Rolle.

Viel aktueller war, dass zum Beispiel ein Matrose aus Dresden anrief und um 16 Stunden Urlaubsverlängerung bat. Er wollte unbedingt an einer Demo teilnehmen. Zwei Maschinenassistenten gingen während ihrer Freiwache auf die Kreisleitung der Partei und erklärten ihren Austritt. ... Unser dritter Offizier ... verteilte unter der Besatzung ein Flugblatt mit einer Liste von Forderungen des Demokratischen Aufbruch. Möglichst viele sollten das unterschreiben.

... Der Fernsehapparat in der Mannschaftsmesse lief fast ununterbrochen. Denn es kamen ja ständig neue Nachrichten. Dabei wurde je nach Bedarf zwischen DDR- und Westfernsehen hin und her geschaltet. Sogar das ist eine kleine Revolution gewesen. Es gab da nämlich eine merkwürdige Regelung seitens der Reederei. Die verbot strengstens das Einschalten von westlichen Fernsehsendern an Bord in den Seehäfen der DDR. Bei Verlassen der Seegrenze wandelte >>>

sich diese Bestimmung um: „... das Einschalten westlicher Sender ist nicht erwünscht". ... Doch in diesen Tagen kümmerte sich kaum jemand mehr um diese Anweisungen. So konnte dann am 13. November ein Teil der Mannschaft über die kümmerliche Rede des Genossen Mielke, anhand des Kommentars im Westfernsehen, staunen und lachen.
Es gab noch eine weitere, wenig beliebte, Regelung. In unserem Betrieb galt als offizielle Anrede die Bezeichnung „Genosse". ... Immer mehr Mitarbeiter hatten schon im Frühjahr begonnen, diese Regelung zu ignorieren und verwendeten die zivilere Anrede „Kollege". Unser „Alter" (Kapitän) äußerte sich dazu nur knapp mit einem unverständlichen Brummen. Der beginnende Umschwung hatte also auch uns erreicht.
Am 13. nachmittags verabschiedete sich der Kapitän für ein paar Stunden nach Hause. Wir begannen das Schiff seeklar zu machen. Wenige Minuten später klingelte mein Telefon und ich hörte den Wachmatrosen sagen: „Herr Lichter kommt ... der von der Stasi. Der wollte zum Alten!" Dass die Herren viel Wert auf Verschwiegenheit und ihr Inkognito legten, war allgemein bekannt. Doch sie mussten, wie jeder Hafenarbeiter, Radarmechaniker, Wäschefahrer, Wirtschaftsinstrukteur oder Inspektor ihren Dienstausweis an der Gangway vorzeigen. ... So führte diese Vorschrift zum Verlust ihrer Tarnung. Erwartungsgemäß stand Herr Lichter eine Minute nach dem vorwarnenden Anruf in meiner Tür. Es handelte sich offenbar um den Routinebesuch zwischen zwei Reisen. Er war nicht älter als 23 bis 24 Jahre und wirkte auf mich eher wie ein frischgebackener Abiturient. ... Überaschenderweise gab es keine der üblichen „Reisebelehrungen". Eigentlich wisse er nicht, warum er hier sei, es gehe ohnehin zurzeit alles drunter und drüber. Nebenbei schlug er sein Notizbuch auf. Er fragte nach, wer an Bord besonders viel Westfernsehen schaut oder andere politische Aktivitäten entfaltet. Dabei strahlte Herr Lichter keineswegs die sonst übliche forsche, bestimmende und lauernde Art der Geheimdienstleute aus. Er wirkte in seinem Auftreten eher lustlos und unsicher. Ich sagte ihm, dass ich seine Frage unter den gegebenen Zeitumständen für unangebracht hielte und schob ihm die Besatzungsliste über den Tisch zu: „Da haben Sie die Namen." Ohne auch nur einen Blick auf das Papier zu werfen, drückte er mir die Liste wieder in die Hand. Dann saß er für ein paar Sekunden regungslos auf der Backskiste (Sofa). Ohne ein weiteres Wort oder gar einer Notiz klappte er sein Notizbuch zu. Er stand auf, nahm seine Tasche und sagte dann etwas vollkommen Erstaunliches: „Mit den Äußerungen und der Rede unseres Chefs wollen wir nichts zu tun haben!"
Noch in jener Nacht verließen wir Rostock nach Casablanca gehend. ... Der Betrieb an Bord lief scheinbar normal. Doch schon bald zeigten sich ungeahnte Veränderungen in der gewohnten Homogenität des Alltages. Nach und nach versuchte jeder, seine Position zu den Ereignissen zu finden. Die obligatorische Schiffspresse, die uns per Fernschreiber via Rügen Radio erreichte, wandelte sich in den folgenden Wochen inhaltlich nur sehr langsam von einer parteigesteuerten Zeitung in ein allgemeines Mitteilungsblatt über die tatsächlichen Begebenheiten in Leipzig, Rostock und Dresden. Aus einigen Kammern (Kajüten) klang lauter als sonst die auf Kurzwelle verrauschte Stimme der Deutschen Welle - auf See der einzig brauchbare Nachrichtensender.
Wir gingen zwar unserer Arbeit nach, doch bei allen begann nun, verschieden ausgeprägt, eine ganz persönliche Wandlung. Das bis dahin all die Jahre freundschaftliche, teils familiäre Bordklima, erfuhr ungewöhnliche Veränderungen. Aus nicht erklärlichen Gründen zog sich ein Teil der Besatzungsmitglieder zurück. Der bisher angenehme Umgangston wich ganz vorsichtig bei einigen Gesprächen einer eher zurückhaltenden und weniger vertrauten Konversation.
... Die Unwiderruflichkeit der Veränderungen begriff ich mit aller Konsequenz cirka zwei Wochen nach Beginn der Reise. Wir befanden uns auf dem Atlantik westlich der portugiesischen Küste. Wie immer drehte ich nach der Wache, so gegen 21 Uhr, eine Sicherheitsrunde. ... Auf dem Rückweg nach oben ertönten im Hauptdeck aus einer Kammer laute, bierselige Stimmen hinter dem handbreit geöffneten Schott (Tür) hervor. Singend ließen zwei Matrosen deutsche Panzer gen' Afrika rollen. Meine Fragen am nächsten Tag beantworteten sie eher mit Schweigen und ich fühlte mich zugegebenermaßen ziemlich hilflos. Sie glaubten wohl, die neu gewonnene Freiheit lässt jetzt auch solche Inhalte zu.
.. Rostock, unseren Heimathafen, erreichten wir erst wieder im Januar 1990. ... Nach ein paar Tagen saß ich glücklich im Zug nach Halle. ... Auf dem Weg von Halles Hauptbahnhof zur Südstadt, in der wir damals wohnten, fiel mir nach den zwei Monaten Abwesenheit sofort auf, dass die DDR-Fahnen durchweg durch Deutschlandfahnen abgelöst worden waren. Meine Frau arbeitete zu dieser Zeit in einer Poliklinik. Sie erzählte von einer gewissen Unruhe, die ziemlich alle Kollegen mehr oder weniger erfasst hätte. ... Mein Schwager und mein Bruder, beide in der volkseigenen Wirtschaft (Plastwerk, Backmehlwerk) tätig, erzählten das Gleiche.
... Kaum hatte ich mich einigermaßen in den familiären Alltag eingepasst, klingelte genau acht Tage nach meiner Ankunft ein Telegrammbote. „+++ vertretungsreise ms" ernst schneller", dienstantritt 12.02. kiel +++" , stand dort auf schmalen weißen Klebestreifen im rot liniierten Telegrammformular.
Hans-Ulrich Giese muss aufbrechen. Ein neues Kommando führt ihn wieder auf See.
Wieder rückte die Wendezeit in weite Ferne. Wir bewegten uns hauptsächlich im Mittelmeer bis nach England und Skandinavien. ... Von den Geschehnissen in der Heimat erfuhren wir, wie bereits gewohnt, per Fernschreiber, anhand von Beiträgen der Deutschen Welle und durch Telefonate mit unseren Angehörigen. ... Der offensichtlich bevorstehende Wechsel zur DM regte verständlicherweise unsere Phantasie an.
... Anfang Juni, im Mittelmeer, erreichten auch mich die nun offenbar unvermeidlichen zaghaften Vorboten des Kapitalismus. Meine Frau rief mich über Rügen Radio an ... : sie überlege gerade, ob sie sich selbstständig machen solle. ... Wir bräuchten dazu bestimmt einen hohen Kredit. Was ich davon halte, wollte sie wissen. ... Der Funker hatte zwangsläufig mitgehört, weil er die Verbindung stabilisieren musste. Wir waren sehr gut befreundet. Noch während ich vor Überraschung in zwei, drei Schweigesekunden versank, raunte er mir zu: „Mach´s!" Ich habe wirklich zugestimmt. Allerdings brauchte ich ein paar Tage und die beruhigenden Worte meiner Kollegen, um die eventuellen neuen familiären marktwirtschaftlichen Umstände zu verarbeiten.
Die Währungsumstellung erlebte unsere Familie während eines Ferienaufenthaltes in Thüringen, in der Nähe von Suhl. Plötzlich, in der bis dahin sozialistischen Kaufhalle, das westliche Warensortiment vorzufinden, löste schon ein eigenartiges Gefühl aus. Früher verbanden sich mit Karstadt, Aldi & Co immer irgendeine Schiffsreise, ein Seefahrtsbuch, Behörden, Landgang und Einteilen des West-Handgeldes. Jetzt standen Joghurt, Kaffee, Zigaretten und all der andere „Bunte-Tüten-Kram" einfach so in den Regalen, man brauchte nur zuzugreifen, es bedurfte keiner Umstände mehr. ... Ende Juli ging es wieder auf See. Abermals rückten die Ereignisse in weite Ferne. Doch für die vorhandene Unruhe im Land gab es endlich ein definiertes Ziel. Wir haben im Laufe der Zeit unterschiedliche Wege zurückgelegt. Aus dem Plastwerker, der angestellten Ärztin und dem Seemann sind ein TÜV-Ingenieur, eine Ärztin mit eigener Praxis und ein Lehrer für Nachhilfe geworden. Die Abschaffung der DDR hat sicher hier und da weh getan, sie war aber richtig und notwendig. Allerdings bin ich mit dem gegenwärtigen Kapitalismus nicht einverstanden. Irgendwie raubt er mir und meiner Familie in vielerlei Hinsicht die Luft zum Atmen. Ich habe die ... Ereignisse aufgeschrieben, weil der Zeitgeist ... wegen unseres großen geografischen und informativen Abstandes zum Land in ungewöhnlicher Weise gewirkt hat.

Das Weite suchen? Unbedingt bleiben wollen?

eine persönliche Bilanz von ZEIT REISE - Autor Dr. Kurt Wünsch

Wahrscheinlich wird keine andere Stadt in Deutschland so unterschiedlich wahrgenommen und beurteilt wie Halle. Die Stadt sei immer noch schmutzig, stinkend, wenig attraktiv, ein „Dorf". Meinen die einen und beeilen sich angeblich, immer so schnell wie möglich das Weite zu suchen. Andere dagegen preisen Halle in den höchsten Tönen, schildern begeistert ihre Sehenswürdigkeiten und - wollen unbedingt bleiben.
Dreck und Gestank waren die Folgen der gewaltigen Industrialisierung im 19. und 20. Jahrhundert. Frische Luft in der Innenstadt besaß Seltenheitswert, die Saale wurde zur Kloake für Phenole und andere Gifte. In Ostzeiten fiel mehr den Abrissbirnen und Sprengmeistern zum Opfer, als den Bomben des Zweiten Weltkrieges.
Schuld trug unter anderem das „Wohnungsbauprogramm der DDR", das immer schneller und rücksichtsloser schnell aufgestapelte Neubauten auch in die Altstadt schob.
Das Schönste an Halle - nach Überzeugung weit gereister Leute, sofern sie sich nicht genieren, diesen alten Witz anzubringen - sei jedoch Halles Hauptbahnhof, der infolge seiner Eigenschaft als wichtiger Eisenbahnknotenpunkt eine ideale Gelegenheit biete, diese Stadt nach allen Himmelsrichtungen zu verlassen."
Inzwischen sind zwanzig Jahre vergangen.
Zugegeben: Immer noch scheinen Häuser in Halle auf Sprengmeister zu warten. bedrohen Schlaglöcher die Stoßdämpfer der Autos, fehlen Radwege.
Aber wer einmal inne hält, sich die „alten Zeiten" ins Gedächtnis ruft und mit offenen Augen durch die Stadt läuft, wird viele Verbesserungen und Verschönerungen erkennen.

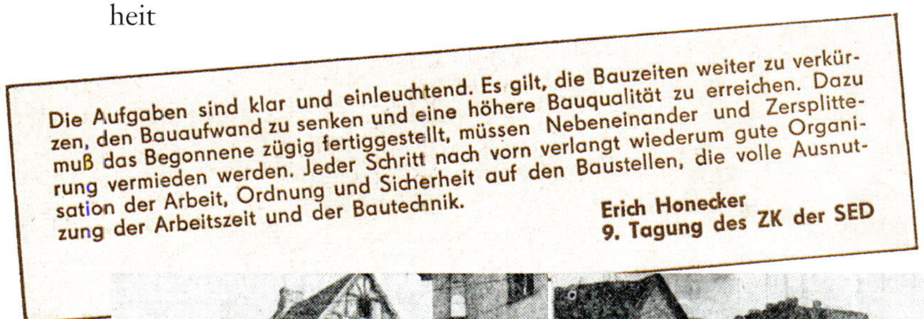
Die Aufgaben sind klar und einleuchtend. Es gilt, die Bauzeiten weiter zu verkürzen, den Bauaufwand zu senken und eine höhere Bauqualität zu erreichen. Dazu muß das Begonnene zügig fertiggestellt, müssen Nebeneinander und Zersplitterung vermieden werden. Jeder Schritt nach vorn verlangt wiederum gute Organisation der Arbeit, Ordnung und Sicherheit auf den Baustellen, die volle Ausnutzung der Arbeitszeit und der Bautechnik.

Erich Honecker
9. Tagung des ZK der SED

Das Schönste an Halle - nach Überzeugung weit gereister Leute, sofern sie sich nicht genieren, diesen alten Witz anzubringen - sei jedoch Halles Hauptbahnhof, der infolge seiner Eigenschaft als wichtiger Eisenbahnknotenpunkt eine ideale Gelegenheit biete, diese Stadt nach allen Himmelsrichtungen zu verlassen."
(Curt Götz in „Die Memoiren des Peterhans von Binningen").

Curt Götz könnte Halle nun sogar in einem modernen ICE-Wagen verlassen.
Die Fassade des Empfangsgebäudes zieren die Wappen der ersten Zielorte: Halberstadt, Berlin, Magdeburg, Leipzig, Nordhausen und Erfurt. Auch zur DDR-Zeit durften Reisende problemlos Fahrkarten für diese Orte lösen. Für Köln oder Kassel benötigten sie allerdings „sehr spezielle" Papiere.
Auf dem Bahnhofsvorplatz stehen reichlich Taxen bereit. Niemand muss sich,wie einst, in eine manchmal endlose Schlange stellen und polternde, überhebliche Taxifahrer ertragen.
Fahrräder stehen (oder liegen) noch viel mehr als Autos vor dem Bahnhof. Wer aufsteigt, erreicht ohne Hindernisse den Riebeckplatz.
„Beinahe genial" gelöst sind die Weiterfahrmöglichkeiten für Radler von dort in Richtung Süden und Norden.
Zur Innenstadt nimmt man vielleicht lieber die Straßenbahn.
Deren Gleise wurden beim Umbau des Platzes nicht nur „beinahe genial" verlegt.

Als „klar und einleuchtend" empfand Erich Honecker 1984 den Kahlschlag in der historischen Bausubstanz.
Noch ein Jahr vor der Wende wurden die alten Häuser in der Geiststraße 63 und 64 gesprengt (Zeitungsausschnitte aus der „Freiheit" links unten).

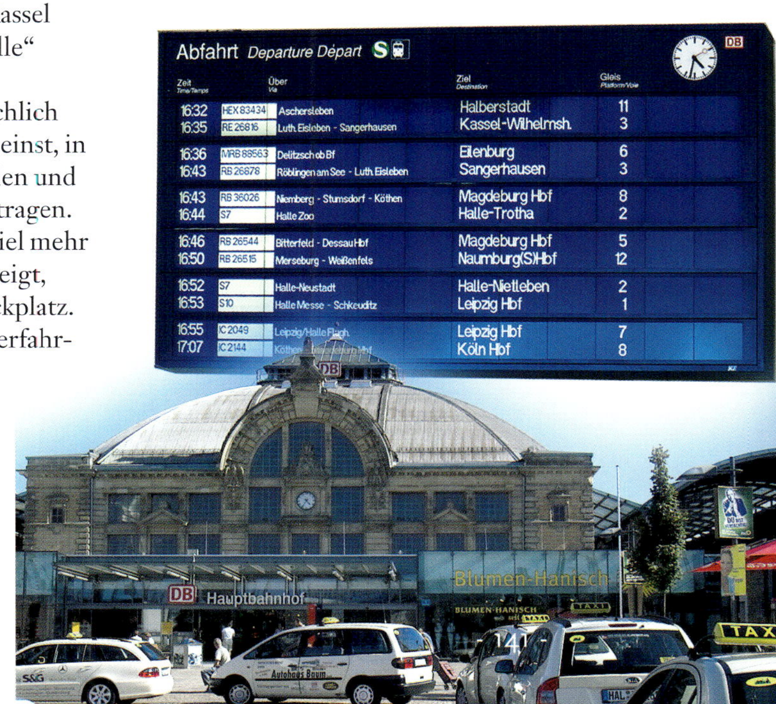

Wahrheit und Poesie kehren zurück

Man kann schon darauf wetten, schimpfen viele Hallenser, dass die HAVAG jedes Jahr im August die Fahrpreise erhöht. Auch 2009 hätte jeder diese Wette gewonnen.
Warum? Weil Immer weniger in die Bahnen steigen, die städtischen Zuschüsse sinken und sinken, von 37 Millionen 2001 auf 23,1 Millionen 2009. Und noch eine Zahl ist beachtenswert: In den vergangenen Jahren hat die HAVAG mehr als 500 Millionen Euro in Halles Verkehrsnetz investiert, neu gebaut wurden unter anderen die Strecken nach Halle-Neustadt und von dort zum Hauptbahnhof, des Weiteren die Schienen in der Trothaer-, Dölauer- und Ludwig-Wucherer-Straße saniert. In die alten „Tatras“ steigt niemand mehr, Niederflurwagen und modernisierte Tatrafahrzeuge haben längst die alten ersetzt.
Auch ohne bequeme Wege haben viele Studenten per Fahrrad den Universitätsplatz erreicht.
Er - leider nicht der Marktplatz - ist die „gute Stube“ der Stadt (unten links). Im Jahr 2001 durfte der Bunker vor dem Hauptgebäude noch einmal besichtigt werden. Danach wurde er - hoffentlich für immer - zugemauert und die 67 Meter lange Treppe wirkungsvoll und fußgängerfreundlich davorgesetzt.
Der damals teilweise erbittert geführte Streit, zum Beispiel über den Verlust von 23 Bäumen (für sie wurde sogar gebetet) ist lange vergessen. Auch die Gebäude ringsum präsentieren sich - innen und außen - wie die schönsten Möbel in einer guten Stube.

Universitätsplatz und Opernhaus

trennen nur ein paar Schritte. Im April 2004 kehrten die Statuen der „Wahrheit“ und „Poesie“ (links und rechts neben dem Titel) an ihre alten Plätze zurück. Sie hatten nach der Zerstörung des Opernhauses 1945 auf den Passendorfer Wiesen im Dornröschenschlaf gelegen.

> „Es soll zugegeben werden, dass kein Mensch, der die Große Ulrichstraße passierte, sich darauf versteift hätte, nun auch die Kleine kennenzulernen.“
> (Curt Götz in „Die Memoiren des Peterhans von Binningen“)

Brigitte Bieler hält dagegen: „Ich laufe seit Jahrzehnten fast jeden Tag durch die Große Ulrichstraße und mindestens einmal pro Woche auch durch die Kleine. Neuerdings bleibe ich immer wieder stehen und bewundere die Fassaden der Häuser. Die zeige ich auch meinen Gästen aus anderen Städten und alle sind total überrascht“ (unten Mitte).
Die Franckeschen Stiftungen wurden buchstäblich in letzter Minute gerettet. Ein ehemaliger Mitarbeiter, dessen Schreibtisch vor der Wende im Haus 6 stand, erinnert sich: „Wir heizten unsere Räume selbst mit Holz und Kohlen. Die sanitären Anlagen befanden sich, gelinde ausgedrückt, in einem unhygienischen Zustand. Erwarteten wir Gäste, war vorher Saubermachen angesagt. Das Schlimmste aber war mit ansehen zu müssen, wie die Stiftungen scheinbar unaufhaltsam dem Tode geweiht waren.“
Heute sieht es nicht nur hinter dem Eingangsgebäude (unten rechts) ganz anders als früher aus: aufgeräumt, menschenfreundlich, geordnet, großstädtisch.
Die Lücke zwischen Franckes Geburtshaus und der Waisenhaus-Buchhandlung wird geschlossen.
Ein verdienstvoller Ehrenbürger der Stadt, jahrelang „Chef“ der Stiftungen, schrieb anlässlich der Bewerbung Halles um den Titel Kulturhauptstadt Europas: „Halle ist seit 1990 auf dem besten Wege, vor dem Hintergrund einer reichen Geschichte zu einer spannenden Stadt der Bildung, Kultur und Wissenschaft in Europa zu werden.“
(Prof. Dr. Dr. mult. Paul Raabe, Ehrenbürger der Stadt)

Einfach mal entlang der Saale bummeln, spazieren gehen, oder wandern, gehört seit Jahrhunderten zu den Lieblingsbeschäftigungen der Hallenser. Dank weitsichtiger Stadtväter, allen voran Oberbürgermeister Robert Rive (1864-1947) ist das immer noch stundenlang möglich.

Im Süden der Stadt, am Hohen Ufer (rechts), fließt die Weiße Elster in die Saale. Wer vor zwanzig Jahren schon einmal hier gestanden hat, weiß die Veränderungen zu schätzen: Der Rauch, der heute aus den Schloten Bunas zum Himmel steigt, stinkt nicht und setzt sich auch nicht als hässlicher weißer Belag auf die Dächer der Häuser. Es ist ungefährlicher Wasserdampf. Und am Zusammenfluss treffen sich auch wieder die Fische. Die Saale hat nun noch etwa zwanzig Fluss-Kilometer vor sich, bevor sie Halle hinter Trotha verlässt. Vieles an ihren Ufern ist erneuert oder verbessert worden.

Halles bekannteste Brücke beim Giebichenstein wurde zum Beispiel total saniert. Kuh und Pferd darunter haben ihre symbolische Bedeutung für „Land“ und „Stadt“ verloren. Die letzten Schweine in Kröllwitz wurden längst geschlachtet, Dächer, Vorgärten und Garagen sehen so aus, wie es sich für eine vornehme Wohngegend gehört.

Die Wege aus der Altstadt zum Wasser sind nicht lang. Vom Mühlgraben vor der Moritzburg weht kein Gestank mehr bis auf den Robert-Franz-Ring und aus undurchdringlichem Gestrüpp ist eine kleine grüne Pausenstation geworden.

Vom Aalweg bis zur Zwintschönaer Straße, überall in Halle erhielten Dächer neue Ziegel, wurden Fenster und Türen erneuert, Baulücken geschlossen, Straßen repariert. Ein schönes Beispiel für sorgfältige den alten Zustand weitgehend berücksichtigte Sanierung ist der „Reilshof“ in der Reilstraße. Die Erbauer (1936) legten besonderen Wert auf Licht, Luft und Grün, so entstand neben einer belebten Straße fast so etwas wie eine kleine Gartenstadt. Erst nach der Instandsetzung 2008/2009 „merkt man das so richtig“.

Und an den Stadträndern? Nach Neustadt fahren Straßenbahnen. Übersichtlicher, aufgeräumter und grüner präsentiert sich dieser Stadtteil zwanzig Jahre nach der Wende.

Auch im Osten, Süden und Norden blieb vieles nicht so, wie es war. „Ja aber“, ... wird mancher jetzt entgegnen und aufzählen, was in Halle weder fertig noch schön ist.

Halle zwei Jahrzehnte nach der Wende: Halb voll oder halb leer? Wer genau hinsieht, wird sich mindestens für „halb voll“ entscheiden.

Kröllwitz

Neustadt

Da wächst etwas zusammen
Über die Identität eines jungen Bundeslandes

von Ministerpräsident Prof. Dr. Wolfgang Böhmer

Wann beginnt eigentlich die Geschichte Sachsen-Anhalts? Diese Frage ist scheinbar leicht zu beantworten. Mit der Bildung der Provinz oder vielmehr des Landes Sachsen-Anhalt unmittelbar nach dem Zweiten Weltkrieg. Formell ist diese Antwort richtig. Als Bundesland hat Sachsen-Anhalt nur eine kurze Geschichte. Der Landesgeschichte im engeren Sinn, steht aber eine sehr viel ältere und reichere Geschichte des Raumes, den das Land einnimmt, gegenüber. Sie lässt sich bis in die Vor- und Frühgeschichte zurückverfolgen. Das Gebiet des heutigen Sachsen-Anhalt, im Wesentlichen der historische Raum zwischen Harz, Mittelelbe und unterer Saale, zählt zu den ältesten deutschen Geschichts- und Kulturlandschaften.

ZEIT REISE
Gastbeitrag

Professor Dr. Wolfgang Böhmer, Gastautor dieses Beitrags zur ZEIT REISE Halle, wurde am 27. Januar 1936 in Dürrhennersdorf (Sachsen) geboren. Der Gynäkologe arbeitete zu DDR-Zeiten als Klinikarzt, zuletzt als Chefarzt in Wittenberg.
1990 wurde er CDU-Abgeordneter des Landtages von Sachsen-Anhalt und hatte von 1991 bis 1994 verschiedene Ministerämter inne.
Danach war er Fraktions- und Landeschef der CDU sowie Vizepräsident des Landtages. 2002 wurde er zum Ministerpräsidenten gewählt.

Es war das Stammland der ottonischen Herrscher und deren Machtbasis. Hier entwickelte sich unter Heinrich I. und seinem Sohn und Nachfolger Otto dem Großen (rechts eine Zeichnung von Lucas Cranach dem Älteren) das Zentrum eines frühfeudalen Reiches. Für die Frühzeit des Heiligen Römischen Reichs war die Bedeutung Magdeburgs herausragend. Kein anderer Ort ist enger mit dem Leben und Wirken Ottos des Großen verbunden. Seine Erneuerung des abendländischen Kaisertums sollte die Geschichte Europas für mehr als acht Jahrhunderte prägen.

Im 16. Jahrhundert wurde Wittenberg zum Zentrum der Reformation. Hier wurde mit Luthers historisch nicht sicher verbürgten Thesenanschlag am 31. Oktober 1517 ein neues Kapitel in der Weltgeschichte aufgeschlagen. Unstrittig hingegen ist die geschichtliche Wirkung Martin Luthers bis in unsere Zeit. Heute bekennen sich weltweit über 400 Millionen Menschen zum Protestantismus. Luthers Einfluss auf das Bildungssystem, unsere Kultur und mentalen Einstellungen ist unverkennbar. Sozialgeschichtlich ist das deutsche Bildungsbürgertum durch den Protestantismus geprägt worden.

Martin Luther

Eine sehr wichtige Zäsur auf dem Weg zu einem Land Sachsen-Anhalt war der Wiener Kongress 1815. Mit der preußischen Provinz Sachsen wurde ein für die Geschichte Sachsen-Anhalts neuer und wichtiger politisch-territorialer Rahmen geschaffen.

Damals kam der Nordteil des Königreichs Sachsens zu Preußen. Zu ihm gehörten in der Hauptsache der Kurkreis um Wittenberg, die ehemaligen Stifte Merseburg und Naumburg/Zeitz, Teile des Meißener und Leipziger Kreises und der sächsische Teil von Mansfeld. Gemeinsam mit den „altpreußischen“ Territorien - der Altmark, Magdeburg und Halberstadt - und thüringischen Gebieten, darunter Erfurt, das Eichsfeld, Nordhausen und Mühlhausen wurden sie zur Provinz Sachsen zusammengefasst. Provinzhauptstadt wurde Magdeburg.

Die Provinz Sachsen sollte sich ebenso wie das Herzogtum Anhalt (seit 1919 Freistaat Anhalt), das 1863 aus den anhaltischen Staaten Anhalt-Dessau, Anhalt-Bernburg und Anhalt-Köthen gebildet wurde und dessen Hauptstadt Dessau war, zu einem der führenden dynamischen Wirtschaftsräume in Deutschland entwickeln. Die forcierte Industrialisierung führte auch zur allmählichen Herausbildung einer mitteldeutschen Identität. Zeitgleich gab es schon Forderungen nach einer föderalen Neugliederung des mitteldeutschen Raumes.

Wichtiges Ereignis in Hinblick auf die spätere Gründung des Bundeslandes Sachsen-Anhalt: der Wiener Kongress im Jahr 1815.

Vor allem mit dem Namen des Liberaldemokraten und ersten Ministerpräsidenten des Landes Sachsen-Anhalt Erhard Hübener verbindet sich bis heute die Idee von der Gründung eines Landes Sachsen-Anhalt in der Mitte Deutschlands. Hübener hatte diesen Gedanken, das heißt die Fusion des Freistaates Anhalt und der Provinz Sachsen, deren Landeshauptmann er von 1924 bis 1933 war, seit den 1920-er-Jahren entschieden verfochten. Das Territorium des heutigen Bundeslandes Sachsen-Anhalt entspricht weitgehend seinen damaligen Vorstellungen. Seine Pläne wurden aber zunächst hinfällig, als die Nationalsozialisten an die Macht kamen und die föderalen Strukturen der Länder beseitigten. Wer in Deutschland von der politischen Freiheit spricht, muss immer auch vom Föderalismus sprechen. Denn der Föderalismus ist die Grundlage der Freiheit. 1945 kam es dann zur Wiederherstellung der Provinz Sachsen, allerdings ohne die schon 1944 ausgegliederten thüringischen Gebiete um Erfurt herum, aber unter Einbeziehung des ehemaligen Freistaates Anhalt, der braunschweigischen Exklave Calvörde, des östlichen Teils des braunschweigischen Landkreises Blankenburg und der thüringischen Exklave Allstedt. Ende Dezember 1946 wurde die Provinz in Provinz Sachsen-Anhalt bzw. im Sommer 1947 in Land Sachsen-Anhalt umbenannt. Bereits fünf Jahre später wurden die Länder in der DDR aufgelöst und die föderale Entwicklung des Landes Sachsen-Anhalt für fast vier Jahrzehnte unterbrochen. 1990 wurde Sachsen-Anhalt wiedergegründet. Sicherlich wären auch andere Optionen denkbar gewesen. Diskutiert wurden sie, aber der Reföderalisierungsdruck war stärker. Die föderale Entwicklung Sachsen-Anhalts bis aus der Zeit der Weimarer Republik war weit fortgeschritten, obwohl sie damals nicht zum Abschluss gekommen ist. Es lag also nahe, am 3. Oktober 1990, als das Bundesland Sachsen-Anhalt wiederentstand, hieran und an das Jahr 1947 anzuknüpfen. Das heutige Bundesland Sachsen-Anhalt besteht also aus ehemaligen braunschweigischen, preußischen, sächsischen und thüringischen Gebieten.

Erhard Hübener

Kann man aus dieser Geschichte Identität schöpfen? Wächst zusammen, was zusammengehört? Sich zu fragen, woher wir kommen und wohin wir gehen wollen, ist unerlässlich. Gesellschaften werden nachhaltig durch die Geschichte und ihre Geschichtsbilder geprägt. Ohne ein hinreichendes Maß an Selbstvergewisserung werden wir unsere Zukunft nicht gestalten können. Was der Mensch ist, sagt ihm seine Geschichte. Sie ist eine Quelle der Identität. Andere Quellen sind aber auch Gegenwart und Zukunft. Die Vorstellungen darüber, wie wir unser Land gestalten wollen, sind für die Ausprägung einer Landesidentität ebenso zentrale Faktoren wie die Herkunft. Das alles gehört zusammen. Die schwierigen Aufgaben, denen wir uns gemeinsam stellen und die gemeinsamen Erfolge führen zum Zusammenwachsen innerhalb des Landes. So entsteht und so wächst Identität.

LANDTAG
SACHSEN-ANHALT

Aufbruch in eine neue Ära (rechts): Die konstituierende Sitzung des Landtags im neu gebildeten Land Sachsen-Anhalt am 28. Oktober 1990.

Landtagsgebäude am Domplatz 6-9 in Magdeburg (unten). Rechts: Landtagspräsident Dr. Klaus Keitel und Ministerpräsident Werner Münch (links) besiegeln am 16. Juli 1992 die Landesverfassung.

In 20 Jahren vom Autohaus zum mittelständischen Konzern

Viele Menschen in Halle nutzen nach der friedlichen Revolution 1989 die wieder errungene Freiheit, um sich beruflich zu verändern, Firmen zu gründen, lang gehegte Wunschträume zu verwirklichen. Nicht allen gelingt das. Gerade Autohäuser melden nach dem ersten Boom Insolvenz an. „Ein typisches Kind der Wende", schreibt die Presse über die Gründung des Autohauses Halle-West GmbH am 13. September 1990. Gert Ciesiolka (†), sein Sohn Volker Ciesiolka (oben Mitte) sowie Adam Hoffmann (†) und Marion Kühnemann als Vertreter eines Mitarbeiterkonsortiums heben den Betrieb mit 26 Mitarbeitern aus der Taufe. Mit großen Schritten geht es seit der Gründung voran, und der Betrieb wird zu einem der größten ostdeutschen Unternehmen der Branche.
1992 wird das „Gemeinsame GmbH Autohaus Kögel" - erst Ford-Agentur, ab 1999 „Autofit" - eröffnet, ein Jahr später das Ford-Autohaus am Rosengarten. 1996 kauft Volker Ciesiolka das Ford-Autohaus am Wasserturm, 1999 wird in Naumburg die Ford Domstadt Autohaus GmbH gegründet. 2001 öffnet der Peugeot-Betrieb Saale Unstrut Mobile GmbH und die Mazda-Autoforum GmbH wird gegründet. Ein Jahr darauf die PS Union Holding GmbH.

2004 wird auf dem Gelände der PS Union die DS Tankstelle errichtet, bei der jeder, der eine EC-Cashkarte oder die DS card+drive besitzt, schnell und günstig tanken kann. Kurz darauf wird noch eine Erdgas-Tankstelle eröffnet. 2005 öffnet die PS Union je eine Filiale der Hertz Autovermietung in Halle und Naumburg, den Volvo-Service-Dienst in Halle-West und die PS Union Stegemann GmbH. Am 1. März 2006 kommt die Hyundai-Filiale Autohaus Halle-West hinzu, zwei Monate später die Volvo-Filiale Roland Mobile in Nordhausen. Selbst für Volker Ciesiolka völlig unerwartet, erhält er 2004 die begehrte und für die Branche ungewöhnliche

Der Minister für Wirtschaft und Arbeit des Landes Sachsen-Anhalt Reiner Haseloff (2. von rechts) bei einem Informationsbesuch am Hauptsitz der PS Union.

Auszeichnung „Unternehmer des Jahres" in Sachsen-Anhalt. Das Unternehmen hat derzeit rund 250 Mitarbeiter und bildete in den vergangenen 20 Jahren mehr als 250 Azubis aus. Etwa 6.000 Neu- und Gebrauchtwagen im Eigenvolumen sowie 1.000 Neuwagen im Fremdvolumen werden derzeit jährlich verkauft. Und die Kunden sind zufrieden. Das bescheinigen sie, indem die Ford-Betriebe der PS Union Holding nun zum achten Mal den begehrten Chairman-Award erhielten. Die höchste Auszeichnung für Kundenzufriedenheit deutschlandweit.
Zum 15-jährigen Firmenbestehen 2005 gratulierte auch Ministerpräsident Professor Dr. Wolfgang Böhmer und bescheinigte, dass solche Ergebnisse nur mit *„ideenreicher Unternehmungsführung und großem Engagement aller Mitarbeiter erreichbar sind"*. Professor Hannes Brachat, Herausgeber der Zeitschrift „Autohaus", schreibt in seinem Grußwort: *„Würde Händel heute leben, würde er für die PS Union die 'Feuerwerks-Musik' zum 15-jährigen Bestehen arrangieren. Dieses Haus kann wirklich sagen, wir haben seit dem 13. September 1990 sehr gute Melodien gespielt, dazu*

Hauptsitz der PS Union Holding:
1990 viel Unland und baufällige Gebäude (links)
2008 modernes Firmengelände lädt Kunden und Mitarbeiter ein (oben).

gute Harmonien verwendet und vor allem stets den richtigen Rhythmus geschlagen.“

Wie ist es Volker Ciesiolka, der seit 1994 den Vorsitz in der Geschäftsführung ausübt, gelungen, so erfolgreich zu agieren? Von Anfang an setzt er alles daran, Kunden und Mitarbeiter als die beiden Pfeiler eines Unternehmens optimal zu vernetzen.

Am Standort Halle-West zum Beispiel fahren 1990 bereits täglich rund 50 Autos in die Werkstatt, und nicht jeder Kunde kann mit der nötigen Nähe bedient werden. Ein unhaltbarer Zustand. Deshalb wird nicht etwa „globalisiert“ - das Unternehmen bildet aus der einen großen Werkstatt vier kleine Teams, jedes mit Serviceberater, Kfz-Mechaniker, einem Elektroniker und Azubis. Derselbe Serviceberater nimmt das Fahrzeug an und gibt es abends wieder aus. Im Beisein der Kunden wird die Diagnose gestellt und der Umfang der Reparaturarbeiten erläutert.

Der Zehn-Stunden-Tag bei einer Vier-Tage-Woche wird eingeführt. Das ist nur möglich, weil die Unternehmensführung eng mit dem Betriebsrat zusammenarbeitet. Alle Mitarbeiter erhalten eine leistungsbezogene Bezahlung und für die innerbetriebliche Altersversorgung ist gesorgt. Guten Azubis wird frühzeitig eine Karriere-Chance gegeben. Diejenigen, die nach der Ausbildung noch studieren, werden weiterhin in das Betriebsgeschehen integriert.

Viele Prominente übernahmen bei der PS Union ihre „Dienstwagen“, so Waldemar Cierpinski (unten links) und Barbara Schöneberger (unten rechts).

Ob Sach- (oben) oder Geldspende - die PS Union hilft auch den Kleinsten.

Wegen des großen Einkaufsvolumens können den Kunden attraktive Preise geboten werden. Die Mitarbeiter arbeiten flexibel und reagieren schnell auf Schwankungen in der Werkstattauslastung, sind engagiert und fachlich kompetent.

Obwohl der Bedarf an Fahrzeugen in den vergangenen Jahren gesättigt schien, steigerte die PS Union ihren Umsatz weiter. Ein Grund dafür ist der entscheidende Ausbau des Angebots im Internet. Dort erfolgt zu fast zwei Drittel der Verkauf.

Volker Ciesiolka ist in vielen ehrenamtlichen Funktionen tätig. Engagement zeigt er unter anderem im Rahmen der Vorstandsarbeit des Rotary-Clubs Halle Georg Friedrich Händel oder auch als Mitglied im Verwaltungsrat des HFC sowie im Beirat der Stiftung Sport der Stadt Halle (Saale). Außerdem engagiert sich Volker Ciesiolka und die PS Union in vielen kulturellen und sozialen Projekten.

Besonders hervorzuheben ist seine Mitgliedschaft im President's Circle, einem Beratungsgremium des Top Managements in Detroit, in dem die 100 besten und innovativsten Händler der Welt, aus allen Marken der Ford Motor Company und aus mehr als 100.000 bedeutsamen Betrieben des Weltkonzerns vertreten sind. Er reist in unregelmäßigen Abständen nach Detroit, nimmt Anregungen mit und

Besuch aus Brasilien (oben links), den USA (oben rechts) oder der Chef in Detroit - die PS Union agiert international.

bringt sie ein und macht den Namen der Stadt Halle wieder ein wenig bekannter.

Infolge der weltweiten Wirtschafts- und Finanzkrise sowie der sich immer weiter zuspitzenden Automobilstrukturkrise steht die PS Union Holding vor den größten Herausforderungen in seiner Firmengeschichte.

Diese gilt es in den kommenden Jahren wieder mit Bravour zu meistern.

Denn Tatsache bleibt:

„Ein erfolgreiches Unternehmen bleibt nicht da stehen, wo der Markt es hin stößt.“

Auszubildende zur Bürokauffrau mit zwei von acht Chairman-Awards vor der „Urkundenwand“.

Aufbruch in den Osten: Neu-Hallenser, Helfer, Händel

Pioniergeist im Wendetrubel: Während viele Hallenser ihre frisch erworbene Reisefreiheit nutzten, um den Westen Deutschlands zu erkunden, zog es Gerd Micheel in die entgegengesetzte Richtung.

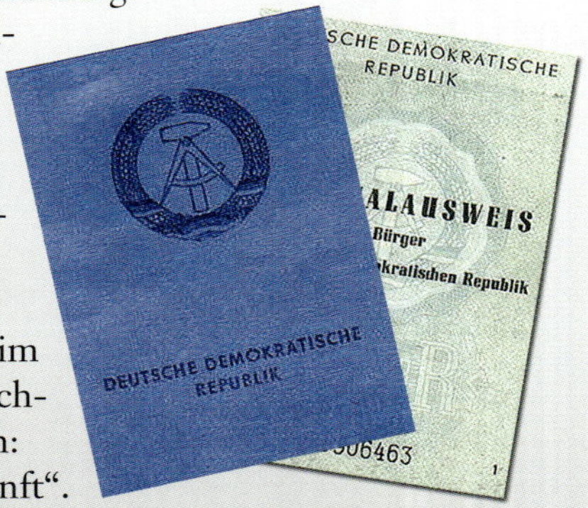

Der leitende Angestellte eines Nobel-Autohauses in Celle nutzte die Gunst der Stunde und bewies Pioniergeist. Nach einem Besuch bei seiner Tante Ilse und Onkel Heinz im Jahr 1990 in Halle machte er Nägel mit Köpfen: „Halle ist meine Zukunft". Gerd Micheel kündigte seinen Arbeitsvertrag in Celle und gründete ein Küchenstudio in der Saalestadt. Als Hauptfirmensitz diente die alte Käserei in der Körnerstraße. Doch er hatte die Rechnung ohne die 1990 noch existierenden DDR-Organe des damaligen Rates der Stadt Halle gemacht. Für eine Gewerbeanmeldung braucht der Antragsteller schließlich Papiere. Und als Firmengründer im Osten muss man DDR-Bürger sein. So tauschte Gerd Micheel kurz entschlossen seinen bundesdeutschen Pass gegen einen DDR-Personalausweis. Die Passbilder holte er sich aus einem Fixfoto-Automaten im ehemaligen Centrum-Warenhaus. Schon eine Woche später war Micheel DDR-Bürger. Von seinen Ex-Kollegen im Westen belächelt und für verückt erklärt, startet der Neu-Hallenser eine Bilderbuch-Karriere.

Sein Unternehmen avancierte zur Vorzeigefirma im neuen marktwirtschaftlichen Territorium des sich gerade zusammenschließenden Deutschlands. Einst mit drei Angestellten begonnen, steht „Micheel - Das Küchenstudio" 2009 für ein erfolgreiches mittelständiges Unternehmen mit mehr als 35 Mitarbeitern. Seit 2000 befindet sich der Unternehmenssitz im innerstädtischen Hansering und verteidigt seinen exzellenten Ruf über Sachsen-Anhalt hinaus in die angrenzenden Bundesländer.

Vom Erfolg des Unternehmens profitieren auch die Schwächsten der Gesellschaft. Kaum hatte Gerd Micheel in der Saalestadt Fuß gefasst, widmete er sein Engagement behinderten Menschen. Unter dem Motto „Wenn viele Leute viele kleine Schritte tun, dann ist Menschen mit Handicap viel geholfen" gründete er im Dezember 1998 den Förderverein „Pro Handicap" e.V., der die Arbeit des Allgemeinen Behindertenverbandes in Halle maßgeblich unterstützt. Gemeinsam mit der Schirmherrin und Oberbürgermeisterin Dagmar Szabados gelang es, viele weitere Helfer zu gewinnen. Ex-Außenminister Hans-Dietrich Genscher zollte als Ehrenmitglied bei „Pro Handicap" Respekt vor so viel Engagement. Mit Herzblut organisiert Gerd Micheel als Fördervereinsvorsitzender alljährlich Benefiz-Galas zugunsten sozialer Projekte. Barrierefreie Küchen, Objekteinrichtungen, wie Schulküchen, Küchen für Kindergärten und Pflegeheime gehören ebenso zum täglichen Geschäft wie der Privatkunde vor Ort.

Zur 2. Benefizgala zugunsten des allgemeinen Behindertenverbandes e.V. konnten der Schirmherr Hans-Dietrich Genscher und Gerd Micheel am Hansering in Halle rund 600 Gäste begrüßen.

Alljährlich zu den Händelfestspielen in Halle tauscht Unternehmer Micheel seinen Anzug gegen einen Wams aus der Zeit des Barock und schlüpft in die Rolle des Georg Friedrich Händel (rechts) - wie auch im ZEIT REISE-Special „Händel - der große Sohn begegnet seiner Stadt" ab Seite 46.

Hallisches Unternehmen kühlt Köpfe der Wüstenscheichs

Mit dem Aufbruch in das industrielle Zeitalter entstehen auf der grünen Wiese vor Halles Toren neue Fabriken - Symbole für den Fortschritt. 1872 legten Rudolf Ernst Weise und Alexander Monski den Grundstein für ihre Maschinenfabrik. Hauptaugenmerk: die Produktion von dampfbetriebenen Pumpen. Die Nachfrage gestaltet sich enorm, denn der Bedarf an hier gefertigten Duplex-Pumpen ist riesig.

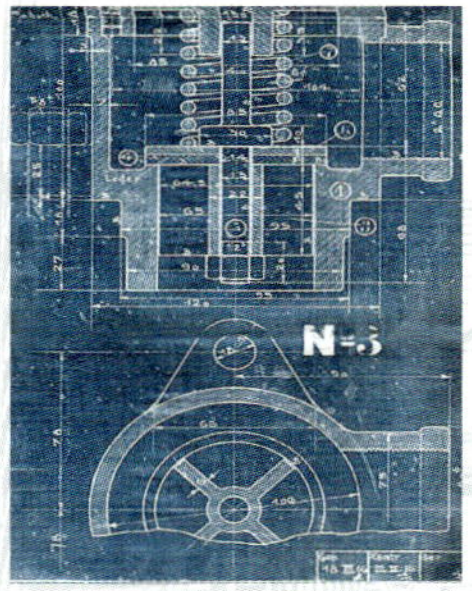

Schon ein Jahr zuvor erhalten die Unternehmer Klein, Schanzlin und Becker die „Concession zur Erbauung einer Maschinenfabrik" und gründen im pfälzischen Frankenthal die KSB Pumpenfabrik. Zwei Unternehmen, die im harten Wettbewerb stehen, deren Wege sich 120 Jahre später kreuzen. Beide Unternehmen profitieren vom rasanten Fortschritt - vor allem die chemische Industrie verlangt nach neuen Technologien bei Pumpen. In Frankenthal ist es BASF, in der Region Halle bildet Leuna einen der Hauptabnehmer. Mit Beginn der Elektrifizierung erhöht sich der Wirkungsgrad, die Pumpen arbeiten effizienter. 1907 entsteht ein neues Werk zur Fertigung von Kreiselpumpen. Sechs Jahre später übergibt Firmengründer Weise das Zepter an seine Söhne.

Nach Ende des Zweiten Weltkrieges stehen in Halle die Maschinen still. Die Werkshallen sind leer gefegt - alle Maschinen bis zur letzten Glühbirne gingen als Reparationsleistungen an die Sowjetunion. Dennoch wagen die Weises einen Neustart und beginnen mit dem Wiederaufbau. Das Werk in der Turmstraße war gerade wieder betriebsfähig, da folgt die Enteignung - das Familienunternehmen geht in der Vereinigung volkseigener Betriebe als „VEB Hallesche Pumpenwerke" auf. VEB steht in diesem Fall nicht für „Vaters ehemaliger Betrieb", sondern für den „Volkseigenen Betrieb". 1970 wird Halle Stammbetrieb des „VEB Kombinates Pumpen und Verdichter".

Im Westteil Deutschlands kann währenddessen KSB dank Marshallplan und Wirtschaftsboom ihre Marktposition festigen, das Unternehmen investiert im In- und Ausland und avanciert zum „Global Player". Die Wiedervereinigung beider deutschen Staaten öffnet auch neue Chancen auf den Märkten. 1991 kreuzen sich die Wege: Nach der Privatisierung übernimmt die KSB AG Frankenthal als weltweit größter Pumpenhersteller den Betrieb in Halle. Mit Wegbruch der osteuropäischen Märkte muss sich auch Halle neu orientieren. Seit 1993 entwickelte sich der Betriebsteil an der Saale zum Kompetenzzentrum für Wasser- und Abwasser. Von 1991 bis 2006 investierte die KSB AG mehr als 45 Millionen Euro in den Standort. Bis 2009 folgten weitere 18 Millionen Euro für neue Hallen und Prüfstände.

Die erste Pumpe förderte nur wenige Kubikmeter pro Stunde. Heutzutage schafft ein besonders leistungsfähiges Aggregat in der gleichen Zeit mehr als 65.000 Kubikmeter. Errungenschaften wie diese stellen das Ergebnis konsequenter Forschungsarbeit in Hydraulik, Wertstoffentwicklung und Automatisierung dar. Intelligente Lösungen sorgen zum Beispiel für Heißwasserzirkulation, Trinkwassertransport oder Schmutzwasser-Entsorgung. Wasserpumpen der KSB, dem größten produzierenden Betrieb Halles, werden rund um den Globus verwendet. Im derzeit höchsten Gebäude der Welt, dem „Burj Dubai" in den Vereinigten Arabischen Emiraten, sorgen Pumpen aus Halle für kühles Klima. Auch Meerwasser-Entsalzungsanlagen, die aus dem salzigen Seewasser trinkbares Nass produzieren, arbeiten mit Pumpen aus Halle. So wie auf der künstlichen Palmeninsel Jumeirah, einem der ehrgeizigsten Bauprojekte in Dubai.

Produktionsanlagen im Pumpenwerk Halle aus der Gründerzeit.

„Emirat der Superlative": Im „Burj Dubai" („Turm von Dubai") sorgen in der Klimaanlage Pumpen aus Halle für kühle Köpfe in den 206 Stockwerken des Wolkenkratzers.

www.ksb.com

Das Halle-Dentallabor in der Luisenstraße

Das Rückenschmerzen mitunter nichts mit dem Rücken zu tun haben, ist vielen Menschen nicht bewusst. Manche Funktionsstörungen des Körpers verursachen Zahnerkrankungen. Die Zahntechniker-Meisterin Ute Bertram, die 1991 ihr „Halle Dentallabor Ute Bertram e.K." in der Luisenstraße eröffnete, kennt die Hintergründe. Seit ihrer Ausbildung als Zahntechnikerin arbeitet sie im Dentallabor in der Luisenstraße. Dies war dem Gesundheitswesen der DDR als mittlerer medizinischer Dienst unterstellt. Im Jahr 1989 übernahm Ute Bertram die Leitung dieser Zahntechnischen

„Blauäugiger Start" für ein strahlendes Lachen

Institution. Mit der Wende drohte das Aus - Zahntechnik ist seit diesem Zeitpunkt ein handwerkliches Ressort.
Um Verkauf oder Schließung vorzubeugen, entschied sich die Hallenserin zur Selbstständigkeit. Sie kaufte das Labor und begann einen Neustart mit allen 27 Mitarbeitern - einer Auflage bei der Übernahme. „Das war schon ein bisschen blauäugig", so die Unternehmerin heute. Neben der gesamten Palette der Zahntechnik haben sich Ute Bertram und ihr Team auf Funktionsdiagnostik spezialisiert.
Viele körperliche Beschwerden sind auf falsche Bisslagen (Cranio-mandibuläre Dysfunktion) zurückzuführen. Ein strahlendes Lachen braucht ein festes Fundament - daher beginnen, in Kooperation mit den behandelnden Ärzten, die Untersuchungen schon an den Füßen. In einem in Halle gegründeten Arbeitskreis arbeiten seit 2001 interdisziplinär Spezialisten wie Osteopathen, Chiropraktiker, Zahnärzte, Physiotherapeuten, Zahntechniker und Podo-Orthesiologen eng an der Erkennung der unterschiedlichsten Symptome zusammen. Mit überwältigendem Erfolg - 2008 gründete sich das Hallesche Zentrum für Temporo-Mandibuläre Regulation (HZTMR).

Ute Bertram (links) in ihrem Labor.

Als die Halloren vor Zeiten ihren Bischof baten, an Stelle ihrer Hütten eine Stadt errichten zu dürfen, lachte dieser und fragte, ob jemand ihre Hütten kaufen wolle. Die Halloren antworteten: *„Han wir hüte Water und Holt, So han wir morne Silber und Gold."* Darauf entgegnete der Bischof: *„Nun, so bauet in Gottes Namen mit Wasser und Holz, und es leuchte euch Sonne, Mond und Sterne."*
Diese sagenhafte Erzählung soll erklären, warum das Wappen der Stadt einen nach oben geöffneten Halbmond zwischen zwei Sternen zeigt. Eine andere Deutung sieht darin jedoch - anknüpfend an Halles Bedeutung als Salzstadt - eine Siede-

Mond und Sterne

pfanne zwischen zwei Salzkristallen.
Unstrittig ist allerdings, dass das Wappen erstmals im 14. Jahrhundert in einem Gerichtssiegel erscheint, danach ins Ratssiegel aufgenommen und um 1450 schließlich als offizielles Stadtwappen eingeführt wird. An der Moritzburg über dem Moritztor ist die aus dem Jahr 1457 stammende älteste noch erhaltene Darstellung zu sehen.

Das Wappen der Stadt Halle (rechts), Gemälde auf Pergament (1542).

Einst Provinzial-Irrenanstalt - heute Denkfabrik für Exzellence-Forschung

Halles „erste“ Adresse für exzellente Forschung ist der Technologiepark weinberg campus. Forschungs- und technologieorientierte Unternehmen sowie Instituten bietet sich hier - unweit der historischen Innenstadt - konzentriert ein vielschichtiges Innovationspotenzial mit überregionaler Ausstrahlung.

Die Stadt Halle bündelte auf einem 134 Hektar großen Areal ihre wissenschaftlich-technologischen Potenziale: Seit 1991 entstand rund um den Weinbergweg ein Wissenschaftsstandort mit Zentren für Zukunftstechnologien und Netzwerkmanagement zur erfolgreichen Durchsetzung von unternehmerischen Ideen.

Der weinberg campus bietet mit internationalen wissenschaftlichen Spitzenleistungen in der Nähe zur Wirtschaft Platz für Forscherdrang und Freiräume für junge Eliten.

Biotechnologie ist in Halle ein altes Thema. Seit dem 14. Jahrhundert wuchsen auf dem Areal des heutigen weinberg campus zwischen Heide und Saale edle Trauben auf mehreren Weinbergen. Zu gewisser Berühmtheit gelangte im 18. Jahrhundert der Nietlebener Weinberg des Aufklärers, Philosophen und Abenteurers Dr. Carl Friedrich Bahrdt, der seit 1779 als Schankwirt seines Weinberges bei Halle lebte. Die Medizin als angrenzende Fachrichtung lässt sich in der Vergangenheit entdecken in der ehemaligen „Landesheil- und Pflegeanstalt zu Nietleben“, der späteren Provinzial-Irrenanstalt unter Leitung des ersten Anstaltdirektors Professor Heinrich Philipp August Damerow im Jahr 1832.

Einen weiteren wesentlichen Baustein in der Biotechnologie auf dem weinberg campus legte Professor Wolfgang Langenbeck im 20. Jahrhundert, der wesentliche Forschungsleistungen auf dem Gebiet der organischen Katalyse und der Enzymforschung vollbrachte.

Nach Schließung der Heilanstalten 1935 zogen Nachrichtenschulen von Luftwaffe und Heer in den Komplex. Kurz vor Kriegsende 1945 besetzten US-Streitkräfte Halle kampflos. Die 104. Infanteriedivision „The Timberwolves“ (Timber-Wölfe) der US-Armee quartierten sich in der Heeres- und Luftnachrichtenschule ein. Im Juli 1945 folgte ein Flaggenwechsel, als die 27. Gardeschützendivision der Sowjetarmee die Anlage als „Garnison Heide“ übernahm.

Mit dem Ausbau des Weinbergweges siedelten sich seit 1952 auch Forschung und Wissenschaft an: Zahlreiche neue Gebäude des Chemischen Instituts der Martin-Luther-Universität und Forschungsinstitute entstanden. 1958 eröffnete das Institut für Pflanzenbiochemie (IPB), gefolgt vom Institut für Festkörperphysik und Elektronenmikroskopie der Akademie der Wissenschaften und dem Bau des Pharmazeutischen Instituts der Martin-Luther-Universität von 1963 bis 1965.

Für die Unterbringung der Studenten entstanden am Weinbergweg vier Wohnheimhochhäuser und eine neue Mensa.

Der Abzug der Sowjetarmee 1991 ermöglichte den Beginn eines neuen Abschnitts. Der Stadtrat beschloss ein Konzept für die Gesamtnutzung des Areals rund um den Weinberg. Neben den Gebäuden des Technologie- und Gründerzentrums (TGZ) und des Biozentrums siedelten sich das Fraunhofer-Institut für Werkstoffmechanik, das Max-Planck-Institut für Mikrostrukturphysik sowie zahlreiche neue Firmen an. Unter dem Dach des TGZ treffen unternehmerische Kreativität und Forschergeist zusammen. Den einzelnen Firmen ermöglicht sich hier, moderne wie spezialisierte Forschungsverfügungsbauten für ihre eigenen Studien und Versuche zu nutzen. Start-ups und Jung-Entrepreneurs können sich dank Beratung besser auf den Erfolg ihres Unternehmens konzentrieren. Ein engmaschiges Kompetenznetzwerk kombiniert wissenschaftliche Spitzenleistung mit der Wirtschaft, schafft fruchtbaren Boden für interdisziplinäre Zusammenarbeit auf allen Wachstumsfeldern. Es verbindet naturwissenschaftliche und ingenieurwissenschaftliche Bereiche mit jungen Hightech-Unternehmen der Biotechnologien, der Biomedizin, der Materialwissenschaft und der Umwelttechnologie.

www.tgz-halle.de

Forschung und Wissenschaft prägen das Bild des Technologie- und Gründerzentrums auf dem weinberg campus.

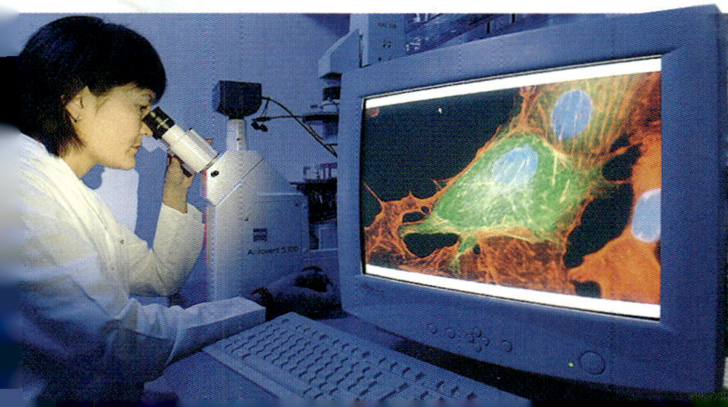

Neubeginn: Der lange Weg zum modernen Bildungskosmos

Am Anfang standen die Visionen eines genialen Mannes: August Hermann Francke. Mit vier Talern und 16 Groschen aus der Spendenbüchse seines Pfarrhauses in Glaucha legte er 1698 den Grundstein für ein in der Welt einzigartiges Kulturerbe: Die Franckeschen Stiftungen. Sie sind auch noch heute als moderner Bildungskosmos eng mit der Geschichte der Stadt Halle verbunden. Ein Vermächtnis, das verpflichtet: einerseits zur Verantwortung für die Rettung und Erhaltung der Gebäude und der historischen Sammlungen, andererseits dazu, die Ideen und Traditionen ihres Gründers weiterzuführen.

Die zu Zeiten der DDR entzogene Selbstständigkeit und die Ignoranz der „allmächtigen“ Planwirtschaft führten zum Verfall der Traditionen und Gebäude. Erst die Wende bedeutete für die Stiftungen einen Neubeginn. Unter dem Motto: „Rettet die Franckeschen Stiftungen!“ entstand ein Freundeskreis, der inzwischen mehr als 1.200 Mitglieder zählt. Seit der Wiederbelebung der Stiftungen 1992 siedelten sich in den historischen Gebäuden Einrichtungen an, die zu den Ideen und dem Werk Franckes in enger Beziehung stehen. Altes erstrahlte schnell in neuem Glanz: In einer einfühlsamen Mischung von Rekonstruktion, Sanierung, Modernisierung und Neubau entstanden wertvolle historische Teile wieder neu. Die Bauten vermitteln einen imposanten Einblick in die Lebenswelt aus drei verflossenen Jahrhunderten - soziale Zweckarchitektur im Wandel der Zeit. Mit ihren musealen Schätzen, Bibliotheken und Archiven sowie 40 Partner-Einrichtungen bilden die Stiftungen heute ein einzigartiges Ensemble kultureller, wissenschaftlicher, pädagogischer und sozialer wie christlicher Einrichtungen. Ein Komplex mit Kindertagesstätten, Kinderkreativzentrum, Schulen, einer Jugendwerkstatt, einem Bibelzentrum, traditionsreichen Gewerbebetrieben sowie interdisziplinären Forschungseinrichtungen wuchs heran. Mehr als 4.000 Menschen lernen, lehren, arbeiten und leben in den Franckeschen Stiftungen.

Das historische Waisenhaus bildet das kulturelle Zentrum der Stiftungen - als Standort für Dauer- und Sonderausstellungen, die in ihren Themen einen engen Bezug zu den Franckeschen Stiftungen schaffen. Heute längst auf einem Spitzenrang unter den kulturellen Einrichtungen Sachsen-Anhalts, organisieren die Stiftungen jährlich kulturelle und wissenschaftliche Programme, etwa 100 Veranstaltungen, Ausstellungen, Vortragsreihen, wissenschaftliche Konferenzen, Konzerte, Feste sowie Kinder- und Familienangebote. Die barocke Kunst- und Naturalienkammer gehört zu den ältesten Museen in Deutschland. In den Franckeschen Stiftungen sind alle Bildungsgruppen vertreten: vom Kindergarten bis zum Seniorenkolleg. Der Erwerb sozialer Kompetenzen mit Schwerpunkten auf musischer Bildung, interkulturellen Erfahrungen und dem Erlernen alter und neuer Sprachen charakterisiert die schulische Programmatik in den Stiftungen. Schüler und Studierende, pädagogische, kulturelle und wissenschaftliche Praxis sind auf vielen Ebenen miteinander vernetzt. Das Zentrum kindgerechter kultureller Bildung in den Stiftungen ist das Kinderkreativzentrum Krokoseum im historischen Waisenhaus. Im neuen „Haus der Generationen“, das ein modernes Altenpflegeheim mit einer Montessori-Grundschule verbindet, lernen und leben Kinder und Senioren miteinander. All dies zeugt von der lebendigen Geschichte und Gegenwart der Franckeschen Stiftungen - ganz im Sinne des Gründers.

Franckesche Stiftungen am Franckeplatz, Bibliothek, Krokoseum … … Franckedenkmal, Naturalienkammer und beim Lindenblütenfest (v. links).

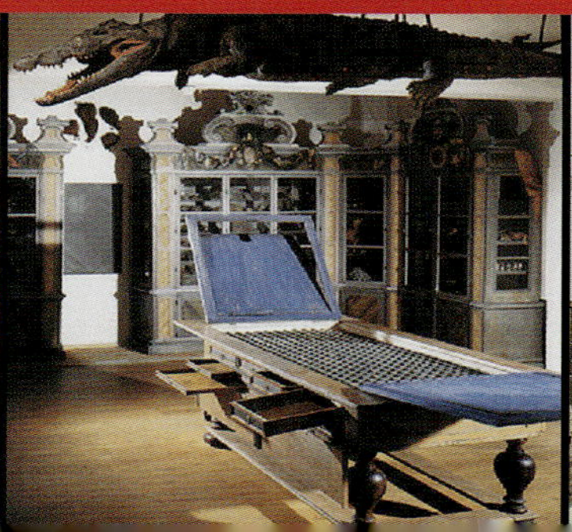

Kur für Halles Roland wirkt weit über das Stadtjubiläum hinaus

Wer in der 1200-jährigen Geschichte von Halle an der Saale bedeutende Versicherungsgeschichte wie in anderen großen Städten Deutschlands sucht, muss schon genauer hinschauen. Da findet sich mehr als nur die Ziegenbockversicherung für Sachsen-Anhalt, die es zu Beginn des 19. Jahrhunderts kurioserweise gab: In Halle entstand 1854 die Iduna als Lebens-, Pensions- und Leibrentenversicherungsgesellschaft. Sie arbeitete hier fast sieben Jahrzehnte lang. Ihre Bezeichnung nimmt Anleihen bei der nordisch-germanischen Mythologie: Die Göttin Iduna hütete die goldenen Äpfel, deren Genuss den Göttern ewige Jugend verlieh. So sollte der Abschluss einer Lebensversicherung dem Verstorbenen durch die Erfüllung der Vorsorgepflicht gegenüber den Hinterbliebenen über den Tod hinaus „Unsterblichkeit" verleihen. Mit der Iduna-Entstehung ist der Name August Wiegand (1814 bis 1871) untrennbar verbunden. Er arbeitete als Mathematiker an den berühmten Franckeschen Erziehungsanstalten und hatte für die deutschen Eisenbahnverwaltungen mit mathematischer Akribie Invaliditäts- und Sterbetafeln entwickelt. Für die Iduna war das eine wichtige Voraussetzung des Lebensversicherungsgeschäfts. Wiegand trat zunächst ehrenamtlich in ihre Dienste und stieg später zum technischen Direktor auf. Darüber hinaus gehörte er zu den Initiatoren des 1869 gegründeten Vereins Deutscher Lebensversicherer: ein kluger Versicherungskopf aus Halle.

Von kurzer Dauer nur waren andere hallesche Versicherungsgründungen wie die Halensia Glasversicherung 1908 oder 1909 die Mitteldeutsche Versicherungs-AG. Mit der Errichtung Sachsen-Anhalts nach dem Zweiten Weltkrieg war die öffentlich-rechtliche Versicherungsanstalt des Landes Sachsen-Anhalt (VASA) seit Februar 1948 hier zu Hause, bis sie 1952 in der volkseigenen Deutschen Versicherungsanstalt der DDR aufging.

Zur Folge der politischen Wende 1989/90 gehörte auch die Neuschaffung eines öffentlich-rechtlichen Sektors in der Versicherungswirtschaft. So beschloss der Landtag von Sachsen-Anhalt im Juli 1991 die Errichtung der Öffentlichen Feuerversicherung und der Öffentlichen Lebensversicherung Sachsen-Anhalt, beide zusammen ÖSA genannt, die 1992 ihren Geschäftsbetrieb aufnahmen.

In Halle begann der Aufbau der ÖSA Versicherungen zunächst von einer Baracke in der Grenzstraße aus. Später arbeitete die sachsen-anhaltische Versicherung in der Jacobstraße und in der Großen Ulrichstraße, bevor sie zu Jahresbeginn 1997 ihr neues Domizil in einem mehrgeschossigen Bürogebäude in der Adam-Kuckhoff-Straße bezog (Foto unten). Die Bezirksdirektion für den Süden Sachsen-Anhalts und das ÖSA Kundendienst Center sind damit in Halle der Anlauf- und Servicepunkt für die einzige Versicherung, die ihren Firmensitz heute in Sachsen-Anhalt hat.

Zu den „Halle-lujah"-Gratulanten im Festjahr 2006 gehörten daher auch die ÖSA Versicherungen. Seit 1992 besteht die nutzbringende Partnerschaft mit der größten Stadt Sachsen-Anhalts. Das betrifft vor allem Versicherungsfragen. Doch damit endet das Engagement keinesfalls - denn nicht jede Stadt beherbergt solch geschichtlich bedeutsames und wertvolles Versicherungsgut: Das Beatles-Museum, die Hausmannstürme und die Blauen Türme der Marktkirche, der als Camposanto geltende Stadtgottesacker, das Händel-Haus, die Händelhalle und noch viel mehr. Zum Jubiläum Halle 1200 hatten die ÖSA Versicherungen sich darum überlegt: Was können wir unserer Satzung folgend an Besonderem und Bleibendem für die Stadt und ihre Einwohner leisten? Es sollte etwas sein, das über das Jubiläumsjahr hinauswirkt. In Gesprächen mit der Stadt entstand die Idee, die Kosten für die Restaurierung des 1719 geschaffenen halleschen Roland zu übernehmen.

So kam der einzigartige Koloss aus Nebraer Sandstein dank der ÖSA zu einer Kur, die ihn im neuen und doch alten Glanz auf dem schönsten Platz der Stadt für die Hallenser und ihre Gäste erstrahlen lässt.

Der alte „junge" Roland im April 2006 und die damalige Oberbürgermeisterin Ingrid Häußler, begleitet von Hallenserinnen in historischen Kostümen.

Das Schild der öffentlich-rechtlichen Versicherungsanstalt in Halle aus dem Jahr 1948.

Forschung und Herberge unter einem Dach

Sein bisheriges berufliches Leben steht ganz im Zeichen der Erforschung und Wirkungsweise von neuartigen Medikamenten. Gemeinsam mit einem kompetenten Team von klinischen Pharmakologen, Pharmazeuten, Chemikern, Biometrikern, Krankenschwestern und technischen Mitarbeitern führt PD Dr. med. Dr. rer. nat. Jürgen E. Metzner (Foto unten links) seit mehr als 25 Jahren klinische Arzneimittelprüfungen aus.

Als Pharmakologe in der Sektion Pharmakologie der Martin-Luther-Universität Halle konnte er schon zu DDR-Zeiten beachtliche Erfolge bei der Erforschung und Bewertung von pharmazeutischen Produkten erzielen. 1989 kam mit der Wende auch eine wirtschaftliche Neuorientierung. Dank seiner Erfahrungen und guter Kontakte zur Pharmaindustrie, begann Dr. Metzner mit dem Aufbau einer privaten Forschungseinrichtung. Die Arzneimittelhersteller mit ostdeutschen Wurzeln gaben sich bei Dr. Metzner die Klinke in die Hand: Alle bestehenden Medikamente brauchten nach neuem einheitlichen bundesdeutschen Rechtsvorschriften eine Nachzulassung für den gesamtdeutschen Markt. 1993 erfolgte die Firmierung des Auftragsforschungsinstituts in Sachsen-Anhalt als Gesellschaft für galenische und medizinische Forschung - Galmed GmbH. Heute verfügt die Einrichtung über eine nach modernsten Erfordernissen eingerichtete Klinik für Humanpharmakologie mit 18 Betten und entsprechenden Bedingungen für eine effektive klinisch-pharmakologische Forschung. Dr. Metzner gehörte zu den Gründern des Technologiepark weinberg campus. Kontakte, die sich auszahlen: Die exponierte Lage in unmittelbarer Nachbarschaft zum Klinikum Kröllwitz der Universität ermöglicht die enge Kooperation in allen medizinischen Fachgebieten. So erfolgt bei Galmed die erste Erprobung von neuen Präparaten bis hin zur klinischer Prüfung an Patienten. Die umfassende und ICH-gerechte Beratung und Erstellung von Studiendesigns und Prüfplänen, die hohe Akzeptanz der Studienunterlagen bei den zuständigen Ethikkommissionen und Behörden, der kurzfristige Start der Untersuchungen mit fachlich motivierten Probanden führen zur schnellen und erfolgreichen Präsentation international anerkannter Ergebnisse.

2000 zog die Gesellschaft in eine aufwendig restaurierte Bauhaus-Villa in der Ernst-Grube-Straße 24 in Halle. Dieses architektonische Kleinod verbirgt eine packende Story: 1930 vom Architektenbüro Kallmeyer & Facilides entworfen, gehörte dieses Privathaus der Unternehmerfamilie Paris, bekannt als „Betten-Paris" - ein Hallenser Traditionsunternehmen, das seit 1919 im alten Speicher am Domplatz Bettdecken, Matratzen, Kissen und andere Dinge verkaufte. Mit dem Einmarsch der alliierten Streitkräfte in Halle, erklärten die Amerikaner die Paris-Villa zum „Offiziers-Casino". Doch nicht lange: Mit Übergabe der Stadt an die Rote Armee zogen russische Offiziere ins

Die Bauhaus-Villa mit bewegter Geschichte.

„Casino". Später beherbergte die Villa die Entbindungsklinik „Adelheids-Ruh" des damaligen Bezirkskrankenhauses, gefolgt von einer Psychotherapeutischen Station. Ab 1990 stand das Haus leer, bis Dr. Metzner die Villa 1996 erwerben konnte. Die erfolgreiche Sanierung der Stadtvilla bestaunten auch die ehemaligen Besitzer: Rolf Paris, jüngster Sohn der Bettendynastie, kam mit Familie zur Einweihung.

Das denkmalgeschützte Bauhaus mit seiner angrenzenden grünen Oase beherbergt auch eine Pension. Gäste können in der Pension am Klinikum „Haus Paris" ungestört und dennoch citynah logieren. Die Zimmer tragen dabei die Namen der Bauhaus-Elite: Kandinsky, Feininger, Klee, Gropius, Meyer oder Mies van der Rohe.

www.galmed.de
www.pension-haus-paris.de

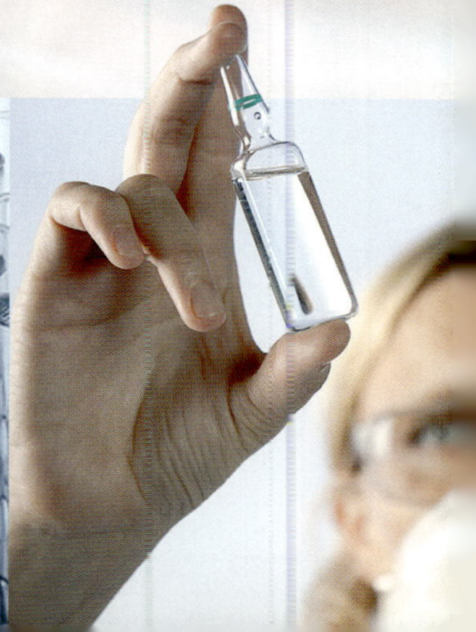

Seit 15 Jahren zum Sonntags-Frühstück: „...damit es ein schöner Sonntag wird.“

Der Kurier.
Hallische Zeitung für Stadt und Land.
In der Expedition des Kuriers. (Redakteur C. G. Schwetschke.)
Nro 55. Donnerstag, den 10. Juli 1828.

SonntagsNachrichten
Hallescher Kurier
Die Zeitung zum Sonntag für Halle und den Saalkreis
2. Okt. 1994 1. Jahrg.
Halle wieder auf dem Weg zur „Stadt der Nachtigall...

SONNTAGS NACHRICHTEN
HALLESCHER KURIER
Halle feiert seinen Weltmeister
Montagabend in Halles Stadthaus: Empfang für SVH-Schwimmer Paul Biedermann
Neuer Schatz – und neuer Chef

Im Zeitstrahl der Geschichte reichen die Wurzeln der SonntagsNachrichten bereits drei Jahrhunderte zurück. So benennt Arthur Bierbach in seinem Buch „Die Geschichte der Halleschen Zeitung Landeszeitung für die Provinz Sachsen für Anhalt und Thüringen“ (1908) die 1708 gegründete „Hallesche Zeitung“ als „ein Kind der Franckeschen Stiftungen“ und schreibt von einem 1704 erschienenen Vorläufer („Hallische Korrespondenz“) sowie von der späteren Umbenennung in „Privilegirte Hallische Zeitungen“ und „Hallescher Kurier“ (1794).
Genau 200 Jahre später wurde der Name „Hallescher Kurier“ wiederbelebt. Neben diesem Jubiläum hatten die Herausgeber und Gründer der Saale Verlagsgesellschaft mbH aber noch ein weiteres symbolträchtiges Datum gewählt: Die erste Ausgabe der „SonntagsNachrichten - Hallescher Kurier“ erschien am Vorabend des Tages der Deutschen Einheit. Am 2. Oktober 1994 gab es erstmals in und um Halle aktuelle Informationen aus der regionalen Politik und Wirtschaft sowie interessante Beiträge aus Kultur, Sport und Heimatgeschichte in gedruckter Form zum Sonntagsfrühstück. Das Ganze war und ist bis heute für die Leserinnen und Leser in den mehr als 160.000 Haushalten des Verbreitungsgebietes kostenfrei.
Inzwischen blicken die Macher der SonntagsNachrichten auf ihre 15-jährige erfolgreiche Zeitungsgeschichte, die aber nur durch die Unterstützung der lokalen und regionalen Wirtschaft möglich war und ist. Das Konzept der SonntagsNachrichten hat überzeugt mittelständische Unternehmen und Handwerk ebenso Gewerbetreibende oder Einzelhandel - nutzen die Form des noch recht jungen Mediums Sonntagszeitung für sich als geeignete Werbeplattform - zum großen Teil von der ersten SonntagsNachrichten-Ausgabe vor 15 Jahren bis heute.

Die Entstehungsgeschichte ist nicht ganz untypisch für die damalige „Gründerzeit“: Der Zufall hatte die erfolgreichen Mittelständler Hagen Königseder und Ulrich Ziegler im Jahr fünf nach dem Mauerfall zusammengeführt. Beide einte eine Idee: die Gründung einer Sonntagszeitung für Halle. Die damals schon monolithische Medien-Struktur der größten Stadt Sachsen-Anhalts reizte die Unternehmer, ebenso das Potenzial des wachsenden Wirtschaftsstandortes. Von Anfang an wussten die beiden SN-Herausgeber um ihr schwieriges Unterfangen, mit der Gründung ihres Verlages in die Dominanz zweier schier übermächtiger Verlagshäuser einzudringen. Während sich deren Konzernzentralen aber weitab von der Saalestadt befinden, setzten die SN-Herausgeber darauf, eine Zeitung aus Halle für (H)alle zu machen. So war dann auch in der Premieren-Ausgabe zu lesen, dass es jetzt in Halle eine Zeitung gibt, „deren Geschicke nicht aus Nordrhein-Westfalen, Niedersachsen oder Hamburg gesteuert werden“. Daran hat sich bis zum heutigen Tag nichts geändert...
An der Produktion der SonntagsNachrichten mit modernster Technik sind viele Menschen beteiligt vom Sekretariat, über Redaktion, Anzeigenabteilung, Satztechnik bis hin zur Druckerei und mehreren Hundert Zustellern. Sie alle sorgen dafür, dass die SonntagsNachrichten jede Woche pünktlich am Sonntag in den Briefkästen zu finden sind.
Von den Lesern als wichtige Informationsalternative zur Tageszeitung geschätzt, sehen Geschäftspartner und Anzeigenkunden die SonntagsNachrichten als feste Größe in der hiesigen Presselandschaft. Das hat nicht zuletzt auch mit dem gesellschaftlichen Engagement des Saale Verlages in vielen Bereichen des öffentlichen Lebens in und um Halle zu tun wie die Unterstützung und Präsentation zahlreicher kultureller und sportlicher Veranstaltungen. In diesem Sinne gehen die SonntagsNachrichten-Aktivitäten längst über das Gründungsmotto hinaus: „...damit es ein schöner Sonntag wird.“

Universität: „Heidelberg des Ostens"

An der Martin-Luther-Universität in Halle studiert es sich gut. Und das seit mehreren Jahrhunderten. 1994 feierte sie ihren 300. Geburtstag, nur acht Jahre später das 500-jährige Bestehen der Wittenberger Universität. 1817 waren beide Universitäten in Halle zur „Vereinigten Friedrichs-Universität" zusammengelegt worden. Der 450. Geburtstag von Martin Luther im Jahr 1933 war Anlass für die Namensgebung - bis heute. In den vergangenen Jahren stiegen die Studentenzahlen kontinuierlich. Verzeichnete die Universität im Jahr 2000 rund 13.000 Immatrikulationen, schrieben sich im Wintersemester 2005/6 bereits 18.700 Studenten ein.

Dr. Klaus Peter Rauen (CDU), noch von der Stadtverordnetenversammlung gewählt, löst 1991 Dr. Peter Renger als Oberbürgermeister ab, der nur ein knappes Jahr amtiert hatte. Vor der Wahl wurde ein Stadtverordneter in der Zeitung „Die Andere" mit den Worten zitiert: *„Nur ein Heiliger oder ein Irrer wird sich für diesen Posten zur Verfügung stellen."*

„Ein Heiliger bin ich gewiss nicht", bekannte Dr. Rauen in seiner Antrittsrede und einen „Irren" hätten Halles Bürger wohl zwei Jahre später nicht erneut gewählt. Rauen regierte bis zu seinem Ruhestand und setzte seine 25-jährigen Erfahrungen als Beigeordneter und Stadtdirektor in Bonn sehr engagiert für die Stadt und ihre Bevölkerung ein.

Attraktiv ist die Stadt als Studienort auch aus anderen Gründen: Wohnraum ist erschwinglich, die Hauptgebäude der Uni liegen im Zentrum und sind durchweg schnell zu erreichen, das „neue theater", das Opernhaus und viele Kneipen liegen in unmittelbarer Nachbarschaft. Zur Freizeit und zum Erholen finden sich zahlreiche nahe gelegene grüne Oasen wie die Peißnitz, Ziegelwiese, Heide und die Saale-Elster-Aue. Eine im Krieg kaum zerstörte Altstadt erhöht die Attraktivität der Stadt. Halle zeichnet sich durch einen der schönsten Universitätsplätze Deutschlands aus, bereits vor Fertigstellung im Jahr 2001 im Rahmen des bundesweiten Wettbewerbs der Stiftung „Lebendige Stadt" prämiert.

1834 entstand das klassizistische Hauptgebäude unter Leitung des Stadtbaumeisters August Stapel. Karl Friedrich Schinkel entwarf das Geländer mit den Akanthusranken im Treppenhaus. Friesartige Wandmalereien von Gustav Adolph Spangenberg zeigen über dem oberen Gang die vier klassischen Fakultäten Theologie, Jura, Medizin und Philosophie. Die Löwen bewachen seit fast 140 Jahre den Eingang. Der Magistrat schenkte sie der Uni, als der alte Löwenbrunnen auf dem Markt abgerissen wurde. Heinrich Heine hat sie noch 1824 auf dem Markt gesehen und daraufhin spöttisch gedichtet: *„Ei, du hallescher Löwentrotz, wie hat man dich gezähmet."*

Das Rektoratsgebäude wurde 1874, das Robertinum mit seinem archäologischen Museum und einer Münzsammlung 1891 errichtet. Das Melanchthonianum schenkte sich die Uni zum 400. Geburtstag 1902, neun Jahre später stand das Thomasianum auf dem Platz. Dann rührte sich lange Zeit nichts. Das Juridicum unterhalb der Freitreppe wurde 1998 eingeweiht und im Jubiläumsjahr 2002 das architektonisch höchst spektakuläre Audimax mit drei Hörsälen und insgesamt 1.120 Plätzen seiner Bestimmung übergeben.

Das Robertinum spiegelt sich in der spektakulären Glasfassade des preisgekrönten Auditorium Maximum.

Rechts der Von-Seckendorf-Platz. Darunter der Campus (rechts) und das klassizistische Hauptgebäude, das seit 140 Jahren von den steinernen Löwen bewacht wird.

Wenn alle Brünnlein fließen ...

Wenn alle Brünnlein fließen... Ja wenn. Länger als 20 Jahre hatte es gedauert - von der Planung bis zur Fertigstellung des Brunnens auf dem Hallmarkt. Ursprünglich sollte er auf dem oberen Markt stehen. Nach vielem Für und Wider entstand der Brunnen 1998 dann im ehemaligen Thal zu Halle; dort, wo einst die Solquellen sprudelten. Wie die Solquellen vor Jahrhunderten hat der Göbelbrunnen, benannt nach seinem Erbauer Professor Bernd Göbel, Halle über die Landesgrenzen hinaus ins Gespräch gebracht: An der Gestaltung hatten sich Diskussionen mit Hallensern, Pastoren, Städteplanern und dem damaligen Oberbürgermeister Dr. Klaus-Peter Rauen entzündet; Zeitungen und Rundfunksender berichteten. Warum diese Aufregung? Ein Kardinal, nur mit seiner Mitra bekleidet, in nahezu eindeutiger Haltung über eine Frau gebeugt... Welche Sünde... Der war eben so... Ein Kunst- und Frauenkenner, der Kardinal Albrecht... Belina soll sie geheißen haben, diese italienische Sängerin, die ihm sein Finanzberater, Freund und Vertrauter Hans von Schönitz ausgespannt hat... Hingerichtet wurde der dafür. Aber das ist lange her, fast 500 Jahre...

Professor Göbel wandelte letztlich, um die Gemüter ein wenig zu beruhigen, Albrechts Mitra in einen zu Berge stehenden Haarschopf um. Der Göbelbrunnen hat noch mehr Geschichten parat: Die Sage vom Schäfer, der sich in eine Nixe verliebte, die zu mitternächtlicher Stunde aus der Saale steigt und zu seinem Flötenspiel tanzt. Aber sie konnten nicht zueinander kommen. Das Wasser war in diesem Fall nicht schuld, sondern der Schäfer, der die Nixe austricksen wollte und die Zeiger der Kirchturmuhr zurückstellte. Sie tanzte und tanzte und wurde, als sie verspätet in ihr Reich zurückkehrte, grausam bestraft. Das Wasser der Saale färbte sich rot. Oder die Sage vom Grafen, der bei seinem Befreiungssprung aus dem Fenster der Burg Giebichenstein in die Saale von drei Musen (Theater, Musik und bildende Kunst) gestützt wird, oder die Sage vom Schellenmoritz und seiner Schwester, den Erbauern der nicht weit entfernten Moritzkirche.

Nicht nur die Plastiken und das Wasserspiel sind sehenswert, auch die auf dem Boden eingelassenen bronzenen Reliefs. Auf einer ist ein Zitat von Voltaire zu lesen: *„Wer die Krone der deutschen Gelehrsamkeit sehen will, der muss nach Halle gehen.“* Leicht verändert: Wer einen „liebenden“ Kardinal sehen will, der muss zu Göbel gehen.

37 Wasserspiele sprudeln in der Stadt. Wahrzeichen von Halle: der Eselsbrunnen am Alten Markt (1906) mit dem Müllerburschen, der auf Rosen geht. An der

Aus vier Brunnen gewannen die Hallenser möglicherweise schon im frühen Mittelalter die kostbare Sole: aus dem Meteritzbrunnen, dem Deutschenbrunnen, dem Hackeborn und noch bis 1927 aus dem Gutjahrbrunnen, benannt nach dem Geburtsjahr Christi. Sicher ist, dass die Umgestaltung des Marktplatzes im Jahr 2004 zwei Solbecken aus dem Jahr 2000 vor unserer Zeitrechnung zu Tage förderte.

Marktkirche spendet der Salamanderbrunnen Nass, der Handwerksbrunnen in Brunos Warte. Wasser-Spiele auch in Halle-Neustadt: Mit dem Tulpenbrunnen von Heinz Beberniß (1978), dem Frauenbrunnen von Gerhard Lichtenfeld (1970/74), dem Wasserbecken „Früchte des Meeres“ von Hans Rothe (1983), dem Chemiebrunnen von Irmtraud Ohme (1981) und dem Nasreddin-Brunnen von Bernd Göbel (1980/2001). 2006 ist die „Goldsole“ auf dem Marktplatz dazugekommen, mit 78 Schlitzen in Bronzeplatten auf dem Boden, die die in der Stadt verstreuen Salzquellen symbolisieren sollen. Der goldene Schimmer wird durch darunter liegende Goldschalen bewirkt und aus 20 Wasserdüsen tritt wie bei den Solquellen Salzwasser an die Oberfläche.

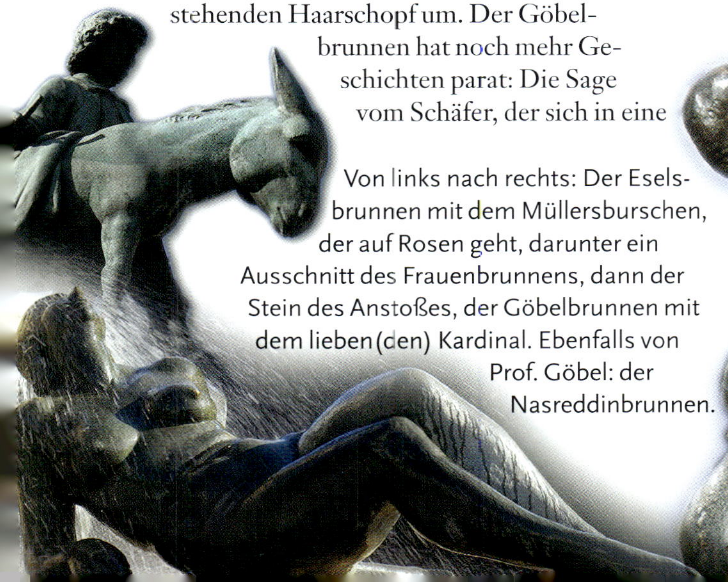

Von links nach rechts: Der Eselsbrunnen mit dem Müllersburschen, der auf Rosen geht, darunter ein Ausschnitt des Frauenbrunnens, dann der Stein des Anstoßes, der Göbelbrunnen mit dem lieben(den) Kardinal. Ebenfalls von Prof. Göbel: der Nasreddinbrunnen.

Gesundheit, Rehabilitation, Erholung und Bildung im Herzen der Stadt

Das mehr als 100 Jahre alte Gebäude wurde 1997/98 restauriert und durch einen zeitgemäßen Neubau ergänzt. Im Jahr 2009 erweiterte die Klinik ihr Außengelände um einen erholsamen Patientenpark. Gut erreichbar im Zentrum der Stadt, aber dennoch malerisch eingebettet in die Parklandschaft der Saline-Halbinsel und von Saalearmen umgeben, bietet die reha FLEX Saline Rehabilitationsklinik (oben) ihr umfangreiches Therapieangebot der ambulanten medizinischen Rehabilitationsmaßnahmen an. Unter fachärztlicher Leitung steht den Patienten ein hoch qualifiziertes, erfahrenes und interdisziplinäres Therapeutenteam (unten Mitte) kompetent zur Seite. Die Altersspanne der Patienten reicht vom einjährigen Teilnehmer am Babyschwimmen bis zu Senioren, die nach Operationen an Reha-Maßnahmen teilnehmen. Wem während der Rehabilitation sein gewohntes häusliches Wohnumfeld wichtig ist, dem bietet die Klinik beste Bedingungen für eine ambulante individuelle Reha-Behandlung. Die Mitarbeiter der Reha-Klinik nutzen moderne medizinische Behandlungsräume mit allen dazugehörigen Geräten und Apparaturen - einschließlich Bewegungsbad. Zusätzlich stehen Sauna und Solarium sowie eine Cafeteria zur Verfügung. In den hellen freundlichen Räumen der Krankengymnastik und Ergotherapie üben die Therapeuten mit den Patienten Bewegungsabläufe neu ein und versuchen, gestörte Funktionen aufzubauen sowie alltägliche Fähigkeiten und Fertigkeiten wiederzuerlangen. Die Sporttherapie dient der Stabilisierung und Kräftigung der Muskulatur, der Verbesserung der Dehnfähigkeit und eignet sich für jedes Alter. Verschiedene Massagetechniken sollen die Durchblutung verbessern und Schmerzen lindern. Strom und Wasser spielen bei der physikalischen

Therapie die Hauptrolle. Ernährungsberatung, bei der Patienten selbst kochen, zählt ebenso zum Angebot der Klinik wie eine psychologische und soziale Betreuung und Beratung. Geschäftsführer Axel Witt (Mitte) verspricht, dass jeder Mitarbeiter sein ganzes Engagement, Wissen, Können und seine Zuwendung für die Patienten einsetzt.

Manche der ehemaligen Patienten werden sicher öfter an ihren Aufenthalt in der Saline Reha-Klinik erinnert - auf dem Saaleradwanderweg, der fast direkt an der Klinik vorbeiführt, oder bei einer Tour mit dem Motorschiff „Rabeninsel“, das am benachbarten Hotel „Ankerhof“ Station macht und weiter bis Röpzig fährt, oder vielleicht bei der Besichtigung des Salinemuseums. Und nicht zuletzt bei einer der Stadtführungen, die auf der Saline-Halbinsel am Museum beginnen und mit der Besteigung der Hausmannstürme enden. Dieses Wahrzeichen von Halle ist vom Seminarraum der Klinik mit seinem wunderschönen Ausblick über

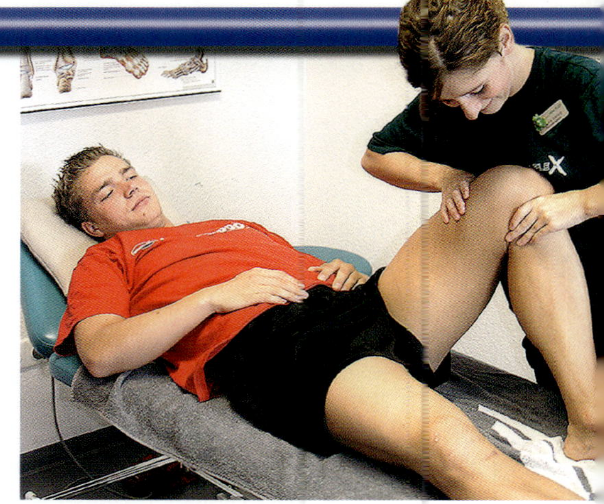

die Stadt zu sehen. Gesundheit, Erholung, Bildung, Heilung, Fürsorge und Entspannung direkt beieinander: Das Technische Halloren- und Salinemuseum ist auf dem Gelände der früheren Königlich Preußischen Saline in einem ehemaligen Salztonnenmagazin angesiedelt. 1964 stellte die Saline ihren Betrieb ein. Fünf Jahre später öffnete das Museum, das die Salzgewinnung mit Siede- und Trockenpfanne, Förderband und Abfülleinrichtung erlebbar macht. 1.400 Zentner Salz werden jährlich produziert. Damit ist das Museum der kleinste Salzproduzent Deutschlands und das einzige Salz produzierende Museum Europas. Einmal im Monat können Besucher beim Schausieden die Produktion erleben und einen Teil des Silberschatzes (83 Pokale und zwei Kettengürtel) bewundern.

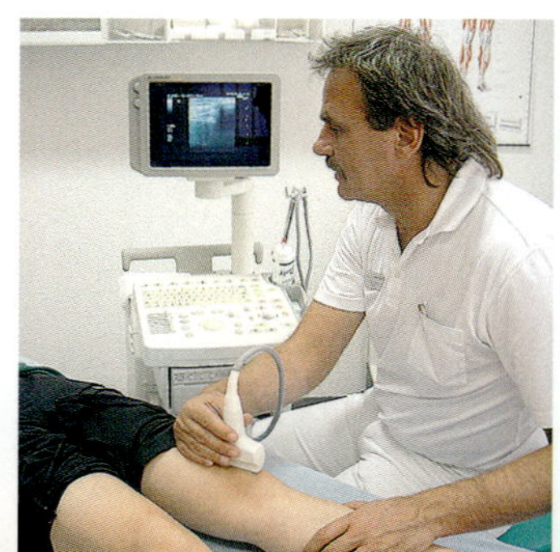

Radwandern an der romantischen Saale

Von der Quelle im Fichtelgebirge bis zur Mündung in die Elbe schlängelt sich die Saale durch die Bundesländer Bayern, Thüringen und Sachsen-Anhalt. 430 Kilometer Natur, Landschaften, historische Zeugnisse und Moderne pur bietet der Saale-Radwanderweg. Seit 1998 ist die größte Stadt an der Saale an dieses Freizeit-Netz angeschlossen: Halle. Auf einer Länge von 22 Kilometern durchläuft der Weg die Stadt. Im Süden führt er zuerst entlang der Saale-Elster-Aue, wo die größte Graureiher-Kolonie Sachsen-Anhalts beheimatet ist. Bei Hochwasser empfiehlt es sich, über Ammendorf und Beesen zu fahren. Auch sonst ist das ein lohnenswerter Abstecher zur Besichtigung der Kirchen dieser Stadtteile. Von einem kleinen Aussichtsturm am Weg fällt der Blick auf den Zusammenfluss der Weißen Elster, Gerwische und Saale und auf das Naturschutzgebiet Pfingstanger. Auch auf die barocke Schafbrücke, von der eine Sage erzählt, dass sie beim Bau vor etwa 200 Jahren nachts immer wieder von bösen Geistern eingerissen wurde. Um diese zu besänftigen, ließ eine Nonne ihr Kind in einer Brückennische einmauern. Noch heute soll sie aus Kummer darüber zu jeder Geisterstunde dort weinend niederknien.

Alte Brauerei

Im Stadtteil Wörmlitz-Böllberg fährt man fast direkt an der nach einem Brand wieder im Aufbau befindlichen St. Petras-Kirche vorbei. Nach einem Kilometer führt der Weg entweder über die im Jahr 2000 errichtete und wie eine Rakete anmutende imposante Brücke auf das Naturschutzgebiet Rabeninsel oder an der kleinen romanischen Kirche vorbei über die Hafenbahnbrücke zu den Pulverweiden. Dahinter liegt die Pferderennbahn mit Tribüne, 1913 im späten Jugendstil errichtet.

Wunderschön, von Pappeln überdacht, ist die Route bis zur Genzmerbrücke. Am gegenüberliegenden Ufer fällt die alte Brauerei mit breit gegliederter Jugendstilfassade auf, die immer noch auf eine neue Nutzung wartet, wie auch der 1972 stillgelegte kreisrunde monumentale Gasometer des ehemaligen Elektrizitätswerks (1912) am linken Saaleufer, mit dem die Stadt Großes vorhatte.

Kurze Zeit später kommt die Saline ins Blickfeld. Unweit dahinter ist der historische, im englischen Stil errichtete Gimritzer Park erreicht mit einem Gutshof auf dem Grund einer mittelalterlichen Siedlung aus dem 7./8. Jahrhundert. Er wurde nach 2000 zu einer modernen Eigentumsanlage umgebaut.

Bevor die Brücke der Freundschaft, eine Pseudohängebrücke (1898/99) von der Peißnitzinsel auf die Ziegelwiese führt, fällt dem Radfahrer ein ehemaliges Gesellschaftshaus mit Jugendstilelementen auf, zu DDR-Zeiten das „Pionierhaus“. Nach der Wende vom Zerfall bedroht, hat sich nun ein Verein des Hauses angenommen.

Dahinter das 1978 errichtete Raumflug-Planetarium Sigmund Jähn mit kleiner Sternwarte. Die Kindereisenbahn zieht seit 1960 auf der Peißnitz ihre Kreise. Über die Ochsenbrücke ist bald darauf das Riveufer erreicht, benannt nach dem Oberbürgermeister Richard Robert Rive, der in seiner Amtszeit von 1906 bis 1936 viel zum Wohl der Stadt geleistet hat. So erwarb die Stadt 1915 das Bergschenkengrundstück am anderen Ufer und besaß damit alle Flächen und Höhen am linken Ufer der Saale. Sechs Jahre später vollzog sie das bis dahin teuerste Grunderwerbsgeschäft und kaufte die Unterburg Giebichenstein, 1925 auch Lehmanns Felsen am rechten Ufer.

Die idyllische Straße führt zur Giebichensteinbrücke, 1928 von Professor Marcks geschaffen. Ochs und Kuh stehen symbolisch für den Brückenschlag zwischen Stadt und Dorf. Die Brücke zum Stadtteil Kröllwitz mit hoch gelegener Kirche ist die letzte, die der Radfahrer auf seinem Weg innerhalb Halles überquert, und er fährt weiter nach Lettin, dem Naturschutzgebiet Lunzberge und in die gegenüberliegenden Alpen. Keine Aufregung - nur in die Brachwitzer Alpen.

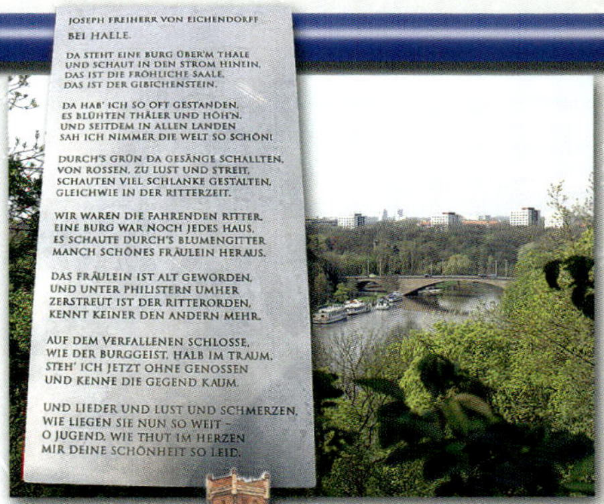

Rechts: Joseph von Eichendorff schrieb nach einem Besuch in Reichardts romantischem Garten mit Blick von Giebichenstein das Gedicht „Es steht eine Burg überm Thale“ mit der bekannten Zeile „*... und nimmer in anderen Landen sah ich die Welt so schön.*“ Franz Kugler komponierte die Melodie dazu.

Hildebrandsche Mühle

Rabeninselbrücke

Röpzigerbrücke

Das Riveufer mit Burg Giebichenstein. Rechts: Diese Steinkuh ziert als Symbol zusammen mit dem Ochsen die Giebichensteinbrücke.

Liebevoll restauriert mit Blick zum Detail: historisches Gebäude im Graseweg.

Typisch Wohnungswirtschaft - Raum für neue Wohnqualitäten

Ohne die Wohnungsunternehmen mit ihren Millioneninvestitionen in den 20 Jahren seit der „Wende“ sähe die bauliche Verfassung der Stadt Halle heute ganz anders aus. Auch die Lebensqualität in der Saalestadt und die seit Jahren steigende Wohnzufriedenheit haben in sehr positiver Weise von der Aktivität der ortsansässigen großen Wohnungsanbieter profitiert. Seit nunmehr fast zehn Jahren engagieren sich diese zudem im Netzwerk „Stadtentwicklung in Halle“ (ehemals Wohnungswirtschaftliche Plattform) für die Erarbeitung von Konzepten zum baulichen und infrastrukturellen Umgang mit den Folgen des Rückgangs und der Alterung der Bevölkerung. Auf diese Weise bringen sich vor allem die kommunalen und genossenschaftlichen Wohnungsunternehmen aktiv in die fachlich anspruchsvolle Debatte zum Stadtumbau und die zukunftsfähige Stadtentwicklung von Halle ein.

Bestanden Mitte der 90er-Jahre in der Saale-Stadt noch Engpässe auf dem Wohnungsmarkt, hat sich dieser Zustand bis zum Ende der Dekade entscheidend verändert. Es entwickelte sich ein Überangebot an Wohnungen, das sich Jahr für Jahr vergrößerte und immer breitere Quartiersbereiche erfasste. Im Jahr 1999 waren selbst in „guten“ Wohnlagen Leerstände in den Ober- und Erdgeschosszonen nicht mehr selten, im Innenstadtbereich standen mitunter ganze Straßenabschnitte leer. Historisch wertvollen Einzelgebäuden drohte vielfach der Verfall, weil für deren wirtschaftliche Sanierung keine Perspektive existierte. Das war die Geburtsstunde der „Wohnungswirtschaftlichen Plattform in Halle“, gegründet im Dezember 1999 durch die zwei kommunalen und zu diesem Zeitpunkt 13 genossenschaftlichen Wohnungsunternehmen in der Stadt und vom Institut für Strukturpolitik und Wirtschaftsförderung (isw).

Als Partner fungierten die Stadtverwaltung, die Versorger und die HAVAG ebenso wie der Mieterbund, der Verband Haus & Grund e.V. für die Privateigentümer sowie ein Repräsentant der privaten Großvermieter. Mittlerweile heißt die Platform „Netzwerk Stadtentwicklung in Halle“, um dem inhaltlich erweiterten Anspruch Sorge zu tragen. Ziel des Gremiums war und ist es, das Problemverständnis hinsichtlich des strukturellen Leerstandes zu schärfen und gemeinsame Lösungen in Bezug auf den richtigen Mix von Aufwertung und Anpassung zu finden.

Im Zusammenhang mit der qualitativen Aufwertung (Wohnungssanierungen bis hin zu Wohnumfeldmaßnahmen wie zum Beispiel Grünflächen, Spielplätzen, Sportstätten und Schulen) besteht insbesondere die Frage der räumlichen Mittelverwendung - also in welchen Stadtteilen und Quartiersbereichen die begrenzten Mittel mit dem größtmöglichen Nutzen für Bevölkerung, Wirt-

Sanierte Plattenbauten in der Großen Wallstraße (unten)

Heidenähe garantiert: Fischerstecherstraße.

Gelungener Teilrückbau in der Waldstadt Silberhöhe.

Der Johannesplatz ist als verkehrsarme Zone gestaltet.

schaft und Kommune eingesetzt werden können. Bei der Anpassung gilt es dagegen angesichts des demografischen Wandels umsetzungsfähige Konzepte zur Anpassung des Stadtkörpers und der Quartiersstrukturen zu entwickeln, für die sich auch Akteure finden, die mitmachen. Gleichzeitig müssen diese Konzepte die Herausbildung tatsächlich zukunftsfähiger Strukturen befördern. Und genau diese Punkte bilden die Hauptthemen im Netzwerk „Stadtentwicklung in Halle“ und dessen fünf gebietsbezogenen Arbeitsgruppen für die Stadtumbaugebiete Innenstadt, Neustadt, Südstadt, Silberhöhe und Heide-Nord.
In diesem einen Jahrzehnt der Kooperation im Netzwerk führten viele Ideen und Lösungsansätze zu konstruktiven Diskussionen und anschließenden Kompromissen. Konzepte, die entwickelt und nicht zuletzt von den Wohnungsunternehmen als zentralen Akteuren und Partnern der Stadt realisiert wurden, zeugen von der Qualität des städtebaulichen Engagements. Das ist ein Zeichen für die Beständigkeit der involvierten Wohnungsunternehmen und deren besonderer Verbundenheit mit der Stadt Halle an der Saale und ihren Bürgern.
Ein Ende im Stadtumbau in Halle ist noch nicht abzusehen. Wenngleich schon viel geschafft wurde, so steht doch noch vieles auf der Agenda. Die Wohnungsunternehmen des Netzwerkes „Stadtentwicklung in Halle“ präsentieren sich als verlässliche Partner der Stadtentwicklung - das soll auch in Zukunft so bleiben. Besonders wichtig in diesem Zusammenhang sind nicht zuletzt vor allem auch die richtigen politischen Rahmensetzungen im Bundes- und Landesmaßstab.

www.isw-institut.de

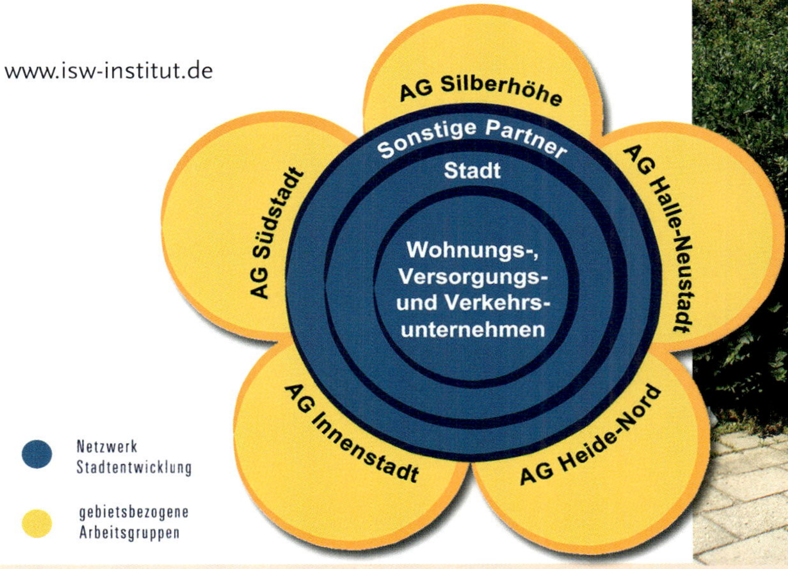

Sanierte Hochhäuser in der Neustadt.

Modern Wohnen in Neustadt - hier die Andersenstraße.

Genossenschaftliches Leben mittendrin: Wielandstraße.

Die Amsterdamer Straße in Halles Südstadt (unten)

Nach dem Fest ist vor dem Fest - feste Feiern in der Saalestadt

Das bedeutendste Fest feiern die Hallenser seit 1952 jährlich im Juni um „ihren" Händel zu ehren (siehe Special S. 46 bis 53) und seit 1999 singen Fans aus aller Welt an seinem Geburtstag (23. Februar) das „Halleluja" aus dem Messias.
Salz hat Halle reich gemacht. Ein Schwein erschnüffelte das „weiße Gold" in einer Pfütze auf dem Hallmarkt. Ein Glücksschwein. So erzählt es die Sage. Anlass genug für die Hallenser, Halloren und Halunken, seit 1995 jeweils am letzten Septemberwochenende auf dem Marktplatz das Salzfest zu feiern. Die Halloren ziehen in ihren Festgewändern durch die Stadt, schwenken ihre Fahnen, und das Salzfestbier, in der Landsberger Brauerei speziell gebraut, wird ausgeschenkt.
Eine viel längere Tradition hat das Laternenfest. Seit 1928 feiern die Hallenser und ihre Gäste jährlich am letzten Augustwochenende zwischen Peißnitzinsel und Giebichenstein entlang der Saale. Schon vor 50 Jahren bezeichnete das Hallesche Monatsheft das Fest *als „schönstes und größtes Heimatfest Mitteldeutschlands"*.
Schwarz nummerierte gelbe Plaste-Enten werden ins Wasser gesetzt und schwimmen auf der Saale um die Wette. Prominenten Hallensern wird die verantwortungsvolle Aufgabe zuerkannt, die ersten einzufangen und deren Besitzer zu prämieren.
Beim traditionellen Fischerstechen der Halloren in einem sehr wackligen Kahn wird so lange mit speziellen Stangen gekämpft, bis einer der Kontrahenten über Bord geht. Vor 15 Jahren war das noch weitaus unangenehmer. Heute kann man an der Saale picknicken, ohne die Nase zu rümpfen, und von einer „schwarzen Brühe" ist nicht mehr die Rede. Zu den Höhepunkten des Festes zählen auch ein Bootskorso mit fantasievoll geschmückten Fahrgastschiffen und originell dekorierten Kleinbooten, eine Glühwürmchenparade auf dem Fluss und ein gewaltiges Höhenfeuerwerk.
Bereits im Mittelalter feierten die Hallenser das Knoblauchfest. Mehrere Tage schlemmten sie zu Pfingsten ausgiebig und benötigten deshalb zur *„Festigung der leicht angegriffenen Gesundheit"* am Mittwoch danach einen Knoblauchtag. 1870 verbot die Polizei das Fest, vermutlich wegen der Geruchsbelästigung. Seit 2002 wird es wieder gefeiert: auf der Würfelwiese mit einer großen Tafel, wo sich die Knoblauchsmittwoch-Gesellschaft in Frack und Zylinder niederlässt und mit Gästen gemeinsam selbstverständlich Knoblauch in Würsten, Brötchen oder sogar pur verzehrt.
In den Jahren mit ungerader Endzahl feiern die Halloren das Pfingstbierfest im Amselgrund mit Fahnenschwenken, Zappeltanz und anderen Ritualen. Das Pfingstbier wird nach dem Böllerschuss unter Ausschluss der Öffentlichkeit im Krug zum grünen Kranze auch aus den Silberbechern getrunken.

Der Knoblauch spielt seit 2002 wieder eine wichtige Rolle in Halle: beim Feiern des Knoblauchfestes.

Woman in Jazz, ein Musikfestival, findet in Halle seit 2005 regelmäßig statt. Frauen aus der ganzen Welt musizieren in der Oper, in Kirchen, auf der Straße, auf dem Bahnhof, sogar in Auto- und Kaufhäusern und finden überall ein begeistertes Publikum vor. Das Programm ist ausgewogen: Zwischen Trio und Big Band, starken Stimmen und Instrumentalistinnen, zwischen Standards und Free bietet es Unterhaltung für jeden Jazzfreund vom Feinsten.
Die Nächte der Museen, Wissenschaften und Kirchen erfreuen sich seit einigen Jahren großer Beliebtheit, und die Veranstalter konkurrieren um ausgefallene interessante Ideen. So bringen auch Oster- und Weihnachtsmärkte, ein Wein- und ein Schlemmerfest, das Kinderchorfestival, ein Beatles-Sommerfest und das Busfahrertreffen die Hallenser in Schwung. *„Man redet so lange vom Fest, bis es kommt"*, heißt ein Sprichwort. Die Hallenser und ihre Gäste reden auch noch darüber, wenn es lange vorbei ist.

Unten: Auch 1929 wurde schon feste gefeiert: mit einem Blumenkorso zum Laternenfest. Kosaken (unten) kamen anlässlich des 3. Tages der Freundschaft an den Hanserring. Erst seit 1995 im Festivalprogramm: das Salzfest (unten rechts und im Hintergrund Seitenmitte). Zum Abschluss der Händelfestspiele: ein Feuerwerk (oben rechts).

Halle-Neustadt im Wandel: Alles unter einem Dach

Seit der Schaffung der Satellitenstadt Halle-Neustadt scheiden sich daran die Geister: „Ha-Neu" - geliebt, gehasst, verflucht - und doch lebendig. Zu Glanzzeiten des Prestige-Neubauprojekts wohnten hier mehr als 93.000 Menschen. 2009 hat sich diese Zahl nahezu halbiert. Mit der Eröffnung des modernen Neustadt Centrums im Jahr 2000 nahm eine Idee feste Züge an, die bis in die Gründungsjahre Halle-Neustadts zurückreicht. Die ehemals eigenständige Kommune (erst 1990 wieder nach Halle eingemeindet) sollte hier ein lebendiges urbanes Zentrum mit Rathaus, Kino und Kaufhaus erhalten. Bis in die 80er-Jahre hinein reduzierte man diese Pläne immer wieder oder setzte den Rotstift an und die Projekte nur halbherzig um. Ein Großteil der verplanten Fläche blieb einfach leer. Das Areal zwischen Bruchsee und Neustädter Passage rückte nach der Wende in das Fadenkreuz neuer Investoren. Doch auch hier stellte sich manche Planung schnell als unrealistisch heraus. Erst im September 1998 gab der hallesche Stadtrat grünes Licht für ein geplantes Stadtteilzentrum . Mittlerweile erstreckt sich das L-förmige angelegte Stadtteilzentrum zwischen der Magistrale und der Albert-Einstein-Straße, erschließt sich über den großzügigen Neustädter Platz zur Passage hin und bildet einen bewusst flach gestalteten Gegensatz zu den beiden dahinter liegenden Punkthochhäusern. In diesem Umfeld entstanden mehr als 30.000 Quadratmeter Fläche für Einzelhandel, Gastronomie und Büro. Imposanter Blickfang: die Wölbung des Multiplexkinos, genau am selben Standort wie das bisherige sehr beliebte Prisma-Kino. Das Neustadt Centrum ist an seinen Straßenfronten mit dunklen, matt schimmernden Klinkersteinen verkleidet. Getöntes Glas ergänzt die Struktur der Fassade und setzt architektonisch reizvolle Akzente. Im Kontrast zu den dunklen Fassadenelementen dominiert im Inneren des Centers eine helle, warme, mediterran gestaltete Farbgebung. Die Mall wird von Bändern aus hellgrünem, satiniertem Glas durchzogen. Viel Tageslicht scheint durch die hohen Glashauben. Edelstahlverkleidungen und weinrote Giebelwände ergänzen das Bild einer farbenfrohen und freundlichen Gestaltung. Zentral gelegen, schnell erreichbar - ob mit der Tram, dem Auto oder per pedes - und mit mehr als 950 Parkplätzen punktet das Centrum mit Vorteilen und passt sich nahtlos an das innerstädtische Geschehen an. Die Besucherfrequenz aus einem mehr als 200.000 Menschen zählenden Gesamteinzugsgebiet belegen die Beliebtheit des überdachten Branchenmixes. Das Neustadt Centrum wertet als integraler Bestandteil den Stadtteil funktionell und stadtgestalterisch auf und bietet eine attraktive Mischung differenzierter Angebote aus Einzelhandel, Dienstleistung, Kultur, Verwaltung und Freizeitgestaltung.

Weitläufig präsentiert sich das Neustadt Center - aus der Vogelperspektive (rechts)und in der Straßenansicht.
www.neustadtcentrum.de

Frühstück bis 18 Uhr und keine Sperrstunde

Mehr als 500 Restaurants, Bars und Cafes laden ein in Halle. Im Jahr 2003 öffnete die Hallesche Kneipenmeile. Sie führt von der Sternstraße die Große Märkerstraße entlang über den Marktplatz in die Kleine Ulrichstraße (unten rechts). Die ersten drei Gaststätten hatten sich bereits 1996 in der Sternstraße angesiedelt: „Il Cavalino", heute „Mauricio", ein italienisches Speiserestaurant, „Die Alte Spindel", heute „51Grad" (Halle liegt auf dem 51. Breitengrad) und „Don Camillo", eine typische Bierkneipe. Zwei Jahre später gesellte sich „Zum Ritter" dazu - mit mittelalterlichen Gerichten wie Knappenteller, Wildragout und auf Schwert gezogenem Schaschlik. Gut bürgerliche Küche bietet der „Bierpichler", auch schon sieben Jahre am Standort. „Piano" - eine Künstlerkneipe, die „Gypsy-Bar", der „Brotkasten" und „Al Capone" kamen später dazu. Als das „Wiener Café" an der Ecke zum Kleinen Berlin schloss, zog „Zech" mit einem „gehobenen" Speiseangebot ein. Ur-

Nur noch schöne Vergangenheit: Früherer Kaffeegarten auf der Rabeninsel.

sprünglich hatte der Hutmacher Zeck dort sein Geschäft. Nach diesem sollte das Restaurant benannt werden. Ungenaue Recherche oder ein Schreibfehler mögen bei der Namensgebung Pate gestanden haben. Inzwischen ist daraus ein deutsch-ungarisches Restaurant entstanden mit dem Namen „Zum Jambor".
Seit Ende 2005 können Langschläfer im „Cafe the Art" (gegenüberliegende Seite, rechts oben) bis 18 Uhr frühstücken. „Have a nice day" heißt eines der verlockenden Frühstücksangebote, dessen Wünsche aber vermutlich den nächsten Tag betreffen. Außergewöhnliche Kaffee- und Schokoladenspezialitäten, Long Drinks und internationale Cocktails werden außerdem angeboten. Open End versprechen alle Restaurants, das Thema Sperrstunde ist zur Zufriedenheit der Gäste und Restaurantbesitzer gelöst. Dafür sind Autos ausgesperrt, und im Sommer sitzen die Gäste im Freien dort wesentlich ruhiger als in der Kleinen Ulrichstraße. Aber besonders Studenten scheint die Gefahr, samt Stuhl von einem der vorbeifahrenden Autos mitgenommen zu werden, nicht zu stören. Der „Kaffeeschuppen" mit Livemusik an den Wochenenden und Kaffee „noir" werden von ihnen bevorzugt. Auch die Szenenkneipen „na und", „Potemkin", „Quarks", und „Lujah". „U twentysix" steht zum Verkauf. In der „Ökoase" fühlen sich Vegetarier und Nichtraucher wohl. Das seit Mitte 2008 leer stehende „wirtshaus alt halle" hat der Betreiber der Heidegaststätte „Knolls Hütte" und der „Zoo-Terrassen" von der HWG gemietet und als „Unicat" im August 2009 neu eröffnet. Die Gasthausbrauerei „Zum Schad" wird ebenfalls in die Kleine Ulrichstraße ins „Las Salinas" umziehen. Für den „Ackerbürgerhof" in der Großen Klausstraße in einem der ältesten halleschen Profanbauten fand sich kein Restaurantbetreiber. Dort wird jetzt Modeware angeboten. Die Studentenkneipe „Unikum" (Uni-Ring 23) bekommt im September im ehemaligen „Hundertwasser" einen großen sportlichen Bruder mit Billardtischen, Tischtennisplatten, Dart- Spielen und regelmäßiger Sportübertragungen an Großbild-

Für Cineasten:
das Roadhouse Büschdorf

schirmen. Zur Fußball WM 2010 soll es die größte Public-Viewing-Kneipe in Halle sein. Der Kühle Brunnen (im 16. Jahrhundert das prunkvolle Wohnhaus von Kardinal Albrechts Finanzberater Hans von Schönitz) beherbergt seit 2005 das „Hallesche Brauhaus". Aus eigenen Sudkesseln werden drei neue Biersorten angeboten: Frisches Hallesch, Schönitz Pilsener und Albrecht Dunkel, dazu als Spezialität der hallesche Flammkuchen. Wechselnde kulinarische Wochen bietet der „Dompfaff" am Domplatz an und

auch die „Alchimistenklause" im Norden der Stadt verspricht ausgezeichnete Küche im gemütlicher Atmosphäre.
Mehr als 60 Schnitzelgerichte stehen auf der Speisekarte der „Schnitzelwirtin" in der Großen Märkerstraße, und beim „Groben Gottlieb" in unmittelbarer Nachbarschaft wird Salzkrustenbraten mit einer „gewissen originalen Grobheit" serviert. Doch auch außerhalb des Stadtzentrums finden sich urige Kneipen, Restaurants mit schmackhaften Speisen, Cafés und Bars mit originellem Ambiente.
Im „Bermudadreieck" in der Nähe der Burg Giebichenstein mit dem Studentenclub „Gosenschenke" (oben) und dem „Objekt 5" (Kulturkneipe, Tanzlokal und Kino) sowie „Zum Mohren" sollen Gäste verschwunden sein, ohne die Rechnung bezahlt zu haben. Warum sonst wurde die Gegend so benannt? Oder geschah solcher Art Zechprellerei vor 240 Jahren, denn Mohr und Gosenschenke gab es schon damals. Ein „Pferdeomnibus" brachte die Ausflügler vom Marktplatz zum Dorf Giebichenstein, ab 1882 die Pferdestraßenbahn.
Am Ufer der Saale laden der „Krug zum grünen Kranze", das „Palais S", und die Bootsschenke „Hedwig-Marie" ein. Der „Saalekahn", seit Februar 2009 leider ohne Terrasse, denn Teile der Kaimauer stürzten neben dem Ankerhof in die Saale. Gegenüber der Burg Giebichenstein liegt die „Bergschenke Kröllwitz". Vor 200 Jahren war dort oben „Broyhan mit Musik" ein beliebtes Getränk: hohe schmale Gläser, gefüllt mit Weißbier, geriebenem Brot, Korinthen und Zucker. Die Musik komponierten die Gäste selbst, wenn sie das Brot und die Korinthen mit langen Holzlöffeln herausfischten und dabei die verschiedensten Töne erzeugten.
In der Dölauer Heide, einem beliebten Naherholungsgebiet, können Wanderer oder Radfahrer in „Knolls Hütte", dem „Waldkater" oder im „Waldhotel" Rast halten. Der „Waldkater", am Südostrand der Dölauer Heide, existiert schon länger als 150 Jahre. Ursprünglich eine Strohhütte, dann ein kleines Holzhaus, fand er 1901 sein heutiges Aussehen. Als am 1. Juni 1927 die Straßenbahn über den Hettstedter Bahnhof, die Mansfelderstraße und den Weinberg bis an den Heiderand führte, war er bequem erreichbar. 3.000 Sitzplätze fasste der Garten, 1.200 der Saal und die Gastzimmer. Den Großen Saal nutzte nach dem Krieg bis 1948 die Kröllwitzschule als Unterrichtsraum, von den 50er-Jahren bis 1989 diente er dem „HO Obst und Gemüse" als Lagerhalle. Heute zählt der „Waldkater" mit mehr als 400 Sitzplätzen zu einem der größten Biergärten der Stadt. Auch im „Fritzengarten" unterhalb der Moritzburg sitzen Gäste unter alten Schatten spendenden Bäumen. Nicht mehr sitzen unter Kastanien können Besucher seit dem Frühling

2009 in Böllberg Nähe Rabeninsel. „Nieles Garten" (ehemals „Kaffeegarten Kurzhals") hat für immer geschlossen.
Mehr als 30 Restaurants bieten spezielle ausländische Gerichte an. Und in puncto Eisvielfalt sind die Italiener führend: Drei Eiscafés allein in der Leipziger Straße, aber auch die Eisbar am Hansering, vor 1989 die beliebteste „Eisdiele" der Stadt, hat wieder geöffnet. Eine für Halle noch neue Spezialität wurde im Stadtcenter Rolltreppe im April 2006 (nicht am 1.) angeboten: Heuschrecke im Schokoladenmantel oder frittiert aus der Bratpfanne. Wie sagten schon die Lateiner? „De gustibus non est disputandum" - über den Geschmack lässt sich nicht streiten...

Alte hallesche Rezepte

Zwibbelwurscht, selwer jemacht

500g gekochter Schweinebauch, 500g Schabefleisch und 500g Zwiebeln entweder durch den Fleischwolf drehen oder sehr fein miteinander verhacken, dann in einen Topf geben und mit Kümmel, Majoran, Pfeffer, Salz, Koriander und Knoblauch abschmecken. Dann so viel Fleischbrühe unterrühren, dass die Masse etwa 30 Minuten dünsten kann.

Hallorenkuchen

250g Butter, 200g Zucker, 4 Eier, das Abgeriebene einer Zitrone, 1 Teelöffel Zimt, 1 Teelöffel Kardamon und ½ Teelöffel Muskatblüte schaumig schlagen. Dann 750g Mehl und 1 Päckchen Backpulver dazugeben und zu einem glatten Teig rühren. Anschließend 250g in Rum gequollene Rosinen, 125g Korinthen, 150g geriebene, süße Mandeln unterheben. Den Teig in eine runde Kuchenform füllen und bei guter Mittelhitze etwa 60 Minuten backen. Nach dem Auskühlen dick mit Puderzucker bestreuen und mit vergoldeten Gewürznelken bestecken.

Gebackene Holunderblüten

Blühende Holunderdolden kurz in kaltem Wasser waschen und in einem Tuch trocken schwenken. Aus 1/4l Milch, 3 Eiern, 3 gehäuften Esslöffeln Mehl, 1 Prise Salz und 1 Teelöffel Zucker einen Eierkuchenteig bereiten. Die Dolden hineintauchen, in heißem Fett schwimmend backen und mit Zucker und Zimt bestreuen.

Hallesche Bemmen

Vollkornscheiben mit Schmalz bestreichen und mit Bauernkäse belegen. Darauf kommt Pflaumenmus.

Halle verändert: der Weg zur Dienstleistungsgesellschaft

Platz für Neues: Die ehemaligen Landes-Irrenanstalt wird abgerissen. Unten das neue Zentrum für Biochemie.

Den inoffiziellen Titel „Kulturhauptstadt des Landes Sachsen-Anhalt" beansprucht Halle seit 1990. Den Griff nach dem Stern „Kulturhauptstadt Europas" versuchte der Rat 2004. „Halle verändert" stand über der Konzeption. Verändert Europa? Erst einmal sich selbst: Halle bekannte sich offen zur „Schrumpfenden Stadt", die in diesem Prozess Chancen auf neues Wachstum sah (von 1990 bis 2005 war die Einwohnerzahl von 310.000 auf 237.000 Menschen gesunken). Darauf und auf Konzepte für die Zukunft hatte sich die Bewerbung gestützt. Am 10. März 2005 fiel die Entscheidung: Alles sehr lobenswert, liebe Hallenser, was ihr da geplant habt, entschied die Jury, aber es reicht nicht. Essen und Görlitz rangierten vor Halle. Schade. *„Aber der Aufwand hat sich trotzdem gelohnt"*, so der O-Ton aus dem Rathaus. Und mancher Bewohner ist sich der Veränderungen bewusst geworden. Nicht der zukünftigen, sondern der vergangenen, der sichtbaren und verborgenen. *„Von der Produktionsgesellschaft zur Dienstleistungsgesellschaft"* heißt ein Slogan auf der Website der Stadt. Dagegen allerdings steht die Bevölkerungsstruktur: Nicht alle ehemaligen Schlosser, Elektriker und Werkzeugmacher können kellnern oder Haare schneiden.

Jede Werksschließung ist eine Geschichte für sich, und nicht alle handeln nur von maroden Anlagen und der Unfähigkeit, auf dem „Markt" zu bestehen. „Dienste" leistet nunmehr hauptsächlich das Personal in den neu entstandenen Einkaufszentren. Vorfahrt fürs Verkaufen. Der Kaufhof auf dem Markt hatte sich gegen den Karstadt-Konzern durchgesetzt, der Ende 2006 sein Haus zwischen Halle und Neustadt aufgegeben hat. Ab September 2009 sollen dort auf 10.000 Quadratmetern neu renovierter Fläche unter dem Namen „Erlebnis Kaufhaus -Wohnzentrum Lührmann" Möbel verkauft werden.

Für den neuen Kaufhofbau wurde das unter Denkmalschutz stehende Gebäude Markt 23 zwar nicht abgerissen, aber es gelang auch nicht, den Fund eines romanischen Portals in den Neubau einzubinden. Die Wand verschwand hinter einer Mauer aus Beton. Ein Jahr lang war nach Wegen gesucht worden ...

Aber wer Zeit hat, will nicht nur kaufen: Stichwort „Freizeitgesellschaft" und Beispiel „Sport". Ende 1997 wurde die multifunktionale „Sporthalle Brandberge" eingeweiht. Nur regelmäßige Veranstaltungen fehlen dort. Auf dem Parkplatz wächst

Geschlossene Betriebe:

- Hallesche Maschinenfabrik (Mafa)
- VEB Zuckerkombinat
- VEB Kaffee- und Nährmittelwerke
- Karosseriewerk
- Industriewerk Halle Nord
- Reichsbahn-Ausbesserungswerk

Neue Einkaufszentren:

- Einkaufszentrum (Bruckdorf)
- Saalecenter (Neustadt)
- Charlottencenter (Nähe Riebeckplatz)
- Ritter Passage (Leipziger Str.)
- Händel-Karree (Große Ulrichstr.)
- Rolltreppenzentrum (Ecke Steinstr.)

Schmucker Verkehrsknotenpunkt: Halles umgestalteter Hauptbahnhof.

Gras. Vor der neu gestalteten Schwimmhalle (1997) nicht. Auch nicht vor dem Nordbad. Gesundbrunnen und Ammendorfer Bad haben dagegen ausgedient. Aber die schönste Meldung für Wasserfreunde lautete im Jahr 2005: Baden in der Saale wieder möglich.
Beispiel Kultur. Da steht sie nun endlich, die Georg-Friedrich-Händel-Halle (1998), aber wo ist der „Deckel“ für das Loch davor? Wird sich ein Schiffsmuseum aus dem Morast erheben?
Banken und Versicherungen haben repräsentative Bauten in zentralen Lagen errichtet. Ein neues Justizgebäude entstand in der Merseburger Straße.
Rückbau heißt ein aktuelles Schlagwort. Hochhäuser verschwinden innerhalb weniger Wochen, auch die Punkthochhäuser am Steg und am Riebeckplatz mussten und müssen weichen. Hieß das Hochhaus am Riebeckplatz nicht einmal das Tor zur Stadt? Bei einem Ideenwettbewerb zur anschließenden Nutzung schlugen ausgerechnet Schweizer Architekten vor, alle nicht bebauten Flächen mit Bambus zu bepflanzen: Wenn man es denn an der einen oder anderen Stelle wünsche, sei dies schnell rückgängig zu machen. Sind das die progressiven neuen Gedanken? Geschehenes schnell rückgängig machen?
Aber es wird nicht nur abgerissen. Der zweitgrößte Technologiepark Ostdeutschlands entstand am Weinberg, am Salzgrafenplatz das MDR-Funkhaus und das Mitteldeutsche Multimediazentrum in der Mansfelder Straße. In Trotha wurden das Hafenbecken ausgebaut und ein sechs Millionen Euro teurer Portalwippkran zum Be- und Entladen der Schiffe angeschafft. Das neue Bahnhofsumfeld mit Straßenbahnanbindung bis Neustadt und der umgebaute Riebeckplatz als einer der größten städtischen Verkehrskreisel in Deutschland empfangen die Gäste weltstädtisch. Auch neue Wohngebiete sind entstanden; am Pfingstanger, in Heide Süd, auf dem Gelände der ehemaligen Kaserne Wörmlitz und der Lutherhof auf einem Teil des Mafageländes. 1997 eröffnete eines der modernsten Traumazentren Europas im mehr als hundert Jahre alten „Bergmannstrost“. Die Unikliniken erweiterten sich beträchtlich, ein moderner Neubau entstand bei St. Elisabeth und St. Barbara. Halles berühmte Professorenstraße, die Große Märkerstraße, wurde in eine Straße der Sanierung verwandelt.
Zur Internationalen Bauausstellung (IBA) 2010 sind sechs Projekte geplant, die sich vom Riebeckplatz im Osten (Hochhäuser) bis nach Neustadt im Westen (Skaterbahn) ziehen und den „Balanceakt Doppelstadt“ thematisieren. Kernstück ist die Saline-Halbinsel. Zu ihr wird eine neue Saalebrücke für Fußgänger und Radfahrer führen und an der Nordhälfte der erste öffentliche Anlegerhafen entstehen.
Wer die Stadt Halle aus alten Zeiten kannte und sie im Jahr 2009 aufmerksam betrachtet, muss vor allem eins registrieren: Sie ist schöner geworden. Die „Diva in Grau“ von einst hat ihren Schleier verloren. Die meisten Fassaden ihrer Gebäude bröseln nicht mehr vor sich hin, kein Gras wächst mehr in ihren Dachrinnen, und an vielen Häusern ist nun wieder sichtbar, was vorher der allmächtige „Zahn der Zeit“ verdeckt hatte.

Links das leer stehende Industriewerk Nord, darüber das frühere Fabrik-Logo.

Unten: Unter dem kritischen Blick Georg Friedrich Händels tut sich einiges in der Saale-Metropole: Die ehemalige Oberbürgermeisterin Ingrid Häußler weihte 2006 die neue Berliner Brücke ein (Seitenmitte). Darunter die alte Berliner Brücke (rechts), daneben die neue im Bau.

Von Salz bis Schokolade - für jeden Geschmack etwas

Entlang der Halleschen Kulturmeile zu Fuß oder mit der Straßenbahn hat die Stadt Interessantes, Amüsantes und Wissenswertes zu bieten. Museen, Galerien, Gärten und Bibliotheken laden zum Schauen, Studieren und Erholen ein. Einmal im Jahr auch nachts.
Das Landeskunstmuseum Sachsen-Anhalt in der 500 Jahre alten Moritzburg, der ehemaligen Lieblingsresidenz des Kardinal Albrecht von Brandenburg, wurde 2004 in eine Stiftung überführt. Der Westflügel wurde zu einem modernen Museum umgebaut, in dem die Ausstellungsfläche, bereichert durch die Brücke-Sammlung Gerlinger, um 2.000 Quadratmeter vergrößert wurde. Im Dezember 2008 wurde der Bau fertig - bei einem Investitionsvolumen von zwölf Millionen Euro. Im obersten Zimmer des Turmes über dem Tor hat der Maler Lyonel Feininger zahlreiche Halle-Bilder geschaffen. Der ehemalige Oberbürgermeister Richard Robert Rive hatte einen Teil aus Stiftungsmitteln für das Museum gekauft. Der „Rote Turm I" (1929), Teil der Halle-Serie, galt als verschollen, tauchte 2006 wieder auf und wurde im Juli 2009 dank Sponsorenhilfe zurückerworben.
2002 öffnete das Schokolademuseum der Halloren, und zwei Jahre später konnte der Besucher dort das Schokoladenzimmer - ein im Biedermeierstil gehaltenes Zimmer ganz aus Schokolade - bewundern. Mehr aber auch nicht: Naschen streng verboten! Ebenfalls nur bewundern dürfen Besucher des Halloren- und Salinemuseums einmal im Monat den Silberschatz, in der Nacht der Museen jedoch ihr Badesalz selbst herstellen. Im Februar 2006 begrüßte das Händelhaus den einmillionsten Gast. Das Musikmuseum hatte als erstes Museum in Halle nach dem Zweiten Weltkrieg ab 1948 geöffnet. Anlässlich Händels 250. Todestages ist eine neue Dauerausstellung zu sehen, die im Dachgeschoss Händels hallesche Zeit zeigt, im Obergeschoss seinen weiteren Lebensweg und sein Schaffen. Das Stadtmuseum mit regelmäßigen kulturhistorischen und künstlerischen Ausstellungen ist an drei Orten zu finden: in der Großen Märkerstraße als Christian-Wolff-Haus, für 2011 ist dort die erste große Dauerausstellung zur Stadtgeschichte geplant, im Schützenhaus in Glaucha und auf der Burg Giebichenstein als Architekturmuseum. Der Torturm über der Saale erlaubt einen schönen Rundblick.

Von oben links: Händel-Zimmer und Händelhaus. Ein mächtiger Schornstein ist das Wahrzeichen des Salinemuseums. Links daneben das Christian-Wolff-Haus und sein prunkvoll geschnitzter hölzerner Türknauf. Die bronzenen Gänse (unten) „schnattern" vor dem Landesmuseum für Vorgeschichte (rechts daneben).

Das Landesmuseum für Vorgeschichte im Norden der Stadt glänzt mit mehr als zehn Millionen Objekten aus der prähistorischen Archäologie, eine der größten und wichtigsten Sammlungen Deutschlands. Absoluter Höhepunkt ist die Himmelsscheibe von Nebra - seit Mai 2008 in der Dauerausstellung zu sehen.
Im Geiseltalmuseum verdient das vollständig erhaltene Skelett eines Urpferdes besondere Beachtung. Seit 1934 ist das Museum in der Neuen Residenz neben dem Dom angesiedelt und zeigt außergewöhnlich gut erhaltene Fossilien aus dem Braunkohletagebau des Geiseltals etwa 20 Kilometer südwestlich von Halle.
Sehenswert ist in den Franckeschen Stiftungen die Kunst- und Naturalienkammer von 1741, die einzige im Original erhaltene Wunderkammer in Deutschland, aber auch das Cansteinsche Bibelkabinett, die Kulissenbibliothek, im ältesten Bibliothekszweckgebäude Deutschlands und das Franckekabinett. Die Marienbibliothek, 1552 als evangelische Kirchenbibliothek gegründet, erhielt 2009 zu ihren 30.000 Bänden aus dem 15. bis 18. Jahrhundert 6.000 historische Gesangsbücher dazu. Der Stadtgottesacker hat ebenfalls Museumscharakter. Im Stil eines italienischen „Campo santo" wird der Friedhof von 94 reich verzierten Grabbögen umrahmt.
In der Marktkirche ist seit Mai 2006 die Totenmaske Martin Luthers dauerhaft in der neu gestalteten nordwestlichen Turmkammer in einer Großvitrine zu sehen.
Viele private Galerien haben sich nach 1989 in der Saalestadt etabliert: die Villa Kobe in der Nähe des Rannischen Platzes, die Zeitkunstgalerie im Händelcarree, die Galerie am Domplatz, deren Existenz jetzt auf der Kippe steht trotz des jahrelangen Engagement des Galeristen Zeiner, die Galerie der Burg im Volkspark, der Kunstverein Talstraße, das Künstlerhaus 188 im Süden und das „Zwischendeck" im „nt". Seit 1996 erinnert im „Roter Ochsen" eine Gedenkstätte an die Opfer politischer Verfolgung, und seit 2006 ist dort auch die Geschichte der Jahre 1933 bis 1945 und 1945 bis 1989 aufgearbeitet.

Ebronentradition und Baumstammweitwurf

Halles Salztradition war lange vor der christlichen Zeitrechnung kein Geheimnis. Bereits die Kelten und Ebronen, die lange vor unseren Vorfahren mit dieser Kostbarkeit Handel trieben, wussten um die Schätze dieser Region. Sie waren es auch, die alte Traditionen aus ihrem Stammesleben an die Saale brachten.

Mut und Kraft, gepaart mit List und Taktik, ließen schon die römischen Legionen bei Kämpfen mit den Clans der Eburonenvölker erzittern.

Die besten Stammeskrieger maßen ihre Kräfte bei Wettkämpfen wie Schmiedehammer-Weitwurf, Steinstoßen, Fassrollen, Strohsack-Hochwurf oder in der Königsdisziplin, dem Baumstammwerfen. Aus dieser alten Tradition des keltisch-germanischen Rasenkraftsports heraus gründete 2003 eine Handvoll wagemutiger Betriebssportler der Firma Entsorgungs- und Umzugsspedition Ebert GmbH den „Clan der Ebronen e.V.". Anfangs belächelt, hat er längst Einzug in das Stadtgeschehen gehalten.

Die Clanmitglieder haben sich das Ziel gesetzt, verloren gegangenes Kulturgut mit regionalen Institutionen aufleben zu lassen. Dazu gehören seit 2005 die „Highland-Games", die auch im Jahr des Stadtjubiläums mehr als 40.000 Besucher lockten.

Muskelmänner mit Herz - der Möbelfahrstuhl im Dauereinsatz

Kleiner oder großer Umzug gefällig? Warum schwere Möbel schleppen, wenn die Profis das viel besser können? 1992 setzte Jungunternehmer Sven Ebert sein Konzept von einer etwas anderen Umzugsfirma in die Tat um. Als innovatives und qualitätsbewusstes Unternehmen versetzen die Mannen der Entsorgungs- und Umzugsspedition Ebert GmbH jedes Teil von A nach B, Sonderwünsche inklusive. Dazu gehören auch tröstende Worte, denn ein Umzug ist für die Betroffenen mit jeder Menge Stress verbunden. Gut zu wissen, dass die „Muskelmänner mit Herz und Schnauze" jeden Transport mit der gleichen Akribie erledigen. Ob nah oder fern, ob privat oder gewerblich, Eberts kümmern sich um mehr als nur den Möbel- oder Lastentransport. Küchenumbau mit Planung und Komplettierung, Einpackservice für das „gute Porzellan", anfallende Wasser- und Elektroanschlüsse und das Stellen von Außenaufzügen - kaum eine Aufgabe, die nicht erledigt wird. Diese harmonische und reibungslose Arbeit gibt es zu einem ausgewogenen Preis-Leistungs-Verhältnis. Die Umzugsspedition Ebert bietet nicht nur anerkannten Sachverstand für Möbeltransporte, sondern auch Sachverständige für Hausrat. Das zahlt sich bei der Entsorgung anfallenden Hausrates aus: Verwendbare Güter lassen so noch Geld in die Haushaltskasse fließen und die Kosten senken.

Staunen, was in Halle alles möglich ist...

Dieses Jubiläum feierte Halle nicht an einem Tag - sondern mit mehr als 500 Events und 1,5 Millionen Festbesuchern im Jahr 2006. Unter den ersten Gratulanten bei der feierlichen Eröffnung am 23. Februar: Repräsentanten aller halleschen Partnerstädte, die Bilder aus ihrer Heimat mitgebracht hatten (zu bewundern in der Villa Kobe). Zur Ministerpräsidententagung Ende Februar besuchte die Bundeskanzlerin Angela Merkel die Stadt und der Bundespräsident Horst Köhler trug sich im Mai in das Gästebuch der Franckeschen Stiftungen ein.

Chor-Gäste aus aller Welt stimmten gemeinsam mit halleschen Chören am 24. Februar zu „Happy Birthday Händel“ den Halleluja-Chor aus dem Messias an. Im Händelhaus öffnete die neue ständige Ausstellung „Georg Friedrich Händel Leben und Werk eines europäischen Musikers“. Doch nicht nur Händel hat den Namen Halle in die Welt getragen. Darauf verweist das Themenjahr der Franckeschen Stiftungen. Unter dem Motto „Die Welt statt der Provinz“ betonten die Stiftungen die internationalen Aspekte von Halles Stadtgeschichte.

Ein derart prall gepacktes Jubiläumsjahr verlangte nach Improvisation. Denn die Fertigstellung von „Halles guter Stube“ verzögerte sich wegen des langen Winters und fehlender Gehwegplatten. 10.000 Hallenser feierten den- noch eine Woche lang: im Gourmet-Zelt, mit einem Multimedia-Spektakel, dem „Halle-Saale-Grand-Prix“ und dem atemberaubenden Aufstieg der Traber-Hochseilartisten auf den Roten Turm - ohne Netz und doppelten Boden. The Show must go on! Halles Stadträte demonstrierten bei „Wetten, dass“ auf dem Marktplatz, wozu Kommunalpolitiker (auch) in der Lage sind. Fast hüllenlos, nur mit einem Handtuch bekleidet, stellten sie sich tapfer Thomas Gottschalk und seinem Saunaspaß in einer Straßenbahn. Sie gewannen die Stadtwette. Anfang Mai markierte das 27. Kinderchorfestival mit jungen Ensembles aus sieben Ländern einen Höhepunkt des Festjahres: „Es steht eine Burg überm Tale“, klang es aus japanischen, russischen und holländischen Kinderkehlen von den Stufen des Rathauses. Auch die Sportjugend traf sich in Halle und trug die Städte-Olympiade aus, bei der mehr als 600 deutsche Nachwuchstalente von Fußball bis Schwimmen um Medaillen kämpften.

Aquarelle oder Grafiken von Burghard Aust bis Bernt Wilke waren im Opernhaus und in dem sozio-kulturellen Zentrum „Pusteblume“ zu sehen, Werke von zwölf Keramikerinnen im Künstlerhaus, Halle-Fotografien von Helga Paris im Stadtmuseum. „Ihr seid das Salz der Erde“. Unter diesem (bezeichnenden) Motto erlebte die Stadt den Kirchentag im Mai mit einem ökumenischen Gottesdienst auf dem Marktplatz als Höhepunkt. Rund 310.000 Christen aus Deutschland und Europa waren angereist und begingen zusammen mit den Gastgebern 250 Konzerte, Bibelarbeiten, Seminare und Diskussionsrunden.

Die Händel-Festspiele und Händels Open schafften als fast ausverkaufte Veranstaltungen eine unvergessliche, einzigartige Atmosphäre. Zu den Pfingstfeiertagen drehten die DJs Platten anlässlich der Turntable Days auf der Peißnitz - bei einem der angesehensten House- und Dance-Festivals Europas. Am 17. Juni machte MTV in Halle Station - und brachte Xavier Naidoo mit.

Ungewöhnliche alte und neue Sichten auf die Geburtstagsstadt vermittelte die im Juni eröffnete Ausstellung „Wandel. Halle - Stadt als Ansichtssache“ in der Großsiedehalle auf dem Salinengelände. In der Wandel-Halle provozierten radikale Ansichten zum Stadtumbau. Der Juli begann mit drei Open-Air-Konzerten auf dem Marktplatz; dem Eröffnungskonzert des MDR Musiksommers, der „Playtime Live City Concert Tour“, eine Kombination von Musik und Fußballsport, und dem Konzert anlässlich der Vereinigung des Orchesters des Opernhauses Halle und des Philharmonischen Staatsorchesters Halle. Die „Hochzeit“ zur Staatskapelle endete mit einem Höhenfeuerwerk zum Säbeltanz von Aram Chatschaturjan.

Bei der feierlichen Eröffnung des Festjahres gelang es zum ersten Mal, dass sich die Oberhäupter aus Halles Partnerstädten in der Saalestadt trafen: Ingid Häußler begrüßte (von links) Kari Nenonen (Oulu, Finnland), Irek Nigmatullin (Vorsitzender Stadtrat Ufa, Baschkortostan), Dr. Franz Dobusch (Linz, Österreich), Heinz Fenrich (Karlsruhe), Kurt Machens (Hildesheim), Michel Destot (Grenoble, Frankreich) und Enrico Encarnaçao (Coimbra, Portugal). Seit 2009 gehört mit Jiaying (China) eine weitere Stadt zu Halles Partnern.

Halle - luja

Ein wahres Feuerwerk der Erlebnisse gab es auch zu den Sachsen-Anhalt-Tagen vom 14. bis 16. Juli.

500.000 Besucher und mehr als 20.000 Mitwirkende - ein Volksfest dieser Größenordnung hatte Halle bisher nicht erlebt. Krönender Abschluss war der Festumzug mit 150 Festwagen, 15 Kutschen, 50 Pferden, 30 Hunden und einer Ziege über eine Länge von 3,5 Kilometern.

Ebenfalls im Juli wurden bewegte Bilder aus 1.200 Jahren zwei Wochen lang jeden Abend auf dem Marktplatz bei Einbruch der Dunkelheit an das Stadthaus projiziert, in einer einzigartigen Lichtshow „Hallumination“ auf der größten Projektionsfläche, die Halle je hatte.

Als sich die Fertigstellung des Roten Turmes am 24. Juli zum 500. Mal jährte, konnten Hallenser erstmalig ihren Turm besteigen, die Jubiläumsbriefmarke mit einem Sonderstempel zum Turm- Geburtstag erhalten und am Fuße des Turmes eine Show aus Schauspiel, Artistik und Musik erleben.

Halle als Bühne hieß es am 9./10. September. Vom Roten Turm über den Ratshof, den Moritzkirchhof, den Hallmarkt, die neue Residenz bis hin zum Universitäts- und Domplatz sorgten über 600 Akteure für Unterhaltung und machten die hallesche Stadtgeschichte erlebbar.

Eine Woche später wurde die Schau „Der Kardinal. Albrecht von Brandenburg - Renaissancefürst und Mäzen“ in der Moritzburg mit einem Renaissancefest auf dem Burghof eröffnet.

Im Oktober weihten die Hallenser den neu gestalteten Riebeckplatz mit einer großen Open-Air-Feier ein. An diesem Tag wurde auch das letzte Teilstück des neuen Straßenbahnnetzes vom Riebeckplatz zum Franckeplatz in Betrieb genommen. Kostenlose Straßenbahnfahrten über die neue Strecke oder die Möglichkeit mit einem historischen Bus auf die gesperrte westliche Hochstraße zu fahren, dort auszusteigen und sich den neuen Riebeckplatz von oben anzusehen, ließen sich Tausende Hallenser nicht entgehen.

Der Kunstverein Halle hat zum Jubiläumsjahr eine Mappe mit Grafiken hallescher Künstler veröffentlicht. Wenn der Überblick über die lokale Kunstszene auch unvollständig bleiben muss, so beeindruckt die Mappe mit Arbeiten Uwe Pfeifers, der schon zu DDR-Zeiten für seinen kritischen Realismus bekannt und gefürchtet war. Otto Möhwald (Kunstpreis der DDR 1987), der Städtelandschaften, Akte und Interieur als Themen favorisiert, ist ebenso in der Sammlung vertreten wie Helmut Brade, der zum Jubiläum rund 120 Lichtkästen am Riebeckplatz installiert hatte, aus denen „Hallesche Persönlichkeiten auf uns schauen“.

Was die Dichter der Stadt zu Papier brachten, ist als Jubiläumsgeschenk der Autoren für ihre Stadt ein besonderes Buch: eine Sammlung literarischer Texte über Halle. So blicken Curt Götz kritisch ironisch, fast philosophisch Thomas Mann und liebevoll Joachim Ringelnatz auf Halle („Blicke auf Halle“, Mitteldeutscher Verlag 2006).

Wortwörtlich „Halle mal ganz anders“ (Buchtitel) schenkten junge Autoren von acht bis 22 Jahren ihre Geschichten der Jubilarin. *„Je öfter ich zurückkomme, desto mehr mag ich diese Stadt“*, schreibt Bettina Hübner. Und: *„Ich ging fort und blieb doch immer ein bisschen zu Hause.“*

Erstmalig 2006 anlässlich des Stadtjubiläums hieß es „Leander lesen! Eine Stadt liest ein Buch“. Der hallesche Medizinprofessor Richard von Volkmann hatte 1870 unter dem Pseudonym „Leander“ die Träumereinen an französischen Kaminen“ veröffentlicht. Die Leseaktion wurde 2007 mit Joseph Freiherr von Eichendorff fortgesetzt. 2008 wurde August Lafontaine geehrt und 2009 der Mediziner Johann Christian Reil.

Beim Abschlussfest im Dezember, bevor 1200 Luftballons in den Himmel stiegen, verlas die Oberbürgermeisterin einen „Brief an die Nachgeborenen“. Anschließend wurde er versiegelt und soll die nächsten 50 Jahre im Stadtarchiv aufbewahrt werden.

Was wird außerdem bleiben von diesem Jahr der Feiern? Ein Jubiläums-Signet, unzählige Souvenirs wie elegante Halstücher und Krawatten, weiß-rote Blumensträuße in den Farben der Stadt, eine Halle-Fanfare, das Halle-Lied „1200 mal geliebt, berührt, verführt …“, extra zum Jubiläum komponiert, neue Erkenntnisse über die Stadt, ihre Geschichte und Perspektiven, restaurierte Gebäude, Kirchen, Plätze, 3000 neu gepflanzte Bäume auf der Silberhöhe und vor allem Erinnerungen an bewegende Momente, stimmungsvolle Stunden - und das Staunen darüber, was in Halle alles möglich ist…

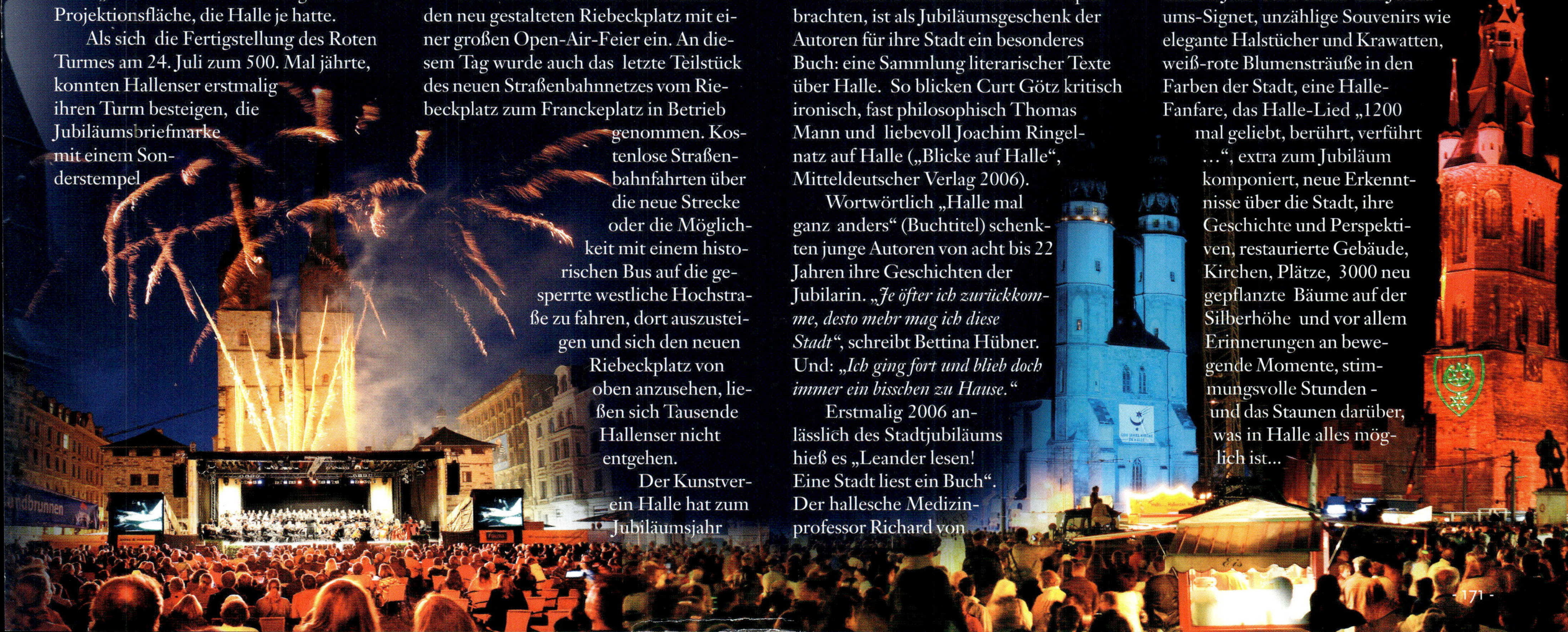

Die Sammlung von Hermann Gerlinger zur Kunst der „Brücke“ umfasst nahezu 1.000 Werke. In der Moritzburg werden unter wechselnden thematischen Aspekten ständig jeweils etwa 70 bis 80 grafische Arbeiten und Gemälde der Künstler ausgestellt, die dem Expressionismus im frühen 20. Jahrhundert zum Durchbruch verhalfen. Künstler der „Brücke“: Karl Schmidt Rottluff, Erich Heckel, Ernst Ludwig Kirchner, (Fritz Bleyl), Emil Nolde, Max Pechstein, (Cuno Amiet), (Axel Callén-Kallela), Otto Müller.

Hermann Gerlinger erklärt seine Sammlung.

Am 22. März 2009 wurden Hermann und Hertha Gerlinger mit dem Bürgerpreis der Stadt Halle geehrt. Ehefrau Hertha Gerlinger sagte bei dieser Gelegenheit: *„Zum Sammler wird man geboren, zur Frau eines Sammlers muss man ganz allein werden.“* Ihr Mann später vor Besuchern: *„Es ist hier alles viel schöner, als ich mir erträumt habe.“*

Alles noch viel schöner als erträumt

Nach dem Brand unter sächsischer Besatzung 1637 und der Zerstörung durch die Schweden 1639 ragten von der schönen, stolzen Moritzburg (siehe Seite 33) nur noch Mauerreste in den halleschen Himmel. Viele Burgen mit ähnlichem Schicksal blieben bis heute Ruinen.
In Halle dagegen begannen bereits im 17. Jahrhundert Wiederaufbauarbeiten, so wurde der Dachstuhl der Kapelle und Teile des Küchenbaus instand gesetzt. Von Anfang an wollten die Salzstädter aber Räume, Türme und Freiflächen auch nutzen. Nicht nur deshalb wurde wenig Rücksicht auf historische Originale genommen, so zum Beispiel beim Lazarettbau (1777) durch Friedrich II. oder dem Museum auf den Fundamenten des alten Küchenbaus (1902 bis 1904).
Nach dem Zweiten Weltkrieg entstanden im Untergeschoss des Westflügels ein Weinkeller und ein Fernsehtheater (1965 bis 1967). Das Kabarett „Die Kiebitzensteiner“ zog 1971 in den südöstlichen Rundturm und im nordöstlichen Rundturm etablierte sich ab 1973 ein legendärer Studentenclub.
Die Geschichte der Umnutzungen in der Moritzburg, wo einst Kardinal Albrecht (1490 bis 1545) Feste feierte, und später Administratoren regierten, fand 2005 einen krönenden Abschluss, als die spanischen Architekten Fuensanta Nieto und Enrique Sobejano den Zuschlag für den Ausbau des Westflügels erhielten.
„Architektur“, fasste Sobejano seine Konzeption in einem Satz zusammen, *„bewegt sich immer zwischen Erinnerung und Erneuerung.“*
Am 10. Dezember 2008 eröffnete ein Festakt die „neue“ Moritzburg. Viele Gäste aus Politik, Kultur und Wirtschaft sprachen von einem erfüllten Traum, die Mitteldeutsche Zeitung schrieb einen Tag später *„dass die Gäste aus dem Staunen gar nicht mehr rauskamen.“* Bundespräsident Horst Köhler war *„froh dabei zu sein“*. Der Ministerpräsident von Sachsen-Anhalt, Wolfgang Böhmer registrierte, dass *„eine der letzten Kriegsruinen* (aus dem 30-jährigen Krieg) *nun beseitigt sei.“*
OB Dagmar Szabados wies darauf hin, *dass es den Neubau nicht gäbe, wenn nicht der Mäzen Gerlinger seine Expressionismus-Sammlung nach Halle gegeben hätte.“*
Die Museumsdirektorin Katja Schneider betonte schließlich die praktische Seite: *4.000 Quadratmeter mehr“*, und nannte den Entwurf der spanischen Architekten *„begnadet“*.
Halles „neue“ Moritzburg ist mittlerweile längst ein Ziel für Freunde der Bildenden Kunst und Architekten buchstäblich aus aller Welt. Ständige Sonderausstellungen zum Beispiel ab 17. Mai 2009 „Zurück in Amerika“ (Spätwerke des Malers Lyonel Feininger) ergänzen die Attraktivität des Kunstmuseums.
Die „neue“ Moritzburg bleibt sich selber treu: Nie auf alten Lorbeeren ausruhen. Ihre Mitarbeiter machen höchstens mal eine kleine Pause im ebenfalls neuen „Cafe Moritz“.

Blick aus dem Nordflügel der Moritzburg.

LEOPOLDUS

Wappen der Akademie

Professor Dr. Emil Abderhalden

„Nunquam otiosus" - niemals müßig

Die vier deutschen Ärzte Johann Laurentius Bausch, Johann Michael Fehr, Balthasar Metzger und Georg Balthasar Wohlfahrth, alle in der Freien Reichsstadt Schweinfurt beheimatet, bewiesen am 1. Januar 1652 viel Mut und Weitblick. Sie gründeten, vier Jahre nach dem Ende des 30-jährigen Krieges eine wissenschaftliche Vereinigung und gaben ihr den viel versprechenden Namen „Academia Naturae Curiosorum".

Sie erwarb sich in kurzer Zeit so viel Anerkennung und Aufmerksamkeit, dass sie sich ab dem 7. August 1687 mit einem kaiserlichen Privileg schmücken durfte und zur „Leopoldina" wurde.

„Wir, Leopold ... geruhen dieser Unser Leopoldinisches Collegium der Naturforscher ... mit hervorragenden Denkmälern unserer Kaiserlichen Gnade sowohl zu seinem ewigen Ruhm als auch zum Ansporn der Lechzenden zu schmücken."

Die Kaiserliche Majestät verlieh oder verordnete auch gleich noch ein Wappen als äußerliches Zeichen seiner *Milde* und *Gnade* und forderte: Nunquam otiosus - niemals müßig.

Zweihundertfünfzig Jahre lang bestimmte der Wohnort des Präsidenten auch den Sitz der Akademie, bis 1878 der hallesche Physikprofessor Hermann Knoblauch dieses Amt übernahm. Inzwischen hatte sich nicht nur die Bibliothek erheblich vergrößert, florierte der wissenschaftliche Austausch, kannte man weltweit die Adresse der „Leopoldina".

Der amtierende Präsident, Professor Heinz Bethge, stellte am 14.10.1978 fest: *„Im Jahr 1952 wurde die für das Leben der Akademie zunächst undurchsichtige Nachkriegszeit mit der offiziellen Anerkennung unserer Leopoldina durch die Regierung der DDR beendet."*

Deshalb blieb sie, wo sie war, und feierte 1978 „Hundert Jahre Leopoldina in Halle".

Die Akademie verteidigte von Anfang an ihre Unabhängigkeit von Staat, Kirche und zweifelhaften „Förderern". Bereits der kaiserliche Adler im Wappen von Leopolds Gnaden beweist, wie schwer das durchzuhalten war. In der Nazizeit strich ihr Präsident Emil Abderhalden, sicher nicht freiwillig, sämtliche jüdischen Wissenschaftler aus dem Mitgliedsregister, unter ihnen Albert Einstein, allerdings „nur mit Bleistift".1948 schrieb er aus Zürich „... die Akademie ist politisch unbelastet geblieben."

Und 1978 in der DDR? Die Listen der Mitglieder beweisen: Der Anspruch auf weltweite Zusammenarbeit war nicht aufgegeben, es finden sich darin immer reichlich viele Namen „westlicher Forscher".

Die großen Veränderungen im Osten Deutschlands nach 1989 stärkten das Ansehen der Akademie. Ein großzügiges Förderprogramm für junge Nachwuchswissenschaftler erweiterte ihre Möglichkeiten.

Das reich verzierte Eingangsportal.

Bundespräsident Horst Köhler trägt sich in Anwesenheit der Bundesministerin für Bildung und Forschung Annette Schavan, des Leopoldina-Präsidenten Volker ter Meulen und Sachsen-Anhalts Ministerpräsidenten Wolfgang Böhmer (von links) in das Gästebuch der Akademie ein.

„Wir machten damals künftige Nobelpreisträger". (Dr. R. Riedel, ehemaliger Mitarbeiter der Leopoldina).

Am 14. Juli 2008 fand im Hotel Kempinski der Festakt zur Ernennung zur „Nationalen Akademie der Wissenschaften" statt. Bundespräsident Horst Köhler sprach von einem „gastlichen Ort für den freien Geist" und lobte unter anderem die Beharrlichkeit, mit der die Leopoldina zur DDR-Zeit ihre gesamtdeutsche Ausrichtung und ihre Internationalität wahrte.

Die Verleihung des Titels bedeutet für die Mitarbeiter der Akademie nicht nur mehr Kollegen, in Zukunft mehr Räume sondern vor allem: mehr Arbeit. Ein Schwerpunkt dabei ist die Beratung der Politiker, sei's als offizieller Auftrag oder vorausschauende Forschung. Hinweisschilder der Stadt weisen zu Recht den Weg zur „Leopoldina". Es lohnt sich, das Gebäude in der August-Bebel-Straße (eingeweiht 1904) genauer anzusehen und vielleicht aus der dort deutlich sichtbaren Aufforderung **Nunquam otiosus** persönliche Schlussfolgerungen zu ziehen.

Nicht nur Schokolade
Die alte Salzstadt mit neuer Kraft

Halle an der Saale ist mit rund 231.000 Einwohnern weit mehr als nur Sachsen-Anhalts größte Stadt. Unbestritten ist Halles Bedeutung als ökonomisches, wissenschaftliches und kulturelles Zentrum im Süden des Bundeslandes. Gelegen in einem Marktraum mit 1,7 Millionen Einwohnern im 50-Kilometer-Radius profitiert die Stadt außerordentlich von ihrer zentralen Lage in Europa insbesondere durch die unmittelbare Nähe zum als Nachtflugdrehkreuz ausgebauten Interkontinentalflughafen Halle-Leipzig und die gewachsenen Beziehungen zu Osteuropa. Hier ist eine hoch moderne Infrastruktur entstanden, die Ihresgleichen sucht und Investoren anzieht.
Der Wirtschaftsraum Halle-Leipzig zählt zu den stärksten Ballungszentren in den neuen Bundesländern. Eine große deutsche Tageszeitung kam zu dem Schluss: „Solche Zentren haben das Zeug zu einer selbsttragenden Wirtschaft".

Tonstudio im MMZ

Technologiepark *weinberg campus*

Halle hat eine große Industrietradition, die schon immer mit wegweisenden Innovationen verbunden war. Auf Halles Straßen fuhr die erste elektrische Straßenbahn Deutschlands. Hallesche Automobilfabriken stellten den berühmten Phaeton-Kraftwagen her.
Im Maschinen- und Anlagenbau, im Schienenfahrzeugbau oder in der Chemie begründeten Unternehmen aus Halle den Ruf des mitteldeutschen Industriestandortes mit. Hier wurden und werden Erfolgsgeschichten geschrieben: Innovative Analysesoftware aus Halle macht das Fliegen sicherer; Hightech-Sensoren für das Helios-Projekt der NASA wurden in der Saalestadt entwickelt. Neuartige Medikamente hallescher Forschungsfirmen revolutionieren die Therapie von Diabetes und Alzheimer. Halles Wandel von der Industriestadt zu einer Stadt der Forschung und Technologie wird von immer neuen Erfolgen begleitet.
Die hohe Innovationskraft der über 500 Jahre alten Martin-Luther-Universität mit heute rund 18.000 Studenten, der weltweit bekannten Hochschule für Kunst und Design Burg Giebichenstein und zahlreicher renommierter außeruniversitärer Forschungsinstitute bietet Unternehmen außerordentlich vorteilhafte Möglichkeiten zur Kooperation und Personalgewinnung. Große Aufmerksamkeit fand die Ernennung der in Halle ansässigen Akademie der Naturforscher Leopoldina zur Nationalen Akademie der Wissenschaft. Die älteste deutsche Akademie zählt über 1000 renommierte Wissenschaftler zu ihren Mitgliedern, darunter derzeit mehr als 30 Nobelpreisträger.
Halles Zukunftsschmiede - der Technologiepark *weinberg campus* - ist heute mit 130 Hektar der zweitgrößte Technologiepark seiner Art in Deutschlands Osten, gelegen in einem städtebaulich überaus reizvollen und dabei innenstadtnahen Areal und konkurrenzlos im Hinblick auf die hohe Konzentration innovativen Potenzials. Ein synergetisches Netzwerk aus den naturwissenschaftlichen Bereichen der Universität, Instituten der Max-Planck-, der Fraunhofer-, der Leibniz- und der Helmholtz-Gesellschaft sowie etwa 100 technologieorientierten Unternehmen aus den Branchen Biotechnolo-

Martin-Luther-Universität

Marktplatz

gie, Materialwissenschaften bis hin zur Nanotechnologie, Photonik beziehungsweise Solartechnik, Umwelttechnologie und IT nutzt die Möglichkeiten interdisziplinären Zusammenwirkens. Eine exzellente technische Infrastruktur, hoch konkurrenzfähige Preise sowie flexible Erwerbs- und Betreibermodelle komplettieren das attraktive Standortangebot.
Halle ist Sitz der Hörfunkzentrale des Mitteldeutschen Rundfunks und bietet ideale Bedingungen für Medienberufe und Dienstleistungsinvestoren. Jeder zehnte Hallenser arbeitet schon in der IT- und Medienbranche. Das Mitteldeutsche Multimediazentrum (MMZ) bedeutet für den Medienstandort Halle einen weiteren Entwicklungsschub. Dort angesiedelte Unternehmen profitieren unter anderem von den hohen technischen Standards.
So erhielt die Kinotonmischung im MMZ als erstes deutsches Studio die begehrte Dolby Premiere Licence.
Zwei weitere Unternehmen konnten bei der Oscar-Verleihung 2008 in Los Angeles triumphieren. Halle ist damit eine erste Adresse für die boomende Kreativwirtschaft geworden.
Eine Antwort auf die spezifischen Ansprüche von Projekten in Industriemaßstäben, die in Halle einen starken Aufwärtstrend verzeichnen, geben Gewerbegebiete mit sofort verfügbaren, voll erschlossenen und infrastrukturell hervorragend angebundenen Ansiedlungsflächen.
Exemplarisch hierfür steht das Industriegebiet Halle-Saalekreis an der A14, welches alle Merkmale - von der Flächengröße über die verkehrstechnische Anbindung bis hin zur medientechnischen Erschließung - eines modernen Industriestandortes abbildet. Projekte der Großindustrie können hier zuverlässig und wettbewerbsfähig umgesetzt werden.
Auf der Basis eines Spektrums von konsequent auf die Bedürfnisse von Unternehmen ausgerichteten Standortbedingungen entwickelt sich Halle zum bevorzugten Investitionsstandort mit stabilen Wachstumskernen und beweist seine Wettbewerbsfähigkeit.
Halle gilt aber auch als Kulturhauptstadt des Landes Sachsen-Anhalt. Mit den Händelfestspielen 2009 erinnerte die Welt an den 250. Todestag von Georg Friedrich Händel (oben). Die Geburtsstadt des Komponisten rückte damit wieder in den Mittelpunkt der internationalen Musikwelt. Aber auch das Landesmuseum für Vorgeschichte mit der Himmelsscheibe von Nebra, die Franckeschen Stiftungen mit dem restaurierten Wohnhaus August Hermann Franckes und der sogenannten „Wunderkammer“ und das 2008 neu eröffnete Landeskunstmuseum der Stiftung Moritzburg mit seiner herausragenden Museumssammlung und der „Brücke“-Sammlung Hermann Gerlingers in den vom Architektenbüro Nieto Sobejano geschaffenen einzigartigen Räumen erweitern das bereits vorhandene riesige kulturelle Angebot in der Saalestadt.
Das Opernhaus bietet nicht nur zu den Händelfestspielen spektakuläre Aufführungen. Im „neuen theater“ auf Halles „Kulturinsel“ finden Besucher Angebote auf verschiedenen Bühnen; weitere Theater, freie Theatergruppen und eine Vielzahl von Kleinkunstbühnen sorgen für ein breites kulturelles Spektrum.
Diese Stadt an den grünen Ufern der Saale und ihre kreativen Menschen prägen schon heute das moderne Bild Mitteldeutschlands am Beginn des 21. Jahrhunderts.

Landesmuseum für Vorgeschichte

Kneipennacht

Blick auf die Saale

Wie die Händelstadt zur neuen Stadtmarke wurde

Eigentlich wussten es die Hallenser längst: Die seit 200 Jahren stärkste Marke der Stadt ist Georg Friedrich Händel. Im Jahr 2009, zum 250. Todestag Händels, hat sich nun auch eine zwölf Personen starke Jury aus Kultur, Stadtspitze, Stadtmarketing, Wirtschaft und Wissenschaft auf die Stadtmarke „Händelstadt" verständigt und damit eine fast 20 Jahre währende Markendebatte beendet. Unter inzwischen rund 60 Submarken setzte sich die Händelstadt damit gegenüber so starken „Konkurrenten" wie „Stadt der Wissenschaft" oder „Kulturhauptstadt" durch. Warum erwies sich die Stadtleitbild- und Markendiskussion in Halle an der Saale als so zäh, während mehrere Millionen Deutsche die andere Stadt Halle - durch Marke und Werbung - längst als Rasentennisstadt in Westfalen verortet haben? Die Ursache liegt vor allem in der Fülle der Sonderstellungsmerkmale von Halle an der Saale.

Fluch und Segen vieler Alleinstellungsmerkmale

Halles Altstadt zählt zu den größten Flächenarchitekturdenkmälern Europas und zu den wenigen Städten, die mit der Burg Giebichenstein, der Moritzburg und der Neuen Residenz über drei Burgen verfügen. Letztere war seit dem 15. Jahrhundert Sitz des Kardinals Albrecht von Brandenburg und Erzbischofs von Magdeburg. An ihn wandte sich Martin Luther am 31. Oktober 1517 mit jenem Brief, dem als Anlage 95 Thesen beilagen. Wenn der Brief im Kern auch nur auf die Einstellung des praktizierten Ablasshandels zielte, so erschütterte er die römische Kurie doch in ihren Grundfesten. 1541 schließlich musste Kardinal Albrecht die Stadt Halle unter dem Druck der Reformationsbewegung verlassen. Halle ist die Wiege der Reformation.

Luther hinterließ noch viele Spuren: Die Marktkirche in Halle ist Heimstätte der originalen Totenmaske Luthers, Halles Marienbibliothek die älteste evangelische Kirchenbibliothek der Welt. Die 1710 von Carl Hildebrand von Canstein gegründete Bibelanstalt in den Franckeschen Stiftungen ist die älteste der Welt. Noch älter ist die Martin-Luther-Universität Halle-Wittenberg - 1502 ursprünglich in Wittenberg begründet - die ihrerseits dem großen Reformator huldigt. Sie ist nicht nur die älteste und größte Bildungseinrichtung in Sachsen-Anhalt. Die 1694 in Halle gegründete Alma Mater Halensis war zu Beginn und am Ende des 18. Jahrhunderts über viele Jahrzehnte die führende und modernste deutsche Hochschule. Die kurbrandenburgische Landesuniversität hatte in den ersten Jahrzehnten ihres Bestehens die höchsten Studentenzahlen aller Universitäten im Heiligen Römischen Reich Deutscher Nation.

hallesaale*
HÄNDELSTADT

Halle steht auch für den Theologen und Pietisten August Hermann Francke (1663 bis 1727). Er baute in Halle ein diakonisches Zentrum auf, das sein eigentliches Lebenswerk wurde: die Franckeschen Stiftungen. 1698 wurde der Grundstein für ein neues Waisenhaus gelegt, binnen 30 Jahren entstanden Schul- und Wohngebäude, Werkstätten, Gärten und eine Apotheke. So wuchs eine christlich inspirierte Schulstadt heran, in der bis zu 2.500 Menschen lebten. Durch die Franckeschen Stiftungen erhielt die Stadt Halle auch das erste Kinderkrankenhaus Deutschlands, das längste Fachwerkhaus Europas sowie die einzige im Original erhaltene barocke Kunst- und Naturalienkammer der Welt. Wahrlich Weltkulturerbe!

Die Moritzburg in Halle, einst als Residenz der Magdeburger Erzbischöfe errichtet, zählt zu den eindrucksvollsten spätmittelalterlichen Burganlagen Mitteldeutschlands. Zu ihren vielen Besetzern zählten unter anderem Albrecht von Wallenstein und der kaiserliche Feldherr Tilly. Der Dreißigjährige Krieg hinterließ Spuren der Verwüstung. Erst belagerten sächsische Truppen im Winter 1637 die Burg und brannten den gesamten West- und Nordflügel nieder, dann sprengten die Schweden 1639 die Süd-Westbastion. Sie blieben 375 Jahre zerstört.

Auf dem Marktplatz (links) erinnert ein 3,20 Meter hohes Bronzestandbild auf einem Marmorsockel an Georg Friedrich Händel. Im Festjahr zeigt sich Halles großer Sohn mit einem Rasen nach englischem Vorbild.

Erst ein internationaler Architektenwettbewerb, aus dem das Madrider Architektenbüro Nieto Sobejano unter 300 Bewerbern als Sieger hervorging, schuf Abhilfe: Der großartige spanische Wurf, inzwischen als Weltarchitektur gewürdigt, fügte zu den historischen Baustilen und -formen verschiedenster Epochen die Moderne hinzu, markiert von der modernen Dachlandschaft, die auf die bewegte Sprache der bestehenden historischen Satteldächer und Giebel antwortet.

Nirgendwo sonst böte sich den imposanten Sammlungen von Hermann Gerlinger, Einar Schleef und Lyonel Feininger eine würdigere Heimstätte.
Der Ruhm des halleschen Marktplatzes wiederum, in dessen 16.000 Quadratmeter Fläche 14 Straßen münden, beruht vor allem auf der Silhouette der fünf Türme. Die blauen Spitzen und die Hausmannstürme der Marienkirche bilden seit ihrer Verschmelzung 1529 neben dem 84 Meter hohen Roten Turm die Wahrzeichen Halles. Der Rote Turm beherbergt zugleich das größte Glockenspiel Europas beziehungsweise das zweitgrößte der Welt.
Tradition findet sich in Halle, wohin das Auge blickt. Kein Wunder, dass auch die Bundeskulturstiftung und die Leopoldina als Deutschlands Nationale Akademie der Wissenschaften mit diversen Nobelpreisträgern in Halle beheimatet sind.
Die Salzwirkerbrüderschaft im Thale zu Halle, die älteste der Welt, begründet indessen die Namensgebung der Stadt, die seit dem Jahr 806 urkundlich bezeugt ist. Indem Halle an der Saale seit 1265 auch Mitglied der Hanse war, florierte der Handel mit Salz bis weit nach Osteuropa. 1478/79 kämpften die Salzwirker („Hall-Leute“, seit dem 15. Jahrhundert „Halloren“) und Bornknechte gegen die erzbischöflichen Truppen unter Heinrich von Ammendorf vergebens um den Verbleib in der Hanse (Wiedereintritt erst 2001). Später wurde den Halloren dafür anderer Ruhm zuteil: Die Silberknöpfe ihrer Festkleider lieferten den gleichnamigen Kugeln der Halloren Schokoladenfabrik Form und Namen. Die 200 Jahre alte Schokoladenfabrik ist ihrerseits die älteste in Deutschland.
Weitere Rekorde: Der nach Vorbildern der italienischen Campi Santi gestaltete Stadtgottesacker ist bis heute der bedeutendste erhaltene Friedhof seiner Art nördlich der Alpen. Der zoologische Garten Halle, der sich mit 1.700 Tieren aus 300 Arten aus fünf Kontinenten über eine malerische Parkanlage auf dem Reilsberg erstreckt, ist der mit 109 Jahren älteste deutsche Bergzoo, Halles elektrische Straßenbahn von 1899 die erste Europas. Überdies verfügt Halle über die schnellste Dampflokomotive der Welt und das dritte Logbuch Kapitän James Cooks von der „Resolution“ aus dem Jahr 1772. Der berühmteste Schatz indessen findet sich im Landesmuseum für Vorgeschichte in Halle: die Himmelsscheibe von Nebra, einer der bedeutendsten archäologischen Funde des vergangenen Jahrhunderts. Die 3.600 Jahre alte Himmelsscheibe ist die weltweit älteste konkrete Darstellung astronomischer Phänomene und gibt uns einen Einblick in das Wissen unserer Vorfahren über den Weltenlauf und seine religiöse Deutung. Darüber hinaus weist das Landesmuseum eine der ältesten, mit mehr als elf Millionen Funden umfangreichsten und bedeutendsten archäologischen Sammlungen Deutschlands auf und zählt zu den wichtigsten archäologischen Museen in Mitteleuropa.
Zu alledem haben in Halle viele weltberühmte Künstler Inspiration gefunden - wie Feininger, Eichendorff, Goethe, Novalis und Tieck. Weltgeschichte schrieb in jüngster Zeit auch ein waschechter Hallenser: Hans-Dietrich Genscher, der als Bundesaußenminister einen großen Beitrag zur Wiedervereinigung leistete.

Extremsportler Mario Gursky überbringt eine persönliche Einladung der halleschen Oberbürgermeisterin Dagmar Szabados zur Eröffnung der Händel-Festspiele 2009 an den Hildesheimer Oberbürgermeister. Die Strecke von Halle nach Hildesheim läuft Gursky innerhalb von 24 Stunden. Als Geschenk erhält OB Kurt Machens den goldenen Händel.

Zahlreiche Gäste besuchen im Händel-Festjahr den barocken Garten im Hof der Neuen Residenz.

Georg Friedrich Händel, der Europäer

Aber Halle ist eben auch die Geburtsstadt von Georg Friedrich Händel (1685 bis 1759), dessen Opern, Oratorien und Kantaten ihn weltberühmt und die Stadt Halle zum Zentrum der europäischen Händel-Pflege machten. Noch heute zeugt viel vom Leben und Werk Händels in Halle: so etwa sein Eltern-, Geburts- und Wohnhaus mit dem jüngst neu konzipierten Händel-Museum und der Dauerausstellung mit dem Titel „Händel - der Europäer". Auf 550 Quadratmetern über zwei Etagen widmen sich 14 Räume dem Leben und Wirken des berühmten Barockkomponisten. Zu sehen sind rund 160 Exponate, zumeist originale Gemälde, Stiche und Musikinstrumente. Mit 242 barocken und klassischen Objekten des Museums zeigt sich das umfangreiche Sammlungsprofil der Musikinstrumentensammlung weltweit einmalig.
Händel ist überall: Da ist die Marktkirche „Unser lieben Frauen", in der Luther 1545/46 predigte, Händel 150 Jahre später getauft wurde und wo er - auf der noch erhaltenen Reichel-Orgel - das Orgelspiel erlernte. Da sind die Händel-Festspiele, die die Stadt Halle bereits seit 1922 zu Ehren ihres großen Sohnes veranstaltet - dazu zahlreiche Konzerte über das Jahr verteilt. Das Händelfestspielorchester Halle musiziert seit 1993 auf historischen Instrumenten. Die Zugehörigkeit der Musiker zur Staatskapelle Halle, einem auf modernen Instrumenten spielenden Konzert- und Opernorchester, ist ebenfalls einzigartig in der deutschen Musikszene. Als Spezial-Ensemble für alte Musik setzt der Klangkörper die lange Tradition der Händel-Pflege in Halle fort.
Inmitten des Marktplatzes erinnert ein 3,20 Meter hohes Bronzestandbild Händels auf einem imposanten Marmorsockel an den großen Komponisten, das Musikfreunde 1859 aus Anlass seines 100. Todestages stifteten. Und ohne Georg Friedrich Händel hätte Halle heute wohl nicht den ältesten weltlichen Knabenchor Deutschlands und eines der weltweit schillerndsten Internationalen Kinderchorfestivals aufzuweisen.

Der lange Weg zur Selbstfindung

1995 schien der gordische Knoten endlich durchschlagen: Die Marke „Halle - Die Stadt" war geboren und sollte die Vielfalt der Potenziale der Stadt spiegeln. Die Crux der alles umfassenden Stadtmarke: Sie mutete recht beliebig an und bildete rasch das Dach für unzählige Submarken: außer „Händelstadt" zum Beispiel „Kulturstadt", „Kulturhauptstadt", „Kunststadt", „Francke-Stadt", „Musikstadt" gediehen auch Hausmarken wie „Stadt des Galopprennsports" oder „Stadt der Werfer". Dies verwässerte das Profil der Stadt und machte die Marke „Halle" austauschbar.
Der Roland Berger Strategieberatung blieb es vorbehalten, im Jahr 2002 objektive Stärken der Stadt in den Bereichen „Kunst und Kultur", „Architektur und Tradition", „Wissenschaft und Bildung" sowie „Lebensart" zu ermitteln. Zuweilen kann schon das Briefing eine Lösung erschlagen. Roland Berger leitete so auch den kleinsten gemeinsamen Nenner, den

Mehr als 5.000 Zuhörer erleben das traditionelle Abschlusskonzert der Händel-Festspiele in der Galgenbergschlucht.

Höhepunkt des Laternenfestes: das große Feuerwerk über der Saale.

Markenkern „kreativ“ her. Aus Bergers Positionierungsempfehlungen wurde 2004 ein Signet abgeleitet, das die für Halle typische Gegensätzlichkeit der Doppelstadt zum Programm macht: „Halle verändert“.
Die Stadtmarketing Halle (Saale) GmbH (SMG) entwickelte Roland Bergers Ansätze seither weiter und rief im Jahr 2005 in einer Herbstkonferenz Vertreter hallescher Institutionen, Unternehmen sowie der Stadtverwaltung dazu auf, aus ihrer Mitte ein Gremium aus 60 Personen zu bestimmen, das Leitlinien und Zielmarken für die weitere Stadtentwicklung ermittelte. Tatsächlich entwickelte dieses „Zukunftsforum Halle“ in den Folgejahren viele nützliche Leitlinien und Zielmarken - ohne freilich eine Stadtmarke zu entwickeln.

Was bedeutet Stadtmarke?

Das Rasentennisturnier in Halle / Westfalen belegt: Eine starke Stadtmarke - ob gewollt oder nicht - strahlt stärker als 50 Submarken. Entscheidend für die Profilierung der Stadt Halle an der Saale ist deshalb die Profilierung der Stadt als eine Marke, die die besonderen Charakterzüge oder Alleinstellungsmerkmale bündelt und so ein nachhaltiges touristisches oder wirtschaftliches Wachstum ankurbelt.
Erst die Stadtmarke schärft das Stadt-Image im Innen- und Außenmarketing, erhöht dauerhaft die Aufmerksamkeit, liefert Vertrauenswerte und erleichtert die Entscheidung zur Reise oder Investition.
Kurzum: Die Stadtmarke schafft das nach innen und außen klar fixierte, belegbare Image und macht unverwechselbar. Die Händelstadt für Musik, Kultur, Freude und europäischen Geist.

Wie verbreitet sich die Stadtmarke?

Das Bild der Stadtmarke wird dabei vor allem durch die Werbung geprägt. Die Darstellung in Kampagnen, Anzeigen, Broschüren, auf Briefköpfen, Plakaten oder auf Websites trägt wesentlich zum Stadt-Image bei. Aber auch Zeitungen, Institutionen, Bürger, Studenten und Touristen haben maßgeblichen Anteil am Erfolg der Stadtmarke. Die emotionale Bindung und Identifikation der Bürger, Medien und ortsansässigen Unternehmen mit der Stadtmarke ist deshalb unerlässlich für die Steigerung des Bekanntheitsgrades der Stadt. Nur Markentreue schafft auf Dauer den Wettbewerbsvorteil.

Deshalb muss Georg Friedrich Händel - mehr noch als durch das Wirken der Händel-Stiftung und die Händelfestspiele - den integralen Bestandteil der halleschen Lebenswelt bilden: durch die Stadtmarke, Konzerte, Events, Werbung, Händel-Gästeführer, Skulpturen im öffentlichen Raum, Wegeleitsysteme, Schaufenstergestaltungen, Merchandising und vieles mehr. Auch und gerade die Bedeutung der Online-Kommunikation gilt es nicht zu unterschätzen. Zudem darf Händel nicht nur Konzertliebhabern vorbehalten bleiben. Händel muss für jedermann erlebbar und nahbar sein. Händel muss sich allen Menschen öffnen, ob als „Händel's Open“, beim Klassik-Picknick oder via Barockgarten.
www.halle.de
www.stadtmarketing-halle.de

„Sexy-Anhalt" - ein Land im Aufbruch

Die britische Oscar-Preisträgerin Helen Mirren („The Queen") hat es wunderbar auf den Punkt gebracht, als sie während ihrer Dreharbeiten in Sachsen-Anhalt von „Sexy Anhalt" sprach. Die Schauspielerin war voll des Lobes über dieses Land und seine Menschen, das sie im Frühjahr 2008 erstmals kennenlernte, weil der Film über das Leben von Leo Tolstoi in der Nähe von Wittenberg gedreht wurde.
So überrascht wie Helen Mirren sind viele Besucher, die diese Region Deutschlands zum ersten Mal erleben und erstaunt feststellen: Sachsen-Anhalt ist ein junges Bundesland, aber eines mit einer großen Geschichte. Sachsen-Anhalt ist vor allem ein Land im Aufbruch. Nachdem die Startbedingungen nach der Wende für die Region, in der schon zu Beginn des 20. Jahrhunderts schwere Industrie angesiedelt wurde und zu DDR-Zeiten viele Kombinate ihren Sitz hatten, eher schwierig waren, hat das 1990 wieder gegründete Land in den letzten Jahren viel Boden gutgemacht.
Inzwischen gilt Sachsen-Anhalt als eines der dynamischsten Länder, nicht nur im Osten Deutschlands, sondern bundesweit. Wie rasant die Entwicklung war, symbolisieren beispielsweise Orte wie Bitterfeld: früher das Synonym schlechthin für Dreck und Umweltverschmutzung - heute Standort von Weltunternehmen und gleichwohl attraktiver Wohn- und Arbeitsort mit hohem Freizeitwert. Dass Tradition und Modernisierung sich nicht ausschließen, kann man auch daran erkennen, dass dort, wo früher chemische Werke die Luft verschmutzten, auch heute wieder Unternehmen der Chemieindustrie ansässig sind, aber die Luft sauberer ist als je zuvor. Neben der Chemieindustrie hat inzwischen auch die Ernährungsindustrie zu ihrer alten Stärke zurückgefunden und erobert zunehmend die heiß umkämpften Märkte. Bestes Beispiel dafür, dass sich ein Unternehmen aus dem Osten bundesweit behaupten kann, ist die Sektkellerei Rotkäppchen, deren Erfolgsgeschichte nach der Wende munter „weitersprudelte".
Sachsen-Anhalt brauchte deutlich länger als andere ostdeutsche Länder, um sich nach der Wende neu zu orientieren und Stärken sowie Vorteile zu erkennen. Doch jetzt ist das Land auf einem guten Weg: Fast 20 Jahre nach der Wiedervereinigung belegen hohe Wachstumsraten und steigende Beschäftigungszahlen im Verarbeitenden Gewerbe den wirtschaftlichen Aufschwung. So betrugen die Umsatzsteigerungen im Verarbeitenden Gewerbe von 2001 bis 2008 rund 100 Prozent, die Zahl der Beschäftigten legte um 22 Prozent zu. Von 2006 bis Mitte 2009 wurden in Sachsen-Anhalt Investitionen in Höhe von mehr als 5,47 Milliarden gefördert. Das Bruttoinlandsprodukt je Erwerbstätigen wächst hier wie in keinem anderen Bundesland. Und es ist kein Zufall, dass Sachsen-Anhalt das Land mit den höchsten ausländischen Direktinvestitionen in Ostdeutschland ist.
Dass dieser Aufschwung zunehmend auch mit dem Abbau der Arbeitslosigkeit einhergeht, gehört zu den erfreulichsten Entwicklungen. Waren im März 2006 noch mehr als 260.000 Menschen arbeitslos, lag die Arbeitslosenzahl dreieinhalb Jahre später um mehr als ein Drittel niedriger. Das ist der stärkste Abbau der Arbeitslosigkeit seit Anfang der Neunzigerjahre. Sachsen-Anhalt ist im Kampf gegen die Arbeitslosigkeit noch lange nicht am Ziel, aber es ist ein beträchtliches Stück vorangekommen.
Auch für Schulabgänger stehen alle Ampeln auf Grün: Bei der Lehrstellensuche sind die Aussichten in jüngster Zeit so gut wie lange nicht mehr. Mehr Aus-

Findet Sachsen-Anhalt kurz und bündig „sexy": Die britische Oscar-Preisträgerin Helen Mirren. Ebenfalls international im Fokus (unten): Die Leopoldina in Halle - mit einer mehr als 355-jährigen Tradition die älteste ununterbrochen existierende naturwissenschaftlich-medizinische Akademie der Welt, im Sommer 2008 zur Nationalen Akademie der Wissenschaften ernannt.

bildungsplätze bei sinkenden Bewerberzahlen lassen den Lehrstellenmarkt zum Nachfragemarkt werden. Und auch die Studienbedingungen sowie das Studienangebot der Hochschulen müssen Vergleiche mit anderen - ost- wie westdeutschen Ländern - nicht scheuen: Neben zwei Universitäten gibt es fünf Fachhochschulen sowie fünf Institute der Wissensgemeinschaft Gottfried Wilhelm Leibnitz, drei Max-Planck-Institute, eine Max-Planck-Forschungsstelle und zwei Fraunhofer-Einrichtungen.
Sachsen-Anhalt ist mehr als einen Besuch wert - nicht nur für Weltstars. Aufgrund dieser Entwicklung des Landes überrascht es wenig, dass immer mehr Produzenten, Regisseure und Filmemacher aus aller Welt Sachsen-Anhalt als Filmkulisse entdecken. Helen Mirren war nicht der einzige Star, der 2008 nach Sachsen-Anhalt kam. Till Schweiger und Thomas Gottschalk drehten auf der Burg Querfurt den Film „1 1/2 Ritter" und Johanna Wokalek stand ebenfalls in Querfurt für den Film „Die Päpstin" vor der Kamera. In Magdeburg wurde das Leben von Hildegard Knef verfilmt – mit Heike Makatsch in der Hauptrolle. Mehr als 260 Drehorte mit atemberaubender Kulisse ob fürs Mittelalter oder die Gegenwart gibt es zwischen Arendsee und Zeitz. Und hoch motivierte Fachkräfte bieten im Filmland Sachsen-Anhalt Dienstleistungen von der Ausstattung bis zur Postproduktion. Eines der weltweit modernsten Tonstudios für Kinofilme hat in Halle (Saale) seinen Sitz. Mittlerweile ist es nicht mehr nur Insiderwissen von Cineasten, dass Filme wie „Luther" und „Schulze get the Blues" oder die Kinderklassiker „Der kleine Eisbär" sowie „Lauras Stern" direkt mit Sachsen-Anhalt zu tun haben, weil sie entweder hier gedreht, produziert oder weiterverarbeitet wurden.
Sachsen-Anhalt steht der Hauch von Hollywood gut an, denn das Land stand lange Zeit zu Unrecht im Schatten. Auch wenn sich die Reize Sachsen-Anhalts gelegentlich erst auf den zweiten Blick erschließen, hat es das Land allemal verdient, dass genauer hingeschaut wird. Die Menschen schöpfen Kraft aus der Geschichte, denn Namen wie Martin Luther, Otto von Guericke, Walter Gropius, Hugo Junkers, belegen, dass der Mut, Neues zu wagen und die Welt zu verändern, hier immer schon zu Hause war. Und das wird national und international immer stärker wahrgenommen: Die Leopoldina in Halle - mit einer mehr als 355-jährigen Tradition die älteste ununterbrochen existierende naturwissenschaftlich-medizinische Akademie der Welt - wurde im Sommer 2008 zur Nationalen Akademie der Wissenschaften ernannt.

Kinderbetreuung, Freizeit: Sachsen-Anhalt bietet den Menschen Perspektiven.

Beim Blick nach vorn will Sachsen-Anhalt den Menschen eine Perspektive bieten. Das fängt im Kindergarten und in der Schule an. Nirgendwo sonst in Deutschland gibt es eine so umfassende Kinderbetreuung. Auch das Schulsystem wurde grundlegend umgebaut. In den aktuellen Bildungsrankings zählt Sachsen-Anhalt zu den absoluten Aufsteigern.
Gewinner sind auch die Familien im Land: Mit zahlreichen Initiativen wird der Wunsch junger Mütter und Väter nach Vereinbarkeit von Familie und Beruf unterstützt. Die Geburtenzahlen steigen seit dem Jahr 2006 kontinuierlich.
Sachsen-Anhalt hat sich also seinen Ruf „Sexy Anhalt" zu sein, in vielerlei Hinsicht verdient.

Ein Hauch von HOLLYWOOD

Mehr als 260 Film-Locations bietet das Land den Stars: Johanna Wokalek drehte in Querfurt „Die Päpstin"; dort stand Till Schweiger ebenfalls vor der Kamera („1 1/2 Ritter - auf der Suche nach der hinreißenden Herzelinde"). Heike Makatsch gab die Knef in Magdeburg („Hilde"). Und der sauertöpfische König unten? Richtig: Auch Thomas Gottschalk filmte in Querfurt.

Szene, Clubs und Kult: Halles Ticket for Tomorrow

Halle - das ist nicht nur Händel und Barock. Dafür sorgen schon die beiden Hochschulen: die Martin-Luther-Universität Halle-Wittenberg mit ihrem Fachbereich Musikwissenschaft und die Evangelische Hochschule für Kirchenmusik. Immer wieder finden sich junge Musiker, die außerhalb der universitären Mauern „ihren Stil“ kreieren, so den studentischen (meist klammen) Geldbeutel aufzubessern und Erfahrungen bei Auftritten zu sammeln.
Über die Stadtgrenzen hinaus bekannt sind die „Stouxsingers“, deren Repertoire

sich über a capella und Gospel bis hin zu exzellenten Interpretationen von Beatles-Hits erstreckt und die Anfang 2009 den Soundtrack zum Film „Mensch Kotschie“ des Regisseurs Norbert Baumgarten einsangen.
Im Jubiläumsjahr 2006 fanden sich die halleschen Musiker Tommy A., der geniale Stars wie Stevie Wonder, Joe Cocker oder Frank Sinatra covern kann, Pop- und Soulprinzessin Tila Brea, Ulli Schwinge, Martin Jones und POP 4 TWO zusammen, um ein Lied für Halle zu schreiben. Der Song „1200x“ erklang zum ersten Mal am 3. April 2006 - und überraschte die damalige Oberbürgermeisterin Ingrid Häußler.
Die hallesche Band „Die Vier Schönen“ hat sich den Hitparaden der 60er- und 70er-Jahren verschrieben und dabei einen unverwechselbaren Stil entwickelt, ohne den Schlager zu verulken. Die „Schönen“ spielen mit Leidenschaft Schlager, aber das sehr rockig und laut.
Ihre Fans meinen, sie seien die beste AC/DC-Coverband der Welt: die „Jailbreakers“ (Foto links). Jedes Jahr spielt die Band am Todestag von Bon Scott (19. Februar 1980), dem ehemaligen AC/DC-Sänger, ein Konzert in Halle. Auch wenn Jens Thorun optisch nichts mit Bon Scott gemeinsam hat: Seine Stimme klingt überraschend wie die seines Vorbilds. Bereits seit dem Sommer 1994 begeistern die „Jailbreakers“ ihre Fans.

Angekommen in der Gegenwart.
Am Saale-Ufer, wo ihre Reise durch die Jahrhunderte begann, haben sich Maria und Kai per Funk-Lan mit dem Notebook bei den Sonntags-Nachrichten eingeloggt. Sie schauen sich noch einmal den „seltsamen Troubadour“ und das höchst beeindruckte Burgfräulein an. Auch wenn die historischen Inszenierungen für die Chronik mit dieser Szene ihren Abschluss gefunden haben, so steht doch fest: Die ZEIT REISE geht weiter!

Kult pur - das sind die Szene-Clubs der Stadt wie das „La Bim“, das „VL“, die „Rockstation“, das „Hühnermanhattan“ oder das „Objekt 5“. Eine weitere Plattform ist das erfolgreichste Nachwuchsfestival in Halle und Umgebung „Kickstart“, auf dem sich völlig unbekannte Bands präsentieren. Hier steht trotz Techno, Ambient oder House die Rockmusik im Mittelpunkt. 2006 gewann die hallesche Band „Ticket Tomorrow“ das Nachwuchsfestival im Turm. Deren Stil orientiert sich an den heutigen schwedischen Pop-Bands. Die Fans sind begeistert von den charmanten und vor allem melodiösen Pop-Songs. 2007 sahnte „Trillian“ den begehrten „Kickstart“-Preis mit einer Mischung aus Indierock und Postpunk ab.
Immer für eine Überraschung gut ist das engagierte und sehr individuelle Bürgerradio CORAX. In deren Musiksendungen und Projekten sind die neuesten Musikströmungen zu hören - weitab von Mainstream und Kommerz. Egal ob klassische, groovige oder rockige Klänge: Halles junge Musikszene ist breit gefächert, in Bewegung - und bleibt immer spannend.

Halle an der Saale 2020. Eine Reise in die nahe Zukunft

von Oberbürgermeisterin Dagmar Szabados

Wir Hallenserinnen und Hallenser halten es mit dem großen italienischen Dichter Dante Alighieri: „Der eine wartet, dass die Zeit sich wandelt, der andere packt sie kräftig an und handelt."
Begeben wir uns also auf eine ZEIT REISE in das Jahr 2020! Angepackt und gehandelt haben wir gewiss; aber was ist daraus konkret geworden?
Zunächst: Wir feiern am 3. Oktober 2020 ganz traditionell in der Konzerthalle Ulrichskirche und ganz unkonventionell mit einem großen Volksfest auf unserem Marktplatz den 30. Geburtstag der Wiedervereinigung. Es gibt feierliche Reden, in denen Bilanz gezogen wird. Und diese Bilanz kann sich sehen lassen.
Nach schwierigen Jahren hat sich vor allem die Wirtschaft kontinuierlich gut entwickelt. Es war richtig, dass wir in Halle auf modernste Technologien gesetzt haben. Der Technologiepark weinberg campus mit seinen universitären und außeruniversitären Forschungseinrichtungen, Instituten und Firmen ist weiter gewachsen. Aus jungen Start-ups sind längst international erfolgreiche mittelständische Unternehmen geworden. Grüne und rote Biotechnologie, Pharmazie, Werkstoffkunde und Solartechnik etablieren sich selbstbewusst auf den Weltmärkten. Jetzt sind wir nicht mehr der zweitgrößte Technologiepark der neuen Bundesländer, sondern behaupten uns auf Platz eins.
Ach ja, von den „neuen" oder „jungen" Bundesländern spricht niemand mehr. Wir haben kräftig aufgeholt und sind gleichberechtigte, manchmal ein wenig beneidete, Partner in ganz Deutschland geworden.
„Kreativwirtschaft" ist kein bloßes Schlagwort, sondern *der* Motor des Aufschwungs. Das Mitteldeutsche Multimediazentrum ist nun bundesweit die erste Adresse für alle, die mutig und innovativ ihre Ideen verwirklichen wollen. In unserer „Burg" - der Hochschule für Kunst und Design Burg Giebichenstein - werden hervorragende Fachleute ausgebildet, die nur darauf warten, endlich „loslegen" zu können.
Unsere Martin-Luther-Universität zieht junge Menschen aus allen Kontinenten geradezu magisch an; ihr wissenschaftlicher Ruf ist exzellent. Da ist es schwierig, einen Studienplatz zu bekommen.
Das Renommee der Nationalen Deutschen Akademie der Wissenschaften Leopoldina ist genauso ausgezeichnet. Nicht nur die Bundesregierung gibt langfristige Studien zur Bevölkerungsentwicklung, zum Klimawandel und zu anderen brennenden Problemen in Auftrag, auch die Europäische Union braucht den Rat aus Halle an der Saale.
Die Internationale Bauausstellung IBA 2010 ist Geschichte, aber ihre Projekte entfalten langfristig Wirkung. Der Stadtumbau ist in vielen Wohnquartieren abgeschlossen; so hat sich die Lebensqualität für viele Menschen nachhaltig verbessert.
Auf der Saline-Halbinsel wird die traditionelle Arbeitswelt der Halloren zum Erlebnis. Die interaktive, spannende Präsentation wissenschaftlicher Phänomene lockt vor allem junge Leute und Familien aus ganz Mitteldeutschland nach Halle, denn es stimmt: NATURWISSENschaf(f)t + ERLEBNIS im Science Center Saline.
Die Sanierung der Franckeschen Stiftungen ist zwar vollendet, aber es gilt auch hier der alte Grundsatz „Wer baut, der wird niemals fertig".
Die Kulturstiftung des Bundes hat ihr neues Domizil bezogen und fördert Kunst und Kultur nach Kräften. Davon profitieren Händelhaus, Oper, Staatskapelle, die vielfältige Theaterlandschaft und Museen.
Wir müssen unsere ZEIT REISE an dieser Stelle abbrechen, denn die ZEIT reicht nicht aus, um zu allen „Orten der Ideen" in der Stadt zu REISEn und sie gebührend zu würdigen.
Halle an der Saale im Jahr 2020: eine interessante, kulturvolle, lebenswerte Stadt mit liebenswerter, aufgeschlossener, gebildeter Bürgerschaft.

ZEIT REISE
Gastbeitrag

Dagmar Szabados wurde 1947 in Hohlstedt im Kreis Sangerhausen geboren und hat an der Bergakademie Freiberg Chemie studiert. Nach dem Studium arbeitete sie zunächst am Brennstoffinstitut in Freiberg und später als wissenschaftliche Mitarbeiterin des Bezirkshygieneinstituts Halle.
1990 wurde Dagmar Szabados Umweltdezernentin und Bürgermeisterin.
Seit dem 1. Mai 2007 ist sie Oberbürgermeisterin der Stadt Halle an der Saale.

Backstage - und zum Finale: danke!

Es ist schön, zurückzukehren. Jetzt ist die neue ZEIT REISE durch zwölf Jahrhunderte Leben in Halle wieder im Buchhandel zu finden. Rund ein Jahr Vorbereitungszeit liegt hinter uns; und es war ein schönes Jahr.

Dafür möchten wir allen, die uns so engagiert zur Seite gestanden haben, herzlich danken - an erster Stelle der Stadt Halle und ihrer Oberbürgermeisterin Dagmar Szabados. Sie hat uns zu dieser Neuerscheinung mehr als ermutigt. Und alle Stabsstellen der Stadt haben uns hervorragend unterstützt, vor allem Steffen Drenkelfuß und Klaus Pankow in der Pressestelle.

Wir freuen uns, dass uns ein engagierter Begleiter unserer Edition in Sachsen-Anhalt auch bei diesem Projekt die Treue gehalten hat. Wie OB Szabados ist auch Ministerpräsident Prof. Dr. Wolfgang Böhmer in dieser neuen ZEIT REISE mit Vorwort und Gastbeitrag vertreten.

Ebenso wie beim MP bedanken wir uns bei der Staatskanzlei und dort bei Regierungssprecherin Dr. Monika Zimmermann und der Referatsleiterin Öffentlichkeitsarbeit, Susanne Hofmeister, für die kollegiale und professionelle Zusammenarbeit.

Zwei Sonderteile (ZEIT REISE Spezial) prägen dieses Buch: Unser Stadtrundgang mit „Herrn Händel" und „der Queen" sowie unsere Dokumentation zu 20 Jahren Wende. Christel Wurbs und Gerd Micheel haben mit viel Charme, Witz und Schweißtropfen unser semi-historisches „Traumpaar" wirkungsvoll verkörpert. Bei der Produktion des Wende-Specials hat uns die Kooperation mit unserem Medienpartner SONNTAGSNACHRICHTEN wertvolle Erinnerungen aus der Leserschaft zugänglich gemacht. Und die Doctores Manuela und Michael Klapperstück haben uns die Geschichte eines Stasi-Fotos erzählt, das eine wohl einzigartige Situation im letzten Herbst der alten DDR zeigt - in Halle.

Danke an alle, besonders auch an Peter Sodann: Für seine ganz persönlichen Erinnerungen an jene Zeit und seine Gedanken heute.

Nicht zuletzt gilt unsere Anerkennung dem Team der SONNTAGSNACHRICHTEN Halle und dort insbesondere Evelin Grasse und Robert Kundiger, den immer hilfsbereiten „guten Geistern" der Produktion.

„Eine faszinierende Reise durch die Geschichte ist am Ziel angelangt - vorerst. Halle wird uns noch viel zu erzählen haben" - mit diesem Satz haben wir vor drei Jahren in der Erstausgabe unseren Dank beendet. Und in der Tat: Wir eröffnen Ihnen mit dieser Neuerscheinung zahlreiche neue Themen. Denn wir haben wieder gern zugehört - und das mit großer Freude.

Andreas Stephainski

Heiße Szene bei 30 Grad schon am Morgen: Zwei Hubsteiger bringen die Akteure des „ZEIT REISE Spezial" in Position. Schließlich sollen „Händel" und die „Queen" dem großen Sohn der Stadt auf Augenhöhe begegnen...

Index